高等职业教育会计专业课程系列教材

Economic Law

2nd edition

经济法（第二版）

申长永　喻靖文　主编

东北财经大学出版社
Dongbei University of Finance & Economics Press
大连

图书在版编目（CIP）数据

经济法 / 申长永，喻靖文主编．—2版．—大连：东北财经大学出版社，2021.3

（高等职业教育会计专业课程系列教材）

ISBN 978-7-5654-4098-4

Ⅰ．经…　Ⅱ．①申…②喻…　Ⅲ．①经济法-中国-高等职业教育-教材　Ⅳ．D922.29

中国版本图书馆CIP数据核字（2021）第030601号

东北财经大学出版社出版

（大连市黑石礁尖山街217号　邮政编码　116025）

网　址：http：//www.dufep.cn

读者信箱：dufep@dufe.edu.cn

大连图腾彩色印刷有限公司印刷　东北财经大学出版社发行

幅面尺寸：185mm×260mm　字数：446千字　印张：19

2021年3月第2版　2021年3月第1次印刷

责任编辑：王天华　曲以欢　责任校对：京　玮

封面设计：冀贵收　版式设计：原　皓

定价：42.00元

教学支持　售后服务　联系电话：（0411）84710309

如有印装质量问题，请联系营销部：（0411）84710711

第二版前言

“立善法于天下，则天下治；立善法于一国，则一国治。”自中国共产党第十八次全国代表大会以来，习近平总书记高度重视立法工作，尤其强调“形势在发展，时代在前进，法律体系必须随时代和实践发展而不断发展”。一部部顺应最广大人民意愿、维护最广大人民利益的良法善法，正构筑起全面依法治国的坚固基石，凝聚起民族复兴的制度伟力。近两年来，随着我国改革的深入和社会经济的发展，全国人民代表大会及其常务委员会制定了《中华人民共和国民法典》，修订了《中华人民共和国证券法》《中华人民共和国商标法》《中华人民共和国专利法》等。经济法的教学内容必须与我国现行法律法规保持一致，因此，我们根据新法律法规修订了本书的相应内容。

为了推进书证融通、课证融通，根据2020年全国会计专业技术资格（初级和中级）考试大纲和全国经济专业技术资格（初级和中级）考试大纲，对原书内容进行了部分补充和删除，如删除了《中华人民共和国企业破产法》的内容，增加了支付结算等相关内容，使本书更贴近经济工作的实际。

为了便于学生配合本书进行线上自主学习或者线上线下混合式学习，我们将襄阳职业技术学院教学团队的精品在线课程的微课以二维码的形式添加于书中，扫描二维码即可观看学习。

本次修订由襄阳职业技术学院申长永教授总纂及定稿，具体编写分工如下：申长永编写项目一、项目二、项目六、项目七；喻靖文编写项目三；王红焱编写项目四、项目五；叶娟编写项目八；熊漳平编写项目九；周胜照编写项目十。微课制作具体分工如下：申长永负责项目一；周胜照负责项目二、项目三；胡珊负责项目四；马凌负责项目六；叶娟负责项目八、项目九；邓雨樊负责项目十。此外，读者还可以登录线上教学平台——智慧职教（https://www.icve.com.cn），及时获取更新的资源。

微课

经济法课程介绍

编　者

2021年3月

前　言

经济法是高职高专院校经济管理类的必修课程。根据高职高专院校培养高素质应用型专门人才的培养目标，本书在编写过程中除考虑课程体系外，更注意到高职高专经济管理类学生的专业素质和专业能力，没有刻意追求理论的系统性和完整性，而是突出“必需、够用”的教学要求，将市场经济活动中最主要的法律制度纳入其中，力争做到实用。

为了增强时效性，本书根据现行法规进行编写，确保教学内容与当前法律法规相一致。同时，吸收了经济法研究的最新成果，融入了理论界已形成共识的新成果。

为了提高学生的法律应用能力，每个单元均设计了引导案例，供课堂教学或课堂讨论之用；正文里的重点内容后面附有案例或随堂测试，便于对重点、难点的理解；在各单元学习内容之后，设计了单元练习，包括单项选择题、多项选择题、判断题和案例分析题等题型，便于学生自学和复习，提高学生分析和解决实际法律问题的能力。

为便于教师教学，本书提供配套的电子课件，电子教案，教学大纲，案例、随堂测试和单元练习答案，用书教师可登录东北财经大学出版社网站（www.dufep.cn）免费下载。

本书由襄阳职业技术学院申长永教授和湖北职业技术学院喻靖文副教授担任主编，并负责全书的整体结构设计、总纂及定稿工作；襄阳职业技术学院周胜照副教授、襄阳汽车职业技术学院熊漳平副教授担任副主编。具体编写分工如下：申长永编写项目一、项目二、项目六、项目七；喻靖文编写项目三；王红焱编写项目四、项目五；叶娟编写项目八；熊漳平编写项目九；周胜照编写项目十。

本书既可作为高等职业教育经济法课程教材，也可作为企业财会人员和经营管理人员的培训及参考用书。本书在编写过程中参阅了大量的文献资料，借鉴了许多专家学者的观点，在此一并表示感谢！

由于编者水平有限，书中难免有不妥之处，敬请各位专家、读者不吝赐教。

编　者

2018年1月

目　录

项目一

经济法基础知识

【知识目标】

1. 理解经济法的概念、特征和调整对象；掌握经济法的渊源；理解经济法与相关法律部门的关系。
2. 理解经济法律关系的概念；掌握经济法律关系的要素；熟悉经济法律关系的产生、变更和终止。
3. 了解民事法律行为的概念和特征；掌握民事法律行为的种类和法律效果；掌握代理权的行使；了解物权分类，掌握物权效力；了解债的分类。
4. 掌握经济法律责任的形式。

【能力目标】

1. 界定经济法律关系的构成要素。
2. 识别不同的民事法律行为和代理的效力。
3. 判断经济法律责任的类别。

【主要概念】

经济法　法律渊源　经济法律关系　民事法律行为　代理　物权　债权　经济法律责任

引导案例

2008年的全球性金融危机始发于美国的次贷危机。金融危机通过金融系统和实体经济传导给中国。中国经济一时间面临产能过剩、需求疲软、失业率高涨等问题，经济增长明显偏下行。为刺激经济保增长，我国政府于2008年就推出了一系列货币政策和财政政策措施并已付诸实施。

2008年7月以来，面对国际金融危机加剧、国内通胀压力减缓等情况，中国人民银行调整金融宏观调控措施，连续三次下调存贷款基准利率，两次下调存款准备金率，取消对商业银行信贷规划的约束，并引导商业银行扩大贷款总量。2008年11月9日，国务院常务会议根据世界经济金融危机日趋严峻的形势，要求实行积极的财政政策和适度宽松的货币政策，并推出“4万亿计划”。2009年7月23日，中共中央政治局召开会议，指出要继续把促进经济平稳较快发展作为经济工作的首要任务，保持宏观经济政策的连续性和稳定性，继续实施积极的财政政策和适度宽松的货币政策。

思考：

（1）我国政府应对金融危机的行为是否属于经济法调整的范围？

（2）什么是经济法？经济法的构成要素有哪些？

任务一 经济法认知

一、法律概念

法律是由国家制定或者认可的，并由国家强制力保证实施的，以规定当事人权利和义务为内容的，对全体社会成员具有普遍约束力的一种特殊行为规范。对于法律的概念，我们从以下4个方面理解。

（一）法律是一种概括、普遍、严谨的行为规范

法律首先是指一种行为规范，所以规范性就是它的首要特性。规范性是指法律为人们的行为提供模式、标准、样式和方向。法律同时还具有概括性，它是人们从大量实际、具体的行为中高度抽象出来的一种行为模式，它的对象是一般的人，是反复适用多次的。法律还具有普遍性，即法律所提供的行为标准是按照法律规定所有公民一概适用的，不允许有法律规定之外的特殊，即要求“法律面前 人人平等”，一旦触犯法律，便会受到相应的惩罚。法律规范不同于其他规范的另一个重要特征是它的严谨性。它由特殊的逻辑构成。构成一个法律的要素有法律原则、法律概念和法律规范。每一个法律规范由行为模式和法律后果两个部分构成。行为模式是指法律为人们的行为所提供的标准和方向。其中行为模式一般有三种情况：

（1）可以这样行为，称为授权性规范；

（2）必须这样行为，称为命令性规范；

（3）不许这样行为，称为禁止性规范。

（二）法律是国家制定或认可的行为规范

微课

经济法认知

这是法律来源上的一个重要特征。所谓国家制定和认可是指法律产生的两种方式。国家制定形成的是成文法，国家认可形成的通常是习惯法。国家制定法律是指国家的立法机关按照立法程序直接创制法律。例如全国人民代表大会及其常务委员会，按照一定的立法程序，直接创制刑法、民法典、消费者权益保护法等。国家认可法律，是指国家的立法机关根据实际需要，对社会上已存在的某些风俗习惯、道德规则、宗教等加以确认，赋予其法律效力，使之成为法律。

（三）法律是由国家强制力保障实施的行为规范

由于法律是一种国家意志，它的实施是由国家强制力来保障的。法律所规定的权利和义务是由专门的国家机关以强制力保证实施的。依靠国家强制力对触犯法律的人予以制裁，是实施法律的必要措施和重要保证。同时，也只有以国家强制力为后盾，才能有效地解决纠纷，有效地解决社会成员之间基于各种原因产生的矛盾，从而维护法律的尊严和社会的稳定。

【案例 1-1】2011 年 5 月 9 日 22 时 32 分，交管部门接到报警，在北京市东城区东直门外大街十字坡路口东 50 米处发生交通事故。交警赶到现场后，发现一辆北京牌照的白色英菲尼迪越野车与前方 3 辆车发生事故。经交警现场询问，白色越野车驾驶员自称高晓松，口中带有明显的酒气。交警按照规定对高晓松进行血液酒精检测，经过专业机构鉴定，高晓松每百毫升血液中酒精含量为 243.04 毫克，已经超过醉酒驾车标准。5 月 17 日，北京市东城区人民法院对高晓松醉驾案作出一审判决，以危险驾驶罪判处高晓松拘役 6 个月，并处罚金 4 000 元。自 2011 年 5 月 1 日《刑法修正案（八）》和《关于修改〈中华人民共和国道路交通安全法〉的决定》实施以来，对醉驾行为起到了相当的震慑作用，据公安部交管部门的统计，2011 年 5 月 1 日至 5 月 15 日，全国共查处醉酒驾驶 2 038 起，较去年同期下降 35%，日均查处 136 起，较去年全年日均查处数下降 43%。全国因醉酒驾驶发生交通事故死亡人数和受伤人数同比分别下降 37.8% 和 11.1%。

请问：2011 年全国因醉酒驾驶发生交通事故死亡人数和受伤人数同比下降的原因是什么？

（四）法律是国家确认权利和义务的行为规范

法律所规定的权利和义务，不同于其他社会规范的权利和义务，它是由国家确认或认可和保障的一种关系，这是法律的一个重要特征。

在现代汉语中，“法律”一词有广义和狭义两种用法。广义的法律指法律的整体（下面所讲法律形式的全部）。例如，就我国现在的法律而论，它包括宪法、全国人大及其常委会制定的法律、国务院制定的行政法规、行政规章、地方性规章等。狭义的法律仅指全国人大及其常委会所制定的法律。我国《宪法》第三十三条规定：“中华人民共和国公民在法律面前一律平等”。这一条中讲的“法律”，就是广义的用法。第六十二条和第六十七条分别规定全国人大及其常委会有权制定法律。这两条中所讲的“法律”就是狭义用法。为加以区别，有的法学著作（包括本书），将广义的法律称为法，但在很多场合下，仍根据约定俗成原则，统称为法律，即有时作广义解，有时作狭义解。

还应注意的是，在汉语中，“法律”一词是法学专用术语，但“法”和“律”字，都是有多种意义的。除作为法学上的用语外，还可以作为非法学上的用语。例如，法可以用作方法、效法、一般规范、政党或其他社会组织的规章（党法、厂法）等。律可以用作一般纪律、规律等。

二、经济法的概念

（一）法律部门与法律体系

法律部门又称部门法，是指根据一定标准和原则所划定的同类法律规范的总称。法律部门划分的标准首先是法律调整的对象，即法律调整的社会关系。如调整行政主体与行政相对人之间行政管理关系的法律规范构成行政法部门。其次是法律调整的方法。如民法和刑法，都调整人身关系和财产关系，但民法是以自行调节为主要方式，而刑法以强制干预为主要方式。

一个国家现行的法律规范分类组合为若干法律部门，由这些法律部门组成的具有内在联系的、互相协调的统一整体即为法律体系。

我国现行法律体系大体可以划分为以下7个部门：宪法及宪法相关法、民商法、行政法、经济法、社会法、刑法、诉讼与非诉讼程序法。

（二）经济法的概念

从法律部门看，经济法是法律体系中的一个部门法。“经济法”一词起源于法国。第一次世界大战后，当时的魏玛共和国直接以经济法命名，颁布了《煤炭经济法》和《钾盐经济法》。之后，德国出版了很多以经济法为题的学术著作和教科书。这时经济法这一概念才有了较为完整的含义。西方国家的经济法，是在自由资本主义经济过渡到垄断资本主义经济的过程中，国家为应对经济发展中出现的垄断、市场失灵和经济危机等问题，而越来越普遍地采取干预措施的背景下产生和发展起来的。在我国，经济法是在改革开放和加强经济法制的背景下逐步兴起的，并随着社会主义市场经济体制建设步伐的推进而不断丰富和完善。

在我国理论界，对经济法的概念争议较大，迄今尚无定论。一般认为，经济法是调整国家在管理与协调经济运行过程中发生的经济关系的法律规范的总称，主要是国家为了克服市场调节的盲目性和局限性而制定的调整全局性的、社会公共性的需要由国家干预的经济关系的法律规范。“干预”是指国家主要采取间接的法律手段，对社会经济生活进行的计划、组织、管理、调节和监督。经济法的调整对象具体包括：

（1）市场主体调控关系，是指国家在对市场主体的活动进行管理以及市场主体在自身运行过程中所发生的社会关系；

（2）市场运行调控关系，是指国家为了建立市场经济秩序，维护国家、生产经营者和消费者的合法权益而干预市场所发生的经济关系；

（3）宏观经济调控关系，是指国家从长远和社会公共利益出发，对关系国计民生的重大经济因素，在实行全局性管理的过程中，与其他社会组织所发生的具有隶属性或指导性的社会经济关系；

（4）社会分配调控关系，是指国家在对国民收入进行初次分配和再分配过程中所发生的经济关系。

三、经济法的形式

经济法的形式亦称经济法的渊源，是指经济法的存在和表现形式。其主要有以下几种：

（一）宪法

宪法是国家的根本大法，由全国人民代表大会制定和修改，具有最高法律效力，是经济法的基本渊源，也是经济立法的基础。

（二）法律

法律是由全国人民代表大会及其常委会制定的规范性文件，在地位和效力上仅次于宪法，是经济法的主要渊源，以法律形式表现的经济法律规范是经济法的主要组成部分。

（三）行政法规

行政法规是指作为国家最高行政机关的国务院制定的规范性文件，其地位和效力仅次于宪法和法律。大量的经济法规以该种形式存在，是经济法的重要渊源。

（四）地方性法规

地方性法规是由省、自治区、直辖市，以及设区的市和民族自治地方的人民代表大会及其常务委员会制定的规范性文件，其不得与宪法、法律和行政法规相抵触。

（五）规章

规章包括国务院部委及具有行政管理职能的直属机构依据法律、行政法规制定的国务院部门规章，以及由省、自治区、直辖市和设区的市的人民政府根据法律、法规制定的地方政府规章。

（六）司法解释

司法解释是由最高人民法院等司法机关就法律适用问题所作的解释文件。

【随堂测试 1–1】下列规范性文件中，属于行政法规的是（　　）。

A. 全国人民代表大会常务委员会制定的《中华人民共和国公司法》

B. 国务院制定的《中华人民共和国外汇管理条例》

C. 深圳市人民代表大会制定的《深圳经济特区注册会计师条例》

D. 中国人民银行制定的《人民币银行结算账户管理办法》

（七）国际条约或协定

国际条约或协定是指我国作为国际法主体同外国缔结的双边、多边协议和其他具有条约、协定性质的文件。上述文件生效以后，对缔约国的国家机关、社会团体和公民就具有法律上的约束力，因而，国际条约或协定便成为经济法的形式之一。

【案例 1–2】某律师在代理一件经济纠纷案件时，于庭审中向法官提出：今天自己代理案件的观点与省高级人民法院去年处理的一桩经济纠纷案件相同，要求法官做出类似的判决。但该律师提出的依据最终没有被法庭采纳。

请问：为什么没有被法庭采纳？请说明理由。

四、教材名称

随着部门法划分界限的逐渐明确以及法学学科的不断发展，“经济法”这一概念的法学意义已经被特定化为与民商法相并列的经济法法律部门以及与其相对应的经济法学科。

“经济法”这一名称已经不能完全涵盖本教材的内容，因为在内容的选择上主要考虑的是有关法律制度与经济类岗位及工作的相关性，也适当考虑读者在理解相关制度时应具备的必要知识和背景，本教材不仅包括经济法的相关制度，而且包括民法、商法、劳动法和社会保障法等相关制度。但是，考虑到本教材的名称一直被沿用，已约定俗成，且本教材也不是学术意义上的教材，因此继续沿用“经济法”这一名称。

任务二　经济法律关系

一、经济法律关系的概念

经济法律关系是法律关系的一种表现形式。法律关系是社会关系被法律规范确认和调整之后所形成的权利义务关系。经济法律关系是指经济关系被经济法律规范确认和调整而形成的权利义务关系。

二、经济法律关系的特征

（一）经济法律关系是人们有意识、有目的地形成的特定的思想社会关系

它是一种意志关系，体现的是国家意志和当事人的意志，当事人的意志必须以国家意志为依据，不能违背国家意志的基本内容，国家意志最终是靠当事人意志来实现调整经济关系的目的，没有当事人意志，经济法律关系就不能形成，也不可能实现。

（二）经济法律关系是一种具有经济内容的权利义务关系

权利义务是法律关系的核心，法律确认某一法律关系的目的就是通过确认权利义务来实现的。经济法律关系所体现的权利义务具有经济内容，即为了完成一定的经济任务和实现一定的经济目的。权利义务关系的确定是经济法律关系形成的标志，其变更也是经济法律关系变更的依据，其实现也是当事人参与经济法律关系的根本目的。

（三）经济法律关系是以经济法律规范的存在为前提建立的

法律规范是法律关系产生、变更和终止的前提，权利义务关系是依相应法律规定而形成的，任何主体不享有法律规定以外的权利，不承担法律规定以外的义务。

（四）经济法律关系是由国家强制力保障实施的权利义务关系

经济法律关系的权利义务一旦形成，即受国家强制力保护，任何一方当事人都不得违背。如果某一方不履行经济法律关系确定的义务，将会受到法律的追究，任何一方的权利受到侵害，都可请求法律的保护。

三、经济法律关系的要素

经济法律关系的要素是指构成经济法律关系的必要条件，由主体、内容、客体三个要素构成，三者缺一不可。

（一）经济法律关系的主体

经济法律关系的主体简称经济法主体，是指在经济法律关系中享有权利、承担义务的当事人或参加者。享受经济权利的一方称为权利主体，承担经济义务的一方称为义务主

体。但当事人在许多情况下既享受经济权利又承担经济义务。

微课

法律关系

1.法律关系主体的种类

（1）自然人。这里既包括本国公民，也包括居住在一国境内或在境内活动的外国公民和无国籍的人。

（2）法人和非法人组织。法人包括营利法人、非营利法人和特别法人。

营利法人是以取得利润并分配给股东等出资人为目的成立的法人，包括有限责任公司、股份有限公司和其他企业法人等。

非营利法人是为公益目的或者其他非营利目的成立，不向出资人、设立人或者会员分配所取得的利润的法人，包括事业单位、社会团体、基金会、社会服务机构等。

特别法人是指《中华人民共和国民法典》（以下简称《民法典》）规定的机关法人、农村集体经济组织法人、城镇农村的合作经济组织法人、基层群众性自治组织法人。居民委员会、村民委员会具有基层群众性自治组织法人资格，可以从事为履行职能所需要的民事活动。未设立村集体经济组织的，村民委员会可以依法代行村集体经济组织的职能。

非法人组织是不具有法人资格，但是能够依法以自己的名义从事民事活动的组织。非法人组织包括个人独资企业、合伙企业、不具有法人资格的专业服务机构等。非法人组织应当依照法律的规定登记。非法人组织的财产不足以清偿债务的，其出资人或者设立人承担无限责任。法律另有规定的，依照其规定。

（3）国家。在特定情况下，国家可以作为一个整体成为法律关系的主体。例如，国家可以直接以自己的名义发行国库券。当然，大多数情况下，国家是以其机关或者授权的组织作为代表参加法律关系的。

【随堂测试1-2】为购买货物，甲公司的会计张某签发一张汇票交给乙公司的会计李某，该票据关系的主体有（　　）。

A.甲公司　　B.张某　　C.乙公司　　D.李某

2.法律关系主体的权利能力和行为能力

自然人和法人要成为法律关系的主体，必须具备权利能力。权利能力是权利主体享有权利和承担义务的资格，它反映了权利主体享有权利和承担义务的可能性。

法律关系主体要自己参与法律活动，必须具备相应的行为能力。行为能力是指权利主体能够通过自己的行为取得权利和承担义务的能力。行为能力必须以权利能力为前提，无权利能力就谈不上行为能力。根据《民法典》的规定，自然人从出生时起到死亡时止，具有民事权利能力，自然人的民事权利能力一律平等。自然人按行为能力分为完全民事行为能力人、限制民事行为能力人和无民事行为能力人三种。

（1）完全民事行为能力人。十八周岁以上的自然人为成年人。成年人为完全民事行为能力人，可以独立实施民事法律行为。十六周岁以上的未成年人，以自己的劳动收入为主要生活来源的，视为完全民事行为能力人。

（2）限制民事行为能力人。八周岁以上的未成年人和不能完全辨认自己行为的成年人为限制民事行为能力人，实施民事法律行为由其法定代理人代理或者经其法定代理人同意、追认，但是可以独立实施纯获利益的民事法律行为或者与其年龄、智力相适应的民事法律行为。

（3）无民事行为能力人。不满八周岁的未成年人和不能辨认自己行为的成年人为无民事行为能力人，由其法定代理人代理实施民事法律行为。

社会组织作为法律关系的主体也应当具有权利能力和行为能力，但是，其权利能力和行为能力不同于自然人。以法人为例，法人的权利能力、行为能力在法人成立时同时产生，到法人终止时同时消灭。自然人的行为能力一般通过自身实现，而法人的行为能力通过法定代表人或者其他代理人实现。

【随堂测试1-3】下列关于自然人民事行为能力的表述中，错误的是（　　）。

A.十六周岁以上不满十八周岁的自然人，能够以自己的劳动收入为主要生活来源的，视为完全民事行为能力人

B.八周岁以上的未成年人是限制民事行为能力人

C.八周岁以下的未成年人是无民事行为能力人

D.完全不能辨认自己行为的精神病人是无民事行为能力人

（二）经济法律关系的内容

经济法律关系的内容是指经济法律关系的主体所享有的经济权利和承担的经济义务。它是经济法律关系的核心，是联结经济法主体之间及主体与客体之间的桥梁，直接体现了经济主体的利益和要求。

1.经济权利

经济权利是指经济法主体依照法律能够作为或者不作为，以及要求他人作为或者不作为一定行为的资格。我国法律赋予经济法主体的经济权利是极其广泛的，随着我国市场经济体制的建立和发展，国家对经济管理的方式逐渐由以直接管理为主，转变为以间接管理为主，经济法主体的经济权利也呈现出扩大的趋势。经济权利主要有：

（1）经济职权。其是指国家机关及其工作人员在行使经济管理职能时依法享有的权利。经济职权是具有隶属性质的权利。在国家机关及其工作人员依法行使经济职权时，其他经济法主体均应服从。经济职权对国家机关及其工作人员既是权利又是义务，不得随意转让或放弃。经济职权包括规划、决策、审核、确认、批准、许可、指挥、协调、命令、执行、免除、撤销、监督、检查、处罚等。

（2）所有权和其他物权。所有权指所有人依法对自己的财产享有的占有、使用、收益和处分的权利。所有权具有排他性、绝对性的特点，一物之上只有一个完整的所有权，所有权人无须他人协助即可实现其权利。所有权是最充分的物权。所有权具有四项权能：一是占有权，指对财产实际控制的权能；二是使用权，指按财产的性能和用途加以利用的权能；三是收益权，指获取财产所产生的利益的权能；四是处分权，指决定财产在事实上和法律上命运的权能。所有权的占有、使用、收益和处分四项权能可以在一定条件下与财产所有人分离，这种分离是财产所有人行使其所有权的一种方式。其他物权是指所有权以外的物权，它是在所有权能与所有权人发生分离的基础上产生的，其他物权人对物享有一定程度的直接支配权。

（3）债权。其是指按照合同约定或法律规定，在当事人之间产生的特定的权利。债权是一种请求权，其义务主体是特定的。

（4）知识产权。其是指商标权、专利权、著作权等，是智力成果的创造人依法所享有的权利和生产经营活动中标记所有人依法所享有的权利的总称。

2.经济义务

经济义务是经济法主体根据法律规定或为满足权利主体的要求，对必须作出或不作出一定行为的约束。经济义务有以下几个方面的含义：

（1）义务主体必须作为或不作为一定行为，以满足权利主体的利益需要；

（2）义务主体只承担法定范围内的义务，超过法定范围，义务主体则不受限制；

（3）义务主体如不依法履行经济义务，则应承担相应的法律责任。

经济权利与经济义务相依而存，具有相对性、对等性。在经济法律关系中，经济法主体享有一定权利，必须以其他经济法主体承担一定义务为前提，在没有对应的义务主体时，权利主体的权利便没有保障，是不可能实现的。同时，经济权利和经济义务具有对等性，没有无权利的义务，也没有无义务的权利。权利与义务是统一的，不允许只享有权利不承担义务，也不能只承担义务不享有权利。

（三）经济法律关系的客体

经济法律关系的客体是指经济法主体权利和义务所指向的对象。客体是确立权利义务关系性质和具体内容的依据，也是确定权利是否行使和义务是否履行的客观标准。权利和义务只有通过客体才能得到体现和落实。根据我国经济法律法规的有关规定，经济法律关系的客体包括物、行为、人格利益和智力成果。

（1）物。其是指可以被人们控制和支配，有一定经济价值并以物质形态表现出来的物体。物包括自然存在的物品和人类劳动生产的产品，以及固定充当一般等价物的货币和有价证券等。但并非所有的物都可以充当经济法律关系的客体，只有与经济法主体权利和义务相联系的物才符合经济法律关系客体的要求。

（2）行为。其是指经济法律关系的主体为达到一定经济目的所进行的行为。它包括经济管理行为、完成一定工作的行为和提供一定劳务的行为。作为经济法律关系客体的行为，仅指具有法律意义的行为，即为实现权利和义务的行为。

（3）人格利益。人格利益是人身权法律关系的客体，也是诸多行政、刑事法律关系的客体。具体包括公民或组织的姓名或者名称，公民的肖像、名誉、尊严，公民的人身、人格和身份等。

（4）智力成果。其是指人们创造的能够带来经济价值的创造性脑力劳动成果，如专利权、专有技术、著作权等。随着科学技术的发展，智力成果在社会财富中将日益重要，其成为经济法律关系的客体也是一种必然。

此外，在现实经济生活中，权利也可能成为经济法律关系的客体。权利本是经济法律关系的内容，但是，当某种权利成为另一权利的对象时，该权利就成为客体的组成部分。如专利权的客体是发明创造，但是，当专利权在专利转让法律关系中成为这一法律关系指向的对象时，专利权就构成该法律关系的客体。

【案例 1-3】甲公司将某项生产任务承包给其内部的乙车间来完成，双方为此签订了承包责任书，约定乙车间使用甲公司的机器设备和原材料，但必须在规定期限内完成该项生产任务。

请问：甲公司与乙车间之间是否形成了经济法律关系？如果形成了经济法律关系，那么本案中经济法律关系的三要素各是什么？

四、经济法律关系的发生、变更和消灭

经济法律关系的发生、变更和消灭应具备三个条件：一是经济法律规范，即经济法律关系发生、变更和消灭的法律依据；二是经济法律关系主体，即权利与义务的实际承担者；三是有法律事实出现。

法律事实是指由法律规范所确定的，能够直接引起法律关系发生、变更和消灭的情况。法律规范和法律主体只是法律关系产生的抽象的、一般的前提，法律事实则是法律关系产生的具体条件，只有当法律规范规定的法律事实发生时，才会引起法律关系的发生、变更和消灭。法律事实是法律关系发生、变更和消灭的直接原因。

法律事实可以划分为两大类：行为和事件。

行为是指以法律关系主体意志为转移，能够引起法律关系发生、变更和消灭的人们有意识的活动。它是引起法律关系发生、变更和消灭的最普遍的法律事实。按行为的性质可分为合法行为和违法行为。合法行为是指经济法主体符合法律法规规定的行为。违法行为是指经济法主体违反法律法规规定的行为。

事件是指不以经济法主体的意志为转移的，能够引起经济法律关系发生、变更和消灭的现象。它包括自然现象和社会现象两种。自然现象如自然灾害；社会现象如因人类战争导致合同无法履行等。

【随堂测试1-4】下列各项中，属于法律事实的有（　　）。

A. 甲请求乙代理购买一台电脑　　B. 甲委托乙修理一部手机

C. 甲看到乙发布的一则招聘广告　　D. 甲听说乙丢失了一辆自行车

有的经济法律关系的发生、变更和消灭，只需一个法律事实出现即可成立，有些经济法律关系的发生、变更和消灭则需两个以上的法律事实同时具备。引起某一经济法律关系发生、变更和消灭的数个法律事实的总和，称为事实构成。

【案例1-4】2008年1月1日，四川长虹公司以其全部厂房和设备为标的与太平洋保险公司签订了保额为10亿元的财产保险合同。2008年5月12日发生了汶川大地震，导致长虹公司部分厂房和设备损坏。2008年6月1日，长虹公司请求太平洋保险公司理赔。

请问：此案中有哪几个经济法律关系？引起经济法律关系的事实各有哪些？

任务三　相关法律制度

一、民事法律行为

（一）民事法律行为的概念与特征

民事法律行为是民事主体通过意思表示设立、变更、终止民事法律关系的行为。民事法律行为是法律关系变动的原因之一，是一种重要的法律事实。当事人以意思表示为基础，自主设立、变更或终止某种法律关系，实现自己预期的法律效果。因此，民事法律行为真正体现了意思自治精神。民事法律行为具有以下特征：

1.民事法律行为以意思表示为构成要素

意思表示是行为人将意欲达到某种预期法律后果的内在意思表现于外部的行为。如果行为人仅有内在意思而不表现于外部，则不构成意思表示，民事法律行为不能成立；如果行为人表现于外部的意思不是其内在意思的真实反映，该意思表示就存在瑕疵，民事法律行为在原则上也不能生效。意思表示是民事法律行为的核心，没有意思表示就没有民事法律行为。

微课

民事法律行为（一）

2.民事法律行为是以达到一定民事法律后果为目的的行为

民事法律行为是行为人有意识创设的、自觉自愿的行为，是为追求预期民事法律后果而进行的。但法律行为能否发生当事人追求的法律效果，取决于该行为是否符合法律行为生效要件。只有符合生效要件的法律行为，才能发生当事人预期的法律后果，否则法律行为可能无效或被撤销。

微课

民事法律行为（二）

（二）意思表示

意思表示是民事法律行为的核心要素和本质特征。意思表示包括意思和表示两个方面。意思主要是指当事人欲使其内心意思发生法律上效力的效果意思。表示是指行为人将其内在的效果意思以一定方式表现于外部，为行为相对人所了解。

意思表示可分为无相对人的意思表示和有相对人的意思表示。无相对人的意思表示于意思完成时即可产生法律效力，除非法律另有规定。有相对人的意思表示又可分为对话的意思表示和非对话的意思表示。以对话方式作出的意思表示，在相对人知道其内容时生效。以非对话方式作出的意思表示，在到达相对人时生效。如订立合同过程中的要约和承诺、债务免除、授予代理权、合同解除等意思表示，均采取到达主义。以非对话方式作出的数据电文形式的意思表示，相对人指定特定系统接收数据电文的，该数据电文进入该特定系统时生效；未指定特定系统的，相对人知道或者应当知道该数据电文进入其系统时生效。当事人对采用数据电文形式的意思表示的生效时间另有约定的，按照其约定。无相对人的意思表示，表示完成时生效，法律另有规定的，依照其规定。以公告方式作出的意思表示，在公告发布时生效。行为人可以明示或者默示作出意思表示。沉默只有在有法律规定、当事人约定或者符合当事人之间的交易习惯时，才可以视为意思表示。

意思表示存在解释的问题。《民法典》第一百四十二条规定：“有相对人的意思表示的解释，应当按照所使用的词句，结合相关条款、行为的性质和目的、习惯以及诚信原则，确定意思表示的含义。无相对人的意思表示的解释，不能完全拘泥于所使用的词句，而应当结合相关条款、行为的性质和目的、习惯以及诚信原则，确定行为人的真实意思。”

民事法律行为可以基于双方或者多方的意思表示一致成立，也可以基于单方的意思表示成立。法人、非法人组织依照法律或者章程规定的议事方式和表决程序作出决议的，该决议行为成立。

（三）法律行为的分类

法律行为按不同的标准可作不同的分类。不同的法律行为在法律上具有不同的法律意义。

1.有偿的法律行为与无偿的法律行为

有偿的法律行为是指当事人互为给付一定代价的法律行为，如买卖行为中，买方为获得对方的货物而支付价款，卖方为获取价款而交付货物。

无偿的法律行为是指一方当事人承担给付一定代价的义务，对方当事人不承担相应给付义务的法律行为，如赠与行为。

区分有偿法律行为与无偿法律行为的意义在于，无偿法律行为的义务人比有偿法律行为的义务人的法律责任轻。例如，赠与人将有瑕疵的物品赠与受赠人，受赠人不得因物品有瑕疵而追究赠与人的民事责任，赠与人故意不告知瑕疵造成受赠人损失的除外。相反，在买卖行为中，买受人对出卖物品的瑕疵，可以追究出卖人的民事责任。

2.单方法律行为和双方法律行为

单方法律行为是根据一方当事人的意思表示而成立的法律行为。单方法律行为的成立只需一方当事人的意思表示而无须他方的同意，如债务的免除、委托代理人辞去委托、无权代理的追认、设立遗嘱等。

双方法律行为是指由双方当事人意思表示一致而成立的法律行为。该法律行为不仅当事人各自需要进行意思表示，而且意思表示还需一致，如合同行为等。现实生活中的民事法律行为多为双方法律行为。

区分单方法律行为与双方法律行为的法律意义在于，让人们了解和掌握这两种法律行为的成立要件和法律效力。

3.单务法律行为和双务法律行为

单务法律行为，指仅一方负有义务，而另一方仅享有权利的法律行为，如赠与行为。

双务法律行为，是指法律行为的双方都负有义务的法律行为，如买卖合同行为。在现实生活中，绝大多数的法律行为都是双务法律行为。

区分单务法律行为和双务法律行为的法律意义在于：一是成立要件不同。单务法律行为以实际履行为成立要件；双务法律行为以当事人意思表示一致为要件，只要意思表示一致，该法律行为就成立。二是法律后果不同。单务法律行为的义务方如不履行义务，对方不享有要求其履行的权利；双务法律行为的一方如不履行自己的义务，他方有权要求其履行，并有权要求赔偿损失。

（四）民事法律行为的要件

民事法律行为的要件分为成立要件和生效要件。

1.成立要件

民事法律行为的成立要件，是指依照法律的规定成立民事法律行为所必不可少的事实要素。一般认为，民事法律行为的一般要件包括当事人、意思表示及其内容。但实际上，意思表示是由特定当事人实施，且包含意思表示的内容，所以，意思表示是民事法律行为的一般成立要件。此外，特定民事法律行为还要求具备特别成立要件，如对于要式法律行为，还需要具备法律规定或者当事人约定的特定形式才能成立。

2.生效要件

法律行为的有效是指法律行为足以引起权利义务的设立、变更、终止的法律效力。法律行为的成立是法律行为有效的前提，但是，已成立的法律行为不一定必然发生法律效力，只有具备一定有效要件的法律行为，才能产生预期的法律效果。根据《民法典》的规定，民事法律行为应当具备下列有效要件：

（1）行为人具有相应的民事行为能力。只有具有相应的民事行为能力的人才能进行民事法律行为。对于自然人而言，无民事行为能力人进行的行为不具有法律效力，限制民事行为能力人只能进行与其智力、年龄相适应的法律行为，完全民事行为能力人可以独立地在其权利能力范围内进行民事活动。对于法人来说，只有具有与其权利能力范围相适应的行为能力，其进行的法律行为才有效。法人的权利能力范围一般以核准登记的生产经营和业务范围为准。

（2）意思表示真实。意思表示真实是指行为人在自觉、自愿的基础上作出符合其内在意志的表示行为。意思表示不真实的民事行为，可以撤销或宣告无效。意思表示真实包括两个方面：①意思表示自愿，任何人不得强迫；②行为人的主观意愿和外在意思表示一致。

（3）不违反法律、行政法规的强制性规定，不违背公序良俗。

【案例1-5】王某已满16周岁，其父母均因病而丧失了劳动能力，为维持生计，他在亲属和社会资助下独自经营一家日用品商店，由于王某经营有方，日用品商店生意良好。

请问：王某为经营日用品商店而进行的买卖行为是否有效？

（五）无效民事法律行为

无效民事法律行为是指欠缺民事法律行为的有效要件，不发生当事人预期的法律后果的民事法律行为。无效的民事法律行为自始没有法律约束力。民事法律行为部分无效，不影响其他部分效力的，其他部分仍然有效。《民法典》规定了以下无效民事法律行为：

1.无民事行为能力人实施的民事法律行为无效

无民事行为能力人不能正确认识其行为的法律意义，依法不能进行民事活动，只能由其法定代理人代理。

2.行为人与相对人以虚假的意思表示实施的民事法律行为无效

虚假表示是行为人与相对人通谋而为虚假的意思表示，是双方进行的串通行为，双方当事人意思表示不真实，因此是无效的。在虚假表示的背后，还有隐藏行为。隐藏行为是行为人将其真意隐藏在虚伪的意思表示中，如通过赠与的方式逃税。虚假的意思表示行为无效，至于其隐藏的真实意思表示行为是否有效，应当依照该行为的法律规定判断。

3.违反法律法规和违背公序良俗的民事法律行为无效

这是对民事法律行为有效要件“不违反法律、行政法规的强制性规定，不违背公序良俗”的正面规定，直接将违反法律法规和违背公序良俗的行为规定为无效。但要注意的是不是所有强制规定都无效。强制规定区分为管理性强制规定和效力性强制规定，违反管理性强制规定并不当然导致行为无效，违反效力性强制规定行为才无效。

4.恶意串通的民事法律行为无效

恶意串通违背诚实信用原则，是一种对权利的滥用，是无效的民事法律行为。

【案例1-6】不满8周岁的玲玲自己决定将压岁钱500元捐赠给希望工程。

请问：玲玲的行为是否有效？

（六）可撤销的民事法律行为

1.可撤销的民事法律行为的概念和特征

可撤销的民事法律行为是指依照法律的规定，可以因行为人自愿请求法院或仲裁机构予以撤销而自始归于无效的民事法律行为。该行为与无效民事法律行为相比，有以下特征：

（1）在该行为被撤销前，其效力已经发生，未经撤销，其效力不消灭。该效力的消灭，以撤销为条件。

（2）该行为的撤销，应由撤销权人提出并实施，其他人不能主张其效力的消灭。

（3）撤销权人对权利的行使拥有选择权，其可以选择撤销该行为，也可以不选择撤销该行为。

（4）撤销权的行使有时间限制。当事人自知道或者应当知道撤销事由之日起1年内、重大误解的当事人自知道或者应当知道撤销事由之日起90日内没有行使撤销权的；当事人受胁迫，自胁迫行为终止之日起1年内没有行使撤销权的；当事人知道撤销事由后明确表示或者以自己的行为表明放弃撤销权的；当事人自民事法律行为发生之日起5年内没有行使撤销权的，撤销权消灭。

（5）该行为一经撤销，其效力溯及于行为开始时无效。

2.可撤销民事法律行为的种类

（1）基于重大误解实施的民事法律行为。重大误解是指一方当事人由于自己的过错，对民事法律行为的内容等发生误解，由此订立了民事法律行为，该民事法律行为所涉及的利益对当事人而言为重大。基于重大误解而作的意思表示，说明意思表示有瑕疵，故行为人可撤销。

（2）受欺诈而实施的民事法律行为。欺诈是指一方当事人实施某种欺诈他人的行为，并使他人陷入错误，与欺诈行为人订立民事法律合同，因此受到损害的行为。根据欺诈实施方的不同，可以将受欺诈民事法律行为分为行为人欺诈和第三人欺诈，但两者的法律后果是一样的，都可请求人民法院或仲裁机构撤销。第三人实施欺诈行为，使一方在违背真实意思的情况下实施的民事法律行为，对方知道或者应当知道该欺诈行为的，受欺诈方有权请求人民法院或者仲裁机构予以撤销。

（3）受胁迫实施的民事法律行为。一方或者第三人以胁迫手段，使对方在违背真实意思的情况下实施的民事法律行为，由于受胁迫当事人作出的民事法律行为不是出于其真实意思表示，受胁迫方有权请求人民法院或者仲裁机构予以撤销。

（4）乘人之危导致显失公平的民事法律行为。乘人之危是原因，显失公平是法律后果，两者兼有才能撤销。

3.民事法律行为被确认无效或被撤销的法律后果

民事法律行为无效、被撤销或者确定不发生效力后，行为人因该行为取得的财产，应当予以返还；不能返还或者没有必要返还的，应当折价补偿。有过错的一方应当赔偿对方由此所受到的损失；各方都有过错的，应当各自承担相应的责任。法律另有规定的，依照其规定。

【随堂测试1-5】乙公司以国产牛肉为样品，伪称美国进口牛肉，与甲公司签订了买卖合同，后甲公司得知这一事实。此时恰逢美国流行疯牛病，美国进口牛肉滞销，国产牛肉价格上涨。下列说法中，正确的有（　　）。

A.甲公司有权自知道样品为国产牛肉之日起1年内主张撤销合同

B.乙公司有权自合同订立之日起1年内主张撤销合同

C.甲公司有权决定履行合同，乙公司无权拒绝履行

D.在甲公司决定撤销该合同前，乙公司有权按约定向甲公司要求支付货款

（七）效力待定的民事法律行为

效力待定的民事法律行为，是指行为成立时其是有效还是无效尚不确定，有待其后一定事实的发生确定效力的民事法律行为。其主要特征是：效力待定的民事法律行为是已经成立的民事法律行为；效力待定的民事法律行为在成立时有效还是无效处于不确定状态；可因其后的一定事实而发生效力。

限制民事行为能力人实施的依法不能独立实施的民事法律行为。限制民事行为能力人实施与其年龄、智力、精神状况不相适应的民事法律行为，法定代理人同意或追认有效，未同意或追认则无效。撤销权人有撤销权，相对人有催告权，沉默视为拒绝，善意相对人有撤销的权利。

相对人可以催告法定代理人自收到通知之日起30日内予以追认。法定代理人未作表示的，视为拒绝追认。民事法律行为被追认前，善意相对人有撤销的权利。撤销应当以通知的方式作出。

无权代理行为，被代理人追认对被代理人生效，不追认则不对被代理人生效。撤销权、催告权等与限制民事行为能力人一样。

二、代理

（一）代理的概念和特征

代理是代理人在代理权限内以被代理人的名义与第三人实施的法律行为，由此产生的法律后果直接由被代理人承担的一种民事法律制度。在代理制度中，以他人名义实施法律行为的人称为代理人；其名义被他人使用而由他人实施法律行为的人，称为被代理人或本人；与代理人实施法律行为的相对人，称为第三人。代理关系涉及三方面的法律关系：一是代理人与被代理人之间的代理权关系；二是代理人与第三人之间的代理行为关系；三是被代理人与第三人之间的承受代理行为法律后果的关系。

微课

代理（一）

微课

代理（二）

代理具有以下特征：

1.代理人必须以被代理人的名义实施法律行为

不以被代理人的名义而以自己的名义代替他人实施法律行为，不属于代理行为，不能发生代理的法律后果，如行纪、寄售等受托处分财产的行为。

2.代理人必须在代理权限范围内实施法律行为

委托代理的代理人应根据被代理人的授权进行代理。法定代理也只能在法律规定的范围内进行代理行为。

3.代理人在代理权限范围内独立进行意思表示

代理人有权根据实际情况，在维护被代理人利益的情况下，独立地决定法律行为的内容和方式。非独立进行意思表示的行为，不属于代理行为，如居间行为、传递信息等均不属于代理行为。

4.代理行为产生的法律后果直接由被代理人承担

代理人在代理权限内所为的法律行为等于被代理人自己所为的法律行为，因此，被代理人享有代理行为产生的民事权利，同时也应承担代理行为产生的民事义务和民事责任。

（二）代理的适用范围

从民事活动的角度看，通常的民事法律行为都能通过代理来完成。但以下三种情形除外：

（1）具有人身属性、法律要求必须由本人亲自实施的民事法律行为不适用代理。如结婚、离婚、立遗嘱等民事法律行为，是不能由他人代理完成的。

（2）当事人要求必须由本人实施的民事法律行为。

（3）违法行为或者法律禁止的行为不能代理。《民法典》第一百六十七条对违法行为代理的后果作出了规定，即代理人与被代理人承担连带责任。

此外，根据法律的规定，只有某些主体才能代理的行为，他人不得代理，如代理发行证券只能由有证券承销资格的综合类证券公司进行。

【案例 1-7】甲委托乙代理自己实施某违法行为，乙明知该行为违法，但为了赚取代理费仍然实施了该行为，并给丙造成了损失。

请问：丙的损失应该由谁赔偿？

（三）代理的种类

根据《民法典》的规定，依代理权产生根据的不同，代理可分为以下两种：

1.委托代理

委托代理是指根据被代理人的委托而进行的代理。被代理人的委托可以基于授权行为发生，也可依据合伙关系、职务关系等发生。委托代理中的授权行为一般以授权委托书（亦称代理证书）的形式表现。根据法律的规定，委托代理授权采用书面形式的，授权委托书应当载明代理人的姓名或者名称、代理事项、权限和期间，并由被代理人签名或者盖章。

2.法定代理

法定代理是指代理人根据法律的直接规定而进行的代理。法定代理主要是为无民事行为能力人和限制民事行为能力人而设定的。无民事行为能力人、限制民事行为能力人的监护人是他们的法定代理人。法定代理人的代理权是法律直接规定的，与被代理人的意志无关。

【随堂测试 1-6】下列情形中，适用法定代理的有（　　）。

A.被代理人是身体有残疾的人

B.被代理人是无民事行为能力的人

C.被代理人是限制民事行为能力的人

D.被代理人是不能亲自处理自己事务的人

（四）代理权的行使

1.代理权行使的一般要求

委托代理人应按照被代理人的委托授权行使代理权，法定代理人应依照法律的规定行使代理权。代理人不履行或者不完全履行职责，造成被代理人损害的，应当承担民事责任。代理人和相对人恶意串通，损害被代理人合法权益的，代理人和相对人应当承担连带责任。

2.代理人应依代理权限行使代理权，不得无权代理

无权代理是指代理人无代理权而以他人的名义进行民事行为。行为人没有代理权、超

越代理权或者代理权终止后，仍然实施代理行为，未经被代理人追认的，对被代理人不发生效力。无权代理包括：

（1）未经授权的代理。没有代理权的代理行为。

（2）代理权终止后的代理行为。

（3）超越代理权的代理行为。

对于无权代理，根据《民法典》的规定，会引起三种法律后果：

（1）被代理人追认。在这种情况下，发生有权代理的法律后果，由被代理人对代理人的民事行为的后果承担法律责任。

（2）被代理人不予追认。代理人应对无权代理的行为承担法律责任。

（3）被代理人默认。对此，视为被代理人同意，产生有权代理的法律后果。

执行法人或者非法人组织工作任务的人员，就其职权范围内的事项，以法人或者非法人组织的名义实施民事法律行为，对法人或者非法人组织发生效力。法人或者非法人组织对执行其工作任务的人员职权范围的限制，不得对抗善意相对人。

相对人可以催告被代理人自收到通知之日起30日内予以追认。被代理人未作表示的，视为拒绝追认。行为人实施的行为被追认前，善意相对人有撤销的权利。撤销应当以通知的方式作出。

行为人实施的行为未被追认的，善意相对人有权请求行为人履行债务或者就其受到的损害请求行为人赔偿。但是，赔偿的范围不得超过被代理人追认时相对人所能获得的利益。

相对人知道或者应当知道行为人无权代理的，相对人和行为人按照各自的过错承担责任。

3.代理人不得擅自转委托

代理关系是以信任关系为基础的，因此，代理人应亲自行使代理权，不得擅自转委托。但是，为了被代理人的利益在紧急情况下转委托的除外。转委托应符合下列条件：

（1）必须是为了被代理人的利益；

（2）应当事先取得被代理人的同意；

（3）事先未取得被代理人同意的，只有在代理人遇通信中断等特殊情况下，才发生对被代理人产生约束力的后果。

4.代理人不得滥用代理权

滥用代理权是指代理人利用代理权进行损害被代理人利益的民事活动。滥用代理权有以下几种表现：

（1）自己代理是代理人在代理权限内与自己为民事法律行为。自己代理违背代理权设定的宗旨和准则，除非事前得到被代理人的同意或者事后得到其追认，否则法律不予承认代理的效力。

（2）双方代理是一个代理人同时代理双方当事人为民事法律行为的情况。一个代理人代理双方当事人进行交易，会发生利益冲突，除非事前得到双方当事人的同意或者事后得到了追认，否则法律不承认代理的效力。

（3）代理人与第三人恶意串通，损害被代理人合法权益的，代理人与相对人承担连带责任。

（五）代理关系的终止

根据《民法典》的规定，委托代理关系终止的原因有：

（1）代理期限届满或者代理事务完成；

（2）被代理人取消委托或代理人辞去委托；

（3）代理人丧失民事行为能力；

（4）代理人或者被代理人死亡；

（5）作为代理人或者被代理人的法人、非法人组织终止。

根据《民法典》的规定，法定代理终止的原因有：

（1）被代理人取得或恢复民事行为能力；

（2）代理人丧失民事行为能力；

（3）被代理人或者代理人死亡；

（4）法律规定的其他情形。

三、物权制度

（一）物权及其特征

物权是权利人依法对特定的物享有直接支配和排他的权利，包括所有权、用益物权和担保物权。物权的种类和内容由法律规定，当事人不能自由设定。不动产物权的设立、变更、转让和消灭，应当依照法律规定登记。动产物权的设立和转让，应当依照法律规定交付。物权具有以下特征：

1.支配性

物权是对于标的物具有直接支配力的财产权，物权人有权仅以自己意志实现权利，无须第三人的积极行为协助，属于支配权。债权则属于请求权，其实现有赖于债务人的履行行为。

2.排他性

物权人对于标的物具有意志支配力，能够排除他人意志以同样方式支配，故一物之上只能成立一项所有权。债权则具有兼容性，在同一标的物上成立多重买卖，多项买卖合同均可有效，并不相互排斥。

3.绝对性

物权是对抗所有人的财产权，排除任何他人的干涉，其他人有义务尊重。故为绝对权或称对世权。债权则仅对特定的债务人存在，属于相对权或称对人权。

（二）物权的分类

1.所有权与他物权

所有权即自物权（亦称完全物权），系对于自己之物所享有的物权；用益物权、担保物权则属于他物权（亦称限制物权），是在他人之物上设定物权。

2.用益物权与担保物权

用益物权和担保物权均是限制物权。以使用他人所有之物为目的的物权，为用益物权，主要包括土地承包经营权、建设用地使用权、宅基地使用权、居住权、地役权等；以担保债权实现为目的的物权，为担保债权，包括抵押权、质权和留置权等。用益物权针对的是物的使用价值，担保物权则针对物的交换价值。

3.动产物权与不动产物权

动产物权是设定在动产之上的物权，如动产所有权、质权、留置权等；不动产物权则是设定于不动产之上的物权，如不动产所有权、不动产抵押权等。用益物权一般存在于不动产之上，担保物权中的抵押权原则上亦以不动产为客体，但法律另有规定的除外，质权与留置权则只能以动产为客体，不得设于不动产之上。

（三）物权的效力

1.物权的排他效力

物权的排他效力指物权人对其公示的物权享有对抗一切第三人的绝对性权利，因此又称排他权效力。物权的排他效力的基本含义是在同一物之上不能同时存在两个性质相互矛盾的物权。具体而言，包括以下基本含义：

（1）同一物之上不能同时设立两项所有权，无论该物被何人占有，物之所有权只有一个。

（2）同一物之上不能设定两种互相冲突的他物权。

（3）物权人有权排除其他一切人对其物权的干涉妨碍。

2.优先效力

物权的优先效力亦称物权的优先权效力，是指在同一物之上同时设定有物权和债权时，在权利实现过程中物权优先于债权，同一物之上存有相容的数个物权时，除了法律另有规定之外，先设立的物权优于后设立的物权。

3.追及效力

所谓物权的追及效力，是指物权标的物无论流于何处，无论落于何人手中，除了法律另有规定之外，物权人都有权追至物之所在而行使物权。

4.请求效力

所谓物权请求权是指物权人之物权受到他人侵害或者存在妨害之虞时，物权人为了使物权正常行使，排除侵害干扰，有权请求相对人为一定行为或不为一定行为以使其物权恢复到原有的圆满正常状态的权利。

【案例1-8】王某将其房屋卖给李某，双方于5月10日签订了房屋买卖合同，李某当日向王某支付了500万元的购房款，但双方没有办理产权过户登记。5月20日，王某又将该房屋卖给了吴某，双方签订了房屋买卖合同，并于5月25日办理了产权过户登记。

请问：（1）房屋所有权归谁？（2）本案应如何处理？

四、债权制度

（一）债的概述和特征

债权是因合同、侵权行为、无因管理、不当得利以及法律的其他规定，权利人请求特定义务人为或者不为一定行为的权利。债是特定当事人之间请求为一定给付的民事法律关系。在债的关系中，一方享有请求对方为一定给付的权利，即债权，该方当事人称为债权人；另一方负有向对方为一定给付的义务，即债务，该方当事人称为债务人。其特征为：

1.债反映财产流转关系

债的关系是建立于债权人与债务人之间的利益关系，这种利益关系或者直接表现为财产性质，或者最终与财产利益相关。债的关系所包含的债权、债务，最终都能以货币衡量评价。因此，债是一种财产法律关系。债的关系反映的是财产利益从一个主体转移到另一主体的财产流转关系，目的在于保护财产的动态的安全。

2.债为特定主体之间的法律关系

其权利主体（债权人）和义务主体（债务人）都是特定的。

3.债的客体是债务人的特定行为

债的客体是给付，而财物、智力成果、劳务等则是给付的对象或给付标的。此点也与物权关系、知识产权关系不同。物权以物为客体，知识产权则以知识产品为客体。

4.债的目的须通过债务人的特定行为实现

债的目的是一方从另一方取得一定的财产利益。这一目的，只能通过债务人的给付才能实现，没有债务人为其应为的特定行为，债权人的权利（利益）便不能实现。而在物权关系、知识产权关系中，权利人可以直接通过自己的行为实现其权利，无须借助于义务人的行为来实现法律关系的目的。

（二）债的分类

根据债的发生原因可以将债进行如下分类：

1.合同之债

合同是平等主体的自然人、法人、其他组织之间设立、变更、终止民事权利义务关系的协议。合同依法成立后，即在当事人之间产生债权债务关系，因此合同是债的发生根据。基于合同所产生的债，称为合同之债。合同之债是当事人在平等基础上自愿设立的，是民事主体开展各种经济交往的法律表现，也是债的最常见、最主要的表现形式。

2.侵权之债

侵权行为是指不法侵害他人的合法民事权益的行为。依法律规定，侵权行为发生后，加害人负有赔偿受害人损失等义务，受害人享有请求加害人赔偿损失等权利。这种特定主体之间的权利义务关系，即侵权之债。侵权之债是除合同之债以外的另一类较为常见的债，它由非法行为引起，依法律规定而产生，以损害赔偿为主要内容。

3.无因管理之债

无因管理，是指没有法定的或约定的义务，为避免他人利益受损失而为他人管理事务或提供服务的行为。无因管理一经成立，在管理人和本人之间即发生债权债务关系，管理人有权请求本人偿还其因管理而支出的必要费用，本人有义务偿还，此即无因管理之债。无因管理之债与合同之债一样，都是因合法行为而发生的，两者的根本区别在于合同之债为意定之债，无因管理之债为法定之债。

4.不当得利之债

不当得利，是指没有合法根据而获得利益并使他人利益遭受损失的事实。依法律规定，取得不当利益的一方应将所获利益返还于受损失的一方，双方因此形成债权债务关系，即不当得利之债。不当得利之债与侵权之债、无因管理之债同属法定之债，其特点在于，它既不像合同之债那样基于当事人的合意而成立，也不像侵权之债那样因不法行为而发生，或像无因管理之债那样因合法的事实行为而发生，而是基于当事人之间的利益发生不当变动的法律事实（事件）而发生。

5.其他原因

除上述发生原因外，债的关系还可因其他法律事实而产生。例如，因缔约过失，在缔约当事人之间产生债权债务关系；因拾得遗失物，在拾得人与遗失物的所有人之间产生债权债务关系；因防止、制止他人合法权益受侵害而实施救助行为，在因此而受损的救助人与受益人之间产生债的关系。

任务四　经济法责任

一、经济法责任的概念

法律责任是指行为人因实施了违反法律法规规定的内容而应承担的法律后果。违反经济法的法律责任，又叫经济法责任，是指经济法主体因实施了违反经济法律法规的行为而应承担的法律后果。经济法责任是经济法主体的经济权利和经济义务得以实现的保障机制，是经济法目的得以实现的最后一道屏障。由于经济法责任具有惩戒性，它对经济法主体行为保持端正具有威慑和督促作用，能够推动经济法主体恪守经济义务。

微课

法律责任

二、承担经济法责任的形式

（一）民事责任

民事责任是指经济法主体违反经济法律法规给对方造成损害时依法应承担的民事法律后果。根据《民法典》第一百七十九条的规定，经济法主体承担民事责任的方式主要有以下11种：

（1）停止侵害。适用于正在进行中的侵害他人合法权利的行为。

（2）排除妨碍。适用于妨碍他人行使权利的场合，不需要权利人的权利受到实际的侵害。

（3）消除危险。行为人的行为对他人的人身、财产安全造成潜在威胁的，权利人可以要求其采取有效措施消除危险。

（4）返还财产。不法行为人非法占有他人财产，权利人有权要求返还。

（5）恢复原状。恢复原状是指将损害的财产修复，即通过修理恢复财产原有的状态。恢复原状的适用以须有修复的可能与必要为前提。

（6）修理、重作、更换。修理、重作、更换是指将被损害的财产通过修理、重新制作或者更换损坏的部分，使财产恢复到原有正常状态。

（7）继续履行。继续履行是指合同当事人一方不履行合同义务或者履行合同义务不符合约定时，经另一方当事人的请求，法律强制其按照合同的约定继续履行合同的义务。

（8）赔偿损失。赔偿损失是指行为人因违反合同或者侵权行为给他人造成损害，应以其财产赔偿对方所受的损失。

（9）支付违约金。支付违约金是指当事人不履行或者不适当履行债务时，必须按合同约定给付对方一定数额的金钱。

（10）消除影响、恢复名誉。消除影响、恢复名誉是指行为人侵害了公民、法人和其他组织的人格、名誉，在影响所涉及范围内消除不良后果，将受害人的名誉恢复至未受侵害时的状态。

（11）赔礼道歉。赔礼道歉是指违法行为人因其行为侵害了公民、法人或者其他组织的人格权等合法权益所承担的向受害人承认错误、表示歉意的责任方式。

以上承担民事责任的方式，可以单独适用，也可以合并适用。

【随堂测试1–7】下列法律责任形式中，属于民事责任的有（　　）。

A.罚款　　B.赔偿损失　　C.赔礼道歉　　D.没收财产

（二）行政责任

行政责任是指经济法主体违反经济法律法规依法应承担的由国家行政机关或者授权单位对其依法给予的制裁，包括行政处罚、行政处分。

1.行政处罚

行政处罚是指行政机关或其他行政主体依法定职权和程序对违反行政法规尚未构成犯罪的行政管理相对人给予行政制裁的具体行政行为。根据《行政处罚法》的规定，行政处罚的种类包括：警告；罚款；没收违法所得、没收非法财物；责令停产停业；暂扣或者吊销许可证、暂扣或者吊销执照；行政拘留；法律、行政法规规定的其他行政处罚。

2.行政处分

行政处分是国家行政机关依照行政隶属关系给予有违法失职行为的国家机关公务人员的一种惩罚措施，包括警告、记过、记大过、降级、撤职、开除。行政处分属于内部行政行为，由行政主体基于行政隶属关系依法作出。

（三）刑事责任

刑事责任是指经济法主体违反经济法律法规构成犯罪依法应承担的刑事法律后果。根据《刑法》的规定，刑罚分为主刑和附加刑。

1.主刑

主刑是对犯罪适用的主要刑罚方法，只能独立适用。主刑包括管制、拘役、有期徒刑、无期徒刑和死刑5种。

（1）管制是对罪犯不予关押，但限制其一定自由，依法实行社区矫正。判处管制的罪犯仍然留在原工作单位或居住地工作或劳动，在劳动中应当同工同酬。管制的期限为3个月以上2年以下。

（2）拘役是由公安机关就近执行的，短期剥夺犯罪分子人身自由、强制劳动改造的刑罚。期限为1个月以上6个月以下。

（3）有期徒刑，指在一定期限内剥夺犯罪分子的人身自由，并监禁于一定场所的刑罚。除法律另有规定外，期限为6个月以上15年以下。

（4）无期徒刑是剥夺犯罪分子终身自由的刑罚方法。

（5）死刑是剥夺一个犯人生命的刑罚。死刑分为死刑并缓期2年执行（死缓）与死刑并立即执行两种死刑判决。

2.附加刑

附加刑指根据刑法的规定，补充主刑适用的刑罚方法。其特点是既能独立适用，也能附加适用。附加刑包括罚金、剥夺政治权利、没收财产、驱逐出境4种。

（1）罚金是人民法院判处犯罪人向国家缴纳一定数额金钱的刑罚方法。从法律性质上讲，罚金是一种刑罚方法，而非经济制裁、民事制裁或行政处罚。罚金属于财产刑的范畴，它是以强制犯罪人（包括自然人和单位）交纳金钱为内容的刑罚方法。

（2）剥夺政治权利，是指剥夺犯罪人参加国家管理和政治活动权利的刑罚方法。剥夺的具体政治权利是指：选举权和被选举权；言论、出版、集会、结社、游行、示威自由的权利；担任国家机关职务的权利；担任国有公司、企业、事业单位和人民团体领导职务的权利。

（3）没收财产是将犯罪分子个人所有财产的一部分或者全部强制无偿地收归国有的刑罚方法。

（4）驱逐出境，是强迫犯罪的外国人离开中国国（边）境的刑罚方法。

（四）经济法责任的实现

经济法责任的实现是指经济法责任确定后，当事人因此而产生的经济职责、经济义务或其他负担。经济法责任的实现是国家对经济法律关系进行保护的最为有效的手段和最终体现。经济法责任的实现包括两层含义：一是在当事人对责任的承担无争议的情况下，取决于责任主体自觉履行的行动；二是当责任主体怠于或拒不承担责任，或者当事人对责任的承担存在争议时，则需要由权利主体通过法律途径寻求实现，即申请由有权处理的机关依法进行责任认定及强制执行。

【案例 1-9】甲商店销售假冒的五粮液酒，被某市场监督管理所查获。市场监督管理所没收了10瓶假五粮液酒，并处以5 000元的罚金。

请问：市场监督管理所的处罚正确吗？

项目测试

一、单项选择题（每题只有一个正确选项，请将正确的选项填入括号内）

1.下列各项关于法律渊源的表述中，不正确的是（　　）。

A.法律由全国人大及其常委会制定

B.地方性法规不得与宪法、法律和行政法规相抵触

C.行政法规的效力次于宪法和法律

D.行政法规由国家各级行政机关制定

2.下列各项中，不能成为经济法律关系客体的是（　　）。

A.保管行为　　B.房屋　　C.专利权　　D.空气

3.甲与乙订立合同后，乙以甲有欺诈行为为由向人民法院提出撤销合同申请，人民法院依法撤销了该合同。下列有关被撤销合同的法律效力的表述中，正确的是（　　）。

A.自合同订立时无效　　B.自乙提出撤销请求时无效

C.自人民法院受理撤销请求时无效　　D.自合同被人民法院撤销时无效

4.下列各项中，属于可撤销的民事法律行为的是（　　）。

A.甲从乙处买回一件假冒名牌产品

B.甲趁乙急需用钱之时，以低于市场价20%的价格从乙处买走一辆汽车

C.9周岁的甲从文具店购买一支2元的笔

D.15周岁的中学生甲花20元钱从书店里买了一本书

5.根据《民法典》的规定，下列行为中，可以进行代理的是（　　）。

A.遗嘱　　B.婚姻登记　　C.收养子女　　D.签订买卖合同

6.下列行为中，属于滥用代理权的情况是（　　）。

A.没有代理权的代理　　B.超越代理权

C.代理权终止后而为的代理　　D.代理双方当事人进行同一民事行为

7.甲、乙双方签订一份建造1万平方米商品房的合同，由此形成的法律关系客体是（　　）。

A.乙方承建的该1万平方米商品房　　B.承建该商品房的工程劳务

C.甲乙双方　　D.该合同中规定的双方的权利和义务

8.根据《民法典》的规定，下列选项中，属于无效民事法律行为的是（　　）。

A.限制民事行为能力人实施的民事法律行为

B.恶意串通损害第三人利益的民事法律行为

C.所附条件尚未成就的附条件民事法律行为

D.因重大误解而实施的民事法律行为

9.张某的单位今年新盖一批房屋，张某估计自己可以分到一套两居室。于是张某先按照房屋面积买了一些地毯，拟铺在新居中。但最后张某未能分到两居室，则张某购买地毯的行为（　　）。

A.是无效行为，因为张某购买地毯的动机没有实现，其意思表示不真实

B.是可撤销行为，因为张某购买地毯的目的存在重大误解

C.是有效行为，因为该行为虽有误解但意义不是重大的

D.是有效行为，因为该行为与单位分房之间没有内在联系

10.甲将自己的一间私房作价2万元转让给乙，乙略加修缮后，居住一年后以4万元的价格转让给丙，丙居住一年后以5万元的价格转让给丁。以上几次转让都签订了买卖合同，但均未办理过户登记手续。在丁居住期间，该房屋价格涨至20万元，甲、乙、丙、丁就房屋所有权发生争议。该房屋所有权应属于（　　）。

A.甲　　B.乙　　C.丙　　D.丁

二、多项选择题（每题有两个或两个以上正确选项，请将正确的选项填入括号内）

1.经济法律关系的三个要素包括（　　）。

A.主体　　B.内容　　C.客体　　D.行为

2.法律行为的有效要件包括（　　）。

A.行为人具有相应的民事行为能力

B.意思表示真实

C.不违反法律、行政法规的强制性规定，不违背公序良俗

D.行为人的意思表示的形式必须符合法律的规定

3.根据有关规定，下列选项中，属于无效民事法律行为的有（　　）。

A.违背公序良俗的民事法律行为

B.恶意串通损害第三人利益的民事法律行为

C.所附条件尚未成就的附条件民事法律行为

D.因重大误解而实施的民事法律行为

4. 根据有关规定，下列关于可撤销的民事法律行为的表述中，正确的有（　　）。

A. 可撤销的民事法律行为在撤销前已经发生法律效力，在被撤销以前，其法律效果可以对抗除撤销权人以外的任何人

B. 可撤销的民事法律行为的撤销，应由撤销权人以撤销行为为之，人民法院不主动干预

C. 可撤销的民事法律行为的撤销权人对权利行使拥有选择权，当事人可以撤销其行为，也可通过承认的表示使撤销权消灭

D. 可撤销的民事法律行为，其撤销权的行使没有时间限制

5. 根据《民法典》的规定，下列行为中，不属于代理的有（　　）。

A. 行纪行为　　B. 居间行为　　C. 代人保管物品　　D. 寄售

6. 甲委托乙前往丙厂采购男装，乙觉得丙生产的女装市场看好，便自作主张以甲的名义向丙订购。丙未问乙的代理权限，便与之订立了买卖合同。根据《民法典》的规定，下列选项中，正确的有（　　）。

A. 甲有追认权　　B. 丙有催告权　　C. 乙有撤销权　　D. 构成表见代理

7. 根据《民法典》的规定，下列情形中，属于代理权滥用的有（　　）。

A. 代理他人与自己进行民事活动

B. 超越代理权的代理

C. 代理双方当事人进行同一民事行为

D. 代理人与第三人恶意串通，损害被代理人的利益

8. 下列各项中，属于民事法律责任形式的有（　　）。

A. 返还财产　　B. 支付违约金　　C. 罚款　　D. 责令停业

9. 用益物权包括（　　）。

A. 土地承包经营权　B. 建设用地使用权　　C. 留置权　　D. 地役权

10. 下列各项中，属于附加刑的有（　　）。

A. 拘役　　B. 罚金　　C. 罚款　　D. 没收财产

三、判断题（正确的在括号内打“√”，错误的打“×”）

1. 民事法律行为必须是合法行为，非法行为不是民事法律行为。（　　）

2.《民法典》第二百零八条规定，不动产物权的设立、变更、转让和消灭，应当依照法律规定登记。动产物权的设立和转让，应当依照法律规定交付。（　　）

3. 最高人民法院对法律的解释是经济法的渊源之一。（　　）

4. 一方以欺诈、胁迫的手段或者乘人之危，使对方在违背真实意思的情况下所进行的民事行为属于可撤销的民事行为。（　　）

5. 超越代理权的代理属于代理权滥用的情形。（　　）

6. 国务院制定的《中华人民共和国外汇管理条例》属于部门规章。（　　）

7. 无民事行为能力人接受奖励、赠与，他人不得以行为人无民事行为能力为由，主张该行为无效。（　　）

四、案例分析题

1.2020年，甲市税务局稽查分局接到举报，称甲市某公司有偷税嫌疑。经税务机关调查取证，发现该公司确实存在少缴税款的事实。税务机关根据《中华人民共和国税收征收

管理法》的相关规定，责令该公司除补缴所偷税款外，并处以一定数额的罚款。

请问：

（1）结合本案分析什么是经济法律关系？

（2）本案经济法律关系的主体、客体和内容各是什么？

2.2013年6月26日，银川铝型材厂从中国银行银川市支行中湖储蓄所购买了100张面额100元的定期定额有奖储蓄存单，存单背面标明中奖率为100%。同年7月10日，中国银行银川市支行公开摇奖，并在报纸上公布了中奖号码，同时规定，从2013年7月15日至10月15日为兑奖期限，逾期不兑视为弃奖。在此期间，银川铝型材厂始终未去兑奖。在兑奖期限的最后一日，银川铝型材厂将有奖储蓄存单发给本厂职工，代替欠发的工资，该厂职工王春林领到奖券后，核对报纸，发现该奖券中了一等奖，奖金1万元，随即持券到银行领取奖金。银川铝型材厂得知王春林中奖的情况后，认为此奖金应归厂方所有，主张王春林应将1万元奖金交回工厂，厂方的意见被王春林拒绝，双方因此发生纠纷。

请问：

（1）铝型材厂将有奖储蓄存单发给职工代替欠发工资的行为是否存在重大误解？

（2）王春林拒绝厂方的意见是否有理？为什么？

项目二

公司法

【知识目标】

1. 掌握有限责任公司设立、组织机构与股权转让的基本规定。
2. 掌握股份责任公司的设立、组织机构与股份的发行和转让。
3. 掌握公司债券的发行与转让。
4. 了解公司董事、监事、高级管理人员的资格和义务。
5. 了解公司合并、分立以及解散和清算。

【能力目标】

1. 能够依据公司法的规定设立公司。
2. 能够阐述有限责任公司与股份有限公司的区别。
3. 能处理公司运行中常见的法律问题。
4. 识别企业法律形态的异同。

【主要概念】

股份有限公司　有限责任公司　合伙企业　个人独资企业　高管　股份　债券

引导案例

个体工商户陈某与另一个体工商户李某共同设立了某贸易有限公司。陈某将其原来经营的全部资产作价入股，其占公司总股权的90%；李某以现金入股，其占公司总股权的10%；公司的经营管理由陈某负责。由于经营管理不善，公司解散，陈某称自己是公司的债权人，要求公司偿还其借给公司的钱。但是，公司的其他债权人认为，公司成立后的业务与原来一样，陈某拥有公司几乎全部的股份，因此公司几乎是陈某的私人企业，陈某就是公司，所以陈某无权主张对公司的债权，公司的财产只能用于清偿其他债权人。为此，陈某与其他债权人发生纠纷，诉至法院。法院判决公司是独立于其股东的法人，陈某可以向公司主张债权。

思考：

个体工商户与有限责任公司有什么区别？

任务一 常见企业法律制度形态比较

一、企业的法律形态

企业的法律形态是企业法或商法所确定的企业组织的存在形式。设立企业只能选择法律规定的企业组织形式，不能随心所欲地塑造任意的企业形态。但企业的法律形态不是一成不变的，在不同时期发生不同变化。

法律规定的企业组织形式，根据不同标准有不同的分类。例如，根据投资主体的不同，将企业分为国有企业和非国有企业；根据承担的职能的不同，将企业分为竞争性企业和非竞争性企业；根据是否独立享有权利、承担义务和责任，将企业分为法人企业和非法人企业。

符合法人条件，依法取得法人资格的企业为法人企业；不符合法人条件，依法不能取得法人资格的为非法人企业。法人企业在现代社会经济生活中占据主导地位，非法人企业也是普遍存在的。公司是典型的法人企业，分公司、个人独资企业、合伙企业则属非法人企业。

我国民营企业的主要法律形态如下：股份有限公司、有限责任公司、外资企业、中外合资企业、中外合作企业、合伙企业、个人独资企业、个体工商户、农村承包经营户等。

二、常见小企业法律形态的特点

不同的企业法律形态都有各自的特点，我国常见的小企业法律形态主要有个体工商户、个人独资企业、合伙企业和有限责任公司等。本节只介绍个体工商户、个人独资企业、合伙企业3种企业法律形态，有限责任公司在“任务三 有限责任公司”介绍。

（一）个体工商户

自然人从事工商业经营，经依法登记，为个体工商户。个体工商户是个体工商业经济在法律上的表现，其具有以下特征：

（1）个体工商户是从事工商业经营的自然人或家庭。自然人或以个人为单位，或以家庭为单位从事工商业经营，均为个体工商户。

微课

常见企业的法律特征

（2）自然人从事个体工商业经营必须依法核准登记。个体工商户的登记机关是县以上市场监督管理机关。个体工商户经核准登记，取得营业执照后，才可以开始经营。个体工商户转业、合并、变更登记事项或歇业，也应办理登记手续。

（3）个体工商户只能经营法律、政策允许个体经营的行业。在依法核准登记的范围内，个体工商户享有从事个体工商业经营的民事权利能力和民事行为能力。个体工商户的正当经营活动受法律保护，对其经营的资产和合法收益，个体工商户享有所有权。个体工商户可以在银行开设账户，向银行申请贷款，有权申请商标专用权，有签订劳动合同及请帮工、带学徒、起字号、刻印章的权利。

个体工商户从事生产经营活动必须遵守国家的法律，应照章纳税，服从市场监督机关管理。个体工商户从事违法经营的，必须承担民事责任和其他法律责任。

《民法典》第五十六条规定：个体工商户的债务，个人经营的，以个人财产承担；家庭经营的，以家庭财产承担；无法区分的，以家庭财产承担。以个人名义申请登记的个体工商户，个人经营、收益也归个人的，对债务负个人责任；以家庭共同财产投资，或者收益的主要部分供家庭成员消费的，其债务由家庭共有财产清偿；在夫妻关系存续期间，一方从事个体工商户经营，其收入作为夫妻共有财产的，其债务由夫妻共有财产清偿；家庭全体成员共同出资、共同经营的，其债务由家庭共有财产清偿。

（二）个人独资企业

个人独资企业是指依照《个人独资企业法》在中国境内设立，由一个自然人投资，财产为投资人个人所有，投资人以其个人财产对企业债务承担无限责任的经营实体。

一个投资人，将自己所有的财产投资到个人独资企业当中，代表企业与第三人发生法律关系，如果产生了债务，按照规定，投资人对债务承担无限责任。个人独资企业具有以下特征：

（1）个人独资企业是由一个自然人投资的企业。法人和其他组织都不能作为个人独资企业的设立人。

（2）个人独资企业的投资人对企业的债务承担无限责任。企业的责任与投资人的责任连为一体。

（3）个人独资企业的内部机构设置简单，经营管理方式灵活。

（4）个人独资企业是非法人企业。企业的责任即投资人个人的责任，企业的财产即投资人个人的财产。因此，个人独资企业不具有法人资格，也无独立承担民事责任的能力。个人独资企业虽然不具有法人资格，但却是独立的民事主体，可以自己的名义从事民事活动。

【随堂测试2-1】张某出资设立了甲个人独资企业。在经营过程中，张某以甲个人独资企业的名义与乙公司签订了一份合同。下列说法中，不符合《个人独资企业法》的规定的有（　　）。

A.张某不能以甲个人独资企业的名义与乙公司签订合同

B.张某可以以甲个人独资企业的名义与乙公司签订合同

C.如果乙公司违约，张某只能以自然人的名义对乙公司提起民事诉讼

D.如果乙公司违约，张某可以以甲个人独资企业的名义对乙公司提起民事诉讼

个人独资企业投资人可以自行管理企业事务，也可以委托或者聘用其他具有民事行为能力的人负责企业的事务管理。投资人对受托人或者被聘用人员的职权的限制，不得对抗善意第三人。投资人委托或者聘用的管理个人独资企业事务的人员不得从事侵害该个人独资企业的行为。

（三）合伙企业

1.合伙企业的概念和分类

合伙企业是指自然人、法人和其他组织依照《合伙企业法》在中国境内设立的普通合伙企业和有限合伙企业。

合伙企业分为两种：普通合伙企业和有限合伙企业。普通合伙企业由普通合伙人组成，合伙人对合伙企业债务承担无限连带责任。有限合伙企业由普通合伙人和有限合伙人组成，企业中的普通合伙人对合伙企业债务承担无限连带责任，企业中的有限合伙人以其认缴的出资额为限对合伙企业债务承担责任。

【案例2-1】甲、乙、丙三人开办了一个普通合伙企业，甲出资10万元，乙以房产出资，丙以劳务出资。某日，甲、乙、丙三人共同对外签订了150万元的合同，债务到期后无法履行，此时企业的财产总额为40万元。

请问：在这种情况下，债权人应向谁主张债权？

2.普通合伙企业

普通合伙企业，是指由普通合伙人组成，合伙人对合伙企业债务依照《合伙企业法》的规定承担无限连带责任的一种合伙企业。普通合伙企业具有以下特点：①由普通合伙人组成。所谓普通合伙人，是指在合伙企业中对合伙企业的债务依法承担无限连带责任的自然人、法人和其他组织。②合伙人对合伙企业债务依法承担无限连带责任，法律另有规定的除外。“法律另有规定”主要是指特殊的普通合伙企业。

合伙人可以用货币、实物、知识产权、土地使用权或者其他财产权利出资，也可以用劳务出资。合伙人以实物、知识产权、土地使用权或者其他财产权利出资，需要评估作价的，可以由全体合伙人协商确定，也可以由全体合伙人委托法定评估机构评估。合伙人以劳务出资的，其评估办法由全体合伙人协商确定，并在合伙协议中载明。

【随堂测试2-2】甲、乙、丙准备设立一家普通合伙企业，在其拟定的合伙协议中，不符合规定的有（　　）。

A.以劳务出资的甲对企业债务承担有限责任

B.企业名称中只标明“合伙”字样

C.由乙执行合伙企业事务

D.修改或者补充合伙协议，应当经全体合伙人一致同意；但是，合伙协议另有约定的除外

合伙人的出资、以合伙企业名义取得的收益和依法取得的其他财产，均为合伙企业的财产。除合伙协议另有约定外，合伙人向合伙人以外的人转让其在合伙企业中的全部或者部分财产份额时，须经其他合伙人一致同意。合伙人之间转让在合伙企业中的全部或者部

分财产份额时，应当通知其他合伙人。

【案例2-2】A、B、C合伙设立一家普通合伙企业，A的出资额为10万元，B以房产作价出资20万元，C以劳务作价出资5万元。后A欲转让合伙企业中的财产份额5万元给D。

请问：如果合伙协议对外部转让没有约定，应履行什么手续？

合伙人对执行合伙事务享有同等的权利。按照合伙协议的约定或者经全体合伙人决定，可以委托一个或者数个合伙人对外代表合伙企业，执行合伙事务。作为合伙人的法人、其他组织执行合伙事务的，由其委派的代表执行。执行合伙事务的合伙人对外代表合伙企业。合伙事务执行人向不参加执行事务的合伙人报告企业经营状况和财务状况。不执行合伙事务的合伙人有权监督执行事务合伙人执行合伙事务的情况。合伙人不得自营或者同他人合作经营与本合伙企业相竞争的业务。除合伙协议另有约定或者经全体合伙人一致同意外，合伙人不得同本合伙企业进行交易。

【随堂测试2-3】某普通合伙企业委托合伙人张某单独执行合伙企业事务，张某定期向其他合伙人报告事务执行情况以及合伙企业的经营和财务状况。对于张某在执行合伙企业事务期间产生的亏损，应当承担责任的是（ ）。

A.张某　　B.张某和有过错的第三人

C.提议委托张某的合伙人　　D.全体合伙人

合伙企业的利润分配、亏损分担，按照合伙协议的约定办理；合伙协议未约定或者约定不明确的，由合伙人协商决定；协商不成的，由合伙人按照实缴出资比例分配、分担；无法确定出资比例的，由合伙人平均分配、分担。合伙协议不得约定将全部利润分配给部分合伙人或者由部分合伙人承担全部亏损。

合伙企业对合伙人执行合伙事务以及对外代表合伙企业权利的限制，不得对抗善意第三人。合伙企业对其债务，应先以其全部财产进行清偿。合伙企业不能清偿到期债务的，合伙人承担无限连带责任。合伙人由于承担无限连带责任，清偿数额超过合伙人应承担的亏损分担比例的，有权向其他合伙人追偿。

【随堂测试2-4】某普通合伙企业有甲、乙、丙三个合伙人，合伙协议约定合伙人之间利润分配和亏损分担的比例是5∶3∶2。该合伙企业欠丁贷款20万元，合伙企业财产价值为10万元。丁在得到合伙企业财产10万元之后，其余10万元可以要求（ ）。

A.甲全部偿还

B.乙全部偿还

C.丙全部偿还

D.甲偿还5万元，乙偿还3万元，丙偿还2万元

3.有限合伙企业

有限合伙企业，是指由有限合伙人和普通合伙人共同组成（普通合伙人与有限合伙人同时存在，缺一不可），普通合伙人对合伙企业债务承担无限连带责任，有限合伙人以其认缴的出资额为限对合伙企业债务承担责任的合伙组织。

有限合伙企业中的普通合伙人仍然可以以劳务出资，但有限合伙人不得以劳务出资。有限合伙人应当按照合伙协议的约定按期足额缴纳出资；未按期足额缴纳的，应当承担补缴义务，并对其他合伙人承担违约责任。

有限合伙企业由普通合伙人执行合伙事务。有限合伙人不执行合伙事务，不得对外代

表有限合伙企业。有限合伙企业不得将全部利润分配给部分合伙人；但是，合伙协议另有约定的除外。有限合伙人可以同本有限合伙企业进行交易，也可以自营或者同他人合作经营与本有限合伙企业相竞争的业务；但是，合伙协议另有约定的除外。

微课

合伙企业的运营

【随堂测试2-5】某有限合伙企业在经营期间吸收甲为有限合伙人。关于甲入伙前有限合伙企业的债务，下列表述中符合《合伙企业法》的规定的是（　　）。

A. 甲不承担责任　　B. 甲承担无限连带责任

C. 甲以其认缴的出资额为限承担责任　　D. 甲以其实缴的出资额为限承担责任

常见小企业法律形态的比较见表2-1。

表2-1　常见小企业法律形态的比较

法律形态	业主数量和注册资本	成立条件	经营特征	利润分配和债务责任
个体工商户	○业主是一个人或家庭 ○无资本数量限制	○成立条件简单，业主只要有相应的经营资金和经营场所就可以了 ○个体工商户可以起字号	○资产属于私有，自己既是所有者，又是劳动者和管理者	○利润归个人或家庭所有 ○由个人经营的，以其个人资产对企业债务承担无限责任
个人独资企业	○业主是一个人 ○无资本数量限制	○投资人为一个自然人 ○有合法的企业名称 ○有投资人申报的出资 ○有固定的生产经营场所和必要的生产经营条件 ○有必要的从业人员	○财产为投资人个人所有，业主既是投资者，又是经营管理者	○利润归个人所有 ○投资人以其个人资产对企业债务承担无限责任
合伙企业	○业主为两个人以上 ○无资本数量限制	○有两个以上的合伙人，由有限合伙人和普通合伙人共同组成（普通合伙人与有限合伙人同时存在，缺一不可） ○有书面合伙协议 ○有合伙人认缴或者实际缴付的出资 ○有合伙企业的名称和生产经营场所 ○法律、行政法规规定的其他条件	○依照合伙协议，共同出资，合伙经营，共享收益，共担风险	○合伙人按合伙协议分配利润，普通合伙人承担无限责任或无限连带责任；有限合伙人以出资额为限承担责任
有限责任公司	○由50个以下的股东出资设立，可以设立1人有限责任公司 ○注册资本为在公司登记机关登记的全体股东认缴的出资额	○股东符合法定人数 ○有符合公司章程规定的全体股东认缴的出资额 ○股东共同制定公司章程 ○有公司名称，建立符合有限责任公司要求的组织机构 ○有公司住所	○公司设立股东会、董事会和监事会并由董事会聘请职业经理经营管理公司业务 ○股东人数较少或规模较小的有限责任公司，不设董事会，只设一名执行董事	○股东按照实缴的出资比例分取红利，全体股东约定不按照出资比例分取红利或者不按照出资比例优先认缴出资的除外 ○股东以其认缴的出资额为限对公司债务承担有限责任

任务二　公司法认知

一、公司的概念和种类

（一）公司的概念

公司是依照公司法设立的以营利为目的的企业法人。《中华人民共和国公司法》（以下简称《公司法》）规定："本法所称公司是指依照本法在中国境内设立的有限责任公司和股份有限公司。"我国《公司法》规定的公司具有如下特征：

微课

认知有限责任公司

1. 依法设立

公司必须依法定条件、法定程序设立。一方面要求公司的章程、资本、组织机构、活动原则等必须合法。另一方面，公司的设立要经过法定程序，进行市场主体登记。公司通常依公司法设立，但有时还必须符合其他法律规定，如商业银行法、保险法等。

2. 以营利为目的

所谓以营利为目的，是指出资者设立公司的目的是营利。营利的目的不仅要求公司本身为营利而活动，而且要求有盈利时应该分配给股东。

3. 以股东投资行为为基础设立

公司由股东的投资行为设立，股东投资行为形成的权利是股权。股权是一种独立的特殊权利，不同于所有权，也不同于经营权，更不同于债权。《公司法》规定，公司股东依法享有收益、参与重大决策和选择管理者等权利。

4. 具有法人资格

公司是企业法人，应当符合《民法典》规定的法人条件。

（二）公司的种类

按照法律的规定及学理的理解，可以对公司作出以下分类：

1. 以公司资本结构和股东对公司债务承担责任的方式为标准进行分类

以公司资本结构和股东对公司债务承担责任的方式为标准，可以将公司分为以下4类：

（1）有限责任公司，指股东以其认缴的出资额为限对公司承担责任，公司以其全部财产对公司的债务承担责任的公司。

（2）股份有限公司，指将公司全部资产分为等额股份，股东以其认购的股份为限对公司承担责任，公司以其全部财产对公司的债务承担责任的公司。

（3）无限公司，指由两个以上的股东组成，全体股东对公司的债务承担连带责任的公司。无限公司与合伙企业具有基本相同的法律属性，但不同的是，有些国家规定无限公司具有法人资格。

（4）两合公司，指由负无限责任的股东和负有限责任的股东组成，无限责任股东对公司负无限连带责任，有限责任股东仅就其认缴的出资额为限对公司债务承担责任的公司。其中无限责任股东是公司经营管理者，有限责任股东不参与经营管理。我国《公司法》规定，公司形式只有有限责任公司和股份有限公司。

2.以公司信用基础为标准进行分类

以公司信用基础为标准，可以将公司分为以下3类：

（1）资合公司，指以公司资本作为信用基础的公司，其典型形式为股份有限公司。

（2）人合公司，指以股东个人的财力、能力和信誉作为信用基础的公司，其典型的形式为无限公司。

（3）资合兼人合公司，指同时以公司资本和股东个人信用作为公司信用基础的公司，其典型的形式为两合公司。

3.以公司组织关系为标准进行分类

以公司组织关系为标准，可以将公司分为以下2类：

（1）母公司和子公司。拥有其他公司的股份并能够实际控制其营业活动的公司称为母公司；资产全部或部分地归母公司拥有，但经济上和法律上都是相对母公司而独立的公司称为子公司。母子公司之间虽然存在控制与被控制的组织关系，但它们都具有法人资格，在法律上是彼此独立的企业。

（2）总公司与分公司。分公司是公司依法设立的以公司名义进行经营活动，其法律后果由本公司承担的分支机构。相对分公司而言，公司称为总公司或本公司。分公司没有独立的公司名称、章程，没有独立的财产，不具有法人资格，但可领取营业执照，进行经营活动，其民事责任由总公司承担。

二、公司法的概念

公司法是调整公司在其设立、经营、变更、终止过程中所发生的经济关系的法律规范的总称。公司法的概念有广义和狭义之分。广义的公司法是指国家关于公司的设立、组织与活动的各种法律、法规和规章的总称。狭义的公司法仅指专门调整公司问题的法律，如《公司法》。本章重点介绍狭义的公司法。

1993年12月29日全国人大常委会通过《公司法》，并于1999年、2004年、2005年、2013年、2018年进行了5次修订。公司法具有如下特征：

（一）《公司法》是一种组织法

公司是企业的一种组织形式，只有按《公司法》的规定设立的公司才能称为公司，《公司法》对公司如何组成作出了具体的规定。

（二）《公司法》是一种行为法

《公司法》对公司的生产经营活动的基本方面作出了规定，公司的相应活动必须依照《公司法》的规定进行。

（三）《公司法》是强制性的法律，其规范较多

为了保护公司、股东和债权人的合法权益，维护社会交易的安全，《公司法》的规范具有强制性、严格性。

三、公司的登记管理

公司登记是国家赋予公司法人资格与企业经营资格，并对公司的设立、变更、注销加以规范、公示的行政行为。公司经公司登记机关依法登记，领取《营业执照》，方取得企

业法人资格。未经公司登记机关登记的，不得以公司名义从事经营活动。市场监督管理机关是公司登记机关。公司登记分为设立登记、变更登记、注销登记。公司设立分公司按规定必须登记。

（一）登记管辖

我国的公司登记机关是市场监督管理机关。公司登记实行国家、省（自治区、直辖市）、市（县）三级管辖制度。

1.国家市场监督管理总局负责管辖的公司登记

（1）国务院国有资产监督管理机构履行出资人职责的公司及该公司投资设立并持有50%以上股份的公司；

（2）外商投资的公司；

（3）依照法律、行政法规或者国务院决定的规定，应当由国家市场监督管理总局登记的公司；

（4）国家市场监督管理总局规定应当由其登记的其他公司。

2.省（自治区、直辖市）市场监督管理局负责管辖的公司登记

（1）省（自治区、直辖市）人民政府国有资产监督管理机构履行出资人职责的公司以及该公司投资设立并持有50%以上股份的公司；

（2）省（自治区、直辖市）市场监督管理局规定由其登记的自然人投资设立的公司；

（3）依照法律、行政法规或者国务院决定的规定，应当由省（自治区、直辖市）市场监督管理局登记的公司；

（4）国家市场监督管理总局授权其登记的其他公司。

3.省（自治区、直辖市）市场监督管理局以下公司登记机关负责管辖的公司登记

根据《公司登记管理条例》的规定，设区的市（地区）市场监督管理局、县市场监督管理局，以及直辖市的市场监督管理分局、设区的市市场监督管理局的区分局，负责本辖区内下列公司的登记：

（1）国家市场监督管理总局及省（自治区、直辖市）市场监督管理局负责登记的公司以外的其他公司；

（2）国家市场监督管理总局和省、自治区、直辖市市场监督管理局授权其登记的公司。但是，其中的股份有限公司由设区的市（地区）市场监督管理局负责登记。

（二）登记事项

公司登记机关应当将公司登记、备案信息通过企业信用信息公示系统向社会公示。公司应当于每年1月1日至6月30日，通过企业信用信息公示系统向公司登记机关报送上一年度报告，并向社会公示。《公司登记管理条例》第九条对公司登记事项进行了规定，主要内容如下：

1.公司名称

公司名称是公司法律人格的文字符号，是区别于其他公司、企业的标志。公司名称具有标志性、排他性和财产性等特征。公司名称应当由行政区划、字号、行业、组织形式依次组成，法律、行政法规另有规定的除外。公司只能使用一个名称。经公司登记机关核准登记的公司名称受法律保护。

2.公司住所

公司的住所是公司主要办事机构的所在地。经公司登记机关登记的公司的住所只能有一个。公司的住所应当在其公司登记机关的辖区内。住所是公司经营活动的中心场所，公司债务的清偿、诉讼的管辖、书状的送达均以此为标准。

3.法定代表人

法定代表人，是指依照法律或法人组织章程的规定，代表法人行使职权的负责人，法定代表人一定是自然人。法定代表人是企业法人必须依法设立的代表机关，代表企业法人为其意思表示，对外代表企业法人进行法律行为（即具体的经营事务），对内管理企业。《公司法》规定，公司法定代表人依照公司章程的规定，由董事长、执行董事或者经理担任，并依法登记。公司法定代表人变更，应当办理变更登记。

4.注册资本

注册资本是公司章程规定的全体股东或发起人认缴的出资额或认购的股本总额，并在公司登记机关依法登记。除法律、行政法规和国务院决定另有规定外，有限责任公司和发起设立的股份有限公司以全体股东"认缴的出资额"或"认购的股本总额"为注册资本；募集设立的股份有限公司以"实收股本总额"为注册资本。

5.公司类型

公司类型包括有限责任公司和股份有限公司。

6.公司的经营范围

经营范围是公司选择的生产和经营的商品类别、品种及服务项目。公司的经营范围由公司章程规定，并依法登记。公司的经营范围中属于法律、行政法规规定须经批准的项目，应当依法经过批准。公司可以修改公司章程，改变经营范围，但是应当办理变更登记。

公司超越经营范围订立合同，不一定必然导致合同无效。最高人民法院司法解释规定，当事人超越经营范围订立合同，人民法院不因此认定合同无效，但违反国家限制经营、特许经营以及法律、行政法规禁止经营规定的除外。

7.营业期限

营业期限是指公司开展生产经营活动的期限。《公司法》对营业期限没有特别规定，可以由股东约定，既可以有一定期限，也可永久存续，但法律、法规另有规定的除外。

【随堂测试2-6】根据《公司法》的规定，公司的下列人员中，可以由公司章程规定担任公司法定代表人的有（　　）。

A.董事长　　B.执行董事　　C.董事　　D.经理

（三）设立登记

公司设立登记是公司的设立人依照《公司法》规定的设立条件与程序向公司登记机关提出设立申请，并提交法定登记事项文件，公司登记机关审核，对符合法律规定的准予登记，并发给《营业执照》的活动。

1.有限责任公司的设立登记

设立有限责任公司，应当由全体股东指定的代表或者共同委托的代理人向公司登记机关申请设立登记。设立国有独资公司，应当由国务院或者地方人民政府授权的本级人民政府国有资产监督管理机构作为申请人，申请设立登记。法律、行政法规或者国务院决定规定设立有限责任公司必须报经批准的，应当自批准之日起90日内向公司登记机关申请设立登记；逾期申请设立登记的，申请人应当报批准机关确认原批准文件的效力或者另行报批。

2.股份有限公司的设立登记

设立股份有限公司，应当由董事会向公司登记机关申请设立登记。以募集方式设立股份有限公司的，应当于创立大会结束后30日内向公司登记机关申请设立登记。以募集方式设立股份有限公司的，还应当提交创立大会的会议记录以及依法设立的验资机构出具的验资证明；以募集方式设立股份有限公司公开发行股票的，还应当提交国务院证券监督管理机构的核准文件。法律、行政法规或者国务院决定规定设立股份有限公司必须报经批准的，还应当提交有关批准文件。

依法设立的公司，由公司登记机关发给《营业执照》。公司营业执照签发日期为公司成立日期。公司凭公司登记机关核发的《营业执照》刻制印章，开立银行账户，申请纳税登记。

（四）变更、注销登记（见表2-2）

表2-2　变更、注销登记

变更事项	变更登记要求	注销登记
名称、法定代表人、经营范围	自变更决议或者决定作出之日起30日内申请登记	公司解散有两种情形：一是不需要清算的，如因合并、分立而解散的公司；二是应当清算的，应当申请注销登记，经注销登记公司终止
住所	在迁入新住所前申请登记	
注册资本	自变更决议或者决定作出之日起30日内登记	
股东	自转让股权之日起30日内登记	
分公司	自公司变更登记之日起30日内登记	
公司合并、分立	自公告之日起45日后申请登记	

（五）公司董事、监事、高级管理人员

1.公司董事、监事、高级管理人员的任职资格

公司法对公司董事、监事、高级管理人员的任职资格有严格限制性条件。公司高级管理人员是指公司经理、副经理、财务负责人、上市公司董事会秘书和公司章程规定的其他人员。《公司法》第一百四十六条规定，有下列情形之一的，不得担任公司的董事、监事、高级管理人员：

（1）无民事行为能力或者限制民事行为能力；

（2）因贪污、贿赂、侵占财产、挪用财产或者破坏社会主义市场经济秩序，被判处刑罚，执行期满未逾5年，或者因犯罪被剥夺政治权利，执行期满未逾5年；

（3）担任破产清算的公司、企业的董事或者厂长、经理，对该公司、企业的破产负有个人责任的，自该公司、企业破产清算完结之日起未逾3年；

（4）担任因违法被吊销营业执照、责令关闭的公司、企业的法定代表人，并负有个人责任的，自该公司、企业被吊销营业执照之日起未逾3年；

（5）个人所负数额较大的债务到期未清偿。

公司违反上述规定选举、委派董事、监事或者聘任高级管理人员的，该选举、委派或者聘任无效。董事、监事、高级管理人员在任职期间出现上述所列情形的，公司应当解除其职务。

【随堂测试2–7】某股份有限公司计划招聘一名新董事参与本公司经营活动，以下候选人当中，可以被选为董事的有（　）。

A.赵某，酷爱行为艺术，举止怪异遭人非议

B.钱某，曾担任一家公司的董事，到任后仅一个上午该公司即宣告破产

C.孙某，曾因打架被判刑10年，现已释放3年，一直靠在街头摆摊为生

D.李某，现任某医院大夫，曾因谈恋爱受过刺激

2.董事、监事、高级管理人员的义务

董事、监事、高级管理人员应当遵守法律、行政法规和公司章程，对公司负有忠实义务和勤勉义务。董事、监事、高级管理人员不得利用职权收受贿赂或者其他非法收入，不得侵占公司的财产。董事、高级管理人员不得有下列行为：

（1）挪用公司资金；

（2）将公司资金以其个人名义或者以其他个人名义开立账户存储；

（3）违反公司章程的规定，未经股东会、股东大会或者董事会同意，将公司资金借贷给他人或者以公司财产为他人提供担保；

（4）违反公司章程的规定或者未经股东会、股东大会同意，与本公司订立合同或者进行交易；

（5）未经股东会或者股东大会同意，利用职务便利为自己或者他人谋取属于公司的商业机会，自营或者为他人经营与所任职公司同类的业务；

（6）接受他人与公司交易的佣金归为己有；

（7）擅自披露公司秘密；

（8）违反对公司忠实义务的其他行为。

董事、高级管理人员违反上述规定所得的收入应当归公司所有。董事、监事、高级管理人员执行公司职务时违反法律、行政法规或者公司章程的规定，给公司造成损失的，应当承担赔偿责任。

股东会或者股东大会要求董事、监事、高级管理人员列席会议的，董事、监事、高级管理人员应当列席并接受股东的质询。董事、高级管理人员应当如实向监事会或者不设监事会的有限责任公司的监事提供有关情况和资料，不得妨碍监事会或者监事行使职权。

任务三　有限责任公司

一、有限责任公司的设立

有限责任公司是指依照《公司法》设立的，股东以其认缴的出资额为限对公司承担有限责任，公司以其全部资产对其债务承担责任的企业法人。

微课
有限责任公司的成立

【随堂测试2-8】甲有限责任公司注册资本是500万元，甲公司对乙企业负有1 000万元的合同债务。下列说法中正确的是（　　）。

A.甲公司仅以500万元注册资本为限对公司债务承担责任

B.甲公司以其全部财产对公司的债务承担责任

C.如果甲公司资产不足以清偿其债务，由全体股东清偿

D.如果甲公司资产不足以清偿其债务，由法定代表人清偿

（一）有限责任公司设立的条件

1.股东符合法定人数

《公司法》规定，有限责任公司由50人以下股东出资设立。《公司法》对有限责任公司股东人数没有规定下限，即有限责任公司股东人数可以为1个。

2.有符合公司章程规定的全体股东认缴的出资额

有限责任公司的注册资本为在公司登记机关登记的全体股东认缴的出资额。法律、行政法规以及国务院决定对有限责任公司注册资本实缴、注册资本最低限额另有规定的，从其规定。

3.股东共同制定公司章程

章程是记载公司组织、活动基本准则的公开性法律文件。设立有限责任公司必须由股东共同依法制定公司章程。股东应在公司章程上签名、盖章。公司章程对公司、股东、董事、监事、高级管理人员具有约束力。根据《公司法》的规定，公司章程必须载明如下事项：

（1）公司的名称和住所；

（2）公司经营范围；

（3）公司注册资本；

（4）股东的姓名或者名称；

（5）股东的出资方式、出资额和出资时间；

（6）公司的机构及其产生办法、职权、议事规则；

（7）公司的法定代表人；

（8）股东会会议认为需要规定的其他事项。

4.有公司名称，建立符合有限责任公司要求的组织机构

公司名称是公司的标志，公司设定自己的名称时，必须符合法律、法规的规定，必须在公司名称中标明“有限责任公司”字样。公司应设立符合有限责任公司要求的组织机构，即股东会、董事会或执行董事、监事会或监事以及经营管理机构等。

5.有公司住所

设立公司必须有住所。没有住所的公司，不得设立。公司以其主要办事机构所在地为住所。

（二）有限责任公司设立的程序

1.订立公司章程

股东设立有限责任公司，必须先订立公司章程，将要设立的公司的基本情况以及各方面的权利义务加以明确规定。

2.股东缴纳出资

股东应当按期足额缴纳公司章程中规定的各自所认缴的出资额。股东以货币出资的，应当将货币出资足额存入有限责任公司在银行开设的账户；以非货币财产出资的，应当依法办理其财产权的转移手续，该转移手续一般在6个月内办理完毕。股东不按照规定缴纳出资的，除应当向公司足额缴纳外，还应当向已按期足额缴纳出资的股东承担违约责任。

有限责任公司成立后，发现作为设立公司出资的非货币财产的实际价额显著低于公司章程所定价额的，应当由交付该出资的股东补足其差额，公司设立时的其他股东承担连带责任。

3.申请设立登记

股东认足公司章程规定的出资后，由全体股东指定的代表或者共同委托的代理人向公司登记机关报送公司登记申请书、公司章程等文件，申请设立登记。公司经核准后，领取公司营业执照，公司营业执照签发日期为公司成立日期。

4.签发出资证明书

有限责任公司成立后，应当向股东签发出资证明书。出资证明书是确认股东出资的凭证，应当载明下列事项：公司名称；公司成立日期；公司注册资本；股东的姓名或者名称、缴纳的出资额和出资日期；出资证明书的编号和核发日期。出资证明书由公司盖章。

有限责任公司应当置备股东名册。股东名册是公司为记载股东情况及其出资事项而设置的簿册，应记载下列事项：股东的姓名或者名称及住所；股东的出资额；出资证明书编号。记载于股东名册的股东，可以依股东名册主张行使股东权利。

【案例2-3】甲、乙、丙共同出资设立一有限责任公司。其中，公司章程规定丙以房产出资30万元。公司成立后又吸收丁入股。后查明，丙作为出资的房产仅值20万元，丙现有可执行的个人财产6万元。

请问：该案应如何处理？

（三）不按规定出资的责任

股东未履行或者未全面履行出资义务，公司或者其他股东可以请求其向公司依法全面履行出资义务。公司债权人也可以请求未履行或者未全面履行出资义务的股东在未出资本息范围内对公司债务不能清偿的部分承担补充赔偿责任。

股东在公司设立时未履行或者未全面履行出资义务，发起人与被告股东承担连带责任，但是，公司的发起人承担责任后，可向被告股东追偿。

【随堂测试2-9】甲、乙、丙共同出资设立了一有限责任公司，其中甲以机器设备作价出资20万元。公司成立6个月后，吸收丁入股。1年后，该公司因拖欠巨额债务被诉至法院。法院查明，甲作为出资的机器设备出资时仅值10万元，甲现有可执行的个人财产8

万元。下列处理方式中，符合《公司法》的规定的是（　　）。

A. 甲以现有财产补交差额，不足部分待有财产时再行补足

B. 甲以现有财产补交差额，不足部分由乙、丙补足

C. 甲以现有财产补交差额，不足部分由乙、丙、丁补足

D. 甲无须补交差额，其他股东也不负补交差额的责任

二、有限责任公司的组织机构

（一）股东会

微课

公司组织机构

1. 股东会的性质和职权

有限责任公司的股东会由全体股东组成。股东会是公司的权力机构，对公司的重大问题进行决策。但国有独资公司不设股东会，由国家授权投资的机构或国家授权的部门授权公司董事会行使股东会的部分职权。

有限责任公司的股东会具有以下职权：

（1）决定公司的经营方针和投资计划；

（2）选举和更换非由职工代表担任的董事、监事，决定有关董事、监事的报酬事项；

（3）审议批准董事会或执行董事、监事会或监事的报告；

（4）审议批准公司的年度财务预算方案、决算方案、利润分配方案和弥补亏损方案；

（5）对公司增加或者减少注册资本作出决议；

（6）对发行公司债券作出决议；

（7）对公司合并、分立、变更公司形式、解散和清算等事项作出决议；

（8）修改公司章程；

（9）公司章程规定的其他职权。

对上述事项，股东以书面形式一致表示同意的，可以不召开股东会会议，直接作出决定，并由全体股东在决定文件上签名、盖章。

2. 股东会的形式

有限责任公司股东会会议的形式分为定期会议和临时会议。定期会议按照公司章程规定的时间召开，临时会议是在公司章程规定的会议时间以外召开的会议。代表1/10以上表决权的股东，1/3以上董事，监事会或者不设监事会的公司的监事提议召开临时会议的，应当召开临时会议。召开股东会会议，应于会议召开15日前通知全体股东；但是，公司章程另有规定或者全体股东另有约定的除外。股东会应将所议事项的决定作成会议记录，出席会议的股东应在会议记录上签名。

有限责任公司股东会的首次会议由出资最多的股东召集和主持。以后的股东会会议，设立董事会的，由董事会召集，董事长主持；董事长因特殊原因不能出席时，由董事长指定的副董事长或其他董事主持。副董事长不能履行职务或者不履行职务的，由半数以上董事共同推举一名董事主持。有限责任公司不设董事会的，股东会会议由执行董事召集和主持。董事会或者执行董事不能履行或者不履行召集股东会会议职责的，由监事会或者不设监事会的公司的监事召集和主持；监事会或者监事不召集和主持的，代表1/10以上表决权的股东可以自行召集和主持。

3.股东会决议

股东会对公司的重大问题作出决议，需由股东进行表决。股东会会议由股东按照出资比例行使表决权；但是，公司章程另有规定的除外。股东会的议事方式和表决程序，除《公司法》有规定的以外，由公司章程规定。股东会会议作出修改公司章程、增加或者减少注册资本的决议，以及公司合并、分立、解散或者变更公司形式的决议，必须经代表2/3以上表决权的股东通过。

【随堂测试2-10】根据公司法律制度的规定，有限责任公司股东会会议作出的下列决议中，必须经代表2/3以上表决权的股东通过的有（　　）。

A.对股东转让出资作出决议　　B.对发行公司债券作出决议

C.对变更公司形式作出决议　　D.对修改公司章程作出决议

（二）董事会

1.董事会的设立及职权

有限责任公司的董事会是公司股东会的执行机构，向股东会负责。董事会由3～13人组成。两个以上的国有企业或两个以上的其他国有投资主体投资设立的有限责任公司，其董事会成员中应当有公司职工代表。董事会中的职工代表由公司职工民主选举产生。董事会设董事长1人，可以设副董事长。董事长、副董事长的产生办法由公司章程规定。股东人数较少和规模较小的有限责任公司，可以设1名执行董事，不设董事会。

董事任期由公司章程规定，但每届任期不得超过3年，任期届满可连选连任。董事任期届满前，股东会不得无故解除其职务。

董事会依法享有如下职权：

（1）负责召集股东会会议，并向股东会报告工作；

（2）执行股东会的决议；

（3）决定公司的经营计划和投资方案；

（4）制订公司的年度财务预算方案、决算方案；

（5）制订公司的利润分配方案和弥补亏损方案；

（6）制订公司增加或减少注册资本的方案；

（7）拟订公司合并、分立、变更形式、解散的方案；

（8）决定公司内部管理机构的设置；

（9）聘任或解聘公司经理，根据经理的提名，聘任或解聘公司副经理、财务负责人，决定其报酬事项；

（10）制定公司的基本管理制度；

（11）公司章程规定的其他职权。

2.董事会的议事规则

董事会会议由董事长召集和主持。董事长因特殊原因不能履行职务时，由董事长指定的副董事长或其他董事召集和主持。副董事长不能履行职务或者不履行职务的，由半数以上董事共同推举一名董事召集和主持。董事会的议事方式和表决程序除《公司法》有规定的以外，由公司章程规定。董事会决议的表决，实行一人一票。董事会应对所议事项的决定作成会议记录，出席会议的董事应在会议记录上签名。

（三）监事会

微课

公司议事规则

监事会是公司的内部监督机构。《公司法》规定，经营规模较大的有限责任公司，设立监事会，监事会成员不得少于3人，由股东代表和适当比例的公司职工代表组成，其中职工代表的比例不得低于1/3，具体比例由公司章程规定；董事、高级管理人员不得兼任监事。股东人数较少和经营规模较小的，可以只设1～2名监事。监事会的职权有：

（1）检查公司财务；

微课

公司经营规则

（2）对董事、高级管理人员执行公司职务的行为进行监督，对违反法律、行政法规、公司章程或者股东会决议的董事、高级管理人员提出罢免的建议；

（3）当董事、高级管理人员的行为损害公司的利益时，要求董事、高级管理人员予以纠正；

（4）提议召开临时股东会会议，在董事会不履行《公司法》规定的召集和主持股东会会议职责时召集和主持股东会会议；

（5）向股东会会议提出提案；

（6）依照《公司法》第一百五十二条的规定，对董事、高级管理人员提起诉讼；

（7）公司章程规定的其他职权。

【随堂测试2-11】下列有关公司董事、监事以及高级管理人员兼任的表述中，符合公司法律制度规定的是（　　）。

A.公司董事可以兼任公司经理　　B.公司董事可以兼任公司监事

C.公司经理可以兼任公司监事　　D.公司董事会秘书可以兼任公司监事

（四）经理

有限责任公司可以设经理，由董事会决定聘任或者解聘。

经理对董事会负责，行使下列职权：

（1）主持公司的生产经营管理工作，组织实施董事会决议；

（2）组织实施公司年度经营计划和投资方案；

（3）拟订公司内部管理机构设置方案；

（4）拟订公司的基本管理制度；

（5）制定公司的具体规章；

（6）提请聘任或者解聘公司副经理、财务负责人；

（7）决定聘任或者解聘除应由董事会决定聘任或者解聘以外的负责管理人员；

（8）董事会授予的其他职权。

公司章程对经理职权另有规定的，从其规定。经理列席董事会会议。

三、有限责任公司的股权转让

（一）股东权

股东是公司成立、存续不可或缺的条件，可以是自然人，也可以是法人。有些自然人法律禁止其为股东，如国家公务员。法人作为股东应遵守法律、法规的相关规定，如公司不得自为股东。公司股东是持有公司股份或者出资的人，股东权是基于股东资格而享有的权利，根据《公司法》的规定，公司股东依法享有资产受益、参与重大决策和选择管理者等权利。

1.共益权和自益权

以行使股东权是为了股东个人利益还是涉及全体股东共同利益为标准，可以将股东权分为共益权和自益权。

共益权是指股东依法参加公司事务的决策和经营管理的权利，它是股东基于公司利益同时兼为自己的利益而行使的权利，包括股东会或股东大会参加权、提案权、质询权，在股东会或股东大会上的表决权、累积投票权，股东会或股东大会召集请求权和自行召集权，了解公司事务、查阅公司账簿和其他文件的知情权，提起诉讼权等权利。

自益权是指股东仅以个人利益为目的而行使的权利，即依法从公司取得收益、财产或处分自己股权的权利，包括股利分配请求权、剩余财产分配权、新股认购优先权、股份质押和股份转让权等。

2.单独股东权和少数股东权

以股权行使的条件为标准划分，分为单独股东权和少数股东权。单独股东权是指每一单独股份均享有的权利，即只持有一股股份的股东也可单独行使的权利，如自益权、表决权等。少数股东权是指须单独或持有占股本总额一定比例以上股份方可行使的权利，如请求召开临时股东会或股东大会会议的权利等。

（二）股东滥用股东权利的责任

《公司法》规定，公司股东应当遵守法律、行政法规和公司章程，依法行使股东权利，不得滥用股东权利损害公司或者其他股东的利益；不得滥用公司法人独立地位和股东有限责任损害公司债权人的利益。股东滥用股东权利应承担以下责任：

（1）公司股东滥用股东权利给公司或者其他股东造成损失的，应依法承担赔偿责任。

（2）公司股东滥用法人独立地位和股东有限责任，逃避债务，严重损害公司债权人利益的，应当对公司债务承担连带责任。这一规定就是公司法人人格否认制度，目的就是阻止公司独立人格的滥用和保护公司债权人利益及社会公共利益。

(3)《公司法》规定公司的控股股东、实际控制人、董事、监事、高级管理人员不得利用其关联关系损害公司利益，违反规定给公司造成损失的，应当承担赔偿责任。

（三）有限责任公司股东转让股权

有限责任公司股东转让股权，包括股东之间转让股权、股东向股东以外的人转让股权和人民法院强制转让股东股权三种情形。

1.股东之间转让股权

有限责任公司的股东之间可以相互转让其全部或者部分股权。股东之间转让股权不会产生新股东，《公司法》没有作任何限制。

2.股东向股东以外的人转让股权

股东向股东以外的人转让股权，应当经其他股东过半数同意。股东应就其股权转让事项书面通知其他股东征求同意，其他股东自接到书面通知之日起满30日未答复的，视为同意转让。其他股东半数以上不同意转让的，不同意的股东应当购买该转让的股权；不购买的，视为同意转让。经股东同意转让的股权，在同等条件下，其他股东有优先购买权。两个以上股东主张行使优先购买权的，协商确定各自的购买比例；协商不成的，按照转让时各自的出资比例行使优先购买权。公司章程对股权转让另有规定的，从其规定。

3.人民法院强制转让股东股权

人民法院依照法律规定的强制执行程序转让股东的股权时，应当通知公司及全体股东，其他股东在同等条件下有优先购买权。其他股东自人民法院通知之日起满20日不行使优先购买权的，视为放弃优先购买权。

有限责任公司股东转让股权后，公司应当注销原股东的出资证明书，向新股东签发出资证明书，并相应修改公司章程和股东名册中有关股东及其出资额的记载。对公司章程的该项修改不需再由股东会表决。

（四）有限责任公司股东退出公司

1.股东退出公司的法定条件

《公司法》规定，有下列情形之一的，对股东会该项决议投反对票的股东可以请求公司按照合理的价格收购其股权，退出公司：

（1）公司连续5年不向股东分配利润，而公司该5年连续盈利，并且符合《公司法》规定的分配利润条件的；

（2）公司合并、分立、转让主要财产的；

（3）公司章程规定的营业期限届满或者章程规定的其他解散事由出现，股东会会议通过决议修改章程使公司存续的。

2.股东退出公司的法定程序

（1）请求公司收购其股权。股东要求退出公司时，应当请求公司收购其股权。

（2）依法向人民法院提起诉讼。股东请求公司收购股权，应当尽量通过协商的方式解决。但若协商不成，根据《公司法》的规定，自股东会会议决议通过之日起60日内，股东与公司不能达成股权收购协议的，股东可以自股东会会议决议通过之日起90日内向人民法院提起诉讼。

【随堂测试2-12】2015年8月，甲、乙、丙共同出资设立了A有限责任公司。2017年5月，丙与丁达成协议，将其在A公司的出资全部转让给丁，甲、乙均不同意。下列解决方案中，不符合公司法律规定的是（　　）。

A.由甲或者乙购买丙的出资

B.由甲和乙共同购买丙的出资

C.如果甲、乙均不愿购买，丙无权将出资转让给丁

D.如果甲、乙均不愿购买，丙有权将出资转让给丁

四、一人有限责任公司的特别规定

（一）一人有限责任公司的概念

一人有限责任公司，是指只有一个自然人股东或者一个法人股东的有限责任公司。一人有限责任公司是独立的企业法人，具有完全的民事权利能力、民事行为能力和民事责任能力。

（二）股东的特别规定

《公司法》规定，一人有限责任公司的设立和组织机构适用特别规定；没有规定特别规定的，适用有限责任公司的相关规定。特别规定包括以下几个方面：

（1）一个自然人只能投资设立一个一人有限责任公司。该一人有限责任公司不能投资设立新的一人有限责任公司。一人有限责任公司应当在公司登记中注明自然人独资或者法人独资，并在公司营业执照中载明。

（2）一人有限责任公司不设股东会。股东会职权由股东行使，当股东行使职权作出相应决定时，应当采用书面形式，并由股东签名后置备于公司。

（3）一人有限责任公司应当在每一会计年度终了时编制财务会计报告，并经会计师事务所审计。

（4）一人有限责任公司的股东不能证明公司财产独立于股东自己的财产的，应当对公司债务承担连带责任。

【随堂测试2-13】根据《公司法》的有关规定，下列关于一人有限责任公司的表述中，正确的是（　　）。

A. 一个法人只能投资设立一个一人有限责任公司

B. 一人有限责任公司应设立股东会

C. 一个自然人投资设立的一人有限责任公司，不能投资设立新的一人有限责任公司

D. 债权人不能证明一人有限责任公司的财产与其股东自己的财产相混同的，一人有限责任公司的股东以其出资额为限对公司债务承担责任

五、国有独资公司的特别规定

（一）国有独资公司的概念

国有独资公司，是指国家单独出资、由国务院或者地方人民政府授权本级人民政府国有资产监督管理机构履行出资人职责的有限责任公司。

（二）国有独资公司的特别规定

国有独资公司的设立和组织机构适用特别规定；没有特别规定的，适用有限责任公司的相关规定。特别规定包括以下几个方面：

（1）国有独资公司章程由国有资产监督管理机构制定，或者由董事会制定报国有资产监督管理机构批准。

（2）国有独资公司不设股东会，由国有资产监督管理机构行使股东会职权。国有资产监督管理机构可以授权公司董事会行使股东会的部分职权，决定公司的重大事项，但公司的合并、分立、解散、增加或者减少注册资本和发行公司债券，必须由国有资产监督管理机构决定，其中，重要的国有独资公司合并、分立、解散、申请破产的，应当由国有资产监督管理机构审核后，报本级人民政府批准。

（3）国有独资公司董事会的特别规定。国有独资公司设董事会，依照有限责任公司董事会的职权和国有资产监督管理机构的授权行使职权。董事每届任期不得超过3年。董事会成员中应当有公司职工代表。董事会成员由国有资产监督管理机构委派；但是，董事会成员中的职工代表由公司职工代表大会选举产生。董事会设董事长1人，可以设副董事长。董事长、副董事长由国有资产监督管理机构从董事会成员中指定。

（4）经理的特别规定。国有独资公司设经理，由董事会聘任或者解聘。经理依照有限责任公司经理的职权行使职权。经国有资产监督管理机构同意，董事会成员可以兼任经理。

（5）国有独资公司的董事长、副董事长、董事、高级管理人员任职的特别规定。国有独资公司的董事长、副董事长、董事、高级管理人员，未经国有资产监督管理机构同意，不得在其他有限责任公司、股份有限公司或者其他经济组织兼职。

（6）国有独资公司监事会的特别规定。国有独资公司监事会成员不得少于5人，其中职工代表的比例不得低于1/3，具体比例由公司章程规定。监事会成员由国有资产监督管理机构委派；但是，监事会成员中的职工代表由公司职工代表大会选举产生。监事会主席由国有资产监督管理机构从监事会成员中指定。国有独资公司监事会的职权小于普通有限责任公司监事会，其包括：检查公司财务；对董事、高级管理人员执行公司职务的行为进行监督，对违反法律、行政法规、公司章程或者股东会决议的董事、高级管理人员提出罢免的建议；当董事、高级管理人员的行为损害公司的利益时，要求董事、高级管理人员予以纠正；国务院规定的其他职权。

任务四 股份有限公司

一、股份有限公司的设立

股份有限公司是指全部资本由等额股份构成并通过发行股票筹集资本，股东以其所认购的股份对公司承担责任，公司以其全部资产对公司债务承担责任的企业法人。

（一）设立方式

股份有限公司的设立，可以采取发起设立或者募集设立的方式。

发起设立，是指由发起人认购公司应发行的全部股份而设立公司。募集设立，是指由发起人认购公司应发行股份的一部分，其余股份向社会公开募集或者向特定对象募集而设立公司。为了保护广大投资者的利益，保证正常的经济秩序，法律对采取募集设立方式设立公司规定了较为严格的程序。

（二）设立的条件

根据《公司法》的规定，设立股份有限公司，应具备下列条件：

1.发起人符合法定人数

设立股份有限公司，应当有2人以上200人以下为发起人，其中须有半数以上的发起人在中国境内有住所。股份有限公司发起人承担公司筹办事务。发起人应当签订发起人协议，明确各自在公司设立过程中的权利和义务。

2.有符合公司章程规定的全体发起人认购的股本总额或者募集的实收股本总额

股份有限公司采取发起设立方式设立的，注册资本为在公司登记机关登记的全体发起人认购的股本总额。在发起人认购的股份缴足前，不得向他人募集股份。股份有限公司采取募集方式设立的，注册资本为在公司登记机关登记的实收股本总额。法律、行政法规以及国务院决定对股份有限公司注册资本实缴、注册资本最低限额另有规定的，从其规定。

3.股份发行、筹办事项符合法律规定

发起人为了设立股份有限公司而发行股份时，以及在进行其他的筹办事项时，都必须

符合法律规定的条件和程序，不得违反。

4.发起人制定公司章程，采用募集方式设立的经创立大会通过

公司章程对公司、股东、董事、监事、高级管理人员具有约束力。设立公司必须依法制定章程。对于以发起设立方式设立的股份有限公司，由全体发起人共同制定章程；对于以募集设立方式设立的股份有限公司，由全体发起人制定章程，还应当经有其他认股人参加的创立大会，以出席会议的认股人所持表决权的半数以上通过，方为有效。

股份有限公司章程应当载明下列事项：公司名称和住所；公司经营范围；公司设立方式；公司股份总数、每股金额和注册资本；发起人的姓名或者名称、认购的股份数、出资方式和出资时间；董事会的组成、职权和议事规则；公司法定代表人；监事会的组成、职权和议事规则；公司利润分配办法；公司的解散事由与清算办法；公司的通知和公告办法；股东大会会议认为需要规定的其他事项。

5.有公司名称，建立符合股份有限公司要求的组织机构

6.有公司住所

（三）设立程序

1.以发起设立方式设立股份有限公司的程序

（1）发起人书面认足公司章程规定其认购的股份。

（2）发起人按照公司章程的规定缴纳出资。以非货币财产出资的，应当依法办理其财产权的转移手续。

（3）选举董事会和监事会。发起人认足公司章程规定的出资后，应当选举董事会和监事会。

（4）申请设立登记。发起人在选举董事会和监事会后，董事会应当向公司登记机关报送公司章程、法律、行政法规规定的其他文件，申请设立登记。一旦公司登记机关依法予以登记，发给公司营业执照，公司即告成立。

2.以募集设立方式设立股份有限公司的程序

（1）制定公司章程。公司章程由发起人制定，并经创立大会通过方为有效。

（2）经有关国家机关核准。以募集方式设立股份有限公司公开发行股票的，应当经国务院证券监督管理机构核准。

（3）发起人认购股份。发起人认购的股份不得少于公司股份总数的35%；但是，法律、行政法规另有规定的，从其规定。

（4）向社会公开募集股份。发起人向社会公开募集股份，必须公告招股说明书，并制作认股书。招股说明书应当附有发起人制定的公司章程，并载明下列事项：发起人认购的股份数；每股的票面金额和发行价格；无记名股票的发行总数；募集资金的用途；认股人的权利、义务；本次募股的起止期限及逾期未募足时认股人可以撤回所认股份的说明。认股书由认股人填写认购股数、金额、住所，并签名、盖章。认股人按照所认购股数缴纳股款。

发起人向社会公开募集股份，应当由依法设立的证券公司承销，签订承销协议。发起人向社会公开募集股份，应当同银行签订代收股款协议。代收股款的银行应当按照协议代收和保存股款，向缴纳股款的认股人出具收款单据，并负有向有关部门出具收款证明的义务。

（5）召开创立大会。发行股份的股款缴足后，必须经依法设立的验资机构验资并出具证明。发起人应当自股款缴足之日起30日内主持召开公司创立大会，创立大会由发起人、认股人组成。发行的股份超过招股说明书规定的截止期限尚未募足的，或者发行股份的股款缴足后，发起人在30日内未召开创立大会的，认股人可以按照所缴股款并加算银行同期存款利息，要求发起人返还。

发起人应当在创立大会召开15日前将会议日期通知各认股人或者予以公告。创立大会应有代表股份总数过半数的发起人、认股人出席，方可举行。创立大会行使下列职权：审议发起人关于公司筹办情况的报告；通过公司章程；选举董事会成员；选举监事会成员；对公司的设立费用进行审核；对发起人用于抵作股款的财产的作价进行审核；发生不可抗力或者经营条件发生重大变化直接影响公司设立的，可以作出不设立公司的决议。创立大会对上述所列事项作出决议，必须经出席会议的认股人所持表决权过半数通过。

发起人、认股人缴纳股款或者交付抵作股款的出资后，除未按期募足股份、发起人未按期召开创立大会或者创立大会决议不设立公司的情形外，不得抽回其股本。

（6）申请设立。董事会应于创立大会结束后30日内，向公司登记机关申请设立登记并报送下列文件：公司登记申请书；创立大会的会议记录；公司章程；验资证明；法定代表人、董事、监事的任职文件及其身份证明；发起人的法人资格证明或者自然人身份证明；公司住所证明。以募集方式设立股份有限公司公开发行股票的，还应当向公司登记机关报送国务院证券监督管理机构的核准文件。公司登记机关依法核准登记后，应当发给公司营业执照。自公司营业执照签发之日起，公司即告成立。

股份有限公司成立后，发起人未按照公司章程的规定缴足出资的，应当补缴；其他发起人承担连带责任。股份有限公司成立后，发现作为设立公司出资的非货币财产的实际价额显著低于公司章程所定价额的，应当由交付该出资的发起人补足其差额；其他发起人承担连带责任。

（四）股份有限公司发起人承担的责任

股份有限公司的发起人应当承担下列责任：①公司不能成立时，对设立行为所产生的债务和费用负连带责任；②公司不能成立时，对认股人已缴纳的股款，负返还股款并加算银行同期存款利息的连带责任；③在公司设立过程中，由于发起人的过失致使公司利益受到损害的，应当对公司承担赔偿责任。

二、股份有限公司的组织机构

（一）股东大会

股份有限公司股东大会是由公司全体股东共同组成的权力机构，是对公司重大事项行使最终决策权的机构。

1.职权

股份有限公司股东大会由全体股东组成。股东大会依法行使职权，其职权范围与有限责任公司股东会相同。

2.股东大会的形式

股份有限公司的股东大会分为年会和临时股东大会。

股东大会年会是指依照法律和公司章程的规定每年按时召开的股东大会。《公司法》规定，股东大会应当每年召开一次年会。

临时股东大会是指股份有限公司在出现召开临时股东大会的法定事由时，应当在法定期限（2个月内）召开的股东大会。《公司法》规定，有下列情形之一的，应当在2个月内召开临时股东大会：董事人数不足《公司法》规定的人数或者公司章程所定人数的2/3时；公司未弥补的亏损达实收股本总额1/3时；单独或者合计持有公司10%以上股份的股东请求时；董事会认为必要时；监事会提议召开时；公司章程规定的其他情形。

3.股东大会的召开

股东大会会议由董事会召集，董事长主持；董事长不能履行职务或者不履行职务的，由副董事长主持；副董事长不能履行职务或者不履行职务的，由半数以上董事共同推举一名董事主持。董事会不能履行或者不履行召集股东大会会议职责的，监事会应当及时召集和主持；监事会不召集和主持的，连续90日以上单独或者合计持有公司10%以上股份的股东可以自行召集和主持。

召开股东大会会议，应当将会议召开的时间、地点和审议的事项于会议召开20日前通知各股东；临时股东大会应当于会议召开15日前通知各股东；发行无记名股票的，应当于会议召开30日前公告会议召开的时间、地点和审议事项。单独或者合计持有公司3%以上股份的股东，可以在股东大会召开10日前提出临时提案并书面提交董事会；董事会应当在收到提案后2日内通知其他股东，并将该临时提案提交股东大会审议。临时提案的内容应当属于股东大会职权范围，并有明确议题和具体决议事项。股东大会不得对上述通知中未列明的事项作出决议。无记名股票持有人出席股东大会会议的，应当于会议召开5日前至股东大会闭会时将股票交存于公司。

4.股东大会的决议

股东出席股东大会会议，所持每一股份有一表决权。但是，公司持有的本公司股份没有表决权。股东可以委托代理人出席股东大会会议，代理人应当向公司提交股东授权委托书，并在授权范围内行使表决权。

股东大会作出决议，必须经出席会议的股东所持表决权过半数通过。但是，股东大会作出修改公司章程、增加或者减少注册资本的决议，以及公司合并、分立、解散或者变更公司形式的决议，必须经出席会议的股东所持表决权的2/3以上通过。

《公司法》和公司章程规定公司转让、受让重大资产或者对外提供担保等事项必须经股东大会作出决议的，董事会应当及时召集股东大会会议，由股东大会就上述事项进行表决。

股东大会选举董事、监事，可以依照公司章程的规定或者股东大会的决议，实行累积投票制。累积投票制，是指股东大会选举董事或者监事时，每一股份拥有与应选董事或者监事人数相同的表决权，股东拥有的表决权可以集中使用。

股东大会应当对所议事项的决定作成会议记录，主持人、出席会议的董事应当在会议记录上签名。会议记录应当与出席股东的签名册及代理出席的委托书一并保存。

【案例2-4】某股份公司要选5名董事，公司股份共1 000股，股东共10人，其中1名大股东（控股股东）持有510股，拥有51%的股份，其余9名股东（其他股东）共计持有490股，合计拥有公司49%的股份。若按累积投票制度，表决权的总数为5 000票

（1 000×5），控股股东共计拥有2 550票，其他9名股东合计拥有2 450票。

请问：控股股东至多能让几人当选董事？其他股东至少可以让几名股东当选董事？为什么？

（二）董事会、经理

1.董事会

董事会是公司股东大会的执行机构，对股东大会负责。股份有限公司的董事会由5～19名董事组成。董事会成员中可以有公司职工代表。董事会中的职工代表由公司职工通过职工代表大会、职工大会或者其他形式民主选举产生。股份有限公司董事的任期和董事会的职权与有限责任公司董事的任期和董事会的职权相同。

董事会设董事长1人，可以设副董事长。董事长和副董事长由董事会以全体董事的过半数选举产生。董事长召集和主持董事会会议，检查董事会决议的实施情况。副董事长协助董事长工作，董事长不能履行职务或者不履行职务的，由副董事长履行职务；副董事长不能履行职务或者不履行职务的，由半数以上董事共同推举1名董事履行职务。

董事会每年度至少召开2次会议，每次会议应于会议召开10日前通知全体董事和监事。代表1/10以上表决权的股东、1/3以上董事或者监事会，可以提议召开董事会临时会议。董事长应当自接到提议后10日内，召集和主持董事会会议。董事会召开临时会议，可以另定召集董事会的通知方式和通知时限。

董事会会议应有过半数的董事出席方可举行。董事会作出决议，必须经全体董事的过半数通过。董事会决议的表决，实行一人一票。

董事会会议，应由董事本人出席；董事因故不能出席，可以书面委托其他董事代为出席，委托书中应载明授权范围。董事会应对会议所议事项的决定形成会议记录，由出席会议的董事和记录员在会议记录上签名。

董事应对董事会的决议承担责任。董事会决议违反法律、行政法规或公司章程，致使公司遭受严重损失时，参与决议的董事对公司负赔偿责任。但经证明在表决时表明异议并记载于会议记录的，该董事可以免除责任。

2.经理

股份有限公司设经理，由董事会决定聘任或者解聘。股份有限公司经理的职权与有限责任公司的职权相同。公司董事会可以决定由董事会成员兼任经理。

【案例2-5】某股份有限公司于2017年3月20日召开董事会会议，会议议题是决定财务负责人。公司董事会由7名董事组成。出席此次会议的董事有董事王某、张某、李某和陈某；董事何某、孙某、肖某不能出席会议，其中：孙某通过电话委托董事王某代为出席会议并表决，肖某委托董事会秘书杨某代为出席并表决。

根据总经理提名，出席本次会议的董事讨论并一致同意，聘请顾某为公司财务负责人，并决定其年薪为10万元。该次董事会会议记录，由出席董事会会议的全体董事和列席会议的监事签名后存档。

请问：此次董事会会议有哪些不符合法律规定之处？

（三）监事会

股份有限公司设监事会，其成员不得少于3人。监事会应当包括股东代表和适当比例的公司职工代表，其中职工代表的比例不得低于1/3，具体比例由公司章程规定。监事会中的职工代表由公司职工通过职工代表大会、职工大会或者其他形式民主选举产生。

董事、高级管理人员不得兼任监事。股份有限公司的监事会的职权与有限责任公司监事会的职权相同。

监事会设主席1人，可以设副主席。监事会主席和副主席由全体监事过半数选举产生。监事会主席召集和主持监事会会议；监事会主席不能履行职务或者不履行职务的，由监事会副主席召集和主持监事会会议；监事会副主席不能履行职务或者不履行职务的，由半数以上监事共同推举一名监事召集和主持监事会会议。

监事会每6个月至少召开一次会议。监事可以提议召开临时监事会会议。监事会的议事方式和表决程序，除《公司法》有规定的外，由公司章程规定。监事会决议应当经半数以上监事通过。监事会应当对所议事项的决定作成会议记录，出席会议的监事应当在会议记录上签名。

【随堂测试2-14】某上市公司召开董事会会议，下列选项中，符合有关规定的有（　　）。

A.董事长因故不能出席会议，会议由董事长指定的副董事长甲主持

B.通过了有关公司董事报酬的决议

C.通过了免除乙的经理职务，聘任副董事长甲担任经理的决议

D.会议记录由主持人甲和记录员丙签名后存档

三、上市公司组织机构的特别规定

上市公司，是指其股票在证券交易所上市交易的股份有限公司。《公司法》对上市公司组织及活动原则的特别规定主要包括以下几个方面：

（一）增加股东大会特别决议事项

上市公司在1年内购买、出售重大资产或者担保金额超过公司资产总额30%的，应当由股东大会作出决议，并经出席会议的股东所持表决权的2/3以上通过。

（二）上市公司设立独立董事

上市公司设立独立董事，具体办法由国务院规定。独立董事是指不在公司担任除董事外的其他职务，并与其受聘的上市公司及主要股东不存在可能妨碍其进行独立客观判断的关系的董事。其主要职责是对上市公司董事、高级管理人员及其与公司进行的关联交易等进行监督。

（三）上市公司设立董事会秘书

上市公司设董事会秘书，负责公司股东大会和董事会会议的筹备、文件保管以及公司股东资料的管理，办理信息披露事务等事宜。

（四）增设关联关系董事的表决权排除制度

上市公司董事与董事会会议决议事项所涉及的企业有关联关系的，不得对该项决议行使表决权，也不得代理其他董事行使表决权。该董事会会议由过半数的无关联关系董事出席即可举行，董事会会议所作决议须经无关联关系董事过半数通过。出席董事会的无关联关系董事人数不足3人的，应将该事项提交上市公司股东大会审议。

四、股份有限公司的股份发行和转让

(一) 股份发行

1.股份与股票

股份有限公司的股份是指按相等金额或相同比例，平均划分公司资本的基本计量单位，代表股东在公司中的权利和义务。股份有限公司的股票是指公司签发的证明股东所持股份的法律凭证，是股份的法律表现形式。《公司法》规定，股份有限公司的资本划分为股份，每一股的金额相等，采取股票的形式。股票采用纸面形式或国务院证券监督管理机构规定的其他形式。

股票作为股东所持股份的法律证明，应当载明公司名称、公司成立日期、股票种类、票面金额及代表的股份数、股票的编号等事项。股票由法定代表人签名，公司盖章。发起人的股票，应当标明发起人股票字样。

《公司法》规定，公司向发起人、国家授权投资的机构、法人发行的股票应为记名股票，并应记载该发起人、机构或法人的名称。对社会公众发行的股票，可以为记名股票，也可以为无记名股票。公司发行记名股票的，应置备股东名册，并记载股东的姓名或名称及住所、各股东所持股份数、各股东所持股票的编号、各股东取得其股份的日期等事项。公司发行无记名股票的，应记载其股票的数量、编号及发行日期等。

2.股份的发行

股份的发行是指股份有限公司为了筹集公司资本而出售和分配股份的法律行为。

股份的发行，实行公平、公正的原则，同种类的每一股份应当具有同等权利。同次发行的同种类股票，每股的发行条件和价格应当相同；任何单位或者个人所认购的股份，每股应当支付相同价额。

股票发行价格可以按票面金额，也可以超过票面金额，但不得低于票面金额。

(二) 股份转让

1.股份转让的概念

股份转让，是指股份有限公司的股份持有人依法自愿将自己所拥有的股份转让给他人，使他人取得股份或增加股份数额成为公司股东的法律行为。

股份转让具有以下特点：

(1) 股份转让。在《公司法》中，其特指股份有限公司的股份转让。《公司法》将有限责任公司股东转让出资的行为称为股权转让（或称出资的转让）。

(2) 股份转让须依法进行。所谓依法转让，是指股份持有人在转让自己的股份时必须按照《公司法》和有关法律、行政法规的规定将自己的股份转让给他人。

(3) 股份转让属于相对自由的转让。在股份转让中，只要股东转让行为符合法定要求，其他人就无权干涉股份持有人转让自己的股份。

(4) 股份转让在特定情况下受到一定限制。如公司的发起人、董事、监事、高级管理人员所持股份的转让要受到一定限制等。

(5) 股份转让以股票转让的形式出现。股份的转让，是通过股票的转让来完成的，是以股票的形式出现的。由于股票分为记名股票和无记名股票，因此，股份转让也分为记名股份的转让和无记名股份的转让。

（6）股份转让是一种法律行为。股份转让人和受让人的行为必须符合法律、行政法规规定的要求。

2.股份转让的法律规定

《公司法》对股份有限公司的股份转让作出了具体的规定，主要包括以下内容：

（1）股东持有的股份可以依法转让。股东转让其股份，应当在依法设立的证券交易场所进行或者按照国务院规定的其他方式进行。

（2）记名股票，由股东以背书方式或者法律、行政法规规定的其他方式转让，转让后由公司将受让人的姓名或者名称及住所记载于股东名册。股东大会召开前20日内或者公司决定分配股利的基准日前5日内，不得进行前述规定的股东名册的变更登记。但是，法律对上市公司股东名册变更登记另有规定的，从其规定。无记名股票的转让，由股东将该股票交付给受让人后即发生转让的效力。

（3）发起人持有的本公司股份，自公司成立之日起1年内不得转让。公司公开发行股份前已发行的股份，自公司股票在证券交易所上市交易之日起1年内不得转让。公司董事、监事、高级管理人员应当向公司申报所持有的本公司的股份及其变动情况，在任职期间每年转让的股份不得超过其所持有本公司股份总数的25%；所持本公司股份自公司股票上市交易之日起1年内不得转让。上述人员离职后半年内，不得转让其所持有的本公司股份。公司章程可以对公司董事、监事、高级管理人员转让其所持有的本公司股份作出其他限制性规定。

（4）公司不得收购本公司股份。但是，有下列情形之一的除外：第一，减少公司注册资本；第二，与持有本公司股份的其他公司合并；第三，将股份奖励给本公司职工；第四，股东因对股东大会作出的公司合并、分立决议持异议，要求公司收购其股份的。公司因上述第一项至第三项的原因收购本公司股份的，应当经股东大会决议。公司依照前款规定收购本公司股份后，属于第一项情形的，应当自收购之日起10日内注销；属于第二项、第四项情形的，应当在6个月内转让或者注销。公司依照第三项规定收购的本公司股份，不得超过本公司已发行股份总额的5%；用于收购的资金应当从公司的税后利润中支出；所收购的股份应当在1年内转让给职工。

（5）公司不得接受本公司的股票作为质押权的标的。

【随堂测试2-15】根据公司法的规定，下列有关股份有限公司股份转让限制的表述中，错误的是（　　）。

A.公司发起人持有的本公司股份自公司成立之日起1年内不得转让

B.公司高级管理人员离职后1年内不得转让其所持有的本公司股份

C.公司监事所持本公司股份自公司股票上市交易之日起1年内不得转让

D.公司董事在任职期间每年转让的股份不得超过其所持有本公司股份总数的25%

（三）记名股票被盗、遗失或者灭失的处理

记名股票被盗、遗失或者灭失，股东可以依照《民事诉讼法》规定的公示催告程序，请求人民法院宣告该股票失效。人民法院宣告该股票失效后，股东可以向公司申请补发股票。

【案例2-6】中国证监会的某证券监管派出机构于2017年7月在对甲上市公司进行例行检查时，发现该公司存在以下事实：

（1）2017年2月10日，经甲公司股东大会决议，甲公司为减少注册资本而收购本公司股份1 000万股，甲公司于3月10日将其注销。

（2）2017年4月1日，经甲公司股东大会决议，甲公司为奖励职工而收购本公司6%的股份，收购资金6 000万元全部计入甲公司的成本费用，截至7月1日，收购的股份尚未转让给职工。

请问：甲公司的做法有哪些不符合规定之处，并说明理由。

任务五　公司债券、财务和会计

一、公司债券的概念和种类

（一）公司债券的概念

公司债券，是指公司依照法定程序发行、约定在一定期限还本付息的有价证券。公司发行债券的目的是在不增加股权的情况下聚集资金，从而提高股本增值的能力。

债券和股票都是有价证券，但两者具有不同的法律特征。两者的主要区别是：

（1）性质不同。股票表示的是股权，是股权凭证，表示投资者对发行股票的公司拥有股东的一系列权利；债券表明的是债权，是债权凭证，表示发行人与投资者之间的债权债务关系。

（2）收益不同。股票持有人是从公司利润中分取股息、红利，其收益可能较高或者较低；债券持有人则不论公司是否盈利，都可以依事先约定的利率计取固定的利息。

（3）承担的风险不同。债券持有人承担的风险小于股票持有人，公司债券的本金到期退还，公司股票的本金一般不予退还。公司债券具有优先偿还权，持有人在公司解散或者破产的情况下，优先于公司股票得到债务清偿。

（4）对公司经营管理享有的权利不同。债券持有人无权参与公司经营管理，而股票持有人可通过在股东大会上行使表决权参与公司的经营管理。

（二）公司债券的种类

按不同的标准对公司债券可作不同的分类：

1.记名公司债券和无记名公司债券

记名公司债券是指在公司债券上记载债权人姓名或名称的债券。记名公司债券转让时，转让人须在债券上背书。无记名公司债券是指在公司债券上不记载债权人姓名或名称的债券。无记名公司债券转让时，交付债券即发生转让的法律效力。

2.可转换公司债券和不可转换公司债券

可转换公司债券是指可以转换成公司股票的公司债券。可转换公司债券在发行时规定了转换为公司股票的条件与办法，当条件具备时，债券持有人拥有将公司债券转换为公司股票的选择权。不可转换公司债券是指不能转换为公司股票的公司债券。凡在发行时未作转换约定的，均为不可转换公司债券。

根据《公司法》的规定，上市公司经股东大会决议可以发行可转换公司债券，并在公司债券募集办法中规定具体的转换办法。公司发行可转换公司债券，除应具备发行公司债券的条件外，还应符合股票的发行条件。可转换公司债券持有人具有将公司债券转换为公司股票的选择权。

二、公司债券的发行与转让

公司发行公司债券应当符合《中华人民共和国证券法》规定的发行条件与程序。（参见“项目七　证券法”的相关内容）

公司发行债券，应当公告公司债券募集办法。公司债券募集办法应当载明下列主要事项：公司名称；债券募集资金的用途；债券总额和债券的票面金额；债券利率的确定方式；还本付息的期限和方式；债券担保情况；债券的发行价格、发行的起止日期；公司净资产额；已发行的尚未到期的公司债券总额；公司债券的承销机构。

公司以实物券方式发行公司债券的，必须在债券上载明公司名称、债券票面金额、利率、偿还期限等事项，并由法定代表人签名，公司盖章。公司发行公司债券应当置备公司债券存根簿。

《公司法》规定，公司债券可以转让，转让价格由转让人与受让人约定。公司债券在证券交易所上市交易的，按照证券交易所的交易规则转让。

根据公司债券种类的不同，公司债券的转让有两种不同的方式。记名公司债券，由债券持有人以背书方式或者法律、行政法规规定的其他方式转让；转让后由公司将受让人的姓名或者名称及住所记载于公司债券存根簿。无记名公司债券的转让，由债券持有人将该债券交付给受让人后即发生转让的效力。

发行可转换债券的，公司应当按照其转换办法向债券持有人换发股票，但债券持有人对转换股票或者不转换股票有选择权。

三、公司财务、会计

（一）公司财务、会计制度

公司应当依照法律、行政法规和国务院财政部门的规定建立本公司的财务、会计制度。公司应单独设置会计机构，配备会计人员。

公司应当在每一会计年度终了时编制财务会计报告，并依法经会计师事务所审计。财务会计报告主要包括资产负债表、利润表、现金流量表等报表及附注。财务会计报告应当依照法律、行政法规和国务院财政部门的规定制作。对于上市公司，每一会计年度的上半年结束之日，还应制作中期财务会计报告。

有限责任公司应当依照公司章程规定的期限将财务会计报告送交各股东。股份有限公司的财务会计报告应当在召开股东大会年会的20日前置备于本公司，供股东查阅；公开发行股票的股份有限公司必须公告其财务会计报告。

公司除法定的会计账簿外，不得另立会计账簿。对公司资产，不得以任何个人名义开立账户存储。

公司聘用、解聘承办公司审计业务的会计师事务所，依照公司章程的规定，由股东会、股东大会或者董事会决定。公司股东会、股东大会或者董事会就解聘会计师事务所进行表决时，应当允许会计师事务所陈述意见。公司应当向聘用的会计师事务所提供真实、完整的会计凭证、会计账簿、财务会计报告及其他会计资料，不得拒绝、隐匿、谎报。

（二）利润分配

利润是公司在一定时期（1年）内生产经营的财务成果，包括营业利润、投资净收益以及营业外收支净额。公司应按照下列顺序进行利润分配：

（1）弥补以前年度的亏损，但不得超过税法规定的弥补期；

（2）按税法规定缴纳企业所得税；

（3）弥补在税前利润弥补亏损之后仍存在的亏损；

（4）提取法定盈余公积；

（5）提取任意盈余公积；

（6）向股东分配利润。

公司弥补亏损和提取盈余公积后所余税后利润，有限责任公司按照股东实缴的出资比例分配，但全体股东约定不按照出资比例分配的除外；股份有限公司按照股东持有的股份比例分配，但股份有限公司章程规定不按照持股比例分配的除外。

公司股东会、股东大会或者董事会违反规定，在公司弥补亏损和提取盈余公积之前向股东分配利润的，股东必须将违反规定分配的利润退还给公司。公司持有的本公司股份不得分配利润。

（三）公积金

公积金是公司在资本之外所保留的资金金额，又称附加资本或准备金。公司为增强自身财力，扩大营业范围和预防意外亏损，从利润中提取一定的资金，以用于扩大资本，或弥补亏损。

公积金分为盈余公积和资本公积两类。盈余公积是从公司税后利润中提取的公积金，分为法定盈余公积和任意盈余公积两种。法定盈余公积按照税后利润的10%提取，当公司法定盈余公积累计额为公司注册资本的50%以上时，可以不再提取。公司的法定盈余公积不足以弥补以前年度亏损的，在依照规定提取法定盈余公积之前，应当先用当年利润弥补亏损。任意盈余公积按照公司股东会或者股东大会决议，从税后利润中提取。资本公积是直接由资本原因等形成的公积金，股份有限公司以超过股票票面金额的发行价格发行股份所得的溢价款以及国务院财政部门规定列入资本公积的其他收入等，应当列为公司资本公积。

公司的公积金应当按照规定的用途使用。公司公积金的主要用途有：

（1）弥补亏损。公司的亏损按国家税法规定可以用缴纳所得税前的利润弥补，超过所得税前利润弥补期限仍未补足的亏损，可以用公司税后利润抵补；发生特大亏损，税后利润仍不足抵补的，可以用公司的公积金弥补。但是，资本公积不得用于弥补公司的亏损。

（2）扩大公司生产经营。公司可以根据生产经营的需要，用公司的公积金来扩大公司的生产经营规模，增强公司实力。

（3）转增公司资本。公司为了实现增加资本的目的，可以将公积金的一部分转为资本。对用任意盈余公积转增资本，法律没有限制，但用法定盈余公积转增资本时，《公司法》规定，法定盈余公积转为资本时，所留存的法定盈余公积不得少于转增前公司注册资本的25%。

任务六 公司合并、分立与解散、清算

一、公司合并、分立

（一）公司的合并

公司合并是指两个或两个以上的公司依照法定程序合并为一个公司的法律行为。其形式有两种：吸收合并和新设合并。吸收合并是指一个公司吸收其他公司加入本公司，被吸收的公司解散。新设合并是指两个或两个以上公司合并设立一个新的公司，合并各方解散。

公司合并时，应履行下列程序：

(1) 签订合并协议。合并协议应有如下内容：合并各方的名称、住所；合并后公司的名称、住所；合并各方的债权债务的处理办法；合并各方的资产状况及处理办法；合并后公司因合并而增资所发行的股份总额、种类和数量；合并各方认为需要载明的其他内容。

(2) 合并各方编制资产负债表和财产清单。

(3) 股东会作出决议。有限责任公司，股东会在对公司合并作出决议时，必须由代表2/3以上表决权的股东同意，该决议才有效；股份有限公司的股东大会在对公司合并作出决议时，必须由出席会议的持2/3以上表决权的股东同意，该决议才有效。国有独资公司，须报经国家授权投资的机构或国家授权的部门批准，才能合并。

(4) 通知债权人。股东会作出合并决议后，应自作出合并决议之日起10日内通知债权人，并于30日内在报纸上公告。债权人在接到通知书之日起30日内，未接到通知书的自第一次公告之日起45日内，有权要求公司清偿债务或提供相应的担保。

(5) 依法进行登记。

公司合并时，合并各方的债权、债务，应当由合并后存续的公司或者新设的公司承继。

（二）公司的分立

公司分立，是指一个公司依照法定程序分立为两个以上的公司。公司分立的形式有两种：一是公司以其部分财产和业务另设立一个新的公司，原公司存续；二是公司以全部财产分别归入两个以上的新设立的公司，原公司解散。

公司分立的程序与公司合并的程序基本一样，要签订分立协议，编制资产负债表及财产清单，作出分立决议，通知债权人，办理市场主体登记等。

公司分立前的债务由分立后的公司承担连带责任。但是，公司在分立前与债权人就债务清偿达成的书面协议另有约定的除外。

【随堂测试2-16】A公司于2016年6月注册成立。2016年10月A公司分立为B公司和C公司，分立前与债权人就债务清偿达成的书面协议约定B公司和C公司各承担50%债务。2017年3月C公司与D公司合并为E公司。如果2017年5月A公司和D公司的债权人要求清偿债务，下列说法中正确的有（ ）。

A. A公司的债务由B公司和C公司承担

B. A公司的债务由B公司和E公司承担

C. D公司的债务由D公司承担

D. D公司的债务由E公司承担

二、公司注册资本的减少和增加

公司需要减少注册资本时，必须编制资产负债表及财产清单。

公司在减少注册资本时，应当自作出减少注册资本决议之日起10日内通知债权人，并于30日内在报纸上公告。债权人自接到通知书之日起30日内，未接到通知书的自公告之日起45日内，有权要求公司清偿债务或者提供相应的担保。公司减少注册资本，应当依法向公司登记机关办理变更登记。

有限责任公司增加注册资本时，股东认缴新增资本的出资，依照《公司法》设立有限责任公司缴纳出资的有关规定执行。股份有限公司为增加注册资本发行新股时，股东认购新股，依照《公司法》设立股份有限公司缴纳股款的有关规定执行。

公司增加注册资本，应当依法向公司登记机关办理变更登记。

三、公司解散和清算

（一）公司解散的原因

《公司法》规定，公司解散的原因有以下5种情形：

（1）公司章程规定的营业期限届满或者公司章程规定的其他解散事由出现；

（2）股东会或者股东大会决议解散；

（3）因公司合并或者分立需要解散；

（4）依法被吊销营业执照、责令关闭或者被撤销；

（5）人民法院依法予以解散。

公司有上述第（1）项情形的，可以通过修改公司章程而存续。依照规定修改公司章程，有限责任公司须经持有2/3以上表决权的股东通过，股份有限公司须经出席股东大会会议的股东所持表决权的2/3以上通过。

公司经营管理发生严重困难，继续存续会使股东利益受到重大损失，通过其他途径不能解决的，持有公司全部股东表决权10%以上的股东，可以请求人民法院解散公司。

公司被依法宣告破产的，依照有关企业破产的法律制度实施破产清算。

（二）公司解散时的清算

1.成立清算组

公司解散时，应当依法进行清算。进行清算必须成立清算组。因公司章程规定的营业期限届满或者公司章程规定的其他解散事由出现，或股东会决议解散的，或违反法律、行政法规被依法责令关闭的，应当在15日内成立清算组。有限责任公司的清算组由股东组成，股份有限公司的清算组由董事或者股东大会确定的人员组成。逾期不成立清算组进行清算的，债权人可以申请人民法院指定有关人员组成清算组进行清算。人民法院应当受理该申请，并及时组织清算组进行清算。

2.清算组的职权

清算组在清算期间行使下列职权：

（1）清理公司财产，分别编制资产负债表和财产清单；

（2）通知、公告债权人；

（3）处理与清算有关的公司未了结的业务；

（4）清缴所欠税款以及清算过程中产生的税款；

（5）清理债权、债务；

（6）处理公司清偿债务后的剩余财产；

（7）代表公司参与民事诉讼活动。

3.清算组的义务与责任

清算组在公司清算期间代表公司进行一系列民事活动，全权处理公司经济事务和民事诉讼活动。清算组成员应忠于职守，依法履行清算义务，清算组成员不得利用职权收受贿赂或其他非法收入，不得侵占公司财产。清算组成员因故意或重大过失给公司或债权人造成损失的，应承担赔偿责任。

4.清算工作程序

清算工作程序一般如下：

（1）登记债权。清算组应自成立之日起10日内通知债权人，并于60日内在报纸上公告。债权人应当自接到通知书之日起30日内，未接到通知书的自公告之日起45日内，向清算组申报其债权，并提供有关债权的证明材料，清算组应对债权进行登记。

（2）清理公司财产，制订清算方案。清算组应对公司财产进行清理，编制资产负债表和财产清单，制订清算方案。清算组在清理公司财产后，发现公司财产不足以清偿债务的，应立即向法院申请宣告破产。法院裁定宣告破产后，清算组应当将清算事务移交给法院。

（3）清偿债务。公司财产在拨付清算费用后，按下列顺序清偿：第一，职工工资和劳动保险费用；第二，缴纳所欠税款；第三，清偿公司债务。公司财产在清偿债务后的剩余财产，按股东的出资比例或股东所持股份比例进行分配。

（4）公告公司终止。公司清算结束后，清算组应制作清算报告，报股东会或者有关主管机关确认，并报送公司登记机关，申请注销公司登记，公告公司终止。

项目测试

一、单项选择题（每题只有一个正确选项，请将正确的选项填入括号内）

1.甲、乙两公司与郑某、张某欲共同设立一个有限责任公司，并在拟订公司章程时约定了各自的出资方式。下列有关各股东的部分出资方式中，符合公司法律制度规定的是（　　）。

A.甲公司以其获得的某知名品牌特许经营权评估作价20万元出资

B.乙公司以其企业商誉评估作价30万元出资

C.郑某以其享有的某项专利权评估作价40万元出资

D.张某以其设定了抵押权的某房产作价50万元出资

2.根据公司法律制度的规定，有限责任公司的股东不得抽回其投资的是（　　）。

A.缴纳出资后　　B.经法定验资机构验资后

C.提出公司设立登记申请后　　D.公司成立后

3.有限责任公司股东会的首次会议的召集人是（　　）。

A.发起人　　B.董事长　　C.执行董事　　D.出资最多的人

4.根据公司法律制度的规定，单独或者合计持有股份有限公司（　　）以上股份的股东，可以在股东大会召开10日前提出临时提案并书面提交董事会。

A.1%　　B.2%　　C.2.5%　　D.3%

5.根据《公司法》的规定，股份有限公司董事长的产生方式是（　　）。

A.由股东大会选举产生　　B.由公司章程规定

C.由董事会以全体董事的过半数选举产生

D.由董事会以出席会议董事的过半数选举产生

6.甲上市公司在上市6个月时召开股东大会，该次股东大会通过的下列决议中，符合公司法律制度规定的是（　　）。

A.公司董事、监事、高级管理人员持有的本公司股份可以随时转让

B.公司发起人持有的本公司股份自即日起可以对外转让

C.公司收回本公司已发行股份的4%用于未来1年内奖励本公司职工

D.决定与乙公司联合开发房地产，并要求乙公司以其持有的甲公司股份作为履行合同的质押担保

7.根据《公司法》的规定，股份有限公司的财务会计报告应在召开股东大会的一定期间以前置备于公司，供股东查阅。该期限为（　　）。

A.10日　　B.15日　　C.20日　　D.25日

8.根据公司法律制度的规定，公司解散时，清算组应当自成立之日起10日内通知债权人，并于60日内在报纸上公告。债权人向清算组申报债权的法定期限是（　　）。

A.自接到通知书之日起10日内，未接到通知书的自公告之日起10日内

B.自接到通知书之日起30日内，未接到通知书的自公告之日起45日内

C.自接到通知书之日起30日内，未接到通知书的自公告之日起60日内

D.自接到通知书之日起30日内，未接到通知书的自公告之日起90日内

9.有限责任公司的注册资本为在公司登记机关登记的全体股东（　　）的出资额。

A.实际缴纳　　B.验资确认　　C.口头承诺　　D.认缴

10.董事、监事、高级管理人员在任职期间每年转让的股份不得超过其所持有本公司股份总数的（　　）。

A.10%　　B.20%　　C.25%　　D.30%

二、多项选择题（每题有两个或两个以上正确选项，请将正确的选项填入括号内）

1.甲公司、乙公司与刘某、谢某欲共同设立一个注册资本为200万元的有限责任公司，他们在拟定公司章程时约定各自的出资方式中，不符合《公司法》规定的有（　　）。

A.甲公司以其企业商誉评估作价80万元出资

B.乙公司以其获得的某知名品牌特许经营权评估作价60万元出资

C.刘某以劳务作价20万元出资

D.谢某以其设定了抵押担保的房屋评估作价40万元出资

2.下列各项中，可以担任有限责任公司的法定代表人的有（ ）。

A.董事长 B.执行董事 C.经理 D.监事

3.根据公司法律制度的规定，下列各项中，受公司章程约束的有（ ）。

A.公司的经理 B.公司的副经理 C.公司的董事 D.公司的财务负责人

4.根据《公司法》的规定，有限责任公司股东会会议对下列事项作出的决议中，必须经代表2/3以上表决权的股东通过的有（ ）。

A.修改公司章程 B.减少注册资本 C.更换公司董事 D.变更公司形式

5.根据《公司法》的规定，下列人员中，不得担任公司监事的有（ ）。

A.本公司董事 B.本公司经理 C.本公司副经理 D.本公司财务负责人

6.股份有限公司出现下列情形应当在2个月内召开临时股东大会的有（ ）。

A.持有公司10%以上股份的股东请求时 B.1/3以上监事提议时

C.董事会提议时 D.董事人数不足章程规定人数的3/4时

7.根据公司法律制度的规定，某股份有限公司董事会由9名董事组成，下列情形中，能使董事会决议得以顺利通过的有（ ）。

A.5名董事出席会议，一致同意 B.7名董事出席会议，4名同意

C.5名董事出席会议，4名同意 D.9名董事出席会议，5名同意

8.下列各项中，股份有限公司可以收购本公司的股份的有（ ）。

A.减少公司注册资本 B.与持有本公司股份的其他公司合并

C.将股份奖励给本公司职工 D.公司出现重大亏损

9.下列有关股份有限公司监事会的表述中，不符合公司法规定的有（ ）。

A.监事会成员必须全部由股东大会选举产生

B.监事会必须有职工代表

C.监事会主席和副主席由出席会议的监事过半数选举产生

D.监事会每年度至少召开一次会议

10.下列各项中属于有限责任公司股东会职权的有（ ）。

A.审议批准公司利润分配方案和弥补亏损方案

B.聘任或解聘公司经理

C.将股份奖励给本公司职工

D.修改公司章程

三、判断题（正确的在括号内打“√”，错误的打“×”）

1.公司分立前的债务由分立后的公司承担连带责任。但是，公司在分立前与债权人就债务清偿达成的书面协议另有约定的除外。（ ）

2.某股份有限公司发行了可转换公司债券，当转换为公司股票的条件具备时，债券持有人必须将公司债券转换为公司股票。（ ）

3.法定盈余公积可用于弥补公司亏损，资本公积不得用于弥补公司亏损。（ ）

4.甲公司的董事王某经董事会同意，为乙公司经营与甲公司同类的业务，不违反《公司法》的规定。（ ）

5.《公司法》对有限责任公司和股份有限公司成立没有最低注册资本的限制。（　　）

6.一个自然人只能投资设立一个一人有限责任公司，且该一人有限责任公司不能投资设立新的一人有限责任公司。（　　）

7.发起设立股份有限公司的，发起人认购的股份不得少于公司股份总数的35%。（　　）

8.自2014年3月1日起，全体股东（发起人）认缴的注册资本缴足的最后期限没有限制性的规定。（　　）

四、案例分析题

1.2019年3月3日，张某、李某、陈某和吴某共同出资设立了一家有限责任公司（以下简称公司）。公司未设董事会，仅设执行董事，由张某担任。2020年7月8日，吴某与周某签订合同，约定将其所持有的公司全部股权以30万元的价格转让给周某。吴某于同日分别向张某、李某和陈某发出拟转让股权给周某的通知书。李某、陈某于7月20日、7月26日回复，均要求在同等条件下优先购买吴某所持公司全部股权。张某于7月10日收到通知后，至8月20日未就此事作出任何答复。周某在对公司进行调查的过程中，发现李某在公司设立时以机器设备折价35万元出资，而该机器设备当时仅值15万元。

根据上述内容，回答下列问题：

（1）张某未作答复将产生什么法律效果？请说明理由。

（2）李某、陈某均要求在同等条件下优先购买吴某所持公司全部股权，应如何处理？

（3）如果李某出资不实的行为属实，应如何处理？

2.甲、乙、丙、丁、戊拟发起设立A股份有限公司（以下简称A公司），初步拟定的公司章程包括以下内容：①注册资本2 000万元，其中甲、乙共以货币600万元出资；丙以实物作价出资，经评估机构评估为800万元；丁以担保贷款600万元入股。因为资金问题，各股东在成立之时首次出资都只缴纳30%，其他部分在6年内缴足。②公司不设董事会，由甲任执行董事；丙担任经理；公司不设监事会，由乙兼任公司的监事。③股东大会应当每年召开1次年会。股东大会会议由董事会召集，董事会不能履行或者不履行召集股东大会会议职责的，经理应当负责召集和主持。A公司成立后经营顺利，迅速发展，于2019年6月发行股票并上市交易，并设立了董事会。

2020年公司召开董事会，通过以下决议：①根据经理丙的提议解聘财务负责人甲。②决定发行公司债券，责成董事乙准备有关发行文件报送有关部门审批。③增选戊为公司董事，3年前戊曾因挪用公司财产被判刑6个月。④该次董事会会议记录，由出席董事会会议的全体董事和列席会议的监事签名后存档。

根据以上事实并结合法律规定，回答下列问题：

（1）股东出资是否符合规定？说明理由。

（2）公司组织机构设置是否符合规定？说明理由。

（3）股东大会会议召集制度是否符合规定？说明理由。

（4）A公司董事会通过的三项决议是否符合规定？说明理由。

（5）董事会会议记录有无不规范之处？说明理由。

项目三

合同法

【知识目标】

1. 了解合同的概念、特征及其分类。
2. 理解合同的签订过程、合同成立的条件和合同的效力。
3. 掌握合同的形式及内容，合同的履行、保全、变更、终止及合同的违约责任。

【能力目标】

1. 能够依法草拟一些简单的合同文本。
2. 能够应用合同法的基本原理判断合同的效力。
3. 能够处理实践中合同的履行、违约等问题。

【主要概念】

合同　要约　缔约过失责任　格式条款　抗辩权　合同保全　违约责任

引导案例

甲、乙两家公司订立了一份买卖合同，双方约定由甲公司向乙公司提供70台专用仪器，甲公司于6月30日前交货，并负责将货物运至乙公司，乙公司在收到货物后10日内付清货款。双方均未在合同上签字盖章。5月28日，甲公司与丙运输公司签订了货物运输合同，约定由丙公司将70台仪器运至乙公司。6月1日，丙公司先运了40台仪器至乙公司，乙公司全部收到，并于6月9日将40台仪器的货款付清。6月20日，甲公司认为乙公司在转移财产，有逃避债务的可能，随即通知丙公司暂停运输其余30台仪器并通知了乙公司中止交货，要求乙公司提供担保，乙公司及时提供了担保。6月26日，甲公司通知丙公司将其余30台仪器运往乙公司，丙公司在运输途中发生交通事故，30台仪器全部毁损，致使甲公司6月30日前不能按时全部交货。9月15日，乙公司要求甲公司承担违约责任。

思考：

（1）甲、乙公司订立的买卖合同是否成立？为什么？

（2）甲公司6月20日中止履行合同的行为是否合法？为什么？

（3）乙公司9月15日要求甲公司承担违约责任的行为是否合法？为什么？

（4）丙公司对货物毁损应承担什么责任？为什么？

任务一　合同的认知

一、合同概述

（一）合同的概念及特征

合同是指民事主体之间设立、变更、终止民事法律关系的协议。其具有以下法律特征：

（1）合同的主体具有平等的法律地位。

（2）合同以设立、变更、终止财产性民事权利义务关系为目的。

（3）合同是双方或多方当事人意思表示一致的协议。

微课

何为合同

（二）合同的分类

根据不同的分类标准，可以对合同进行不同的分类。

1.双务合同与单务合同

根据双方当事人是否互负给付义务，合同可分为双务合同和单务合同。

双务合同是指当事人双方互相承担对待给付义务的合同，如买卖合同、租赁合同等。单务合同是指只有一方当事人承担给付义务的合同，如赠与合同。

2.诺成合同与实践合同

根据合同成立是否需要以交付标的物为标准，合同可分为诺成合同和实践合同。

诺成合同，是指以缔约当事人意思表示一致为成立要件的合同，即一旦缔约当事人的意思表示达成一致即告成立的合同。

实践合同，是指除当事人意思表示一致以外尚需交付标的物才能成立的合同。在这种合同中仅有当事人的合意，合同尚不能成立，还必须有一方实际交付标的物的行为或其他给付，才能成立合同关系。

在实践中，大多数合同均为诺成合同，实践合同仅限于法律规定的少数合同，如保管合同、自然人之间的借款合同等。

【随堂测试3-1】我国《民法典》规定属于实践合同的有（　　）。

A.买卖合同　　B.委托合同　　C.保管合同　　D.借贷合同

3.要式合同与不要式合同

根据合同的成立是否须采取一定的形式为标准，合同可分为要式合同和不要式合同。

要式合同，是指法律规定必须采取一定形式的合同；反之，法律不要求采取特定形式的合同则为不要式合同。根据合同自由原则，当事人有权选择合同形式，故合同以不要式合同为常态，但对于一些重要的交易，如不动产买卖，法律常规定当事人应当采取特定的形式订立合同。

4.有名合同与无名合同

根据法律是否设有一个特定名称为标准，将合同分为有名合同和无名合同。

有名合同又称为典型合同，是指在法律上已设有规范并赋予名称的合同。如我国《民法典》合同编所规定的19类合同，均为有名合同。无名合同又称非典型合同，是指在法律上尚未确立一定的名称和规则的合同。

5.主合同与从合同

根据合同相互间的主从关系，可将合同分为主合同和从合同。

在两个关联合同中，不依赖其他合同的存在即可独立存在的合同称为主合同，以其他合同的存在为前提而存在的合同称为从合同。例如，借款合同与保证合同之间，前者为主合同，后者为从合同。

二、合同法概述

合同法是民事法律制度的重要组成部分。合同法的含义有广义和狭义之分，广义上其是指调整民事合同关系的法律规范的总称。狭义的合同法，是指2020年5月28日第十三届全国人民代表大会第三次会议通过的《民法典》第三编合同。《民法典》第四百六十三条的规定，我国合同法是调整因合同产生的民事关系，对于婚姻、收养、监护等有关身份关系的协议，适用有关该身份关系的法律规定；没有规定的，可以根据其性质参照适用《民法典》合同编的规定。

【随堂测试3-2】我国《民法典》合同编调整的关系有（　　）。

A.婚姻关系　　B.收养关系　　C.监护关系　　D.财产关系

任务二　合同的成立

一、合同的订立

当事人订立合同，采取要约、承诺方式。一般情况下，承诺生效时合同即成立。

微课

合同的订立

（一）要约

1.要约的概念及构成条件

要约是希望和他人订立合同的意思表示。发出要约的人为要约人，接受要约的人为受要约人。构成要约须符合以下条件：

（1）要约一般是向特定的相对人发出的。要约只有向要约人希望与之订立合同的相对人即受要约人发出，才能唤起受要约人的承诺，从而订立合同。但在特殊情况下，对不特定的人（无相对人）发出的意思表示亦可能构成要约，如商业广告的内容符合要约规定的，视为要约。

（2）要约的内容必须具体、确定。所谓具体，是指要约的内容必须是合同成立所必需的条款。所谓确定，是指要约的内容必须明确，不能含糊不清，使相对人难明其意。

（3）要约必须具有订立合同的意图。要约应表明，一经受要约人承诺，要约人即受该意思表示约束，与之建立合同关系。在实践中，应根据要约所实际使用的语言、文字和其他情况判断要约人是否决定与受要约人订立合同。

知识加油站

要约和要约邀请的区别

在合同实务中，要注意要约与要约邀请的区别。要约邀请，是一方当事人邀请另一方当事人向自己发出要约。要约是以订立合同为目的具有法律意义的意思表示行为，一经发出就产生一定的法律效果。而要约邀请的目的是让对方向自己发出要约，是订立合同的一种预备行为，在性质上是一种事实行为，并不产生任何法律效果，即使对方依邀请对自己发出了要约，自己也没有承诺的义务。因此，要约邀请本身不具有法律意义。在实际生活中，拍卖公告、招标、寄送价目表、招股说明书、商业公告、广告等，大都属于要约邀请。但商业广告和宣传的内容符合要约条件的，构成要约。

2.要约生效的时间

要约生效的时间适用《民法典》第一百三十七条的规定（具体见项目一任务三民事法律行为的意思表示）。

3.要约的撤回和撤销

要约的撤回，是指要约人在发出要约后，于要约到达受要约人之前取消其要约的行为，其撤回意思表示的通知应当在意思表示到达相对人前或者与意思表示同时到达相对人。

要约的撤销，是指在要约发生法律效力后，要约人取消要约从而使要约归于消灭的行为。撤销要约的意思表示以对话方式作出的，该意思表示的内容应当在受要约人作出承诺之前为受要约人所知道；撤销要约的意思表示以非对话方式作出的，应当在受要约人作出承诺之前到达受要约人。

《民法典》第四百七十六条的规定，要约可以撤销，但是有下列情形之一的除外：

（1）要约人以确定承诺期限或者其他形式明示要约不可撤销；

（2）受要约人有理由认为要约是不可撤销的，并已经为履行合同做了合理准备工作。

4.要约的失效

要约的失效，即要约丧失法律拘束力。依《民法典》第四百七十八条的规定，有下列情形之一的，要约失效。

（1）要约被拒绝；

（2）要约被依法撤销；

（3）承诺期限届满，受要约人未作出承诺；

（4）受要约人对要约的内容作出实质性变更。

【案例3-1】甲于5月1日向乙发出一要约，后反悔欲撤回，遂于5月3日发出撤回通知。要约于5月5日至乙处，但是因乙外出，未能拆阅。撤回通知则于5月6日到达乙处，乙于5月7日返回家中。

请问：此要约效力如何？

（二）承诺

1.承诺的概念和要件

承诺是受要约人同意要约的意思表示。承诺须具备以下要件：

（1）承诺必须由受要约人向要约人作出。受要约人以外的人，不具有承诺资格。

（2）承诺应当以通知的方式作出，但根据交易习惯或者要约表明可以通过行为作出承诺的除外。

（3）承诺必须在合理期限内作出。承诺应当在要约确定的期限内到达要约人。要约没有确定承诺期限的，承诺应当依照下列规定到达：①要约以对话方式作出的，应当即时作出承诺；②要约以非对话方式作出的，承诺应当在合理期限内到达。

依据《民法典》第四百八十二条的规定，要约以信件或者电报作出的，承诺期限自信件载明的日期或者电报交发之日开始计算。信件未载明日期的，自投寄该信件的邮戳日期开始计算。要约以电话、传真、电子邮件等快速通信方式作出的，承诺期限自要约到达受要约人时开始计算。

（4）承诺的内容必须与要约的内容相一致。受要约人对要约的内容作出实质性变更的，为新要约。有关合同标的、数量、质量、价款或者报酬、履行期限、履行地点和方式、违约责任和解决争议方法等的变更，是对要约内容的实质性变更。承诺对要约的内容作出非实质性变更的，除要约人及时表示反对或者要约表明承诺不得对要约的内容作出任何变更外，该承诺有效，合同的内容以承诺的内容为准。

2.承诺的效力

我国合同法采取承诺到达生效的原则，即承诺通知到达要约人时生效。承诺不需要通知的，根据交易习惯或者要约的要求作出承诺的行为时生效。

3. 承诺的撤回和迟延

承诺的撤回，是指承诺人阻止承诺发生法律效力的意思表示。承诺通知到达要约人时生效，因此，在承诺未生效之前可以撤回。

迟延承诺是指受要约人超过承诺期限发出承诺。受要约人超过承诺期限发出承诺，或者在承诺期限内发出承诺，按照通常情形不能及时到达要约人的，为新要约；但是，要约人及时通知受要约人该承诺有效的除外。受要约人在承诺期限内发出承诺，按照通常情形能够及时到达要约人，但因其他原因使承诺到达要约人时超过承诺期限的，为未迟发而迟到的承诺。受要约人在承诺期限内发出承诺，按照通常情形能够及时到达要约人，但是因其他原因致使承诺到达要约人时超过承诺期限的，除要约人及时通知受要约人因承诺超过期限不接受该承诺外，该承诺有效。

【案例 3-2】甲公司出售一批衬衫，每12件装一个箱，乙公司向甲公司发电报订购1 200件，甲公司回电告知单价，并说有充足现货，一个月内保证可以到货。乙公司复电："此价格可以，但请将12件一箱的包装改为10件一箱的包装。"甲公司收到乙公司的电报后没有回电。一个月后，乙公司去甲公司提货，甲公司说，双方意思表示不一致，合同没有成立，故他们没有任何责任。

请问：此合同是否成立？

二、合同成立的时间和地点

（一）合同成立的时间

1. 一般规定

承诺生效时合同成立，但是法律另有规定或者当事人另有约定的除外。

2. 合同书形式的合同成立时间

当事人采用合同书形式订立合同的，自当事人均签名、盖章或者按指印时合同成立。在签名、盖章或者按指印之前，当事人一方已经履行主要义务，对方接受时，该合同成立。当事人采用合同书形式订立合同，但并未签字盖章，意味着当事人的意思表示未能最后达成一致，因而一般不能认为合同成立。双方当事人签字或者盖章不在同一时间的，最后签字或者盖章时合同成立。

3. 确认书形式的合同成立时间

当事人采用信件、数据电文等形式订立合同要求签订确认书的，签订确认书时合同成立。

4. 合同的实际成立时间

法律、行政法规规定或者当事人约定合同应当采用书面形式订立，当事人未采用书面形式但是一方已经履行主要义务，对方接受时，该合同成立。

5. 信件、数据电文形式合同和网络合同成立时间

当事人一方通过互联网等信息网络发布的商品或者服务信息符合要约条件的，对方选择该商品或者服务并提交订单成功时合同成立，但是当事人另有约定的除外。

（二）合同成立的地点

1. 一般规定

承诺生效的地点为合同成立的地点。采用数据电文形式订立合同的，收件人的主营业

地为合同成立的地点；没有主营业地的，其住所地为合同成立的地点。当事人另有约定的，按照其约定。

2. 书面合同的成立地点

当事人采用合同书形式订立合同的，最后签名、盖章或者按指印的地点为合同成立的地点，但是当事人另有约定的除外。

三、合同的内容与形式

（一）合同的内容

1. 合同一般应具备的条款

合同的内容即合同的条款是合同中经双方当事人协商一致、规定双方当事人权利义务的具体条文。合同的内容由当事人约定，一般应当包括下列条款：

（1）当事人的姓名或者名称和住所。

（2）标的。标的是合同当事人的权利义务指向的对象。

（3）数量。在大多数的合同中，数量是必备条款，没有数量，合同是不能成立的。许多合同，只要有了标的和数量，即使对其他内容没有规定，也不妨碍合同的成立与生效。因此，数量是合同的重要条款。

（4）质量。合同中应当对质量问题尽可能地规定细致、准确和清楚。国家有强制性标准规定的，必须按照规定的标准执行。如有其他质量标准的，应尽可能约定其适用的标准。

（5）价款或者报酬。价款或者报酬，是一方当事人向对方当事人所付代价的货币支付。

（6）履行期限、履行地点和方式。履行期限是指合同中规定的当事人履行自己的义务的时间界限。履行地点是指当事人履行合同义务和对方当事人接受履行的地点。履行方式是指当事人履行合同义务的具体做法。

（7）违约责任。违约责任是指当事人一方或者双方不履行合同或者不适当履行合同，依照法律的规定或者按照当事人的约定应当承担的法律责任。

（8）解决争议的方法。解决争议的方法指合同在履行过程中发生争议，通过什么样的途径解决争议。

当事人可以参照各类合同的示范文本订立合同。

2. 格式条款

格式条款是当事人为了重复使用而预先拟定，并在订立合同时未与对方协商的条款。格式条款拟定方往往利用自己所处的优势地位而损害相对方的利益，因此需要对格式条款进行特殊的法律规制。我国《民法典》合同编对格式条款的规制主要表现在三个方面：

（1）提供格式条款的一方应当遵循公平原则确定当事人之间的权利和义务，并采取合理的方式提示对方注意免除或者减轻其责任等与对方有重大利害关系的条款，按照对方的要求，对该条款予以说明。提供格式条款的一方未履行提示或者说明义务，致使对方没有注意或者理解与其有重大利害关系的条款的，对方可以主张该条款不成为合同的内容。

（2）规定了格式条款无效的情形。有下列情形之一的，该格式条款无效：①格式条款具有《民法典》第一编第六章第三节和第五百零六条规定的无效情形，其具体情形含有造成对方人身损害的或因故意或者重大过失造成对方财产损失的免责条款；②提供格式条款一方不合理地免除或者减轻其责任、加重对方责任、限制对方主要权利；③提供格式条款一方排除对方主要权利。

（3）确立了格式条款解释的规则。对格式条款的理解发生争议的，应当按照通常理解予以解释。对格式条款有两种以上解释的，应当作出不利于提供格式条款一方的解释。格式条款和非格式条款不一致的，应当采用非格式条款。

【案例3-3】在一份保险合同的履行过程中，当事人就合同所规定的“意外伤害”条款的含义产生了不同理解：投保人认为其所受伤害应属于赔付范围；保险公司则认为投保人所受伤害不属于赔付范围，两种理解各有其理。

请问：在此情形下，法官应当如何解释条款的含义？

（二）合同的形式

合同的形式，是合同内容的外部表现。

1. 书面形式

书面形式，是合同书、信件、电报、电传、传真等可以有形地表现所载内容的形式。这种形式明确肯定，有据可查，对于防止纠纷和解决争议，具有重要作用。以电子数据交换、电子邮件等方式能够有形地表现所载内容，并可以随时调取查用的数据电文，视为书面形式。

2. 口头形式

口头形式，是指当事人面对面地谈话或者以电话交谈等方式达成的协议。口头订立合同的特点是直接、简便、快速，数额较小或者现款交易通常采用口头形式。口头合同是老百姓日常生活中广泛采用的合同形式。口头合同最大的缺陷就是发生纠纷时举证难。

3. 其他形式

其他形式，是指根据当事人的行为或者特定情形推定成立的合同，也称之为默示合同。此类合同是指当事人未用语言明确表示成立，而是根据当事人的行为推定合同成立。

四、缔约过失责任

缔约过失责任是指当事人在订立合同过程中，因故意或过失违反先合同义务而给对方造成损害时所应承担的赔偿责任。一般情况下，当事人根据自愿和诚实信用原则进行协商，决定是否订立合同；协商不成，也无须承担责任。但是如果当事人违背了诚实信用原则，在订立合同过程中有下列情形之一，造成对方损失，应当承担赔偿责任：

（1）假借订立合同，恶意进行磋商，即根本没有与对方签订合同的目的，以与对方谈判为借口，损害对方或第三人的利益，恶意地与对方进行谈判。

（2）故意隐瞒与订立合同有关的重要事实或者提供虚假情况。在订立合同的过程中，一方当事人已经知悉了与合同有关的重要情况，但不告诉对方，或故意提供虚假情况，继续与对方进行谈判。

（3）有其他违背诚信原则的行为。

当事人在订立合同过程中知悉的商业秘密或者其他应当保密的信息，无论合同是否成立，不得泄露或者不正当地使用；泄露、不正当地使用该商业秘密或者信息，造成对方损失的，应当承担赔偿责任。

任务三　合同的效力

微课

无效合同

合同的效力，是指已经成立的合同在当事人之间产生的法律约束力。有效合同对当事人具有法律约束力，国家法律予以保护，当事人应当按照约定履行自己的义务，不得擅自变更或者解除合同。

根据民事法律行为的有效要件，合同效力可分为有效合同、效力待定合同、可撤销合同和无效合同。由于合同属于典型的民事法律行为，无效法律行为、可撤销法律行为和效力待定法律行为的相关内容在项目一民事法律行为效力部分已有详细阐述，此处不再进行分析。

微课

可撤销合同

一、合同生效时间

依法成立的合同，自成立时生效，但是法律另有规定或者当事人另有约定的除外。

依照法律、行政法规的规定，合同应当办理批准等手续的，依照其规定。未办理批准等手续影响合同生效的，不影响合同中履行报批等义务条款以及相关条款的效力。应当办理申请批准等手续的当事人未履行义务的，对方可以请求其承担违反该义务的责任。

依照法律、行政法规的规定，合同的变更、转让、解除等情形应当办理批准等手续的，适用前款规定。

【案例3-4】商场新进一种新手机，价格定为2 598元。柜台组长在制作价签时，误将2 598元写为598元。赵某在浏览该柜台时发现该手机物美价廉，于是用信用卡支付1 196元购买了两部手机。一周后，商店盘点时，发现少了4 000元，经查是柜台组长标错价签所致。由于赵某用信用卡结算，所以商店查出是赵某少付了手机货款，找到赵某，提出或补交4 000元，或退回手机、商店退还1 196元。赵某认为彼此的买卖关系已经成立并交易完毕，商店不能反悔，拒绝商店的要求。商店无奈只得向人民法院起诉，要求赵某或补交4 000元，或退回手机、商店退还1 196元。

请问：此案的合同是否可以撤销？此案应当如何处理？

二、被代理人对无权代理合同的追认

无权代理人以被代理人的名义订立合同，被代理人已经开始履行合同义务或者接受相对人履行的，视为对合同的追认。

三、越权订立合同的效力

法人的法定代表人或者非法人组织的负责人超越权限订立的合同，除相对人知道或者应当知道其超越权限外，该代表行为有效，订立的合同对法人或者非法人组织发生效力。

四、超越经营范围订立的合同效力

当事人超越经营范围订立的合同的效力，应当依照《民法典》第一编第六章第三节和第三编的有关规定确定，不得仅以超越经营范围确认合同无效。

微课

效力待定合同

【案例 3-5】2019年2月，甲公司因业务需要，将原圆形合同专用章更换成方形合同专用章。但由于工作疏忽，当时未登记收回和销毁旧章，而仍由李某保管。2个月后，李某辞职。不久前，甲公司收到一份法院送达的诉状副本，才知道李某用甲公司作废的合同专用章同一家商场订立了购销合同，李某在收到商场30万元的定金后下落不明。商场遂以违约为由，要甲公司双倍返还（60万元）。

请问：此案应当如何判决？法律依据是什么？

任务四　合同的履行

一、合同履行概述

（一）合同履行的概念

合同的履行是指合同的当事人按照合同的约定或法律的规定，全面适当地完成各自应承担的合同义务，使债权人的权利得以实现的过程。合同履行是当事人设定合同的主要目的，当事人不仅要按照合同的约定履行给付义务，也要基于诚实信用原则履行法定义务。

（二）合同履行的原则

1. 全面履行原则

全面履行原则，是指当事人按照合同规定的标的及其质量、数量，由适当的主体在适当的履行期限、履行地点，以适当的履行方式，全面完成合同义务的履行原则。

2. 诚实信用原则

当事人应当遵循诚信原则，根据合同的性质、目的和交易习惯履行通知、协助、保密等义务。

3. 避免浪费资源、污染环境和破坏生态原则

当事人在履行合同过程中，应当避免浪费资源、污染环境和破坏生态。

二、合同履行的规则

（一）合同条款约定不明确时的履行规则

《民法典》第五百一十条规定：“合同生效后，当事人就质量、价款或者报酬、履行地点等内容没有约定或者约定不明确的，可以协议补充；不能达成补充协议的，按照合同相关条款或者交易习惯确定。”仍不能确定的，适用下列规定：

微课

合同履行

（1）质量条款约定不明的，按照强制性国家标准履行；没有强制性国家标准的，按照推荐性国家标准履行；没有推荐性国家标准的，按照行业标准履行；没有国家标准、行业标准的，按照通常标准或者符合合同目的的特定标准履行。

（2）价款、报酬条款约定不明的，按照订立合同时履行地的市场价格履行；依法应当执行政府定价或者政府指导价的，依照规定履行。

（3）履行地点约定不明的，给付货币的，在接受货币一方所在地履行；交付不动产的，在不动产所在地履行；其他标的，在履行义务一方所在地履行。

（4）履行期限不明的，债务人可以随时履行，债权人也可以随时请求履行，但是应当给对方必要的准备时间。

（5）履行方式约定不明的，按照有利于实现合同目的的方式履行。

（6）履行费用的负担不明确的，由履行义务一方负担；因债权人原因增加的履行费用，由债权人负担。

（二）政府定价或政府指导价变化时的合同履行规则

执行政府定价或者政府指导价的，在合同约定的交付期限内政府价格调整时，按照交付时的价格计价。逾期交付标的物的，遇价格上涨时，按照原价格执行；价格下降时，按照新价格执行。逾期提取标的物或者逾期付款的，遇价格上涨时，按照新价格执行；价格下降时，按照原价格执行。

（三）涉及第三人的合同履行规则

1. 向第三人履行的合同

向第三人履行的合同是指合同约定债务人不向债权人履行合同的义务，而向债权人指定的第三人履行。

当事人约定由债务人向第三人履行债务，债务人未向第三人履行债务或者履行债务不符合约定的，应当向债权人承担违约责任。

法律规定或者当事人约定第三人可以直接请求债务人向其履行债务，第三人未在合理期限内明确拒绝，债务人未向第三人履行债务或者履行债务不符合约定的，第三人可以请求债务人承担违约责任；债务人对债权人的抗辩，可以向第三人主张。

2. 由第三人履行的合同

由第三人履行的合同是指双方当事人约定由债务人指定的第三人代替债务人向债权人履行合同的义务。

当事人约定由第三人向债权人履行债务，第三人不履行债务或者履行债务不符合约定的，债务人应当向债权人承担违约责任。

（四）电子合同标的交付时间

通过互联网等信息网络订立的电子合同的标的为交付商品并采用快递物流方式交付的，收货人的签收时间为交付时间。电子合同的标的为提供服务的，生成的电子凭证或者实物凭证中载明的时间为提供服务时间；前述凭证没有载明时间或者载明时间与实际提供服务时间不一致的，以实际提供服务的时间为准。

电子合同的标的物为采用在线传输方式交付的，合同标的物进入对方当事人指定的特定系统且能够检索识别的时间为交付时间。

电子合同当事人对交付商品或者提供服务的方式、时间另有约定的，按照其约定。

三、双务合同履行中的抗辩权

抗辩权是指在双务合同中，一方当事人在对方不履行或履行不符合约定时，依法对抗对方要求或否认对方权利主张的权利。《民法典》规定了同时履行抗辩权、先履行抗辩权和不安抗辩权三种抗辩权。

（一）同时履行抗辩权

当事人互负债务，没有先后履行顺序的，应当同时履行。一方在对方履行之前有权拒绝其履行请求；一方在对方履行债务不符合约定时，有权拒绝其相应的履行请求。

同时履行抗辩权行使的条件：

（1）当事人基于同一双务合同互负债务；

（2）该合同未约定履行的顺序；

（3）对方当事人未履行或未适当履行合同；

（4）对方有履行的可能性。

微课

合同履行抗辩权

（二）先履行抗辩权

当事人互负债务，有先后履行顺序，应当先履行债务一方未履行的，后履行一方有权拒绝其履行请求。先履行一方履行债务不符合约定的，后履行一方有权拒绝其相应的履行请求。

后履行抗辩权行使的条件：

（1）当事人基于同一双务合同互负债务；

（2）当事人的履行有先后顺序；

（3）应当先履行的当事人不履行合同或不适当地履行合同；

（4）应该先履行的债务有履行的可能。

（三）不安抗辩权

当事人互负债务，有先后履行顺序的，先履行的一方有确切证据证明另一方丧失履行债务能力的，在对方没有履行或者没有提供担保之前，有权拒绝先履行。

《民法典》规定，应当先履行债务的当事人，有确切证据证明对方有下列情形之一的，可以中止履行：

（1）经营状况严重恶化；

（2）转移财产、抽逃资金，以逃避债务；

（3）丧失商业信誉；

（4）有丧失或者可能丧失履行债务能力的其他情形。

先履行合同义务的当事人应当有证据证明对方不能履行合同或者有不能履行合同的可能性。当事人没有确切证据造成对方损失的，应当承担违约责任。

当事人中止履行的，应当及时通知对方，以免给对方造成损害，也便于对方在接到通知后，提供相应的担保，使合同得以履行。如果对方当事人恢复了履行能力或提供了相应的担保后，先履行一方当事人“不安”的原因消除，应当恢复合同的履行。如果对方在合理期限内未恢复履行能力并且未提供适当担保的，中止履行合同的一方可以解除合同并可以请求对方承担违约责任。

【案例 3-6】甲、乙两公司签订了一份大米买卖合同，合同约定甲公司于乙公司付款后10日内交付大米。乙公司付款前得知甲公司因经营不善无力组织货物交付，随即通知甲公司其拒绝先支付货款，并要求甲公司证明自己有履约的能力。

请问：乙公司的做法是否合法？为什么？乙公司应怎样做才能确保其行为是合法的？

四、合同的保全

债务人的总财产直接影响着债权人的债权能否最终实现。为防止因债务人的财产不当减少而给债权人的债权带来危害，法律允许债权人为保全其债权的实现而采取的法律措施称作合同的保全措施。保全措施包括代位权和撤销权两种。

（一）代位权

因债务人怠于行使其债权或者与该债权有关的从权利，影响债权人的到期债权实现的，债权人依法可以向人民法院请求以自己的名义代位行使债务人对相对人的权利，称为代位权。但该债权专属于债务人自身的除外。

代位权行使的条件是：

（1）债务人对第三人享有债权或者与该债权有关的从权利，并且是非专属于债务人自身的权利，如果债务人没有对外的债权，就无所谓代位权；

（2）债务人怠于行使其债权，如果债务人已经行使了权利，即使不尽如意，债权人也不能行使代位权；

（3）因债务人怠于行使权利对债权人造成损害；

（4）债务人与债权人的合同关系已到期，债务人已陷于迟延履行，如果债务人的债务未到履行期或履行期限未届满的，债权人不能行使代位权。

代位权行使的主体为债权人，并由债权人以自己的名义行使。债权人有数人，一人行使代位权能够保全其他债权人的债权的，其他债权人不能再就同一债权重复行使代位权。代位权的行使以债权人的债权为限，债权人行使代位权的费用，由债务人负担。债权人向次债务人提起的代位权诉讼经人民法院审理后认定代位权成立的，由次债务人向债权人履行清偿义务，债权人与债务人、债务人与次债务人之间相应的债权债务关系即消灭。在债权人代位行使债务人对次债务人的权利时，次债务人对抗债务人的一切抗辩事由，可以向债权人主张。

（二）撤销权

所谓撤销权，是指债务人实施了减少财产行为，危及债权人债权实现时，债权人为保障自己的债权请求人民法院撤销债务人处分行为的权利。

1.债务人无偿处分财产的撤销权

债务人以放弃其债权、放弃债权担保、无偿转让财产等方式无偿处分财产权益，或者恶意延长其到期债权的履行期限，影响债权人的债权实现的，债权人可以请求人民法院撤销债务人的行为。

2.债务人不合理价格交易的撤销权

债务人以明显不合理的低价转让财产、以明显不合理的高价受让他人财产或者为他人的债务提供担保，影响债权人的债权实现，债务人的相对人知道或者应当知道该情形的，债权人可以请求人民法院撤销债务人的行为。

撤销权由债权人以自己的名义通过诉讼的形式行使。债务人、第三人的行为被依法撤销的，其行为自始无效。

撤销权的行使范围以债权人的债权为限。债权人行使撤销权的必要费用，由债务人负担。撤销权自债权人知道或者应当知道撤销事由之日起1年内行使。自债务人的行为发生之日起5年内没有行使撤销权的，该撤销权消灭。

微课

合同保全

任务五　合同的担保

一、合同担保概述

（一）担保的概念与特征

担保是指法律规定或者当事人约定的，保证合同履行、保障债权人利益实现的法律措施。我国目前规范担保问题的法律、法规主要有《民法典》物权编和合同编及最高人民法院关于担保若干问题的解释。

担保具有从属性。担保合同是主合同的从合同。主合同消灭，担保合同消灭。主合同无效，担保合同无效。但是这种从属性并不是绝对的，对于担保合同与主合同的关系，遵照《民法典》第三百八十八条和第六百八十二条的规定，法律另有规定的除外。

担保具有补充性。担保对债权人权利的实现仅具有补充作用，在主债务关系因适当履行而正常终止时，担保人并不实际履行担保义务。只有在主债务不能得到履行时，补充的义务才需要履行，使主债权得以实现，因此，担保具有补充性。

（二）担保的方式

《民法典》规定了保证、抵押、质押、留置和定金等5种担保方式。其中，保证属于人的担保，定金属于金钱担保，其余为物的担保。第三人为债务人向债权人提供担保的，可以要求提供反担保。反担保人可以是债务人，也可以是债务人以外的其他人。反担保方式可以是债务人提供的抵押或者质押，也可以是其他人提供的保证、抵押或者质押。

（三）担保合同的无效与责任承担

担保合同必须合法方才有效。根据有关法律和司法解释的规定，下列担保合同无效：

（1）国家机关和以公益为目的的事业单位、社会团体违法提供的担保，担保合同无效；

（2）公司董事、高级管理人员违反公司章程的规定，未经股东（大）会或者董事会同意，以公司财产为他人提供担保的，担保合同无效；

（3）以法律、法规禁止流通的财产或者不可转让的财产设定担保的，担保合同无效。

担保合同被确认无效时，债务人、担保人、债权人有过错的，应当根据其过错各自承担相应的民事责任。

（1）主合同有效而担保合同无效，债权人无过错的，担保人与债务人对主合同债权人的经济损失，承担连带赔偿责任；债权人、担保人有过错的，担保人承担民事责任的部分，不应超过债务人不能清偿部分的1/2。

（2）主合同无效而导致担保合同无效，担保人无过错的，担保人不承担民事责任；担保人有过错的，担保人承担民事责任的部分，不应超过债务人不能清偿部分的1/3。

（3）担保人因无效担保合同向债权人承担赔偿责任后，可以向债务人追偿，或者在承担赔偿责任的范围内，要求有过错的反担保人承担赔偿责任。担保人可以根据承担赔偿责任的事实对债务人或者反担保人另行提起诉讼。

为了保证债权人的利益，主合同解除后，担保人对债务人应当承担的民事责任仍应承担担保责任。但是，担保合同另有约定的除外。法人或者其他组织的法定代表人、负责人超越权限订立的担保合同，除相对人知道或者应当知道其超越权限的以外，该代表行为有效。

二、保证

（一）保证的概念

保证是为保障债权的实现，保证人和债权人约定，当债务人不履行到期债务或者发生当事人约定的情形时，保证人履行债务或者承担责任的合同。担保合同履行的第三人为保证人，被担保履行合同义务的一方当事人为被保证人。

（二）保证人资格

保证人必须是具有代为清偿债务能力的法人、其他组织或者公民。法律规定下列组织不能作为保证人：

（1）机关法人不得为保证人，但是经国务院批准使用外国政府或者国际经济组织贷款进行转贷的除外。

（2）以公益为目的的非营利法人、非法人组织不得为保证人。

（三）保证合同

保证合同应当以书面形式订立。 保证合同可以是单独订立的书面合同，也可以是主债权债务合同中的保证条款。第三人单方以书面形式向债权人作出保证，债权人接收且未提出异议的，保证合同成立。

保证合同一般包括以下内容：被保证的主债权的种类、数额，债务人履行债务的期限，保证的方式、范围和期间等条款。

（四）保证的方式

保证的方式包括一般保证和连带责任保证。当事人在保证合同中约定，债务人不能履行债务时，由保证人承担保证责任的，为一般保证。一般保证的保证人在主合同纠纷未经审判或者仲裁，并就债务人财产依法强制执行仍不能履行债务前，有权拒绝向债权人承担保证责任。

当事人在保证合同中约定保证人和债务人对债务承担连带责任的，为连带责任保证。连带责任保证的债务人不履行债务或者发生当事人约定的情形时，债权人可以请求债务人履行债务，也可以请求保证人在其保证范围内承担保证责任。

当事人对保证方式没有约定或者约定不明确的，保证人按照一般保证承担保证责任。

（五）保证期间

保证期间是指确定保证人承担保证责任的期间，不发生中止、中断和延长。一般保证的债权人未在保证期间对债务人提起诉讼或者申请仲裁的，保证人不再承担保证责任。连带责任保证的债权人未在保证期间请求保证人承担保证责任的，保证人不再承担保证责任。可见，保证期间经过构成债权人请求保证人承担保证责任的担保权利消灭的法律后果。

微课

保证合同

债权人与保证人可以约定保证期间，但是约定的保证期间早于主债务履行期限或者与主债务履行期限同时届满的，视为没有约定；没有约定或者约定不明确的，保证期间为主债务履行期限届满之日起6个月。债权人与债务人对主债务履行期限没有约定或者约定不明确的，保证期间自债权人请求债务人履行债务的宽限期届满之日起计算。

（六）保证责任

1.保证的范围

保证范围包括主债权及其利息、违约金、损害赔偿金和实现债权的费用。当事人另有约定的，按照其约定。

2.保证债务诉讼时效

一般保证的债权人在保证期间届满前对债务人提起诉讼或者申请仲裁的，从保证人拒绝承担保证责任的权利消灭之日起，开始计算保证债务的诉讼时效。

连带责任保证的债权人在保证期间届满前请求保证人承担保证责任的，从债权人请求保证人承担保证责任之日起，开始计算保证债务的诉讼时效。

3.合同变更对保证责任的影响

债权人和债务人未经保证人书面同意，协商变更主债权债务合同内容，减轻债务的，保证人仍对变更后的债务承担保证责任；加重债务的，保证人对加重的部分不承担保证责任。债权人和债务人变更主债权债务合同的履行期限，未经保证人书面同意的，保证期间不受影响。

债权人转让全部或者部分债权，未通知保证人的，该转让对保证人不发生效力。保证人与债权人约定禁止债权转让，债权人未经保证人书面同意转让债权的，保证人对受让人不再承担保证责任。债权人未经保证人书面同意，允许债务人转移全部或者部分债务，保证人对未经其同意转移的债务不再承担保证责任，但是债权人和保证人另有约定的除外。

第三人加入债务的，保证人的保证责任不受影响。

4.共同保证

同一债务有两个以上保证人的，保证人应当按照保证合同约定的保证份额，承担保证责任。没有约定保证份额的，债权人可以请求任何一个保证人在其保证范围内承担保证责任。

保证人承担保证责任后，除当事人另有约定外，有权在其承担保证责任的范围内向债务人追偿，享有债权人对债务人的权利，但是不得损害债权人的利益。

【随堂测试3-3】甲于2019年3月5日向乙借款5万元，由丙作为连带责任保证人。三方约定：甲应于2020年3月5日之前偿还该借款。若本案中的当事人约定保证期间截止于2020年2月1日，则丙承担保证责任的期间应截止于什么时间？

三、抵押

（一）抵押合同

1.抵押的概念

抵押是指债务人或者第三人不转移对特定财产的占有，将该财产作为债权的担保。债务人不履行债务时，债权人有权依法以该财产折价或者以拍卖、变卖该财产的价款优先受偿。债务人或第三人为抵押人，主合同债权人为抵押权人，提供担保的财产为抵押物。

2.抵押合同

设立抵押权，当事人应当采用书面形式订立抵押合同。抵押合同一般包括下列条款：被担保债权的种类和数额；债务人履行债务的期限；抵押财产的名称、数量等情况；担保的范围。

抵押合同对被担保的主债权种类、抵押财产没有约定或者约定不明，根据主合同和抵押合同不能补正或者无法推定的，抵押不成立。

抵押权人在债务履行期限届满前，与抵押人约定债务人不履行到期债务时抵押财产归债权人所有的，只能依法就抵押财产优先受偿。当事人在抵押合同中约定了流押条款，该条款无效，抵押合同仍有效。

（二）抵押物的范围

根据《民法典》的规定，债务人或者第三人有权处分的下列财产可以抵押：

（1）建筑物和其他土地附着物；

（2）建设用地使用权；

（3）海域使用权；

（4）生产设备、原材料、半成品、产品；

（5）正在建造的建筑物、船舶、航空器；

（6）交通运输工具；

（7）法律、行政法规未禁止抵押的其他财产。抵押人可以将上述所列财产一并抵押。

《民法典》规定，下列财产禁止抵押：

（1）土地所有权；

（2）宅基地、自留地、自留山等集体所有土地的使用权，但是法律规定可以抵押的除外；

（3）学校、幼儿园、医疗机构等为公益目的成立的非营利法人的教育设施、医疗卫生设施和其他公益设施；

（4）所有权、使用权不明或者有争议的财产；

（5）依法被查封、扣押、监管的财产；

（6）法律、行政法规规定不得抵押的其他财产。

乡镇、村企业的土地使用权不得单独抵押，但若以乡（镇）、村企业的厂房等建筑物抵押的，其占用范围内的建设用地使用权一并抵押。

（三）抵押权的设立

抵押权设立，依据财产的类型不同，设立的条件和时间也不同，依据《民法典》的规定，表现为：

以不动产抵押的，抵押权自抵押登记时设立，如以建筑物和其他土地附着物、建设用地使用权、海域使用权和正在建造的建筑物抵押的。

以动产抵押的，抵押权自抵押合同生效时设立；未经登记，不得对抗善意第三人。

（四）抵押的效力

抵押担保的责任范围包括主债权及利息、违约金、损害赔偿金和实现抵押权的费用。抵押合同另有约定的，按照约定。

1.抵押权对抵押物所生孳息的效力

债务人不履行到期债务或者发生当事人约定的实现抵押权的情形，致使抵押财产被人民法院依法扣押的，自扣押之日起，抵押权人有权收取该抵押财产的天然孳息或者法定孳息，但是抵押权人未通知应当清偿法定孳息的义务人的除外。孳息的清偿顺序为：

（1）充抵收取孳息的费用；

（2）主债权的利息；

（3）主债权。

2.抵押权与租赁权的关系

抵押权设立前，抵押财产已经出租并转移占有的，原租赁关系不受该抵押权的影响。

3.抵押物的处分

抵押期间，抵押人可以转让抵押财产。当事人另有约定的，按照其约定。抵押财产转让的，抵押权不受影响。抵押人转让抵押财产的，应当及时通知抵押权人。抵押权人能够证明抵押财产转让可能损害抵押权的，可以请求抵押人将转让所得的价款向抵押权人提前清偿债务或者提存。转让的价款超过债权数额的部分归抵押人所有，不足部分由债务人清偿。

4.抵押权处分的从属性

抵押权不得与债权分离而单独转让或者作为其他债权的担保。债权转让的，担保该债权的抵押权一并转让，但是法律另有规定或者当事人另有约定的除外。

5.抵押财产价值减少的处理

抵押人的行为足以使抵押财产价值减少的，抵押权人有权请求抵押人停止其行为；抵押财产价值减少的，抵押权人有权请求恢复抵押财产的价值，或者提供与减少的价值相应的担保。抵押人不恢复抵押财产的价值，也不提供担保的，抵押权人有权请求债务人提前清偿债务。

（五）抵押权的实现

1.抵押权实现的条件、方式和程序

债务人不履行到期债务或者发生当事人约定的实现抵押权的情形，抵押权人可以与抵押人协议以抵押财产折价或者以拍卖、变卖该抵押财产所得的价款优先受偿。协议损害其他债权人利益的，其他债权人可以请求人民法院撤销该协议。

抵押权人与抵押人未就抵押权实现方式达成协议的，抵押权人可以请求人民法院拍卖、变卖抵押财产。

抵押财产折价或者变卖的，应当参照市场价格。

抵押财产折价或者拍卖、变卖后，其价款超过债权数额的部分归抵押人所有，不足部分由债务人清偿。

抵押权人应当在主债权诉讼时效期间行使抵押权；未行使的，人民法院不予保护。

2.抵押权的顺位及确定抵押权次序的规则

抵押权人可以放弃抵押权或者抵押权的顺位。抵押权人与抵押人可以协议变更抵押权顺位以及被担保的债权数额等内容。但是，抵押权的变更未经其他抵押权人书面同意的，不得对其他抵押权人产生不利影响。

债务人以自己的财产设定抵押，抵押权人放弃该抵押权、抵押权顺位或者变更抵押权的，其他担保人在抵押权人丧失优先受偿权益的范围内免除担保责任，但是其他担保人承诺仍然提供担保的除外。

同一财产向两个以上债权人抵押的，拍卖、变卖抵押财产所得的价款依照下列规定清偿：

（1）抵押权已经登记的，按照登记的时间先后确定清偿顺序；

（2）抵押权已经登记的先于未登记的受偿；

（3）抵押权未登记的，按照债权比例清偿。

其他可以登记的担保物权，清偿顺序参照适用上述规定。

同一财产既设立抵押权又设立质权的，拍卖、变卖该财产所得的价款按照登记、交付的时间先后确定清偿顺序。

（六）最高额抵押

最高额抵押是为担保债务的履行，债务人或者第三人对一定期间内将要连续发生的债权提供担保财产的，债务人不履行到期债务或者发生当事人约定的实现抵押权的情形，抵押权人有权在最高债权额限度内就该担保财产优先受偿。

最高额抵押权设立前已经存在的债权，经当事人同意，可以转入最高额抵押担保的债权范围。

最高额抵押担保的债权确定前，部分债权转让的，最高额抵押权不得转让，但是当事人另有约定的除外。

最高额抵押担保的债权确定前，抵押权人与抵押人可以通过协议变更债权确定的期间、债权范围以及最高债权额。但是，变更的内容不得对其他抵押权人产生不利影响。

有下列情形之一的，抵押权人的债权确定：

（1）约定的债权确定期间届满；

（2）没有约定债权确定期间或者约定不明确，抵押权人或者抵押人自最高额抵押权设立之日起满2年后请求确定债权；

（3）新的债权不可能发生；

（4）抵押权人知道或者应当知道抵押财产被查封、扣押；

（5）债务人、抵押人被宣告破产或者解散；

（6）法律规定债权确定的其他情形。

四、质押

（一）质押的种类和概念

质押包括动产质押和权利质押。

动产质押是指债务人或者第三人将其动产移交债权人占有，将该动产作为债权的担保，债务人不履行债务时，债权人有权依法以该动产折价或者以拍卖、变卖的价款优先受偿。债务人或者第三人为出质人，主合同债权人为质权人，移交的动产为质物。

权利质押是指以可转让的权利为标的物的质权。

《民法典》规定，下列权利可以质押：

（1）汇票、本票、支票；

（2）债券、存款单；

（3）仓单、提单；

（4）可以转让的基金份额、股权；

（5）可以转让的注册商标专用权、专利权、著作权等知识产权中的财产权；

（6）现有的以及将有的应收账款；

（7）法律、行政法规规定可以出质的其他财产权利。

（二）质押与抵押的区别

（1）质权人有权占有出质财产；而抵押权人则不占有抵押物。

（2）质权人享有收取孳息的权利；而抵押权人只能在法院扣押了抵押财产后才享有收取孳息的权利。

（3）质权人享有最终独立决定拍卖或变卖质押财产的权利。债务履行期届满，债权人未受清偿的，质权人可以与出质人协议以物折价，也可以依法拍卖、变卖质物。而抵押权人在与抵押人协商不成时，只能向法院提起诉讼才能实现抵押权。

（4）质押因转移质押财产的占有而产生保管义务与相应的权利。《民法典》第四百三十二条规定，质权人负有妥善保管质押财产的义务；因保管不善致使质押财产毁损、灭失的，应当承担赔偿责任。抵押因不转移抵押物的占有，故也不发生保管的问题。

（5）质押担保的范围还包括质押财产的保存费用；抵押担保的范围则没有类似的费用。

（三）质押合同及质权的设立

出质人和质权人应当以书面形式订立质押合同。质押合同应当包括以下内容：被担保的主债权种类、数额；债务人履行债务的期限；质押财物的名称、数量等情况；担保的范围；质物移交的时间、方式。质押合同不完全具备前款规定内容的，可以补正。

以汇票、本票、支票、债券、存款单、仓单、提单出质的，质权自权利凭证交付质权人时设立；没有权利凭证的，质权自办理出质登记时设立。法律另有规定的，依照其规定。汇票、本票、支票、债券、存款单、仓单、提单的兑现日期或者提货日期先于主债权到期的，质权人可以兑现或者提货，并与出质人协议将兑现的价款或者提取的货物提前清偿债务或者提存。

以基金份额、股权出质的，质权自办理出质登记时设立。基金份额、股权出质后，不得转让，但是出质人与质权人协商同意的除外。出质人转让基金份额、股权所得的价款，应当向质权人提前清偿债务或者提存。

以注册商标专用权、专利权、著作权等知识产权中的财产权出质的，质权自办理出质登记时设立。知识产权中的财产权出质后，出质人不得转让或者许可他人使用，但是出质人与质权人协商同意的除外。出质人转让或者许可他人使用出质的知识产权中的财产权所得的价款，应当向质权人提前清偿债务或者提存。

以应收账款出质的，质权自办理出质登记时设立。应收账款出质后，不得转让，但是出质人与质权人协商同意的除外。出质人转让应收账款所得的价款，应当向质权人提前清偿债务或者提存。

（四）质押的效力

1.动产质押的效力

质押合同自成立时生效，但质权自出质人交付质押财产时设立，即动产质权的设立以质物的交付为生效要件。

2.质权对质物的权利和责任

（1）质权人有权收取质押财产的孳息，但是合同另有约定的除外。上述孳息应当先充抵收取孳息的费用。

（2）因不可归责于质权人的事由可能使质押财产毁损或者价值明显减少，足以危害质权人权利的，质权人有权请求出质人提供相应的担保；出质人不提供的，质权人可以拍卖、变卖质押财产，并与出质人协议将拍卖、变卖所得的价款提前清偿债务或者提存。

（3）质权人在质权存续期间，未经出质人同意，擅自使用、处分质押财产，造成出质人损害的，应当承担赔偿责任。

（4）质权人负有妥善保管质押财产的义务；因保管不善致使质押财产毁损、灭失的，应当承担赔偿责任。质权人的行为可能使质押财产毁损、灭失的，出质人可以请求质权人将质押财产提存，或者请求提前清偿债务并返还质押财产。

（5）质权人在质权存续期间，未经出质人同意转质，造成质押财产毁损、灭失的，应当承担赔偿责任。

（五）质权的实现

债务人履行债务或者出质人提前清偿所担保的债权的，质权人应当返还质押财产。

债务人不履行到期债务或者发生当事人约定的实现质权的情形，质权人可以与出质人协议以质押财产折价，也可以就拍卖、变卖质押财产所得的价款优先受偿。质押财产折价或者变卖的，应当参照市场价格。

出质人可以请求质权人在债务履行期限届满后及时行使质权；质权人不行使的，出质人可以请求人民法院拍卖、变卖质押财产。出质人请求质权人及时行使质权，因质权人怠于行使权利造成出质人损害的，由质权人承担赔偿责任。

质押财产折价或者拍卖、变卖后，其价款超过债权数额的部分归出质人所有，不足部分由债务人清偿。

五、留置

（一）留置权的概念

留置权是指债权人合法占有债务人的动产，在债务人不履行到期债务时，债权人有权依法留置该财产，并有权就该财产享有优先受偿的权利。享有留置权的债权人叫留置权人。因保管合同、运输合同、加工承揽合同发生的债权，债务人不履行债务的，债权人有留置权。

留置权属于法定担保物权。

（二）留置权成立的条件

留置权作为法定的担保物权必须符合法定的条件才能成立。

1.债权人占有债务人的动产，原则上动产应当属于债务人所有。法律规定或者当事人约定不得留置的动产，不得留置。

2.债权人留置的动产，应当与债权属于同一法律关系，但企业之间留置的除外。

3.债权已届清偿期且债务人未按规定期限履行义务。

（三）留置的效力

留置权人在占有留置物期间内，除了留置物本身以外，留置权的效力还及于从物、孳息和代位物。留置财产为可分物的，留置财产的价值应当相当于债务的金额。留置物为不可分物的，留置权人可以就其留置物的全部行使留置权。留置权人有权收取留置财产的孳息。

留置权的效力分两个层次：

第一，留置标的物。债权人在其债权没有得到清偿时，有权留置债务人的财产，并给债务人确定一个履行期限。没有约定该期限或者约定不明确的，留置权人应当给债务人60日以上履行债务的期间，但鲜活易腐等不易保管的动产除外。

第二，优先受偿。债务人逾期未履行的，留置权人可以与债务人协议以留置财产折价，也可以就拍卖、变卖留置财产所得的价款优先受偿。留置财产折价或者变卖的，应当参照市场价格。债务人可以请求留置权人在债务履行期届满后行使留置权；留置权人不行使的，债务人可以请求人民法院拍卖、变卖留置财产。留置财产折价或者拍卖、变卖后，其价款超过债权数额的部分归债务人所有，不足部分由债务人清偿。同一动产上已经设立抵押权或者质权，该动产又被留置的，留置权人优先受偿。

【案例3-7】甲与乙双方于2020年8月9日签订了购买总价款100万元建材的合同，甲方签收后3个月内支付货款，甲方以自己的房产进行抵押，以小轿车和商标使用权进行质押。

请问：双方买卖合同、担保合同的成立时间是什么时候？房产的抵押权、小轿车的质押权和商标使用权的质押权何时成立？

六、定金

（一）定金的概念

定金是指合同当事人一方在合同订立时或合同履行前，为担保合同的履行，预先向对方支付的一定数额的货币。定金的数额由当事人约定，但不得超过主合同标的额的20%；当事人约定的定金数额超过主合同标的额20%的，超过的部分无效。

（二）定金合同

定金应当以书面形式约定。定金合同为实践合同，定金合同从实际交付定金之日起生效。仅有定金约定而无定金交付行为，定金合同不发生法律效力。实际交付的定金数额多于或者少于约定数额，视为变更定金合同；收受定金一方提出异议并拒绝接受定金的，定金合同不生效。

（三）定金的效力

定金的效力主要体现为定金罚则。《民法典》规定，当事人约定以交付定金作为合同担保的，债务人履行债务的，定金应当抵作价款或者收回。给付定金的一方不履行债务或者履行债务不符合约定，致使不能实现合同目的的，无权请求返还定金；收受定金的一方不履行债务或者履行债务不符合约定的，应当双倍返还定金。

因当事人一方迟延履行或者其他违约行为，致使合同目的不能实现，可以适用定金罚则。但法律另有规定或者当事人另有约定的除外。当事人一方不完全履行合同的，应当按照未履行部分所占合同约定内容的比例，适用定金罚则。

因不可抗力、意外事件致使主合同不能履行的，不适用定金罚则。因合同关系以外第三人的过错，致使主合同不能履行的，适用定金罚则。受定金处罚的一方当事人，可以依法向第三人追偿。

【案例3-8】甲、乙双方签订了总价款为10万元的购买建材合同，合同签订后由甲支付定金3万元，约定乙于5月10日之前交付货物。甲支付定金以后，乙迟迟没有履行合同，超过了合同的履行期限。

请问：甲请求乙返还定金，乙应如何返还？

任务六 合同的变更、转让及终止

一、合同的变更

（一）合同变更的概念

合同变更是指合同成立后，尚未履行或尚未完全履行前，合同当事人保持不变而合同内容发生变化的现象。与合同转让不同，合同变更只是合同构成要素中内容的改变。如增加或减少标的物的数量、推迟原定的履行期限、变更交付地点等。

（二）合同变更的要件

（1）须经当事人协商一致。

（2）合同内容发生变化。

（3）法律、法规规定变更合同应当办理批准、登记等手续的，应遵守其规定。

（三）合同变更的效力

合同变更的实质在于使变更后的合同代替原合同。因此，合同变更后，当事人应按变更后的合同内容履行。合同变更原则上向将来发生效力，未变更的权利义务继续有效，已经履行的债务不因合同的变更而失去合法性。合同的变更不影响当事人要求赔偿的权利。原则上，提出变更的一方当事人对对方当事人因合同变更所受损失应负赔偿责任。

二、合同的转让

（一）合同转让的概念

合同转让是指合同当事人依法将合同的权利义务全部或部分转让给第三人的行为，习惯上称为合同主体的变更。合同转让包括单纯的权利转让、单纯的义务转让和权利义务一并转让三种情况。

（二）合同权利的转让

合同权利转让是指合同中的债权人通过协议将自己的权利全部或部分转让给第三人的行为。合同权利的转让并不是任意进行的，在一定情况下，其转让是受到一定限制的。

1.合同权利转让的限制

具备下列三种情形之一的，合同权利不能转让：

（1）根据债权性质不得转让。如存在一定人身关系的合同。

（2）按照当事人的约定不得转让。

（3）依照法律规定不得转让。如《民法典》第四百二十一条规定："最高额抵押担保的债权确定前，部分债权转让的，最高额抵押权不得转让，但是当事人另有约定的除外。"

微课

合同变更、转让

2. 合同权利转让的程序

债权人转让债权，未通知债务人的，该转让对债务人不发生效力。债权转让的通知不得撤销，但是经受让人同意的除外。

3. 合同权利转让的法律后果

（1）债权人转让权利的，受让人取得与债权有关的从权利，但该从权利专属于债权人自身的除外。从权利是指依附于债权的权利，如担保债权、违约金债权、损害赔偿债权（请求权）等，以主债权存在而存在，以主债权转移而转移。

（2）债务人接到债权转让通知后，债务人对让与人的抗辩，可以向受让人抗辩。

（3）债务人接到债权转让通知时，债务人对让与人享有债权，并且债务人的债权先于转让的债权到期或者同时到期的，债务人可以向受让人主张抵销。

（4）债权人转让合同权利后，债务人与受让人之间因履行合同发生纠纷诉至人民法院，债务人对债权人的权利提出抗辩的，可以将债权人列为第三人。

【案例 3-9】甲方卖给乙方100万元茶叶，乙方应于2020年10月1日付款。甲方曾欠乙方50万元蔬菜款，应于2020年9月1日付款，2020年9月20日，甲方将100万元债权转让给丙方，丙方受让债权后要求乙方付款，乙方以甲方尚欠50万元蔬菜款为由主张抵销权，只付给丙方50万元。

请问：乙方的行为是否合法？为什么？

（三）合同义务转移

合同义务转移，是指经债权人同意，债务人将合同的义务全部或者部分转移给第三人。

债务人将债务全部或者部分转移给第三人，应当经债权人同意。债务人或者第三人可以催告债权人在合理期限内予以同意，债权人未作表示的，视为不同意。

第三人与债务人约定加入债务并通知债权人，或者第三人向债权人表示愿意加入债务，债权人未在合理期限内明确拒绝的，债权人可以请求第三人在其愿意承担的债务范围内和债务人承担连带债务。

债务人转移债务的，新债务人可以主张原债务人对债权人的抗辩；原债务人对债权人享有债权的，新债务人不得向债权人主张抵销。债务人转移债务的，新债务人应当承担与主债务有关的从债务，但是该从债务专属于原债务人自身的除外。

（四）合同权利义务的一并转让

合同权利义务的一并转让是指当事人一方经对方同意，将自己在合同中的权利和义务一并转让给第三人。《民法典》规定，当事人一方经对方同意，可以将自己在合同中的权利和义务一并转让给第三人。合同权利义务的一并转让必须遵守《民法典》关于合同权利转让和合同义务转移的规定。

在实践中，应注意当事人订立合同后，发生合并、分立情况的债权债务转移。法律规定，当事人订立合同后合并的，由合并后的法人或者其他组织行使合同权利，履行合同义务。当事人订立合同后分立的，除债权人和债务人另有约定的以外，由分立的法人或者其他组织对合同的权利和义务享有连带债权，承担连带债务。

三、合同的终止

（一）合同终止的概念

合同的终止，是指出于某种原因引起当事人之间的权利义务关系归于消灭。合同终止也消灭了合同的附随关系，如担保关系等。但是基于诚实信用原则而产生的当事人的法定义务（如通知、协助等），尤其是保密义务并不因合同终止而消灭。这些义务具有法定的延续性，即后合同义务。

（二）合同终止的原因

1.债务已经履行

合同当事人按照合同的约定履行了各自的义务，从而使合同订立的目的得以实现，这是合同终止的主要原因。

2.合同的解除

合同的解除是指合同有效成立后，因当事人双方的协议或一方的意思表示，使合同的权利义务终止的行为。合同的解除有以下两种形式：

（1）协议解除。当事人协商一致，可以解除合同。当事人可以约定一方解除合同的事由。解除合同的事由发生时，解除权人可以解除合同。

（2）法定解除。有下列情形之一的，当事人可依法解除合同：①因不可抗力致使不能实现合同目的；②在履行期限届满之前，当事人一方明确表示或者以自己的行为表明不履行主要债务；③当事人一方迟延履行主要债务，经催告后在合理期限内仍未履行；④当事人一方迟延履行债务或者有其他违约行为，致使不能实现合同目的；⑤法律规定的其他情形。以持续履行的债务为内容的不定期合同，当事人可以随时解除合同，但是应当在合理期限之前通知对方。

法律规定或者当事人约定解除权行使期限，期限届满当事人不行使的，该权利消灭。法律没有规定或者当事人没有约定解除权行使期限，自解除权人知道或者应当知道解除事由之日起1年内不行使，或者经对方催告后在合理期限内不行使的，该权利消灭。

当事人一方依法主张解除合同的，应当通知对方。合同自通知到达对方时解除；通知载明债务人在一定期限内不履行债务则合同自动解除，债务人在该期限内未履行债务的，合同自通知载明的期限届满时解除。对方对解除合同有异议的，任何一方当事人均可以请求人民法院或者仲裁机构确认解除行为的效力。

当事人一方未通知对方，直接以提起诉讼或者申请仲裁的方式依法主张解除合同，人民法院或者仲裁机构确认该主张的，合同自起诉状副本或者仲裁申请书副本送达对方时解除。

合同解除后，尚未履行的，终止履行。已经履行的，根据履行情况和合同性质，当事人可以请求恢复原状、采取其他补救措施，并有权要求赔偿损失。

合同因违约解除的，解除权人可以请求违约方承担违约责任，但是当事人另有约定的除外。

主合同解除后，担保人对债务人应当承担的民事责任仍应当承担担保责任，但是担保合同另有约定的除外。

3.债务的抵销

抵销分为法定抵销和协议抵销。法定抵销是指当事人互负债务，该债务的标的物种类、品质相同的，任何一方均可以将自己的债务与对方的到期债务抵销，但是，根据债务性质、按照当事人约定或者依照法律规定不得抵销的除外。当事人主张抵销的，应当通知对方。通知自到达对方时生效。抵销不得附条件或者期限。协议抵销是指当事人互负债务，标的物种类、品质不相同的，经协商一致，也可以抵销。协议抵销的唯一条件就是“双方协商一致”。

微课

合同终止

4.提存

提存是由于债权人的原因而使债务人无法向其交付合同标的物时，债务人将标的物交给提存机关，而使合同权利义务终止的制度。我国的提存机关为公证机关。

有下列情形之一，难以履行债务的，债务人可将标的物提存：

（1）债权人无正当理由拒绝受领；

（2）债权人下落不明；

（3）债权人死亡未确定继承人、遗产管理人，或者丧失行为能力未确定监护人；

（4）法律规定的其他情形。

提存的标的物可以是货币、有价证券、票据、提单、权利证书、货物等，动产和不动产都可以提存。为维护债权人利益，标的物不适于提存或提存费用过高的，债务人依法可以拍卖、变卖标的物，提存所得的价款。

标的物提存后，毁损、灭失的风险由债权人承担。提存期间，标的物的孳息归债权人所有。提存费用由债权人负担。

5.免除

债务免除，是指债权人放弃自己的债权，免去债务人的债务的一种单方法律行为。债权人免除债务人部分或者全部债务的，债权债务部分或者全部终止，但是债务人在合理期限内拒绝的除外。

6.混同

混同是指债权和债务同归于一人，自己既是债权人又是债务人。自己当然不必向自己履行债务，合同的权利义务当然终止。但这种情况涉及第三人利益的，不得终止。如债权是他人质权的标的时，为了保护质权人的利益，债权不因混同而消灭，即这时债权人仍然对自己享有债权，并且这种债权要优先用来偿还质权人。

【案例 3-10】甲向乙定制了一套家具，并预先支付了价款，但家具做好后，甲迟迟不来领取，乙经多方联系也无法找到甲向其交付家具，半年后乙无奈将该套家具变卖，将所得价款扣除了变卖的相应费用和保管费后，以甲的名义存入银行。

请问：乙的行为属于什么性质？是否合法？

任务七　违约责任

微课

违约责任

一、违约责任的概念

违约责任是指合同当事人一方不履行合同义务或者履行合同义务不符合约定时，依照法律规定或者合同约定所承担的法律责任。依法订立的有效合同，对当事人各方来说，都具有法律约束力。如果不履行或者履行义务不符合约定，就要承担违约责任。

在实践中，违约形式可分实际违约和预期违约。一般来说，在合同履行期限届满时，债务人没有履行合同或履行义务不符合约定就是实际违约。在合同生效后，履行期限届满前，当事人一方明确表示或者以自己的行为表明不履行合同义务的就是预期违约。当事人一方明确表示或者以自己的行为表明不履行合同义务的，对方可以在履行期限届满之前要求其承担违约责任。

知识加油站

违约责任和缔约过失责任的区别

缔约过失责任是在缔约合同中基于合同不成立、合同无效或被撤销的情形而产生的责任，缔约一方当事人违背依诚实信用原则所应负的通知、说明、忠实、照顾等先合同义务，此时合同并未生效，即未发生合同之效力，因此，缔约过失责任产生的根据是先合同义务。而违约责任只能产生于已生效的合同，合同已生效，债务人应按合同约定的义务履行，对约定义务的违反，债务人应承担违约责任，因此，违约责任产生的根据是合同义务。

二、承担违约责任的主要形式

当事人一方不履行合同义务或者履行合同义务不符合约定的，应当承担继续履行、采取补救措施或者赔偿损失等违约责任。违约的当事人承担违约责任的主要形式有继续履行、采取补救措施、赔偿损失、支付违约金和定金责任等。

（一）继续履行

继续履行也称实际履行，是当事人一方不履行合同义务或者履行合同义务不符合约定时，另一方当事人有权请求法院强制违约方按照合同规定的主要条件继续履行义务，而不得以支付违约金和赔偿金的方式代替履行。继续履行既是为了实现合同目的，又是一种违约责任。

当事人一方未支付价款、报酬、租金、利息，或者不履行其他金钱债务的，对方可以请求其支付。

当事人一方不履行非金钱债务或者履行非金钱债务不符合约定的，对方可以请求履行，但是有下列情形之一的除外：

（1）法律上或者事实上不能履行；

（2）债务的标的不适于强制履行或者履行费用过高；

（3）债权人在合理期限内未请求履行。

有前述规定的除外情形之一，致使不能实现合同目的的，人民法院或者仲裁机构可以根据当事人的请求终止合同权利义务关系，但是不影响违约责任的承担。

（二）采取补救措施

履行质量不符合约定的，应当按照当事人的约定承担违约责任。受损害方可以根据标的的性质以及损失的大小，合理选择要求对方承担修理、更换、重作、退货、减少价款或者报酬等补救措施。

（三）赔偿损失

当事人一方不履行合同义务或者履行合同义务不符合约定的，在继续履行或者采取补救措施后，对方还有其他损失的，应当赔偿损失。损失赔偿额应相当于因违约所造成的损失，包括合同履行后可以获得的利益，但不得超过违反合同一方在订立合同时预见到或者应当预见到的因违反合同可能造成的损失。当事人可以在合同中约定因违约产生损失赔偿额的计算方法。

（四）支付违约金

违约金是指合同当事人一方由于不履行合同或者履行合同不符合约定时，按照合同的约定，向对方支付的一定数额的货币。违约金是对不能履行或者不能完全履行合同行为的一种带有惩罚性质的经济补偿手段，不论违约的当事人一方是否已给对方造成损失，都应当支付。

约定的违约金低于造成的损失的，当事人可以请求人民法院或者仲裁机构予以增加；约定的违约金过分高于造成的损失的，当事人可以请求人民法院或者仲裁机构予以适当减少。当事人就迟延履行约定违约金的，违约方支付违约金后，还应当履行债务。

（五）定金责任

当事人可以依照《民法典》约定一方向对方给付定金作为债权的担保。债务人履行债务后，定金应当抵作价款或者收回。给付定金的一方不履行约定债务的，无权要求返还定金；收受定金的一方不履行约定债务的，应当双倍返还定金。

当事人既约定违约金，又约定定金的，一方违约时，对方可以选择适用违约金或者定金条款。选择违约金，则不能再主张赔偿损失，其违约金与实际损失的差额只能通过违约金的调整来实现。选择定金的，则还可以另行主张赔偿损失。

三、违约责任的免除

违约责任的免除，是指没有履行合同或者履行合同不符合约定的当事人，依法可以免除承担违约责任。当事人一方因不可抗力不能履行合同的，根据不可抗力的影响，部分或者全部免除责任，但是法律另有规定的除外。因不可抗力不能履行合同的，应当及时通知对方，以减轻可能给对方造成的损失，并应当在合理期限内提供证明。当事人迟延履行后发生不可抗力的，不能免除责任。

【案例 3-11】甲和一家房地产开发公司签订了一份商品房买卖合同，合同约定甲先交纳房款的60%（10万元）的预付款，付款后半年内交付房屋。后由于城市规划的原因，该处房产价格上涨。房地产公司遂将该房以高出原价30%的价格转卖他人。

请问：房地产开发公司属于何种违约行为？甲应当采取哪种救济手段，来保护自己的债权？房地产开发公司应承担什么样的法律责任？

任务八 主要合同

一、买卖合同

（一）买卖合同的概念和特征

买卖合同是指出卖人交付标的物并转移标的物的所有权于买受人，买受人支付价款的合同。买卖合同的当事人是出卖人和买受人，出卖人和买受人的权利义务是相对应的。买卖合同除具有合同的一般法律特征外，还具有自己的特有属性，具体表现在：

（1）买卖合同是转移标的物所有权的合同；

（2）买卖合同是标的物的所有权与价款对价转移的合同；

（3）买卖合同是双务有偿合同；

（4）买卖合同是诺成合同；

（5）买卖合同是不要式合同，特殊规定的除外。

（二）买卖合同的内容

买卖合同的内容主要由当事人约定，一般包括标的物的名称、数量和质量、价款、履行期限、履行地点和方式、包装方式、检验标准和方法、结算方式以及合同使用的文字及其效力等条款。

（三）买卖双方的权利和义务

买卖合同是双务有偿的合同，双方当事人的权利和义务是相对应的。出卖人的义务就是买受人的权利，买受人的义务也就是出卖人的权利。

1.出卖人的义务

（1）交付标的物，并转移标的物的所有权。出卖人应当履行向买受人交付标的物或者交付提取标的物的单证，并转移标的物所有权的义务。出卖人按照法律的规定或合同的约定将标的物交付给买受人，使标的物置于买受人的实际控制之下，即现实交付。“交付提取标的物的单证”是一种拟制交付，是将标的物的有关凭证（提单、仓单）交付给买受人，以替代标的物的交付。

（2）交付提取标的物单证以外的有关单证和资料。出卖人应当按照约定或者交易习惯向买受人交付提取标的物单证以外的有关单证和资料。这些单证和资料是买受人办理报关等法律手续，向出卖人、承运人及有关部门行使赔偿请求权、检修权的重要证据。

（3）按约定的期限、地点和质量交付标的物。出卖人应当按照约定的时间交付标的物。约定交付期限的，出卖人可以在该交付期限内的任何时间交付。当事人没有约定标的物的交付期限或者约定不明确的，可以协议补充；不能达成协议或者不能确定的，出卖人可以随时交付标的物，买受人也可以随时要求出卖人交付标的物，但应该给对方必要的准备时间。出卖人应当按照约定的地点交付标的物。当事人没有约定交付地点或者约定不明确，如依照有关规定仍不能确定的，应适用下列规定：一是标的物需要运输的，出卖人应当将标的物交付给第一承运人以运交给买受人；二是标的物不需要运输，出卖人和买受人订立合同时知道标的物在某一地点的，出卖人应当在该地点交付标的物；不知道标的物在某一地点的，应当在出卖人订立合同时的营业地交付标的物。《民法典》第六百一十五条规定，出卖人应当按照约定的质量要求交付标的物。出卖人提供有关标的物质量说明的，交付的标的物应当符合该说明的质量要求。

（4）对标的物的权利瑕疵负担保义务。出卖人就交付的标的物，负有保证第三人不得向买受人主张任何权利的义务，但法律另有规定的除外。买受人订立合同时知道或者应当知道第三人对买卖的标的物享有权利的，出卖人不承担前述义务。

2.买受人的义务

（1）支付价款。买受人按照约定的数额、时间、地点支付价款。

（2）受领并及时检验标的物。买受人应按照合同约定的时间、地点和方式接受出卖人交付的标的物。买受人收到标的物时应当在约定的检验期限内检验，并在检验期内将标的物的数量或者质量不符合约定的情形通知出卖人。买受人怠于通知的，视为标的物的数量或者质量符合约定。没有约定检验期限的，应当及时检验，并将不符合约定的情形在合理期限内通知出卖人。如在合理期限内或者自标的物收到之日起2年内未通知出卖人的，视为符合约定。但对标的物有质量保证期的，适用质量保证期，不适用该2年的规定。

（3）通知的义务。出卖人多交付标的物的，买受人可以接收或者拒绝接收多交的部分，对拒绝接收的部分应当及时通知出卖人。

（四）买卖合同中的风险负担与利益承受

1.买卖合同中的风险负担

标的物毁损、灭失的风险，在标的物交付之前由出卖人负担，交付之后由买受人负担，但法律另有规定或者当事人另有约定的除外。因买受人的原因致使标的物不能按照约定的期限交付的，买受人应当自违反约定之日起承担标的物毁损、灭失的风险。

微课

买卖合同风险的承担

2.买卖合同中的利益承受

利益承受是指标的物于买卖合同订立后所生的孳息的归属。标的物交付后产生的孳息，由买受人承受。合同另有约定的，依其约定。

（五）特种买卖合同

一般买卖是指法律上没有特别规定的买卖，它适用《民法典》关于买卖合同的一般规定；特种买卖是法律有特别规定的买卖，适用法律关于买卖合同的特别规定。

特种买卖合同包括分期付款买卖合同、样品买卖合同、试用买卖合同、招标投标买卖合同和拍卖合同等。

1.分期付款买卖合同

分期付款买卖是一种特殊的买卖形式，是买受人将其应付的总价款按照一定期限分批向出卖人支付的买卖。

分期付款买卖从实质上看是赊销的一种买卖形式，考虑到对出卖人的保护，《民法典》第六百三十四条规定，分期付款的买受人未支付到期价款的数额达到全部价款的1/5，经催告后在合理期限内仍未支付到期价款的，出卖人可以请求买受人支付全部价款或者解除合同。出卖人解除合同的，可以向买受人请求支付该标的物的使用费。

2.样品买卖合同

样品买卖，又称货样买卖，是指当事人双方约定一定的样品，出卖人交付的标的物应与样品具有相同品质的买卖。

样品买卖除适用普通买卖的规定外，还产生下列效力：

（1）当事人应当封存样品，并可对样品品质予以说明；

（2）凭样品买卖的买受人不知道样品有隐蔽瑕疵的，即使交付的标的物与样品相同，出卖人交付的标的物的质量仍应当符合同种物的通常质量标准。

3.试用买卖合同

试用买卖是指当事人约定实验或检验标的物，以买受人认可标的物为条件的买卖合同。试用买卖为买卖的一种，但它是一种特殊的买卖，与一般买卖相比，试用买卖有以下特征：

（1）试用买卖约定由买受人试验或检验标的物；

（2）试用买卖以买受人认可标的物为发生买卖效力的条件；

（3）试用买卖的当事人可以约定标的物的试用期限；

（4）试用买卖的买受人在使用期间可以购买标的物，也可以拒绝买卖。

试用买卖的买受人在试用期内可以购买标的物，也可以拒绝购买。试用期限届满，买受人对是否购买标的物未作表示的，视为购买。试用买卖的买受人在试用期内已经支付部分价款或者对标的物实施出卖、出租、设立担保物权等行为的，视为同意购买。

4.招标投标买卖合同和拍卖合同

招投标买卖，是指招标人公布买卖标的物的条件，投标人参加投标竞争，招标人在诸多投标中选择自己最满意的投标人并与之签约的一种买卖方式。招投标买卖一般适用于承揽、建设工程、运输、服务等合同的订立。

拍卖，是指以公开竞价的形式，将特定的物品或者财产权利（统称拍卖物）转让给最高应价者的买卖方式。

招投标买卖和拍卖不同于一般的买卖合同，有其特殊性。《民法典》仅对当事人的权利义务和程序等作了原则性的规定。具体内容适用《中华人民共和国招标投标法》和《中华人民共和国拍卖法》。

二、借款合同

（一）借款合同的概念和特征

借款合同是指借款人向贷款人借款，到期归还借款并支付利息的合同。出借资金的一方当事人称为贷款人，接受资金的一方当事人称为借款人。

借款合同有以下特征：

（1）借款合同的标的物是货币。货币既可以是人民币，也可以是外币。

（2）借款合同是转移标的物所有权的合同。

（3）借款合同一般是双务有偿合同。但民间借贷的双方没有约定利息，出借人主张支付借期内利息的，人民法院不予支持。自然人之间借贷对利息约定不明，出借人主张支付利息的，人民法院不予支持。此类合同则属于无偿单务合同。

（4）借款合同一般为诺成合同。此合同一旦承诺即生效；但自然人之间的借款合同是实践性的合同，自贷款人交付借款时生效。具体情形是：以现金支付的，自借款人收到借款时生效；以银行转账、网上电子汇款或者通过网络贷款平台等形式支付的，自资金到达借款人账户时生效；以票据交付的，自借款人依法取得票据权利时生效；出借人将特定资金账户支配权授权给借款人的，自借款人取得对该账户实际支配权时生效；出借人以与借款人约定的其他方式提供借款的，于实际履行完成时生效。

微课
民间借贷合同

（5）借款合同采用书面形式，但民间借贷的双方当事人另有约定的除外。

知识加油站

按法律相关规定：

（1）双方约定的利率不得超过合同成立时一年期贷款市场报价利率的四倍。

（2）出借人与借款人既约定了逾期利率，又约定了违约金或者其他费用，出借人可以选择主张逾期利息、违约金或者其他费用，也可以一并主张，但是总计不得超过合同成立时一年期贷款市场报价利率的四倍。

（3）“一年期贷款市场报价利率”，是指中国人民银行授权全国银行间同业拆借中心自2019年8月20日起每月发布的一年期贷款市场报价利率。

（二）贷款人的权利和义务

1. 贷款人的权利

（1）要求借款人提供与借款有关的资料；

（2）根据借款人的条件，决定贷与不贷、贷款金额、期限和利息等；

（3）了解借款人的生产经营活动和财务活动；

（4）贷款人可以要求借款人提供担保；

（5）借款人未能履行借款合同规定的义务的，贷款人有权依约定要求借款人提前归还贷款或停止支付借款人尚未使用的借款。

2. 贷款人的义务

（1）贷款人有提供贷款的义务；

（2）贷款人未按照约定的日期、数额提供借款，造成借款人损失的，应当赔偿损失；

（3）贷款人有不得预先在本金中扣除借款的利息的义务；

（4）应当对借款人的债务、财务、生产、经营情况保密，但依法查询者除外。

3. 借款人的权利

（1）有权按照合同的约定提取和使用全部贷款；

（2）有权拒绝借款合同以外的附加条件；

（3）有权向贷款人的上级和中国人民银行反映、举报有关情况；

（4）在征得贷款人同意后，有权向第三人转让债务。

4. 借款人的义务

（1）借款人应当按照贷款人的要求提供与借款有关的业务活动和财务状况的真实情况；

（2）应当按照借款合同约定用途使用贷款；

（3）借款人有按照合同约定或国家规定的利率、约定的日期、数额支付利息的义务；

（4）有危及贷款人债权安全的情况时，应当及时通知贷款人，同时采取保全措施。

【案例3-12】甲银行与乙公司签订了借款协议，由丙公司作保证担保。甲银行将第一笔贷款20万元拨付到乙公司的账号上后，即发现乙公司出现了经营状况严重恶化的情况，对丙公司进行调查后，发现丙公司实际上是一个负债累累、丧失经营能力的公司。因此，甲银行决定中止履行对乙公司的第二笔、第三笔共50万元的贷款。乙公司遂起诉到法院，要求甲银行履行借款合同。

请问：本案中甲银行的行为是否合法？为什么？

三、租赁合同

（一）租赁合同的概念和特征

租赁合同是指出租人将租赁物交付承租人使用、收益，承租人支付租金的合同。租赁合同中交付租赁物的一方称为出租人，使用租赁物并支付租金的一方称为承租人。

租赁合同具有以下特征：

1. 承租人享有财产用益权、收益权

租赁合同为转让财产使用权的合同，承租人在合同中享有财产用益权、收益权是租赁合同的自有特点。

2. 合同期限较长

租赁期限只要不超过20年，法律都认可；但超过20年的，超过部分无效。租赁期间届满，当事人可以续订租赁合同，但约定的租赁期限自续订之日起不得超过20年。

3. 法定的免责性

《民法典》第七百一十条规定，承租人按照约定的方法或者租赁物的性质使用租赁物，致使租赁物受到损耗的，不承担损害赔偿责任。

（二）租赁合同的内容和形式

1. 租赁合同的内容

（1）名称。以租赁物名称确定其名称，如“房屋租赁合同”或“车辆租赁合同”等。

（2）数量。数量根据租金计算依据而定。如房屋租赁合同可在合同书中记载“×间”或“××平方米”。

（3）用途。

（4）租赁期限。

（5）租金及其支付期限和方式。

（6）租赁物维修。依据《民法典》的规定，租赁物的维修是出租方应履行的合同义务。

2. 租赁合同的形式

租赁期限6个月以上的，应当采用书面形式。当事人未采用书面形式，无法确定租赁期限的，视为不定期租赁。

（三）租赁合同的效力

1. 对于出租人的效力

（1）交付租赁物并保证承租人正常使用、收益的义务。

（2）维修租赁物的义务。

2. 对于承租人的效力

（1）依约定方法或租赁物的性质使用租赁物的义务。

（2）妥善保管租赁物的义务。

（3）不作为义务。承租人的不作为义务主要包括以下内容：一是不得随意对租赁物进行改善或在租赁物上增设他物。二是不得随意转租。

微课

租赁合同

（4）支付租金的义务。

（5）返还租赁物的义务。

四、融资租赁合同

（一）融资租赁合同的概念与特征

融资租赁合同是指出租人根据承租人对出卖人、租赁物的选择，向出卖人购买租赁物，提供给承租人使用，承租人支付租金的合同。融资租赁合同具有以下特征：

1.融资租赁合同是由买卖合同和租赁合同组成的

融资租赁合同是由出租人与承租人签订的融资性租赁合同以及出租人与出卖人签订的买卖合同组成的，其当事人由出租人、承租人和出卖人三方构成。

2.融资租赁合同是融资与融物相结合，以融物为形式，融资为特征

融资租赁合同的承租人与出租人签订租赁合同，出租人与供应商签订买卖合同，目的是解决承租人一次性购买标的物所需资金不足的困难，它以融物作为表现形式，以融通资金为其主要功能。

3.融资租赁合同是所有权与使用权相分离的合同

融资租赁合同签订以后，租赁物的所有权仍归出租人，承租人只享有租赁物的使用权。

4.融资租赁合同是诺成合同、有偿合同

作为融资租赁合同组成部分的买卖合同和租赁合同，一经订立，合同就告成立，对不同的当事人都具有约束力。

（二）融资租赁合同当事人的权利义务

由于融资租赁合同包括买卖合同、租赁合同和三方当事人（出卖人、出租人和承租人），所以三方当事人与买卖合同、租赁合同中当事人的权利、义务既有相同之处，也有很大不同。

1.出卖人的权利和义务

出卖人作为融资租赁合同的一方当事人，享有买卖合同中出卖人的各项权利。其义务有：

（1）按照合同约定向承租人交付标的物的义务；

（2）对标的物承担瑕疵担保的义务。

2.出租人的权利和义务

出租人的主要权利有：

（1）享有对租赁物的所有权。

（2）租金的收取权。

（3）没有特殊约定，出租人无须对承租人负担标的物选择失误的责任。

（4）在租赁期间，就租赁物致第三人的损害，无须承担赔偿责任。

（5）租赁物返还请求权。

出租人的主要义务有：

（1）向出卖人支付约定的价金的义务。

（2）保证租赁物由承租人占有和使用的义务。

（3）协助承租人对出卖人不履行买卖合同的索赔的义务。

（4）不得随意变更买卖合同内容的义务。

3.承租人的权利和义务

承租人的权利：

（1）承租人对租赁物和供应商的选择有决定权。

（2）出卖人按约定向承租人交付标的物的，承租人享有与受领标的物有关的买受人的权利。

（3）出租人、出卖人、承租人可以约定，出卖人不履行买卖合同义务的，由承租人行使索赔的权利。

（4）占有、使用租赁物的权利。

承租人的义务：

（1）按照约定交付租金的义务。

（2）妥善保管、使用租赁物及对租赁物进行维修的义务。

（3）承租人有义务维护出租人对租赁物的所有权。未经出租人同意，承租人不得擅自将租赁物转让、抵押、出售。

【随堂测试3-4】甲公司按照融资租赁合同的约定，为乙公司向丙公司购买了一台起重机，然后租赁给乙公司使用。乙公司工作人员因操作不当，致使起重机砸伤了过路行人张某。根据《合同法》的规定，应当对张某承担损害赔偿责任的是（　　）。

A.乙公司　　B.甲公司和乙公司

C.乙公司和丙公司　　D.甲公司、乙公司和丙公司

五、保管合同

（一）保管合同的概念与特征

保管合同是指保管人有偿地或者无偿地为寄存人保管物品，并在约定期限内或者应寄存人的请求，返还保管物品的合同。寄存人到保管人处从事购物、就餐、住宿等活动，将物品存放在指定场所的，视为保管，但是当事人另有约定或者另有交易习惯的除外。保管合同的特征是：

（1）保管合同属于实践性合同。保管合同自保管物交付时成立，但当事人另有约定的除外。

（2）保管合同在原则上是无偿合同。寄存人应当按照约定向保管人支付保管费。当事人对保管费没有约定或者约定不明确，经补充协商仍不能确定的，保管是无偿的。所以，保管合同一般为无偿合同，只有当事人有了特别约定的情况下，保管合同才为有偿合同。

（3）依保管合同交付保管人保管的物品只是临时转移保管物品的占有权。

（4）保管合同为不要式合同。

除当事人另有约定的外，保管合同仅以寄存人对保管物的实际交付为成立要件，并不

要求当事人之间订立某种形式的书面合同。

（二）保管合同当事人的权利和义务

1.保管人的权利和义务

保管人的权利主要有：

（1）在有偿保管合同中，支付保管费的请求权和对保管物的留置权；

（2）如保管物是可替代物的，以替代物返还的权利。

保管人的义务主要有：

（1）给付保管凭证；

（2）妥善保管；

（3）亲自保管；

（4）不使用保管物；

（5）返还保管物及其孳息；

（6）承担保管物毁损、灭失的责任。

2.寄存人的权利和义务

寄存人的权利主要有：

（1）保管物的随时领取权；

（2）保管物孳息的收取权。

寄存人的义务主要有：

（1）保管物的瑕疵的告知义务；

（2）支付保管费义务；

（3）寄存特殊物品的声明义务；

（4）按期提取保管物品的义务等。

六、仓储合同

（一）仓储合同的概念和特征

仓储合同又称仓储保管合同，是指保管人储存存货人交付的仓储物，存货人支付仓储费的合同。仓储合同是一种特殊的保管合同，其特殊性在于：

（1）仓储合同的主体一方为仓库营业人。

（2）仓储合同的标的物必须是动产。不动产不能成为仓储合同的保管对象。

（3）仓储合同为诺成合同。仓储合同自成立时生效。

（4）仓储合同是双务、有偿、不要式合同。

（5）仓单是仓储合同关系中必不可少的法律文件，在仓储合同中起着非常重要的作用。

仓单是提取仓储物的凭证，存货人或者仓单持有人在仓单上背书并经保管人签名或者盖章的，可以转让提取仓储物的权利。

（二）仓储合同当事人的权利和义务

1.保管人的权利和义务

保管人的权利有：

（1）收取仓储费的权利；

（2）对变质、损坏的仓储物的紧急处置权；

（3）存货人或仓单持有人逾期不能或拒绝提取仓储物时，对仓储物的提存权。

保管人的义务有：

（1）验收入库仓储物；

（2）给付仓单的义务；

（3）妥善安全保管仓储物的义务；

（4）发现仓储物有变质或其他损坏的，及时通知存货人；

（5）仓储期间届满时返还仓储物；

（6）接受存货人在储存期间对仓储物检查的义务；

（7）对保管不善造成的损失承担赔偿责任等。

2.存货人的权利和义务

存货人的义务有：

（1）交存仓储物并予以说明的义务；

（2）支付仓储费及其他必要费用的义务；

（3）提取仓储物的义务。

存货人的权利有：在仓储合同中，保管人履行的合同义务即为存货人享受的合同权利。

七、运输合同

（一）运输合同概述

1.运输合同的概念

运输合同，又称运送合同，是指承运人与旅客或者托运人约定将旅客或者货物运送到约定地点，旅客、托运人或者收货人向承运人支付票款或者运费的合同。运输合同包括客运合同、货运合同和多式联运合同。在运输民事行为实施过程中，承运人、旅客、托运人、收货人之间产生合同法律关系。

2.运输合同的特征

（1）运输合同的标的物不是物，更不是旅客人身，而是运输行为。

（2）运输合同在原则上是双务有偿合同。在例外情形中，运输合同也有无偿的情况。

（3）运输合同多为格式合同。客票、货运单、提单等是依照专门的法规统一印制的，运费一般也是执行统一的规定。

（二）客运合同

1.客运合同的概念

客运合同是指承运人与旅客关于承运人将旅客及其行李安全运送到目的地，旅客为此支付运费的合同。根据运送工具的不同，客运合同可分为铁路客运合同、公路客运合同、水路客运合同、航空客运合同等。客运合同一般采用票证形式，如车票、船票、机票等。客运合同自承运人向旅客交付客票时成立，但当事人另有约定或者另有交易习惯的除外。

2.合同当事人的责任

旅客的责任：

（1）购买车票或客票以及填写行李托运单。

（2）旅客有不得随身携带或者在行李中夹带违禁物品的义务。

（3）在运输过程中旅客自带物品毁损、灭失，承运人没有过错的，应由旅客自己承担责任。

承运人的责任：

（1）向旅客交付客票，配合旅客填制行李托运单。

（2）监督检查违禁品、危险品，拒绝其运输。

（3）按约定的时间将旅客运达目的地的义务。

（4）保障旅客在运输途中的安全的义务。

（5）对运输途中旅客的伤亡承担损害赔偿责任。

【案例3-13】甲乘坐A城市公交公司的公交车，途中发现钱包被扒手窃走。

请问：甲能否请公交公司赔偿？

（三）货运合同

1.货运合同的概念

货运合同是货物运输合同的简称，是指承运人将一定的货物运到约定的地点，托运人或收货人支付运费的合同。它包括航空货物运输合同、铁路货物运输合同、公路货物运输合同、水路货物运输合同。

2.货运合同当事人的权利和义务

货运合同是托运人和承运人订立的合同，但往往涉及第三人，如收货人既可以是托运人自己，也可以是第三人，如收货人是第三人，则收货人虽不是运输合同当事人，但却是合同的利害关系人。

（1）托运人的权利与义务。

托运人的主要权利有：要求承运人按合同约定的时间将货物安全运输到约定的地点；在承运人将货物交付收货人之前，托运人可以请求承运人中止运输、返还货物、变更到货地点或者将货物交给其他收货人，但由此给承运人造成的损失应予赔偿；要求承运人赔偿因承运人的原因致使货物毁损、灭失、短少所受损失的权利。

托运人的主要义务有：如实申报货运基本情况的义务；按约定支付运输费用；办理有关手续的义务；按约定包装货物的义务；按规定提供危险物运输的防范材料等。

（2）承运人的权利与义务。

承运人的主要权利有：收取运费及符合规定的其他费用；对逾期提货的，承运人有权收取逾期提货的保管费，对收货人不明或收货人拒绝受领货物的，承运人可以提存货物，不宜提存货物的，可以拍卖或变卖货物，提存价款；对不支付运费、保管费及其他有关费用的，承运人对相应的运输货物享有留置权。

承运人的主要义务有：按合同约定调配适当的运输工具和设备，接收承运的货物，按期将货物运到指定的地点；从接收货物时起至交付收货人之前，负有安全运输和妥善保管货物的义务；货物运到指定地点后，应及时通知收货人；对运输过程中货物的毁损、灭失承担损害赔偿责任，但承运人证明货物的毁损、灭失是因不可抗力、货物本身的自然性质或者合理损耗以及托运人、收货人的过错造成的，不承担损害赔偿责任。

货物的毁损、灭失的赔偿额，当事人有约定的，按照其约定；没有约定或者约定不明确的，双方补充协议；不能达成补充协议的，按照交付或者应当交付时货物到达地的市场价格计算。

（3）收货人的权利与义务。

收货人的主要权利有：承运人将货物运到指定地点以后，持凭证领取货物的权利；发现货物短少或灭失时，请求承运人赔偿的权利。

收货人的主要义务有：检验货物的义务；及时提货的义务；支付托运人少交或未交的运费或其他费用的义务。

货物在运输过程中因不可抗力灭失，未收取运费的，承运人不得要求支付运费；已收取运费的，托运人可以要求返还。

【随堂测试3-5】承运人对运输的货物的毁损、灭失负有责任，除法律、法规对赔偿额的计算方法和赔偿限额另有规定外，下列关于承运人赔偿额的说法中正确的是（　　）。

①依照《合同法》的有关规定

②按照当事人之间的约定

③按照交付或者应当交付时货物到达地的市场价格计算

A.①②③　　B.①③②　　C.②①③　　D.③②①

（四）多式联运合同

1.多式联运合同的概念

多式联运合同又称为“多式联合运输合同”“混合运输合同”，是指以两种以上的不同运输方式将旅客（及其行李）或货物运输到约定地点的运输合同。多式联运是与单式联运相对而言的一种运输方式，单式联运是以同一运输方式联运。

2.多式联运合同当事人的权利与义务

（1）多式联运经营人的一般权利与义务。多式联运经营人是指负责履行或者组织履行联运合同的一方当事人。多式联运经营人负责履行或者组织履行多式联运合同，对全程运输享有承运人的权利，承担承运人的义务。因此，经营人享有全程运输的全部权利，包括收取运输费，在旅客或托运人违约时请求赔偿等。同时经营人也需向旅客或托运人履行全部义务和承担全部责任。

（2）多式联运经营人与参加多式联运的各区段承运人之间的责任。多式联运经营人可以与参加多式联运的各区段承运人就多式联运合同的各区段运输约定相互之间的责任，但该约定不影响多式联运经营人对全程运输承担的义务。货物的毁损、灭失发生于多式联运的某一运输区段的，多式联运经营人的赔偿责任和责任限额，适用调整该区段运输方式的有关法律规定。因此，对在特殊运输区段某种运输工具造成的货物毁损、灭失，多式联运经营人应按该领域法律、法规规定的赔偿责任和责任限额，确定适当的赔偿数额。货物毁损、灭失发生的运输区段不能确定的，依照《民法典》第十九章的规定承担责任。

（3）托运人的责任。因托运人托运货物时的过错造成多式联运经营人损失的，即使托运人已经转让多式联运单据，托运人仍然应当承担赔偿责任。

项目测试

一、单项选择题（每题只有一个正确选项，请将正确的选项填入括号内）

1.《民法典》合同编不适用于（　　）。

A. 出版合同　　B. 收养合同　　C. 土地使用权合同　　D. 质押合同

2. 甲和乙合作开办了宏都干洗店，丙将一件皮衣拿到干洗店清洗，交给正在营业中的甲，并向甲交付清洗费100元。该合同关系的主体是（　　）。

A. 甲和丙　　B. 乙和丙

C. 甲、乙和丙　　D. 宏都干洗店和丙

3. 某商店橱窗内展示的衣服上标明“正在出售”，并且标示了价格，则“正在出售”的标示视为（　　）。

A. 要约　　B. 承诺

C. 要约邀请　　D. 既是要约又是承诺

4. 下列合同中，属于无效合同的是（　　）。

A. 因重大误解而订立的合同

B. 以欺诈手段而订立的损害农民利益的合同

C. 恶意串通损害他人的合同

D. 订立时显失公平的合同

5. 甲享有对乙的到期债权100万元，同时，甲欠丙80万元，该债务已到期。此时，甲没有其他财产偿还给丙，但为逃避该笔债务，甲一直不积极催讨对乙的到期债权。据此，下列说法中正确的是（　　）。

A. 丙可以以自己的名义起诉乙

B. 丙的诉讼请求为100万元

C. 丙既可以以自己的名义起诉乙，也可以以甲的名义起诉乙

D. 丙可以以乙为被申请人向仲裁机构申请仲裁

6. 甲的儿子患重病住院，急需用钱又借贷无门，乙趁机表示愿意借给甲2 000元，但半年后须加倍偿还，否则以甲的房子代偿，甲表示同意。根据《民法典》的规定，甲、乙之间的借款合同（　　）。

A. 因显失公平而无效　　B. 因显失公平而可撤销

C. 因乘人之危而无效　　D. 因乘人之危而可撤销

7. 甲公司与乙公司签订买卖合同。合同约定甲公司先交货。交货前夕，甲公司派人调查乙公司的偿债能力，有确切证据证明乙公司负债累累，根本不能按时支付货款。甲公司遂暂时不向乙公司交货。甲公司的行为是（　　）。

A. 违约行为　　B. 行使同时履行抗辩权

C. 行使先履行抗辩权　　D. 行使不安抗辩权

8. 无偿保管合同中，因保管不善造成保管物损失的，保管人应予赔偿损失的情形是（　　）。

A.寄存人过失　　B.保管人重大过失

C.第三人过失　　D.寄存人已声明为贵重物品

二、多项选择题（每题有两个或两个以上正确选项，请将正确的选项填入括号内）

1.合同是当事人意思表示一致的协议。合同必须包含的要素有（　　）。

A.必须有两个以上的当事人　　B.当事人之间必须有隶属关系

C.必须相互作出意思表示　　D.各个意思表示是一致的

2.在合同订立阶段，依据诚实信用原则，订约当事人负有的义务有（　　）。

A.忠实义务　　B.保密义务　　C.协作义务　　D.告知义务

3.下列情形中，能导致要约失效的有（　　）。

A.甲向乙发出要约，乙向甲发出拒绝要约的通知

B.甲向乙发出要约，又发出函件撤回要约，乙收到要约后该函件才到达

C.甲向乙发出要约，说明其有效期为一周，乙在一周内未作任何表示

D.甲向乙发出要约，乙将其中的价格条件作了变动后答复

4.下列属于效力待定合同的有（　　）。

A.限制民事行为能力人依法不能独立订立的合同

B.无民事行为能力人依法不能订立的合同

C.代理人事先未取得代理权而订立的合同

D.无权处分的合同

5.当债务人实施有害债权人的行为时，债权人可行使撤销权。所谓有害债权人的行为包括（　　）。

A.放弃到期债权行为　　B.无偿转让财产行为

C.以不合理的低价转让财产行为　　D.抽逃注册资本金行为

6.特种买卖合同的种类有（　　）。

A.分期付款买卖合同　　B.样品买卖合同

C.试验买卖合同　　D.附条件买卖合同

7.在租赁合同中，出租人的义务有（　　）。

A.交付租赁物的义务　　B.容忍义务

C.维修租赁物的义务　　D.权利瑕疵的担保义务

8.货运合同承运人有（　　）的权利。

A.及时检验货物　　B.收取运费

C.留置运输货物　　D.对托运货物依法提存

三、判断题（正确的在括号内打“√”，错误的打“×”）

1.诚实信用原则属于合同法基本原则。（　　）

2.一般情况下合同成立的时间是承诺生效之时。（　　）

3.无效合同的无效始于人民法院判决之日。（　　）

4.债权人行使撤销权，既可以向债务人提出，也可以向人民法院起诉。（　　）

5.合同转让是指合同的主体发生变化。（　　）

6.寄存人未按照约定支付保管费以及其他费用的，保管人对保管物享有留置权。（　　）

7. 债务人欲将合同的义务全部或者部分转移给第三人，则应当通知债权人。（　　）

8. 租赁合同超过5年的必须采用书面形式。（　　）

四、案例分析题

1. 甲公司与乙工厂洽商成立一个新公司，双方草签了合同，甲公司要将合同带回本部加盖公章，临行前，甲公司法定代表人提出，乙工厂须先征用土地并培训工人后甲公司方能在合同上盖章，乙工厂出资1 000万元征用土地并培训工人，征地和培训工人将近完成时，甲公司提出因市场行情变化，无力出资设立新公司，要求终止与乙工厂的合作。乙工厂遂起诉到法院。

请问：

（1）甲公司与乙工厂之间的合同是否成立，为什么？

（2）甲公司应承担什么责任，为什么？

（3）乙工厂能否要求甲公司赔偿1 000万元的损失？为什么？

2. 2020年1月20日上午，李某与女友到联合日杂店为其父购买绞面机，恰好遇上该店新进一批HB-25型电动不锈钢绞面机，标价138元/台，觉得十分便宜（李某系电工，知道仅一台电机也不止这个价），便要求购买。营业员说："货刚到，组长不在，没有价格，请明天来。"李某当即指着价牌说："上面标价138元/台，怎么没有价格？"当即付款138元，将货提走。当天下午，柜台组长接班后发现1 380元的电动不锈钢绞面机误标为138元/台，被人买走，当即派人四处查询。结果，于1月23日找到了李某，要求李某退回绞面机或补齐差价。李某以"错标价是商店单方责任，与买者无关"为由拒绝。

请问：该买卖绞面机的行为属于何种性质的民事行为？应该如何处理？

项目四

支付结算法律制度

【知识目标】

1. 掌握票据的概念、特征和种类。
2. 熟悉汇票、本票、支票的基本法律规定。
3. 了解票据法的概念及票据法律关系。

【能力目标】

1. 判断票据行为的效力。
2. 处理简单的票据纠纷。

【主要概念】 票据　票据行为　票据权利　汇票　本票　支票

引导案例

背书不规范的承兑汇票付款纠纷案

原告：中国工商银行远安县支行（下称“远安工行”）。

被告：中国银行长阳支行（下称“长阳中行”）；中国银行远安支行（下称“远安中行”）。

1996年10月9日，长阳旅游服务公司金龙电器商行为履行与荆沙市电子供销公司华丽家电影视中心（下称“影视中心”）的购销合同的支付货款义务，通过长阳中行签发了一张票号为IXIVO8501994、面额为15万元的银行承兑汇票，收款人为影视中心的所属单位荆沙市电子工业供销公司，汇票到期日为1997年4月20日。荆沙市电子工业供销公司受票后，在将汇票背书给影视中心时，在背书栏的中格签章，但未写时间，也未书被背书人之名。影视中心收票后，为偿还欠远安县广播电视总公司的货款，便在背书栏的首格签章予以背书，亦未注明时间和被背书人名称。远安县广播电视总公司受票后，因急需业务资金，遂于1996年12月24日向远安工行申请贴现，但其仅在背书栏末格签章，又未填写时间和被背书人之名。远安工行验票后，因缺乏信贷资金，便报请中国人民银行远安县支行再贴现，获准后即于1996年12月27日向远安县广播电视总公司转账划款。

1997年4月，长阳旅游服务公司金龙电器商行因影视中心不履行发货义务且有欺诈之嫌，遂诉请本地法院诉讼保全，申请冻结该汇票的兑付资金。受诉法院审查认为影视中心确有欺诈之嫌，其在汇票上背书不规范，该汇票应属无效票据，遂裁定冻结兑付资金。1997年4月21日，远安工行通过远安中行划转该到期汇票的兑付资金。远安中行以汇票款已被法院冻结为由拒付。宜昌市中级人民法院悉情后，认为冻结已背书转让的汇票兑付资金不当，函请该法院撤销裁定，解除冻结。但在法院解冻通知下发后，长阳中行仍于1997年5月14日向远安中行发出电报，称银行承兑汇票“因背书有误不能解付”。远安工行在多次兑付请求被拒的情况下，遂于1997年5月21日诉至远安县人民法院，诉称：该票据是真实、有效的，其是合法持票人，两个被告的行为构成共同侵权，请求法院判令被告支付15万元票据款和利息损失。

被告长阳中行答辩称：汇票背书转让未记载被背书人名称，签章不符合法律规定；原告没有证据证明其是合法持票人，故其无权主张票据权利。

被告远安中行答辩称：该汇票确实存在缺陷，代理付款人可不付款，我行不是票据当事人，不应当承担责任。

远安县人民法院经审理认为：该银行承兑汇票在背书转让过程中存在不规范的问题，但并不因此否定汇票背书转让的客观事实和法律效力。远安工行以贴现方式取得票据，系合法持有人，应享有票据权利。远安中行未越出代理付款人的职责，不应承担本案责任，依照《中华人民共和国票据法》第四条第四款、第四十四条、第一百零六条之规定，于1997年7月8日判决：

被告长阳中行向原告远安工行支付汇票款15万元，并按中国人民银行规定的同期备付金存款利率支付1997年5月13日至票款支付日期间的利息。

思考：

（1）我国《票据法》规定了哪几种票据？

（2）票据结算有什么优势？

任务一 支付结算认知

一、支付结算的概念

支付结算是指单位、个人在社会经济活动中使用票据、信用卡和汇兑、托收承付、委托收款、信用证、电子支付等结算方式进行货币给付及资金清算的行为。支付结算作为社会经济金融活动的重要组成部分，其主要功能是完成资金从一方当事人向另一方当事人的转移。银行（含城乡信用合作社，下同）以及单位（含个体工商户）和个人是办理支付结算的主体。其中，银行是支付结算和资金清算的中介机构。未经中国人民银行批准的非金融机构和其他单位不得作为中介机构办理支付结算业务。

二、支付结算的工具

我国目前使用的人民币非现金支付工具主要包括“三票一卡”和结算方式。“三票一卡”是指汇票、本票、支票和银行卡；结算方式是指汇兑、托收承付和委托收款。

三、支付结算的原则

支付结算原则是指参与结算活动的各方当事人都应遵守的准则。

1. 恪守信用，履行付款原则

这是办理支付结算的基本原则。在办理支付结算业务时，诚实守信就是要做到按照合同规定及时付款，不得无故拖延或者拒绝付款。

2. 谁的钱进谁的账，由谁支配原则

银行在办理结算时，必须按照存款人的委托，将款项支付给其指定的收款人；对存款人的资金，除国家法律另有规定外，必须由其自由支配。

3. 银行不垫款原则

银行是办理支付结算业务的中介机构，在办理结算过程中，只负责办理结算当事人之间的款项划拨，不承担垫付任何款项的责任，银行与存款人另有约定除外。

四、支付结算的基本要求

（1）单位、个人和银行办理支付结算，必须使用按中国人民银行统一规定印制的票据凭证和统一规定的结算凭证。

（2）单位、个人和银行应当按照规定开立、使用账户。在银行开立存款账户的单位和个人办理支付结算，账户内须有足够的资金保证支付。银行依法为单位、个人在银行开立的存款账户内的存款保密，维护其资金的自主支配权。除国家法律、行政法规另有规定外，银行不得为任何单位或者个人查询账户情况；除国家法律另有规定外，银行不代任何单位或者个人冻结、扣款，不得停止单位、个人存款的正常支付。

（3）票据和结算凭证上的签章和其他记载事项应当真实，不得伪造、变造。伪造是指

无权限人假冒他人或虚构他人名义签章的行为。签章的变造属于伪造，如伪造出票签章、背书签章、承兑签章和保证签章等。变造是指无权更改票据内容的人，对票据上签章以外的记载事项加以改变的行为。变造票据的方法多是在合法票据的基础上，对票据加以剪接、挖补、覆盖、涂改，从而非法改变票据记载事项。

微课

支付结算的认知

出票金额、出票日期、收款人名称不得更改，更改的票据无效；更改的结算凭证，银行不予受理。对票据和结算凭证上的其他记载事项，原记载人可以更改，更改时应当由原记载人在更改处签章证明。

票据和结算凭证上的签章，为签名、盖章或者签名加盖章。单位、银行在票据上的签章和单位在结算凭证上的签章，为该单位、银行的盖章加其法定代表人或其授权的代理人的签名或盖章。个人在票据和结算凭证上的签章，应为该个人本名的签名或盖章。

【随堂测试4-1】根据支付结算法律制度的规定，下列各项属于变造票据的行为有（　　）。

A.涂改出票金额

B.假冒他人在票据上签章

C.原记载人更改付款人名称并在更改处签章证明

D.剪接票据非法改变票据记载事项

（4）票据和结算凭证填写应规范。单位和银行的名称应当记载全称或者规范化简称。规范化简称应当具有排他性，与全称在实质上具有同一性。票据的出票日期必须使用中文大写。为了防止变造票据的出票日期，在填写月、日时，月为“壹”、“贰”和“壹拾”的，日为“壹”至“玖”和“壹拾”、“贰拾”、“叁拾”的，应在其前加“零”；日为“拾壹”至“拾玖”的，应在其前加“壹”。如1月15日，应写成“零壹月壹拾伍日”；10月20日，应写成“零壹拾月零贰拾日”。

票据和结算凭证金额以中文大写和阿拉伯数码同时记载，两者必须一致，两者不一致的票据无效；两者不一致的结算凭证，银行不予受理。

【随堂测试4-2】根据票据支付结算法律制度的规定，下列有关办理支付结算基本要求的表述中，正确的有（　　）。

A.结算凭证的金额以中文大写和阿拉伯数码同时记载，两者必须一致

B.票据上的出票金额、收款人名称不得更改

C.票据的出票日期可以使用阿拉伯数码记载

D.票据上的签章为签名、盖章或者签名加盖章

任务二　银行结算账户

微课

银行结算账户

一、银行结算账户的概念和种类

银行结算账户，是指银行为存款人开立的办理资金收付结算的人民币活期存款账户。银行，是指在中国境内经中国人民银行批准经营支付结算业务

的政策性银行、商业银行（含外资独资银行、中外合资银行、外国银行分行）、城市信用合作社、农村信用合作社。存款人，是指在中国境内开立银行结算账户的机关、团体、部队、企业、事业单位、其他组织（以下统称单位）、个体工商户和自然人。

银行结算账户按存款人分为单位银行结算账户和个人银行结算账户。存款人以单位名称开立的银行结算账户为单位银行结算账户。单位银行结算账户按用途分为基本存款账户、一般存款账户、专用存款账户、临时存款账户。个体工商户凭营业执照以字号或经营者姓名开立的银行结算账户纳入单位银行结算账户管理。存款人凭个人身份证件以自然人名称开立的银行结算账户为个人银行结算账户。

财政部门为实行财政国库集中支付的预算单位在商业银行开设的零余额账户按基本存款账户或专用存款账户管理。预算单位未开立基本存款账户，或者原基本存款账户在国库集中支付改革后已按照财政部门的要求撤销的，经同级财政部门批准，预算单位零余额账户作为基本存款账户管理。除上述情况外，预算单位零余额账户作为专用存款账户管理。

二、银行结算账户的开立、变更和撤销

（一）银行结算账户的开立

1. 银行结算账户开立的地点

存款人应在注册地或住所地开立银行结算账户。符合异地（跨省、市、县）开立银行结算账户条件的，也可以在异地开立银行结算账户。存款人可以自主选择银行开立银行结算账户。除国家法律、行政法规和国务院规定外，任何单位和个人不得强令存款人到指定银行开立银行结算账户。

2. 填写申请书

存款人申请开立银行结算账户时，应填制开立银行结算账户申请书。开立单位银行结算账户时，应填写“开立单位银行结算账户申请书”，并加盖单位公章和法定代表人（单位负责人）或其授权代理人的签名或者盖章。申请开立个人银行结算账户时，存款人应填写“开立个人银行结算账户申请书”，并加盖其个人签章。

3. 核准

符合开立核准类账户条件的，银行应将存款人的开户申请书、相关证明文件和银行审核意见等开户资料报送中国人民银行当地分支行，经其核准并核发开户许可证后办理开户手续。

需要中国人民银行核准的账户包括：基本存款账户、临时存款账户（因注册验资和增资开立的除外）、预算单位专用存款账户和合格境外机构投资者在境内从事证券投资开立的人民币特殊账户和人民币结算资金账户。

2019 年 2 月 2 日，中国人民银行发布《企业银行结算账户管理办法》，在 2019 年年底前，完成取消企业银行账户许可，企业（在境内设立的企业法人、非法人企业和个体工商户，下同）开立基本存款账户、临时存款账户取消核准制，实行备案制，不再颁发开户许可证。

4. 备案

符合开立一般存款账户、其他专用存款账户和个人银行结算账户条件的，银行应办理开户手续，并于开户之日起 5 个工作日内向中国人民银行当地分支行备案。备案类账户的

变更和撤销也应于 2 个工作日内通过账户管理系统向中国人民银行当地分支行报备。

5. 开立结算账户

开立银行结算账户时，银行与存款人签订银行结算管理协议。

对存在法定代表人或者负责人对单位经营规模及业务背景等情况不清楚、注册地和经营地均在异地等情况的单位，银行应当与其法定代表人或者负责人面签银行结算账户管理协议，并留存视频、音频资料等，开户初期原则上不开通非柜面业务，待后续了解后再审慎开通。

银行为存款人开通非柜面转账业务时，双方应签订协议，约定非柜面渠道向非同名银行账户和支付账户转账的日累计限额、笔数和年累计限额等，超出限额和笔数的，应到银行柜面办理。

6. 预留签章

存款人为单位的，其预留签章为该单位的公章或财务专用章加其法定代表人（单位负责人）或其授权的代理人的签名或者盖章。

存款人为个人的，其预留签章为该个人的签名或者盖章。

存款人在申请开立单位银行结算账户时，其申请开立银行结算账户的名称、出具的开户证明文件上记载的存款人名称以及预留银行签章中公章或财务专用章的名称应保持一致。

7. 办理付款业务

存款人开立单位银行结算账户，自正式开立之日起 3 个工作日后，方可使用该账户办理付款业务，但企业银行结算账户，自开立之日即可办理收付款业务。

8. 账户正式开立日

对于核准类银行结算账户，“正式开立之日”为中国人民银行当地分支行的核准日期；对于非核准类银行结算账户，“正式开立之日”是开户银行为存款人办理开户手续的日期。

【随堂测试 4-3】下列存款人开立的银行结算账户中，须经中国人民银行分支行核准的是（　　）。

A. 乙市场监督管理局开立的预算单位专用存款账户

B. 丙公司开立基本存款账户

C. 张某在银行开立的个人Ⅰ类银行账户

D. 甲公司在银行开立的一般账户

（二）银行结算账户的变更

变更是指存款人的账户信息资料的变化或改变。

属于申请变更单位银行结算账户的，应有单位公章和法定代表人（单位负责人）或其授权代理人的签名或者盖章；属于申请变更个人银行结算账户的应加盖其个人签章。

存款人更改名称，但不改变开户银行及账号的，应于 5 个工作日内向开户银行提出银行结算账户的变更申请，并出具有关部门的证明文件。

单位的法定代表人或主要负责人、住址以及其他开户资料发生变更时，应于 5 个工作日内书面通知开户银行并提供有关证明。

属于变更开户许可证记载事项的，存款人办理变更手续时，应交回开户许可证，由中国人民银行当地分支行换发新的许可证。

（三）银行结算账户的撤销

撤销是指存款人因开户资格或其他原因终止银行结算账户使用的行为。

存款人撤销银行结算账户，必须与开户银行核对银行结算账户存款余额，交回各种重要空白票据及结算凭证和开户登记证，银行核对无误后方可办理销户手续。存款人尚未清偿其开户银行债务的，不得申请撤销该账户。

撤销银行结算账户时，应先撤销一般存款账户、专用存款账户、临时存款账户，将账户资金转入基本存款账户后，方可办理基本存款账户的撤销。

三、各类银行结算账户的开立和使用

（一）基本存款账户

基本存款账户是存款人因办理日常转账结算和现金收付需要开立的银行结算账户。下列存款人，可以申请开立基本存款账户：企业法人；非法人企业；机关、事业单位；团级（含）以上军队、武警部队及分散执勤的支（分）队；社会团体；民办非企业组织；异地常设机构；外国驻华机构；个体工商户；居民委员会、村民委员会、社区委员会；单位设立的独立核算的附属机构；其他组织。

基本存款账户是存款人的主办账户。一个单位只能开设一个基本存款账户。存款人日常经营活动的资金收付及其工资、奖金和现金的支取，应通过该账户办理。

【随堂测试 4-4】根据支付结算法律制度的规定，关于基本存款账户的下列表述中，不正确的是（　　）。

A.基本存款账户可以办理现金支取业务

B.一个单位只能开立一个基本存款账户

C.单位设立的独立核算的附属机构不得开立基本存款账户

D.基本存款账户是存款人的主办账户

（二）一般存款账户

一般存款账户是存款人因借款或其他结算需要，在基本存款账户开户银行以外的银行营业机构开立的银行结算账户。

存款人申请开立一般存款账户，应向银行出具其开立基本存款账户规定的证明文件、基本存款账户开户登记证和下列证明文件：存款人因向银行借款需要，应出具借款合同；存款人因其他结算需要，应出具有关证明。

一般存款账户用于办理存款人借款转存、借款归还和其他结算的资金收付。该账户可以办理现金缴存，但不得办理现金支取。

（三）专用存款账户

专用存款账户是存款人按照法律、行政法规和规章，对其特定用途资金进行专项管理和使用而开立的银行结算账户。

专用存款账户适用于下列资金的管理和使用：基本建设资金；更新改造资金；粮、棉、油收购资金；证券交易结算资金；期货交易保证金；信托基金；政策性房地产开发基金；单位银行卡备用金；住房基金；社会保障基金；收入汇缴资金和业务支出资金；党、团、工会设在单位的组织机构经费；其他按规定需要专项管理和使用的资金。

（四）预算单位零余额账户

预算单位使用财政性资金，应当按照规定的程序和要求，向财政部门提出设立零余额账户的申请，财政部门同意预算单位开设零余额账户后通知代理银行。

一个基层预算单位开设一个零余额账户。

预算单位零余额账户用于财政授权支付，可以办理转账、提取现金等结算业务，可以向本单位按账户管理规定保留的相应账户划拨工会经费、住房公积金及提租补贴，以及财政部门批准的特殊款项，不得违反规定向本单位其他账户和上级主管单位及所属下级单位账户划拨资金。

（五）临时存款账户

临时存款账户是存款人因临时需要并在规定期限内使用而开立的银行结算账户。

有下列情况的，存款人可以申请开立临时存款账户：设立临时机构；异地临时经营活动；注册验资、增资；军队、武警单位承担基本建设或者异地执行作战、演习、抢险救灾、应对突发事件等临时任务。

临时存款账户用于办理临时机构以及存款人临时经营活动发生的资金收付。临时存款账户应根据有关开户证明文件确定的期限或存款人的需要确定其有效期限，最长不得超过2年。临时存款账户支取现金，应按照国家现金管理的规定办理。注册验资的临时存款账户在验资期间只收不付，注册验资资金的汇缴人应与出资人的名称一致。

（六）个人银行结算账户

个人银行结算账户是自然人因投资、消费、结算等而开立的可办理支付结算业务的存款账户。个人银行账户分为Ⅰ类银行账户、Ⅱ类银行账户、Ⅲ类银行账户。个人银行结算账户的分类见表4-1。

表4-1 个人银行结算账户的分类

业务＼账户	Ⅰ类户	Ⅱ类户	Ⅲ类户
办理存款	√	√	账户余额不得超过2 000元
购买理财产品	√	√	—
转账	√	限额转账（需面对面确认身份）	限额转账（需面对面确认身份）
消费和缴费	√	限额消费和缴费	限额消费和缴费
存取现金	√	√	—
实体卡	√	√	—

个人银行结算账户用于办理个人转账收付和现金存取。下列款项可以转入个人银行结算账户：工资、奖金收入；稿费、演出费等劳务收入；债券、期货、信托等投资的本金和收益；个人债权或产权转让收益；个人贷款转存；证券交易结算资金和期货交易保证金；继承、赠与款项；保险理赔、保费退还等款项；纳税退还；农、副、矿产品销售收入；其他合法款项。

单位从其银行结算账户支付给个人银行结算账户的款项，每笔超过5万元（不包含5万元）的，应向其开户银行提供付款依据。从单位银行结算账户向个人银行结算账户支付款项单笔超过5万元人民币时，付款单位若在付款用途栏或备注栏注明事由，可不再另行出具付款依据，但付款单位应对支付款项事由的真实性、合法性负责。

存款人开立代发工资、教育、社会保障、公共管理等特殊用途个人银行账户可由所在单位代理办理。

从单位银行结算账户支付给个人银行结算账户的款项应纳税的，税收代扣单位付款时应向其开户银行提供完税证明。

（七）异地银行结算账户

异地银行结算账户是存款人在其注册地或住所地行政区域外（跨省、市、县）开立的银行结算账户。其适用范围包括：

（1）营业执照注册地与经营地不在同一行政区域（跨省、市、县）需要开立基本存款账户的；

（2）办理异地借款和其他结算需要开立一般存款账户的；

（3）存款人因附属的非独立核算单位或派出机构发生的收入汇缴或业务支出需要开立专用存款账户的；

（4）异地临时经营活动需要开立临时存款账户的；

（5）自然人根据需要在异地开立个人银行结算账户的。

四、银行结算账户的管理

（一）银行结算账户的实名制管理

存款人应以实名开立银行结算账户，并对其出具的开户（变更、撤销）申请资料实质内容的真实性负责，法律、行政法规另有规定的除外。

存款人应按照账户管理规定使用银行结算账户办理结算业务，不得出租、出借银行结算账户，不得利用银行结算账户套取银行信用或进行洗钱活动。

（二）银行结算账户变更事项的管理

存款人申请临时存款账户展期、变更、撤销单位银行结算账户以及补（换）发开户许可证时，可由法定代表人或单位负责人直接办理，也可授权他人代理。

（三）存款人预留银行签章的管理

单位遗失预留公章或财务专用章的，应向开户银行出具书面申请、开户许可证、营业执照等相关证明文件；更换预留公章或财务专用章时，应向开户银行出具书面申请、原预留公章或财务专用章等相关证明文件。单位存款人申请更换预留公章或财务专用章但无法提供原预留公章或财务专用章的，应向开户银行出具原印鉴卡片、开户许可证、营业执照正本、司法部门的证明文件。单位存款人申请变更预留公章或财务专用章，可由法定代表人或负责人直接办理，也可授权他人办理。

个人遗失或更换预留个人印章或更换签字人时，应向开户银行出具经签名确认的书面申请，以及原预留印章或签字人的个人身份证件。银行应留存相应的复印件，并凭此办理预留银行签章的变更。

单位存款人申请更换预留个人签章，可由法定代表人或单位负责人直接办理，也可授权他人办理。

任务三　票据

一、票据的概念和特征

（一）票据的概念和特征

微课

票据

票据是出票人依票据法签发的，约定自己或委托付款人在见票时或指定的日期向收款人或持票人无条件支付一定金额并可转让的有价证券。我国的票据包括汇票、本票和支票三种。

票据具有以下法律特征：

（1）票据是出票人依法签发的有价证券。票据法依据不同的票据种类规定了不同的形式，出票人必须依照法律规定的要求签发票据，否则不受法律的保护。

（2）票据以支付一定数额的金钱为目的。票据的签发和转让以支付票据上的金额为目的，凡以金钱以外的物品为给付标的的，都不是票据法上所称的票据。

（3）票据权利与票据不可分离。票据权利的产生必须首先作成票据，票据权利的转让必须交付票据，票据权利的行使必须提示票据。

（4）票据所记载的金额由出票人自行支付或委托他人支付。由出票人自行支付的是本票，由出票人委托他人支付的是汇票和支票。

（5）票据是一种无因证券。票据的持票人行使票据权利时，不必证明其取得票据的原因，只要持票人向付款人提示付款，付款人即应无条件向持票人或收款人支付票据金额。

（6）票据是一种流通证券。我国票据法规定的票据是记名票据，通过背书的形式进行转让。

（二）票据的功能

（1）支付功能。票据可以充当支付工具，代替现金使用。

（2）汇兑功能。票据可以代替货币在不同地方之间运送，方便异地之间的支付。

（3）信用功能。票据当事人可以凭借自己的信誉，将未来的金钱作为现在的金钱来使用。

（4）结算功能。债务抵销功能。

（5）融资功能。票据可以通过贴现、转贴现和再贴现的方式变现。

二、票据的当事人

票据当事人是指在票据法律关系中享有票据权利、承担票据义务的主体。票据当事人分为基本当事人和非基本当事人。票据的基本当事人是指在票据作成和交付时就已经存在的当事人，包括出票人、付款人和收款人三种。汇票和支票的基本当事人有出票人、收款人与付款人；本票的基本当事人有出票人与收款人。

（一）基本当事人

1. 出票人

出票人是指依法定方式签发票据并将票据交付给收款人的人。银行汇票的出票人是银行；商业汇票的出票人为银行以外的企业和其他组织；银行本票的出票人为出票银行；支票的出票人，为在银行开立支票存款账户的企业、其他组织和个人。

2.收款人

收款人是指票据正面记载的到期后有权收取票据所载金额的人。

3.付款人

付款人是指由出票人委托付款或自行承担付款责任的人。商业承兑汇票的付款人是合同中应给付款项的一方当事人，也是该汇票的承兑人；银行承兑汇票的付款人是承兑银行；支票的付款人是出票人的开户银行；本票的付款人是出票人。

（二）非基本当事人

非基本当事人是指在票据作成并交付后，通过一定的票据行为加入票据关系而享有一定权利、承担义务的当事人，包括承兑人、背书人、被背书人、保证人等。

1.承兑人

承兑人是指接受汇票出票人的付款委托，同意承担支付票款义务的人，是汇票的主债务人。

2.背书人和被背书人

背书人是指在转让票据时，在票据背面或粘单上签字或盖章，并将该票据交付给受让人的票据收款人或持有人。被背书人是指被记名受让票据或接受票据转让的人。背书后，被背书人成为票据新的持有人，享有票据的所有权利。

3.保证人

保证人是指为票据债务人提供担保的人，由票据债务人以外的第三人担当。保证人在被保证人不能履行票据付款责任时，以自己的金钱履行票据付款义务，然后取得持票人的权利，向票据债务人追索。

【随堂测试4-5】下列各项属于票据基本当事人的是（　　）。

A.出票人　　B.背书人　　C.承兑人　　D.保证人

三、票据权利

（一）票据权利的概念和种类

票据权利是指持票人向票据债务人请求支付票据金额的权利。根据《票据法》的规定，票据权利包括付款请求权和追索权。

付款请求权是指持票人向汇票的承兑人、本票的出票人、支票的付款人出示票据要求付款的权利，是第一顺序权利。

票据追索权是指票据当事人行使付款请求权遭到拒绝或有其他法定原因存在时，向其前手请求偿还票据金额及其他法定费用的权利，是第二顺序权利。这是指付款请求权得不到满足时，向付款人以外的票据债务人请求清偿票据金额及有关费用的权利。

持票人可以不按票据债务人的先后顺序，对其中任何一人、数人或者全体行使追索权。持票人对票据债务人中的一人或数人已经进行追索的，对其他票据债务人仍可以行使追索权。被追索人清偿债务后，与持票人享有同一权利。

（二）票据权利的取得

票据权利的取得亦称票据权利的发生。票据权利是以持有票据为依据的，因此，行为人合法取得票据，即取得了票据权利。

签发票据、取得票据和转让票据，应当遵守诚实信用原则，具有真实的交易关系和债权债务关系。票据的取得必须给付对价，即应当给付票据双方当事人认可的相对应的代价。如果是因为税收、继承、赠与可以依法无偿取得票据，则不受给付对价的限制，但是所享有的票据权利不得优于其前手的权利。

当事人取得票据通常有以下几种情况：

（1）出票取得。出票是创设票据权利的票据行为，从出票人处取得票据，即取得票据权利。

（2）转让取得。票据通过背书或交付等方式可以转让他人，以取得票据即获得票据权利。

（3）依税收、继承、赠与、企业合并等方式取得票据。

取得票据但不享有票据权利的情形：

（1）以欺诈、偷盗或者胁迫等手段取得票据的，或者明知有上述情形，出于恶意取得票据的；

（2）持票人因重大过失取得不符合《票据法》规定的票据的。

（三）票据权利的行使与保全

票据权利的行使是指票据权利人向票据债务人提示票据，请求票据的付款人支付票据金额的行为，如请求付款、行使追索权等。持票人行使票据权利，应当按照法定程序在票据上签章，并出示票据。

票据权利的保全是指票据权利人防止票据权利丧失而实施的行为。如按规定期限提示承兑、要求承兑人或付款人提供拒绝承兑或付款的证明以保全追索权等。

持票人对票据债务人行使票据权利，或者保全票据权利，应当在票据当事人的营业场所和营业时间内进行，票据当事人无营业场所的，应当在其住所进行。

【案例4-1】A企业于2020年4月1日向B企业签发一张出票后3个月付款的银行承兑汇票，汇票金额100万元，承兑人为甲银行。B企业承兑后背书转让给C企业，C企业又背书转让给D企业。该银行承兑汇票的付款日期为2020年7月1日，持票人D企业应当在2020年7月1日至7月10日向甲银行提示付款。

请问：如果D企业未在2020年7月10日前提示付款，那么其丧失了什么权利？仍享有什么权利？

（四）票据权利丧失的补救

票据权利丧失是因票据灭失、遗失、被盗等原因而使票据权利人脱离其对票据的占有。票据一旦丧失，票据的债权人不采取措施补救就不能阻止债务人向拾获者履行义务，从而造成正当票据权利人经济上的损失。因此需要进行票据丧失的补救。票据丧失后，可以采取挂失止付、公示催告和普通诉讼三种形式进行补救。

1.挂失止付

挂失止付是指失票人将丧失票据的情况通知付款人或代理付款人，由接受通知的付款人或代理付款人审查后暂停支付的一种方式。

只有确定付款人或代理付款人的票据丧失时才可进行挂失止付，具体包括：已承兑的商业汇票、支票、填明“现金”字样和代理付款人的银行汇票、填明“现金”的银行本票

4种。

挂失止付的，失票人应填写挂失止付通知书并盖章。付款人或者代理付款人收到挂失止付通知后，查明挂失票据确未付款时应立即暂停支付。付款人或代理付款人自收到挂失止付通知书之日起12日内没有收到人民法院的止付通知书的，自第13日起，不再承担止付责任，持票人提示付款即依法向持票人付款。

2.公示催告

公示催告是指在票据丧失后由失票人向人民法院提出申请，请求人民法院以公告方式通知不确定的利害关系人限期申报权利，逾期未申报者，由法院通知除权判决宣告所丧失的票据无效的制度或程序。

失票人应当在通知挂失止付后的3日内，也可以在票据丧失后，依法向票据支付地人民法院申请公示催告。申请公示催告的主体必须是可以背书转让的票据的最后持票人。

人民法院决定受理公示催告申请后发布的公告应当在全国性的报刊上登载。公示催告的期间为，国内票据自发布公告之日起60日，涉外票据可根据具体情况适当延长，但最长不得超过90日。

3.普通诉讼

普通诉讼是指丧失票据的人为原告，以承兑人或出票人为被告，请求法院判决其向失票人付款的诉讼活动。如果与票据上的权利有利害关系的人是明确的，无须公示催告，可按一般的票据纠纷向法院提起诉讼。

【随堂测试4-6】根据支付结算法律制度的规定，下列选项所述票据丢失后，可以挂失止付的有（ ）。

A.未承兑的商业汇票　　B.转账支票

C.现金支票　　D.填明“现金”字样的银行本票

（五）票据权利的时效

票据权利时效是指票据权利在时效期间内不行使，即引起票据权利丧失。根据票据法的规定，票据权利因在一定期限内不行使而消灭的情形有4种：

（1）持票人对票据的出票人和承兑人的权利，自票据到期日起2年。见票即付的汇票、本票，自出票日起2年。

（2）持票人对支票出票人的权利，自出票日起6个月。

（3）持票人对前手的追索权，在被拒绝承兑或者被拒绝付款之日起6个月。

（4）持票人对前手的再追索权，自清偿日或者被提起诉讼之日起3个月。

票据权利行使期限见表4-2。

表4-2　票据权利行使期限

票据权利及票据类型		票据权利人	对象	票据权利期限
付款请求权	远期汇票	持票人	出票人、承兑人	票据到期日起2年
	即期汇票、本票	持票人	出票人	出票日起2年
	支票	持票人	出票人	出票日起6个月
追索权		持票人	前手	被拒绝承兑或被拒绝付款之日起6个月
再追索权		持票人	前手	自清偿日或被提起诉讼之日起3个月

【随堂测试4-7】根据支付结算法律制度的规定，下列关于票据权利时效的表述中，正确的是（　　）。

A.持票人对银行汇票出票人的权利自出票日起2年

B.持票人对前手的追索权自被拒绝承兑或被拒绝付款之日起2年

C.持票人对商业汇票承兑人的权利自到期日起1年

D.持票人对支票出票人的权利自出票日起1年

（六）票据责任

票据责任是指票据债务人向持票人支付票据金额的义务。票据债务人承担票据义务一般有四种情况：一是汇票承兑人因承兑而应承担付款义务；二是本票出票人因出票而承担自己付款的义务；三是支票付款人在与出票人有资金关系时承担付款义务；四是汇票、本票、支票的背书人，汇票、支票的出票人、保证人，在票据不获承兑或不获付款时的付款清偿义务。

【随堂测试4-8】下列主体中，应当向持票人承担票据责任的有（　　）。

A.空头支票人的开户行Q银行　　B.不获承兑的汇票出票人乙公司

C.签发银行本票的P银行　　D.对汇票予以承兑的甲公司

1.提示付款

根据《票据法》的规定，持票人提示付款的法定期限是：见票即付的汇票，自出票日起1个月内向付款人提示付款；定日付款、出票后定期付款或者见票后定期付款的汇票，自到期日起10日内向承兑人提示付款。如果持票人未在法定期限内进行付款提示，则丧失对其前手的追索权。但是，持票人丧失的追索权仅限于其前手，对于承兑人并不发生失权的效果。即持票人未按规定期限提示付款的，承兑人或者付款人仍应继续对持票人承担付款责任。因为承兑人是汇票的主债务人，所负责任为绝对责任，即使持票人未在法定期限内进行付款提示，承兑人仍应负责。票据权利消灭时效见表4-3。

表4-3　票据权利消灭时效

票据种类		提示承兑期限	提示付款期限	票据权利的消灭时效
商业票据	见票即付	无须提示承兑	出票日起1个月内	出票日起2年
	定日付款	到期日前	到期日起10日内	到期日起2年
	出票后定期付款			
	见票后定期付款	出票日起1个月内		
银行汇票	见票即付	无须提示承兑	出票日起1个月内	出票日起2年
银行本票	见票即付	无须提示承兑	出票日起2个月内	出票日起2年
支票	见票即付	无须提示承兑	出票日起10日内	出票日起6个月

2.付款人付款

根据《票据法》的规定，付款人必须在当日向提示人付款，而且支付的款项为票据金额的全部，不是部分。如果付款人或承兑人不能当日足额付款的，根据《票据法》的规定，承担迟延付款的责任。

3.拒绝付款

存在背书不连续等合理事由，票据债务人可以对票据债权人拒绝履行义务。

票据债务人可以对不履行约定义务的与自己有直接债权债务关系的持票人进行抗辩，但不得以自己与出票人或者与持票人的前手之间的抗辩事由，对抗持票人。持票人明知存在抗辩事由而取得票据的除外。

4.获得付款

持票人获得付款的，应当在汇票上签收，并将汇票交给付款人。持票人委托银行收款的，受委托的银行将代收的票据金额转账收入持票人账户，视同签收。

5.相关银行的责任

持票人委托的收款银行的责任，限于按照票据上记载事项将票据金额转入持票人账户。付款人委托的付款银行的责任，限于按照票据记载事项从付款人账户支付票据金额。

6.票据责任的解除

根据《票据法》的规定，付款人依法足额付款后，全体汇票债务人的责任解除。付款人依照票据文义支付票据金额之后，票据关系随之消灭，汇票上的全体债务人的责任便予以解除。但是，如果付款人付款存在瑕疵，即未尽审查义务而对不符法定形式的票据付款，或者存在恶意或重大过失而付款的，则不发生解除票据责任的效力，付款人的义务不能免除，其他债务人也不能免除责任。

四、票据行为

票据行为是指票据关系的当事人之间以发生、变更或终止票据关系为目的而进行的法律行为。票据行为包括出票、背书、承兑和保证。

（一）出票

出票亦称发票，是由出票人签发票据并将其交付给收款人的一种行为。出票实际包括两个行为：一是出票人依照票据法的规定作成票据，即在原始票据上记载法定事项并签章；二是交付票据，即将作成的票据交付给他人占有。

1.出票的基本要求

汇票的出票人必须与付款人具有真实的委托付款关系，并且具有支付汇票金额的可靠资金来源；汇票的出票人不得签发无对价的汇票用以骗取银行或者其他票据当事人的资金。出票人在出票时，必须确保在汇票不获承兑或不获付款时，具有足够的清偿能力。

2.票据的记载事项

所谓票据记载事项是指依法在票据上记载票据相关内容。票据记载事项分为绝对记载事项、相对记载事项、任意记载事项和记载但不产生票据法上效力的事项。

票据的绝对应记载事项是指票据法规定必须在票据上记载的事项，若无记载，票据便为无效。

票据的相对记载事项也是汇票上必须记载的内容，但是，未在票据上记载，并不影响票据本身的效力，票据仍然有效。该等未记载的事项可以通过法律的直接规定补充确定。如汇票上未记载付款日期的，并不导致票据无效，根据《票据法》的规定，视为见票即付。汇票上未记载付款地，也不导致票据无效，而是依据《票据法》的规定，以付款人的营业场所、住所或经常居住地为付款地。汇票上未记载出票地的，以出票人的营业场所、住所或者经常居住地为出票地。

微课

票据行为

任意记载事项，是不强制当事人必须记载而允许当事人自行选择，不记载不影响票据效力，记载则产生票据效力的事项。如出票人在汇票上记载“不得转让”字样，汇票不得转让。其中“不得转让”事项即为任意记载事项。

记载但不产生票据法上效力的事项，是指票据上还可以记载其他一些事项，但这些事项不具有票据效力。如签发票据的原因或用途、该票据项下交易的合同号码等等。这些事项方便当事人清算，但与票据本身关系不大，因此不具有票据上的效力。绝对应记载事项见表4–4。

表4–4　绝对应记载事项

汇票	本票	支票
表明“汇票”的字样	表明“本票”的字样	表明“支票”的字样
无条件支付的委托	无条件支付的承诺	无条件支付的委托
确定的金额	确定的金额	确定的金额（可以授权补记）
付款人名称	—	付款人名称
收款人名称	收款人名称	—（可授权补记）
出票日期	出票日期	出票日期
出票人签章	出票人签章	出票人签章

3. 出票的效力

出票是以创设票据权利为目的的票据行为。出票对收款人、付款人、出票人具有不同的法律效力。

（1）对收款人的效力。收款人取得出票人签发的汇票后，即取得汇票权利，一方面就票据金额享有付款请求权；另一方面，在请求权不能满足时，即享有追索权。

（2）对付款人的效力。出票行为是单方行为，付款人并不因此而承担付款的义务，只有付款的权限。但基于出票人的付款委托使其具有承兑人的地位，在其对汇票进行承兑后，便成为汇票上的主债务人。

（3）对出票人的效力。出票人委托他人付款，一旦该行为成立，就必须保证该付款能得以实现。如果付款人不予付款，出票人就应该承担票据责任。从法律上讲，该责任是一种担保责任，即担保汇票的承兑和付款。担保汇票的承兑是指汇票到期日前不获承兑时，收款人或持票人可以请求出票人偿还票据金额、利息和有关费用。担保汇票的付款是指汇票到期时，付款人虽已承兑但拒绝付款的，出票人必须承担清偿责任。

【随堂测试4–9】根据《票据法》的规定，下列各项中，不会导致汇票失效的是（　　）。

A. 未记载付款日期　　B. 未记载付款地

C. 未记载出票地　　D. 未记载出票人签章

（二）背书

1. 背书的概念和种类

背书是指持票人在票据背面或者粘单上记载有关事项并签章将汇票权利让与他人的一

种票据行为。以背书的目的为标准，背书可分为转让背书和非转让背书。转让背书是指以转让票据权利为目的的背书。非转让背书是指以授予他人行使一定的票据权利为目的的背书，包括委托收款背书和质押背书。

2.背书记载事项

背书应记载的事项有：背书人的签章、被背书人的名称和背书日期。背书人背书时，必须在票据上签章，背书才能成立，否则，票据行为无效。背书人签章是确定背书的债务人地位及其担保责任的依据，属绝对应记载事项。我国票据法不承认不记名背书，如果背书人不记载被背书人名称，背书转让将不能成立，背书行为无效，因此被背书人名称也是背书的绝对应记载事项。但是，根据票据法司法解释第四十九条的规定，背书人未记载被背书人名称即将票据交付他人的，持票人在票据被背书人栏内记载自己的名称与背书人记载具有同等法律效力。背书日期是相对应记载事项，根据《票据法》的规定，背书未记载日期的，视为在汇票到期日前背书。也就是说，背书未记载背书日期，并不因此无效，以法律的规定补充确定背书日期。

3.背书效力

背书人以背书转让票据后，即承担保证其后手所持票据承兑和付款的责任。

以背书转让的票据，背书应当连续，证明其票据权利，非经背书转让，而以其他合法方式取得票据的，依法举证，证明其票据权利。

4.背书的特别规定

背书附有条件的，所附条件不具有汇票上的效力。背书行为本身的效力不受影响，被背书人仍可依该背书取得票据权利。

部分背书无效。部分背书是指背书人在背书时，将汇票金额的一部分或者将汇票金额分别转让给2人以上的背书。

背书人在汇票上记载“不得转让”字样，其后手再背书转让的，原背书人对后手的被背书人不承担保证责任。禁止背书是指出票人或背书人在票据上记载“不得转让”等类似文句，以禁止票据权利的转让，它包括出票人的禁止背书和背书人的禁止背书两种。对于背书人的禁止背书，如果其后手再背书转让，原背书人对其直接被背书人以后通过背书方式取得汇票的一切当事人，不负担保责任。如：A→B→C→D，背书人B写了“不得转让”，若C仍然将票据背书转让给D，则B对D不承担保证责任。

汇票被拒绝承兑、被拒绝付款或者超过付款提示期限的，不得背书转让；背书转让的，背书人应当承担汇票责任。

【案例4-2】A企业向B企业签发一张100万元的银行承兑汇票，承兑人为甲银行。B企业背书转让给C企业，C企业拿到后被D偷走，D伪造C企业的签章以C企业的名义转让给善意持票人E企业。

请问：E企业向甲银行提示付款，甲银行能否拒付？

【随堂测试4-10】根据支付结算法律制度的规定，关于票据背书效力的下列表述中，不正确的是（　　）。

A.背书人在票据上记载“不得转让”字样，其后手再背书转让的，原背书人对后手的被背书人不承担保证责任

B.背书附有条件的，所附条件不具有票据上的效力

C.背书人转让票据后，即承担保证其后手所得票据承兑和付款的责任

D.背书未记载日期的，属于无效背书

（三）承兑

1.承兑的概念

承兑是指汇票付款人承诺在汇票到期日支付汇票金额的票据行为。承兑是汇票特有的制度。

2.承兑程序

（1）提示承兑。提示承兑是持票人向付款人出示汇票，并要求付款人承诺付款的行为。因汇票付款日期的形式不同，提示承兑的期限亦不同。

定日付款和出票后定期付款的汇票，持票人应当在汇票到期日前向付款人提示承兑；见票后定期付款的汇票，持票人应当自出票日起1个月内向付款人提示承兑；见票即付的汇票无须提示承兑。

汇票未按规定期限提示承兑的，持票人丧失对其前手的追索权。

（2）受理承兑。付款人对向其提示承兑的汇票，应当于收到提示承兑的汇票之日起3日内承兑或者拒绝承兑。

（3）记载承兑事项。付款人承兑汇票的，应当在汇票正面记载“承兑”字样和承兑日期并签章；见票后定期付款的汇票，应当在承兑时记载付款日期。汇票上未记载承兑日期的，应当以收到提示承兑的汇票之日起3日内的最后一日为承兑日期。

（4）承兑效力。付款人承兑汇票后，应当承担到期付款的责任。付款人承兑汇票，不得附有条件；承兑附有条件的，视为拒绝承兑。

【随堂测试4–11】应于到期日前向承兑人提示承兑的汇票有（　　）。

A.未记载付款日期的汇票　　B.定日付款的汇票

C.出票后定期付款的汇票　　D.见票后定期付款的汇票

（四）保证

1.保证的概念

保证是票据债务人以外的第三人，以担保特定票据债务人履行票据债务为目的，而在票据上所为的一种附属票据行为。

2.保证的记载事项

保证的绝对应记载事项有两项，即表明“保证”的字样和保证人签章。相对应记载事项有保证人的名称和地址、被保证人的名称和保证日期。缺少保证人的名称和地址，保证人名称可由其签章认定，保证人地址可以推定为保证人的营业场所或住所；缺少被保证人的名称，承兑人或出票人为被保证人；缺少保证日期的，以出票日为保证日期。

3.保证责任的承担

被保证的汇票，保证人应当与被保证人对持票人承担连带责任。汇票到期后得不到付款的，持票人有权向保证人请求付款，保证人应当足额付款。保证人为二人以上的，保证人之间承担连带责任。

4.保证的效力

保证人对合法取得汇票的持票人所享有的汇票权利，承担保证责任。但是，被保证人的债务因汇票记载事项欠缺而无效的除外。

保证不得附有条件；附有条件的，不影响对汇票的保证责任。

保证人清偿汇票债务后，可以行使持票人对被保证人及其前手的追索权。

【随堂测试4-12】根据支付结算法律制度的规定，关于票据保证的下列表述中，正确的是（　　）。

A.票据上未记载保证日期的，被保证人的背书日期为保证日期

B.保证人未在票据或粘单上记载被保证人名称的已承兑票据，承兑人为被保证人

C.保证人为两人以上的，保证人之间承担连带责任

D.保证人清偿票据债务后，可以对被保证人及其前手行使追索权

五、票据追索

（一）票据追索适用情形

票据追索适用于两种情形，分别为到期后追索和到期前追索。

到期后追索，是指票据到期被拒绝付款的，持票人可以对背书人、出票人以及票据的其他债务人行使追索权。

到期前追索，指票据到期日前，持票人有下列情形之一的可以行使追索权：

（1）汇票被拒绝承兑的；

（2）承兑人或者付款人死亡、逃匿的；

（3）承兑人或者付款人被依法宣告破产的或者因违法被责令终止业务活动的。

（二）被追索人的确定

汇票的出票人、背书人、承兑人和保证人对持票人承担连带责任。持票人可以不按照汇票债务人的先后顺序，对其中任何一人、数人或者全体行使追索权。持票人对汇票债务人中的一人或者数人已经进行追索的，对其他汇票债务人仍可以行使追索权。被追索人清偿债务后，与持票人享有同一权利。

（三）追索的内容

持票人行使追索权，可以请求被追索人支付下列金额和费用：

（1）被拒绝付款的汇票金额；

（2）汇票金额自到期日或者提示付款日起至清偿日止，按照中国人民银行规定的同档次流动资金贷款利率计算的利息；

（3）取得有关拒绝证明和发出通知书的费用。

被追索人清偿债务时，持票人应当交出汇票和有关拒绝证明，并出具所收到利息和费用的收据。

被追索人依照前述规定清偿后，可以向其他汇票债务人行使再追索权，请求其他汇票债务人支付下列金额和费用：

（1）已清偿的全部金额；

（2）前项金额自清偿日起至再追索清偿日止，按照中国人民银行规定的利率计算的利息；

（3）发出通知书的费用。

行使再追索权的被追索人获得清偿时，应当交出汇票和有关拒绝证明，并出具所收到利息和费用的收据。

（四）追索权的行使

持票人行使追索权时，应当提供被拒绝承兑或者被拒绝付款的有关证明。

持票人不能出示拒绝证明、退票理由书或者未按照规定期限提供其他合法证明的，丧失对其前手的追索权。但是，承兑人或者付款人仍应当对持票人承担责任。

持票人应当自收到被拒绝承兑或被拒绝付款的有关证明之日起3日内，将被拒绝事由书面通知其前手；其前手应当自收到通知之日起3日内书面通知其再前手。未按照规定期限通知的，持票人仍可以行使追索权。

（五）追索的效力

被追索人清偿债务后，其票据责任解除。同时，被追索人清偿债务后，与持票人享有同一追索权利，可以向其他汇票债务人行使再追索权，请求其他汇票债务人支付相应的金额和费用。

【随堂测试4-13】根据支付结算法律制度的规定，关于票据追索权行使的下列表述中，正确的是（　　）。

A.持票人不得在票据到期前追索

B.持票人应当向票据的出票人、背书人、承兑人和保证人同时追索

C.持票人在行使追索权时，应当提供被拒绝承兑或拒绝付款的有关证明

D.持票人应当按照票据的承兑人、背书人、保证人和出票人的顺序行使追索权

六、银行汇票

微课

银行汇票

汇票是出票人签发的，委托付款人在见票时或者在指定日期无条件支付确定的金额给收款人或者持票人的票据。汇票分为银行汇票和商业汇票。

（一）银行汇票

银行汇票是出票银行签发的，由其在见票时按照实际结算金额无条件支付给收款人或者持票人的票据。出票银行为银行汇票的付款人。银行汇票可以用于转账，填写“现金”字样的银行汇票也可以用于支取现金。单位和个人各种款项结算均可使用银行汇票。

（二）出票

出票银行受理银行汇票申请书，收妥款项后签发银行汇票，并将银行汇票和解讫通知一并交给申请人。签发银行汇票必须记载下列事项：表明“银行汇票”的字样；无条件支付的承诺；出票金额；收款人名称；出票日期；出票人签章。欠缺记载上列事项之一的，银行汇票无效。

现金银行汇票申请人和收款人必须均为个人；申请人或者收款人为单位的，银行不得为其签发现金银行汇票。

申请人应将银行汇票和解讫通知一并交付给记明的收款人。

（三）填写实际结算金额

收款人受理申请人交付的银行汇票时，应在出票金额以内，根据实际需要的款项办理结算，并将实际结算金额和多余金额准确、清晰地填入银行汇票和解讫通知的有关栏内。

银行汇票的实际金额低于出票金额的，其余金额由出票银行退交申请人。

未填明实际结算金额和多余金额或实际结算金额超过出票金额的，银行不予受理。

银行汇票的实际结算金额一经填写不得更改，更改实际结算金额的银行汇票无效。

（四）银行汇票背书

银行汇票的背书转让以不超过出票金额的实际结算金额为准。

未填写实际结算金额或实际结算金额超过出票金额的银行汇票不得背书转让。

（五）银行汇票提示付款

银行汇票的提示付款期限为自出票日起1个月。

持票人向银行提示付款时，须同时提交银行汇票和解讫通知，缺少任何一联，银行不予受理。

在银行开立存款账户的持票人向开户银行提示付款时，应在汇票背面“持票人向银行提示付款签章”处签章，签章须与预留银行签章相同，并将银行汇票和解讫通知、进账单送交开户银行。

（六）银行汇票退款和丧失

申请人因银行汇票超过付款提示期限或其他原因要求退款时，应将银行汇票和解讫通知同时提交到出票银行。

申请人缺乏解讫通知要求退款的，出票银行应于银行汇票提示付款期满1个月后办理。

出票银行对于转账银行汇票的退款，只能转入原申请账户；对于符合规定填明“现金”字样银行汇票的退款，才能退付现金。

银行汇票丧失，失票人可以凭人民法院出具的其享有票据权利的证明，向出票银行请求付款或退款。

【随堂测试4-14】根据支付结算法律制度的规定，下列关于银行汇票使用的表述中，正确的是（　　）。

A.银行汇票不能用于个人款项结算

B.银行汇票不能支取现金

C.银行汇票的提示付款期限为自出票日起1个月

D.银行汇票必须按出票金额付款

七、商业汇票

（一）商业汇票的概念、种类

商业汇票是出票人签发的，委托付款人在指定日期无条件支付确定的金额给收款人或者持票人的票据。商业汇票按照承兑人的不同分为商业承兑汇票和银行承兑汇票。商业承兑汇票由银行以外的付款人承兑，银行承兑汇票由银行承兑。

电子商业汇票是指出票人依托中国人民银行电子商业汇票系统，以数据电文形式制作的，委托付款人在指定日期无条件支付确定金额给收款人或者持票人的票据。电子银行承兑汇票由银行业金融机构、财务公司承兑；电子商业承兑汇票由金融机构以外的法人或其他组织承兑。电子商业汇票的付款人为承兑人。

（二）出票

1.出票人资格条件

商业承兑汇票的出票人：在银行开立存款账户的法人以及其他组织，并与付款人具有真实的委托付款关系，具有支付汇票金额的可靠资金来源。

微课
商业汇票

银行承兑汇票的出票人：在承兑银行开立存款账户的法人以及其他组织，并与承兑银行具有真实的委托付款关系，资信状况良好，具有支付汇票金额的可靠资金来源。

出票人办理电子商业汇票业务，还应同时具备签约开办对公业务的企业网银等电子服务渠道、与银行签订《电子商业汇票业务服务协议》。

单张出票金额在100万元以上的商业汇票原则上应全部通过电子商业汇票办理；单张出票金额在300万元以上的商业汇票应全部通过电子商业汇票办理。

2. 出票人的确定

商业承兑汇票可以由付款人签发并承兑，也可以由收款人签发交由付款人承兑。

银行承兑汇票应由在承兑银行开立存款账户的存款人签发。

3. 出票记载事项

签发商业汇票出票必须记载下列事项：表明“银行承兑汇票”或“商业承兑汇票”的字样；无条件支付的委托；确定的金额；付款人名称；收款人名称；出票日期；出票人签章。欠缺上述任何事项之一的，商业汇票无效。

签发电子商业汇票出票必须记载下列事项：表明“电子银行承兑汇票”或“电子商业承兑汇票”的字样；无条件支付的委托；确定的金额；出票人名称；付款人名称；收款人名称；出票日期；票据到期日；出票人签章。

商业汇票的付款期限有三种形式：定日付款的汇票付款期限自出票日起计算，并在汇票上记载具体的到期日；出票后定期付款的汇票付款期限自出票日起按月计算，并在汇票上记载；见票后定期付款的汇票付款期限自承兑或拒绝承兑日起按月计算，并在汇票上记载。

电子商业汇票的出票日是指出票人记载在电子商业汇票上的日期。

纸质商业汇票的付款期限，最长不得超过6个月。电子承兑汇票期限自出票日至到期日不超过1年。

（三）承兑

商业汇票可以在出票时向付款人提示承兑后使用，也可以在出票后先使用再向付款人提示承兑。

付款人拒绝承兑的，必须出具拒绝承兑证明。

付款人承兑汇票后，应当承担到期付款的责任。

银行承兑汇票的承兑银行，应按票面金额向出票人收取万分之五的手续费。

（四）付款

1. 提示付款

持票人提示付款的法定期限是：见票即付的汇票，自出票日起1个月内向付款人提示付款；定日付款、出票后定期付款或者见票后定期付款的汇票，自到期日起10日内向承兑人提示付款。如果持票人未在法定期限内进行付款提示，则丧失对其前手的追索权。但是，持票人丧失的追索权仅限于其前手，对于承兑人并不发生失权的效果。因为承兑人是汇票的主债务人，所负责任为绝对责任，即使持票人未在法定期限内进行付款提示，承兑人仍应负责。

2. 商业承兑汇票的付款

付款人收到开户银行的付款通知，应当在当日通知银行付款。付款人在接到通知日的次日起3日内未通知银行付款的，视同付款人承诺付款。付款人提前收到由其承兑的商业汇票，应通知银行于汇票到期日付款。银行应于汇票到期日将票款划给持票人。

3. 银行承兑汇票的付款

银行承兑汇票的出票人应于汇票到期前将票款足额交存其开户银行。承兑银行应在汇票到期日或到期日后的见票当日支付票款。

银行承兑汇票的出票人于汇票到期日未能足额交存票款时，承兑银行除凭票向持票人无条件付款外，对出票人尚未支付的汇票金额按照每日万分之五计利息。

（五）票据信息登记与电子化

纸质票据贴现前，金融机构办理承兑、质押、保证等业务，应当不晚于业务办理的次一工作日在票据市场基础设施完成相关信息登记工作。

纸质商业承兑汇票完成承兑后，承兑人开户行应当根据承兑人委托代其进行承兑信息登记。承兑信息未能及时登记的，持票人有权要求承兑人补充登记承兑信息。

纸质票据票面信息与登记信息不一致的，以纸质票据票面信息为准。

（六）贴现

贴现是指持票人在票据到期日前，将票据权利背书转让给金融机构，由其扣除一定利息后，将约定金额支付给持票人的票据行为。贴现按照交易方式，分为买断式和回购式。买断式是指贴出人将票据权利转让给贴入人，不约定日后赎回的交易方式。回购式是指贴出人将票据权利转让给贴入人，约定日后赎回的交易方式。

1. 贴现条件

商业汇票的持票人向银行办理贴现必须具备下列条件：票据未到期；票据未记载“不得转让”事项；在银行开立存款账户的企业法人以及其他组织；与出票人或者直接前手之间具有真实的商品交易关系；提供与其直接前手之间进行商品交易的增值税发票和商品发运单据复印件。

2. 贴现利息的计算

贴现的期限从其贴现之日起至汇票到期日止。

实付贴现金额按票面金额扣除贴现日至汇票到期前1日的利息计算。承兑人在异地的纸质商业汇票，贴现的期限以及贴现利息的计算应另加3天的划款日期。

3. 贴现的收款

贴现到期，贴现银行应向付款人收取票款。不获付款的，贴现银行应向其前手追索票款。贴现银行追索票款时可从申请人的存款账户直接收取票款。

【随堂测试4-15】根据支付结算法律制度的规定，下列关于商业汇票出票的表述中，正确的有（　　）。

A. 商业承兑汇票可以由收款人签发

B. 签发银行承兑汇票必须记载付款人名称

C. 银行承兑汇票应由承兑银行签发

D. 商业承兑汇票可以由付款人签发

八、银行本票

（一）本票的概念和适用范围

微课

银行本票

本票是出票人签发的，承诺自己在见票时无条件支付确定的金额给收款人或者持票人的票据。本票是一种自付证券，其基本当事人有两个，即出票人和收款人。

《票据法》规定的本票仅限于银行本票。银行本票是银行签发的，承诺自己在见票时无条件支付确定的金额给收款人或者是持票人的票据。单位和个人在同一票据交换区域需要支付各种款项，均可以使用银行本票。银行本票可以用于转账，注明“现金”字样的银行本票可以用于支取现金。银行本票分为定额银行本票和不定额银行本票。根据规定，定额银行本票面额为1 000元、5 000元、1万元和5万元。

本票是票据的一种，具有与其他票据相同的一般性质和特征，《票据法》总则中的内容均适用于本票。《票据法》对汇票的规定较为详尽，对汇票的有关规定，如出票、背书、付款、追索权等具体制度，都适用于本票。本节只对本票特有的方面加以说明。

（二）本票的出票

本票的出票人是票据金额的直接支付人，因此，法律对本票出票人资格有一定的要求。根据规定，银行本票的出票人，是经中国人民银行当地支行批准办理银行本票业务的银行机构，非银行金融机构不得签发银行本票。

与汇票一样，本票的记载事项也包括绝对应记载事项和相对应记载事项。本票的绝对应记载事项包括6个方面的内容：

（1）表明“本票”字样，无此记载，本票即为无效。

（2）无条件支付的承诺。出票人支付票据金额，不能附加任何条件，否则，票据即为无效。

（3）确定的金额。

（4）收款人名称。

（5）出票日期。

（6）出票人签章。

本票的相对应记载事项有2项内容：

（1）付款地。本票上未记载付款地的，以出票人的营业场所为付款地。

（2）出票地。本票上未记载出票地的，以出票人的营业场所为出票地。

（三）见票付款

银行本票是见票付款的票据，收款人或持票人在取得银行本票后，随时可以向出票人请求付款。为了防止收款人或持票人久不提示票据而给出票人造成不利，《票据法》规定了本票的付款提示期限，即本票自出票日起，付款期限最长不得超过2个月。持票人在规定的期限内提示本票的，出票人必须承担付款的责任。如果持票人超过提示付款期限不获付款的，在票据权利时效内向出票行作出说明，并提供本人身份证或单位证明，可持银行本票向出票银行请求付款。如果本票的持票人未按照规定期限提示本票的，则丧失对出票人以外的前手的追索权。

（四）退款和丧失

申请人因银行本票超过提示付款期限或其他原因要求退款时，应将银行本票提交到出票银行。

出票银行对于在本行开立存款账户的申请人，只能将款项转入原申请人账户；对于现金银行本票和未在本行开立存款账户的申请人，才能退付现金。

银行本票丧失，失票人可以凭人民法院出具的其享有票据权利的证明，向出票银行请求付款或退款。

【随堂测试4-16】下列关于银行本票性质的表述中，不正确的是（　　）。

A.银行本票的付款人见票时必须无条件付款给持票人

B.持票人超过提示付款期限不获付款的，可向出票银行请求付款

C.银行本票不可以背书转让

D.注明“现金”字样的银行本票可以用于支取现金

九、支票

（一）支票概念、种类和适用范围

支票是出票人委托银行或其他金融机构见票时无条件支付一定金额给收款人或者持票人的票据。支票有3个基本当事人：出票人、付款人和收款人。

票据法依照票款支付方式的不同，将支票分为普通支票、现金支票和转账支票。现金支票只能用于支付现金。转账支票只能用于转账，不得支取现金。普通支票既可以用来支取现金，亦可用来转账。在实践中，我国不使用普通支票。

单位和个人在同一票据交换区域的各种款项结算，均可使用支票。全国支票影像交换系统支持全国使用。

（二）支票的出票

出票人签发支票必须具备一定的条件，即是在经中国人民银行当地分支行批准办理支票业务的银行机构开立可以使用支票的存款账户的单位和个人。

支票绝对应记载事项有以下内容：

（1）表明“支票”字样，无此记载内容，支票即为无效。

（2）无条件支付的委托。

（3）确定的金额。

（4）付款人名称。

（5）出票日期。

（6）出票人签章。

为了发挥支票灵活便利的特性，《票据法》规定了2项绝对应记载事项可以通过授权补记的方式记载：一是关于支票金额的授权补记。出票人可以授权收款人就支票金额补记，收款人以外的其他人不得补记；在支票金额未补记之前，收款人不得背书转让，提示付款。二是关于收款人名称的授权补记。我国票据法规定的票据都是记名票据，无收款人名称记载，票据即为无效。但是，在实践中出票人往往不能事先确定收款人，无法在出票时记载收款人名称，为了方便人们的生活，票据法规定了该项内容可以授权补记，未经补记的，该支票不得背书转让、提示付款。

微课

支票

支票的相对应记载事项有2项内容：

（1）付款地。支票上未记载付款地的，以付款人的营业场所为付款地。

（2）出票地。支票上未记载出票地的，以出票人的营业场所、住所地或者经常居住地为出票地。

支票出票还须符合的其他法定条件是：

（1）支票的出票人所签发的支票金额不得超过其付款时在付款人处实有的存款金额。签发空头支票是一种违法行为。

（2）支票的出票人不得签发与其预留本名的签名式样或者印鉴不符的支票，使用支付密码的，出票人不得签发支付密码错误的支票。

（三）支票的付款

支票是见票即付的票据，因而没有到期日的规定，支票的出票日就是到期日。如果支票上另行记载了付款日期的，该记载无效。为了防止持票人久不提示支票，给出票人造成不利，《票据法》规定了持票人的提示期间即持票人应当自出票日起10日内提示付款。

超过提示付款期限的，付款人可以不予付款，但出票人仍应当对持票人承担票据责任。因为出票人处于相当于主债务人的地位，所以必须加重出票人的责任。

持票人在提示期间内，向付款人提示票据，付款人在对支票进行审查之后，符合付款条件的，应当在当日足额付款。

【随堂测试4-17】根据支票结算法律制度的规定，下列关于支票出票的表述中，正确的有（　　）。

A. 出票人不得在支票上记载自己为收款人

B. 出票人不得签发与其预留银行签章不符的支票

C. 支票上未记载付款行名称的，支票无效

D. 出票人签发的支票金额不得超过其付款时在付款人处实有的存款金额

任务四　银行卡

一、银行卡的概念和分类

（一）银行卡的概念

银行卡是指经批准由商业银行（含邮政金融机构）向社会发行的具有消费信用、转账结算、存取现金等全部或部分功能的信用支付工具。

（二）银行卡的分类

银行卡的分类见表4-5。

二、银行卡账户和交易

（一）银行卡申领、注销和丧失

1. 银行卡申领

单位或个人申领信用卡，应按规定填制申请表，连同有关资料一并送交发卡银行。发

表4-5 银行卡的分类

<table>
<tr><th>分类标准</th><th colspan="2">分 类</th></tr>
<tr><td rowspan="2">按是否有透支功能</td><td>信用卡（可以透支）</td><td>贷记卡、准贷记卡</td></tr>
<tr><td>借记卡（不具备透支功能）</td><td>按功能不同分为：转账卡（含储蓄卡）、专用卡、储值卡</td></tr>
<tr><td>按币种不同</td><td colspan="2">人民币卡、外币卡</td></tr>
<tr><td>按发行对象不同</td><td colspan="2">单位卡（商务卡）、个人卡</td></tr>
<tr><td>按信息载体不同</td><td colspan="2">磁条卡、芯片卡（IC卡）</td></tr>
</table>

卡银行可根据申请人的资信程度，要求其提供担保。担保的方式可采用保证、抵押或质押。

凡在中国境内金融机构开立基本存款账户的单位，应当凭中国人民银行核发的开户许可证申领单位卡；个人申领银行卡（储值卡除外），应当向发卡银行提供公安部门规定的本人有效身份证件，经发卡银行审查合格后，为其开立记名账户。银行卡及其账户只限经发卡银行批准的持卡人本人使用，不得出租和转借。

个人贷记卡申请的基本条件是：年满18周岁，有固定职业和稳定收入，工作单位和户口在常住地的城乡居民；填写申请表，并在持卡人处亲笔签字；向发卡银行提供本人及附属卡持卡人、担保人的身份证复印件；外地、境外人员及现役军官以个人名义领卡应出具当地公安部门签发的临时户口或有关部门开具的证明，并须提供具备担保条件的担保单位或有当地户口、在当地工作的担保人。

单位人民币卡账户的资金一律从其基本存款账户转账存入，不得存取现金，不得将销货收入存入单位卡账户。单位外币卡账户的资金应从其单位的外汇账户转账存入，不得在境内存取外币现钞。

个人人民币卡账户的资金以其持有的现金存入或以其工资性款项、属于个人的合法劳务报酬、投资回报等收入转账存入。个人外币卡账户的资金以其个人持有的外币现钞存入或从其外汇账户（含外钞账户）转账存入，该外汇账户及存款应符合国家外汇管理局的有关规定。严禁将单位的款项转入个人账户存储。

【随堂测试4-18】根据支付结算法律制度的规定，下列关于单位人民币卡账户使用的表述中，正确的是（　　）。

A. 可支取现金

B. 可转存销货收入

C. 可办理商品交易和劳务供应款项的结算

D. 可存入现金

2. 注销

持卡人在还清全部交易款项、透支本息和有关费用后，可申请办理销户。

销户时，单位人民币卡账户的资金应当转入其基本账户，单位外币卡账户的资金应当转回相应的外汇账户，不得提取现金。对于持卡人因死亡等原因而需要办理的注销和清户，应按照我国的《民法典》继承编等法规办理。发卡行受理注销之日起45日后，被注销信用账户方能清户。

3.丧失

持卡人丧失银行卡，应立即持本人身份证件或其他有效证明，并按规定提供有关情况，向发卡银行或代办银行申请挂失，发卡银行或代办银行审核后办理挂失手续。

（二）银行卡交易基本规定

单位人民币卡可办理商品交易和劳务供应款项的结算，但不得透支。单位卡不得支取现金。

信用卡预借现金业务，包括现金提取、现金转账和现金充值。现金提取是指持卡人通过柜面和自动柜员机等自助机具，以现钞形式获得信用卡预借现金额度内资金；现金转账是指持卡人将信用卡预借现金额度内资金划转到本人银行结算账户；现金充值是指持卡人将信用卡预借现金额度内资金划转到本人在非银行支付机构开立的支付账户。

信用卡持卡人通过ATM等自助机具办理现金提取业务，每卡每日累计不得超过人民币1万元；持卡人通过柜面办理现金提取业务，通过各类渠道办理现金转账业务的每卡每日限额，由发卡机构与持卡人通过协议约定；发卡机构可自主确定是否提供现金充值服务，并与持卡人协议约定每卡每日限额。

发卡机构不得将持卡人信用卡预借现金额度内资金划转至其他信用卡，以及非持卡人的银行结算账户或支付账户。发卡银行应当对借记卡持卡人在自动柜员机（ATM机）取款设定交易上限，每卡每日累计提款不得超过2万元人民币。储值卡的面值或卡内币值不得超过1 000元人民币。

贷记卡持卡人非现金交易可享受免息还款期和最低还款额待遇，银行记账日到发卡银行规定的到期还款日之间为免息还款期，持卡人在到期还款日前偿还所使用全部银行款项有困难的，可按照发卡银行规定的最低还款额还款。持卡人透支消费享受免息还款期和最低还款额待遇的条件和标准等，由发卡机构自主确定。

发卡银行通过下列途径追偿透支款项和诈骗款项：扣减持卡人保证金、依法处理抵押物和质物；向保证人追索透支款项；通过司法机关的诉讼程序进行追偿。

三、银行卡计息与收费

发卡银行对准贷记卡及借记卡（不含储值卡）账户内的存款，按照中国人民银行规定的同期同档次存款利率及计息办法记付利息。

对信用卡透支利率实行上限和下限管理，透支利率上限为日利率万分之五，下限为日利率万分之五的0.7倍。信用卡透支的计结息方式，以及信用卡溢缴款是否计付利息及利率标准，由发卡机构自主确定。

发卡机构应在信用卡协议中以显著方式提示信用卡利率标准和计结息方式、免息还款期和最低还款额待遇的条件和标准，以及向持卡人收取违约金的详细情形和收取标准等与持卡人有重大利害关系的事项，确保持卡人充分知悉并确认接受。对于信用卡利率标准，应注明日利率和年利率。发卡机构调整信用卡利率的，应至少提前45个自然日按照约定方式通知持卡人。

取消信用卡滞纳金，对于持卡人违约逾期未还款的行为，发卡机构应与持卡人通过协议约定是否收取违约金，以及相关收取方式和标准。发卡机构向持卡人提供超过授信额度用卡服务的，不得收取超限费。

发卡机构对向持卡人收取的违约金和年费、取现手续费、货币兑换费等服务费用不得计收利息。

【随堂测试4-19】徐女士在P银行申请了一张信用卡，关于信用卡计息和收费的下列表述中，符合法律规定的有（ ）。

A. 若徐女士欠缴信用卡年费，P银行可对该欠费计收利息

B. P银行应在信用卡协议中以显著方式提示信用卡利率标准和计结息方式，并经徐女士确认接受

C. P银行确定的信用卡透支利率可为日利率万分之五

D. 若P银行要调整信用卡利率，应至少提前45个自然日按照约定方式通知徐女士

四、银行卡清算市场

中国银联股份有限公司是唯一经国务院同意，由中国人民银行批准设立的银行卡清算机构。

五、银行卡收单

银行卡收单业务，是指收单机构与特约商户签订银行卡受理协议，在特约商户按约定受理银行卡并与持卡人达成交易后，为特约商户提供交易资金结算服务的行为。

（一）银行卡收单业务管理规定

收单机构应当对特约商户实行实名制管理，严格审核特约商户的营业执照等证明文件，以及法定代表人或负责人有效身份证件等申请材料。特约商户为自然人的，收单机构应当审核其有效身份证件。特约商户使用单位银行结算账户作为收单银行结算账户的，收单机构还应当审核其合法拥有该账户的证明文件。

收单机构应当与特约商户签订银行卡受理协议，就可受理的银行卡种类、开通的交易类型、收单银行结算账户的设置和变更、资金结算周期、结算手续费标准、差错和争议处理等事项，明确双方的权利、义务和违约责任。

特约商户的收单银行结算账户应当为其同名单位银行结算账户，或其指定的、与其存在合法资金管理关系的单位银行结算账户。特约商户为个体工商户和自然人的，可使用其同名个人银行结算账户作为收单银行结算账户。

收单机构应当对实体特约商户收单业务进行本地化经营和管理，通过在特约商户及其分支机构所在省（自治区、直辖市）域内的收单机构或其分支机构提供收单服务，不得跨省（自治区、直辖市）域开展收单业务。

（二）业务与风险管理

收单机构应当综合考虑特约商户的区域和行业特征、经营规模、财务和资信状况等因素，对实体特约商户、网络特约商户分别进行风险评级。对于风险等级较高的特约商户，收单机构应当对其开通的受理卡种和交易类型进行限制，并采取强化交易监测、设置交易限额、延迟结算、增加检查频率、建立特约商户风险准备金等风险管理措施。

收单机构应按协议约定及时将交易资金结算到特约商户的收单银行结算账户，资金结算时限最迟不得超过持卡人确认可直接向特约商户付款的支付指令生效之日起30个自然

日，因涉嫌违法违规等风险交易需延迟结算的除外。

收单机构应当根据交易发生时的原交易信息发起银行卡交易差错处理、退货交易，将资金退至持卡人原银行卡账户。若持卡人原银行卡账户已撤销的，应当退至持卡人指定的本人其他银行账户。

收单机构发现特约商户发生疑似银行卡套现、洗钱、欺诈、移机、留存或泄漏持卡人账户信息等风险事件的，应当对特约商户采取延迟资金结算、暂停银行卡交易或收回受理终端（关闭网络支付接口）等措施，并承担因未采取措施导致的风险损失责任；发现涉嫌违法犯罪活动的，应当及时向公安机关报案。

（三）结算收费

收单机构向商户收取的收单服务费由收单机构与商户协商确定具体费率；发卡机构向收单机构收取的发卡服务费不区分商户类别，实行政府指导价、上限管理，费率水平为：借记卡交易不超过交易金额的0.35%，单笔收费金额不超过13元，贷记卡交易不超过0.45%；对非营利性的医疗机构、教育机构、社会福利机构、养老机构、慈善机构刷卡交易，实行发卡行服务费、网络服务费全额减免。

【随堂测试4-20】甲公司的下列行为中，属于银行卡特约商户风险事件的是（　　）。

A.移机　　B.银行卡套现

C.留存持卡人账户信息　　D.洗钱

任务五　网上支付

网上支付是电子支付的一种形式，它是电子交易的当事人，包括消费者、厂商和金融机构，使用电子支付手段通过网络进行的货币或资金流转。网上支付的主要方式有网上银行和第三方支付。

微课　网上支付

一、网上银行

网上银行就是银行在互联网上设立虚拟银行柜台，使传统的银行服务不再通过物理的银行分支机构来实现，而是借助于网络与信息技术手段在互联网上实现，因此网上银行也称网络银行。

（一）网上银行的分类

按照不同的标准，网上银行可以分为不同的类型。

1. 按主要服务对象进行分类

按主要服务对象分为企业网上银行和个人网上银行。企业网上银行主要适用于企事业单位，企事业单位可以通过企业网上银行适时了解财务运作情况，及时调度资金，轻松处理大批量的网络支付和工资发放业务，并处理信用证相关业务。个人网上银行主要适用于个人与家庭，个人可以通过网上银行实现实时查询、转账、网络支付和汇款功能。

2. 按经营组织进行分类

按经营组织分为分支型网上银行和纯网上银行。分支型网上银行是指现有的传统银行利用互联网作为新的手段，建立银行站点，提供在线服务而设立的网上银行。纯网上银行本身就是一家银行，是专门为提供在线银行服务而成立的，因而也被称为只有一个站点的银行。

3. 按业务种类进行分类

按业务种类分为零售银行和批发银行。

（二）企业网上银行主要业务

1. 账户信息查询

能够为企业客户提供账户信息的网上在线查询、网上下载和电子邮件发送账务信息等服务，包括账户的昨日余额、当前余额、当日明细和历史明细。

2. 支付指令

支付指令业务能够为客户提供集团、企业内部各分支机构之间的账务往来，同时也能提供集团、企业之间的账务往来，并且支持集团、企业向他行账户进行付款。

3.B2B（Business to Business）网上支付

B2B（商业机构之间的商业往来活动），指的是企业与企业之间进行的电子商务活动。B2B网上支付能够为客户提供网上B2B支付平台。

4. 批量支付

能够为企业客户提供批量付款（包括同城、异地及跨行转账业务）、代发工资、一付多收等批量支付功能。企业客户负责按银行要求的格式生成数据文件，通过安全通道传送给银行，银行负责系统安全及业务处理，并将处理结果反馈给客户。

（三）个人网上银行主要业务功能

1. 账户信息查询

个人网上银行为客户提供信息查询功能，能够查询银行卡的人民币余额和活期一本通的不同币种的钞、汇余额；提供银行卡在一定时间段内的历史明细数据查询；下载包含银行卡、活期一本通一定时间段内的历史明细数据的文本文件；查询使用信用卡进行网上支付后的支付记录。

2. 人民币转账业务

能够提供个人客户的或与他人的银行卡之间的卡卡转账服务。

3. 银证转账业务

银行卡客户在网上能够进行银证转账，可以实现银转证、证转银、查询评判资金余额等功能。

4. 外汇买卖业务

客户通过网上银行系统进行外汇买卖，主要可以实现外汇即时买卖、外汇委托买卖、查询委托明细、查询外汇买卖历史明细、撤销委托等功能。

5. 账户管理业务

提供客户对本人网上银行各种权限功能、客户信息的管理以及账户的挂失。

6.B2C（Business to Customer）网上支付

B2C（商业机构对消费者的电子商务），指的是企业与消费者之间进行的在线式零售商业活动（包括网上购物和网上拍卖等）。个人客户在申请开通网上支付功能后，能够使用本人的银行卡进行网上购物后的电子支付。

【随堂测试4-21】张某通过网上银行可能办理的业务是（　　）。

A. 向张某的银行结算账户转款　　B. 向张某的股票投资账户转款
C. 在某个网站购物向商家支付货款　　C. 为张某的信用卡消费还款

二、第三方支付

第三方支付是指具备一定实力和信誉保障的非银行机构，通过与网联对接而促成交易双方进行交易的网络支付模式。

（一）第三方支付的开户要求

（1）支付机构为个人开立支付账户的，同一个人在同一家支付机构只能开立一个III类账户。

（2）支付机构为单位开立账户应要求单位提供相关证明文件，并自主或者委托合作机构以面对面方式核实客户身份，或者以非面对面方式通过至少3个合法安全的外部渠道对单位基本信息进行多重交叉验证。

（二）第三方支付的种类

1. 线上支付方式

线上支付是指通过互联网实现的用户和商户、商户和商户之间在线货币支付、资金清算、查询统计等过程。网上支付完成了使用者信息传递和资金转移的过程。广义的线上支付包括直接使用网上银行进行的支付和通过第三方支付平台间接使用网上银行进行的支付。狭义的线上支付仅指通过第三方平台实现的互联网在线支付，包括网上支付和移动支付中的远程支付。

2. 线下支付方式

线下支付是指通过非互联网线上的方式对购买商品或服务所产生的费用进行的资金支付行为。其中，订单的产生可能通过互联网线上完成。新兴线下支付的具体表现形式，包括POS机刷卡支付、拉卡拉等自助终端支付、电话支付、手机近端支付、电视支付等。

（三）行业分类及主流品牌

1. 金融型支付企业

金融型支付企业是以银联商务、快钱、易宝支付、汇付天下等为典型代表的独立第三方支付模式，其不负有担保功能，仅仅为用户提供产品和支付系统解决方案，侧重行业需求和开拓行业应用，是立足于企业端的金融型支付企业。

2. 互联网支付企业

互联网支付企业是以支付宝、财付通等为典型代表的依托于自有的电子商务网站并提供担保功能的第三方支付模式，以在线支付为主，是立足于个人消费者端的互联网型支付企业。

目前，国内的第三方支付品牌，在支付市场互联网转接交易规模前三位的分别是支付宝、银联商务和财付通。

任务六 结算方式和其他支付工具

一、汇兑

汇兑是汇款人委托银行将其款项支付给收款人的结算方式。汇兑分为信汇、电汇两种，单位和个人的各种款项的结算，均可使用汇兑结算方式。

（一）办理汇兑的程序

1.签发汇兑凭证

签发的汇兑凭证必须记载下列事项：表明“信汇”或“电汇”的字样；无条件支付的委托；确定的金额；收款人名称；汇款人名称；汇入地点、汇入行名称；汇出地点、汇出行名称；委托日期；汇款人签章。汇兑凭证记载的汇款人、收款人在银行开立存款账户的，必须记载其账号。

2.银行受理

汇出银行受理汇款人签发的汇兑凭证，经审查无误后，应及时向汇入银行办理汇款，并向汇款人签发汇款回单。汇款回单只能作为汇出银行受理汇款的依据，不能作为该笔汇款已转入收款人账户的证明。

3.汇入处理

汇入银行对开立存款账户的收款人，应将汇给其的款项直接转入收款人账户，并向其发出收账通知。收账通知是银行将款项确已收入收款人账户的凭据。

（二）汇兑的撤销

汇款人对汇出银行尚未汇出的款项可以申请撤销。申请撤销时，应出具正式函件或本人身份证件及原信、电汇回单。汇出银行查明确未汇出款项的，收回原信、电汇回单，方可办理撤销。

【随堂测试4-22】根据支付结算法律制度的规定，下列关于办理汇兑业务的表述中，正确的有（　　）。

A.汇款回单可以作为该笔汇款已转入收款人账户的证明

B.汇兑凭证记载的汇款人、收款人在银行开立存款账户的，必须记载其账号

C.汇款回单是汇出银行受理汇款的依据

D.收账通知是银行将款项确已转入收款人账户的凭据

二、委托收款

委托收款是收款人委托银行向付款人收取款项的结算方式。单位和个人凭已承兑商业汇票、债券、存单等付款人债务证明办理款项的结算，均可以使用委托收款结算方式。委托收款在同城、异地均可以使用。委托收款办理程序如下：

1.签发托收凭证

签发委托收款凭证必须记载下列事项：表明“委托收款”的字样；确定的金额；付款人名称；收款人名称；委托收款凭据名称及附寄单证张数；委托日期；收款人签章。

委托收款以银行以外的单位为付款人的，委托收款凭证必须记载付款人开户银行名称；以银行以外的单位或在银行开立存款账户的个人为收款人的，委托收款凭证必须记载收款人开户银行名称；以未在银行开立存款账户的个人为收款人的，委托收款凭证必须记载被委托银行名称。

微课

结算方式与其他支付工具

2.委托

收款人办理委托收款应向银行提交委托收款凭证和有关的债务证明。

3.付款

银行接到寄来的委托收款凭证及债务证明，审查无误办理付款。

以银行为付款人的，银行应在当日将款项主动支付给收款人。

以单位为付款人的，银行应及时通知付款人，按照有关办法规定，需要将有关债务证明交给付款人的应交给付款人。付款人应于接到通知的当日书面通知银行付款。付款人未在接到通知日的次日起3日内通知银行付款的，视同付款人同意付款，银行应于付款人接到通知日的次日起第4日上午开始营业时，将款项划给收款人。银行在办理划款时，付款人存款账户不足支付的，应通过被委托银行向收款人发出未付款项通知书。

付款人审查有关债务证明后，对收款人委托收取的款项需要拒绝付款的，可以办理拒绝付款。以银行为付款人的，应自收到委托收款及债务证明的次日起3日内出具拒绝证明，连同有关债务证明、凭证寄给被委托银行，转交收款人；以单位为付款人的，应在付款人接到通知日的次日起3日内出具拒绝证明，持有债务证明的，应将其送交开户银行。银行将拒绝证明、债务证明和有关凭证一并寄给被委托银行，转交收款人。

【随堂测试4-23】根据支付结算法律制度的规定，关于委托收款结算方式的下列表述中，正确的有（　　）。

A.以银行以外的单位为付款人的，委托收款凭证必须记载付款人开户银行名称

B.银行在为单位办理划款时，付款人存款账户不足支付的，应通知付款人交足存款

C.单位已承兑的商业汇票办理款项结算，可使用委托收款结算方式

D.委托收款仅限于异地使用

三、国内信用证

国内信用证（以下简称信用证），是指银行依照申请人的申请开立的、对相符交单予以付款的承诺。我国信用证是以人民币计价、不可撤销的跟单信用证。信用证结算适用于银行为国内企事业单位之间货物和服务贸易提供的结算服务。信用证只限于转账结算，不得支取现金。

（一）信用证按付款期限分为即期信用证和远期信用证

即期信用证，开证行应在收到相符单据次日起5个营业日内付款。

远期信用证，开证行应在收到相符单据次日起5个营业日内确认到期付款，并在到期日付款。远期的表示方式包括：单据日后定期付款、见单后定期付款、固定日付款等可确定到期日的方式。信用证付款期限最长不超过1年。

（二）转让

转让是指由转让行应第一受益人的要求，将可转让信用证的部分或者全部转为可由第二受益人兑用。可转让信用证指特别标注“可转让”字样的信用证。可转让信用证只能转

让一次。

（三）议付

议付指可议付信用证项下单证相符或在开证行或保兑行已确认到期付款的情况下，议付行在收到开证行或保兑行付款前购买单据、取得信用证项下索款权利，向受益人预付或同意预付资金的行为。

信用证未明示可议付，任何银行不得办理议付。信用证明示可议付，如开证行仅指定一家议付行，未被指定为议付行的银行不得办理议付，被指定的议付行可自行决定是否办理议付。

（四）索偿

议付行议付时，必须与受益人书面约定是否有追索权。若约定有追索权，到期不获付款议付行可向受益人追索。若约定无追索权，到期不获付款议付行不得向受益人追索，议付行与受益人约定的例外情况或受益人存在信用证欺诈的情形除外。

（五）付款

若受益人提交了相符单据或开证行已发出付款承诺，即使申请人交存的保证金及其存款账户余额不足支付，开证行仍应在规定的时间内付款。

（六）注销

信用证注销是指开证行对信用证未支用的金额解除付款责任的行为。开证行、保兑行、议付行未在信用证有效期内收到单据的，开证行可在信用证逾有效期1个月后予以注销。

四、预付卡

预付卡，是指发卡机构以特定载体和形式发行的、可在发卡机构之外购买商品或服务的预付价值。目前市场上预付卡有两类：一类是专营发卡机构发行，是可跨地区、跨行业、跨法人使用的多用途预付卡；另一类是商业企业发行，只在本企业或同一品牌连锁商业企业购买商品、服务的单用途预付卡。

（一）预付卡的限额

预付卡以人民币计价，不具有透支功能，单张记名预付卡资金限额不超过5 000元，单张不记名预付卡资金限额不超过1 000元。

（二）预付卡的期限

预付卡卡面记载有效期限或有效期截止日。记名预付卡应当可挂失、可赎回，不得设置有效期。不记名预付卡不挂失、不赎回，另有规定的除外。不记名预付卡有效期不得低于3年。超过有效期尚有资金余额的预付卡，发卡机构应当提供延期、激活、换卡等服务，保障持卡人继续使用。

（三）预付卡的办理

个人或单位购买记名预付卡或一次性购买不记名预付卡1万元以上的，应当使用实名并提供有效身份证件。

单位一次性购买预付卡5 000元以上，个人一次性购买预付卡5万元以上的，应当通过银行转账等非现金结算方式购买，不得使用现金。购卡人不得使用信用卡购买预付卡。

（四）预付卡的充值

预付卡只能通过现金或银行转账方式进行充值，不得使用信用卡为预付卡充值。一次性充值金额5 000元以上的，不得使用现金。单张预付卡充值后的资金余额不得超过规定限额。预付卡现金充值通过发卡机构网点进行，但单张预付卡同日累计现金充值在200元以下的，可通过自助充值终端、销售合作机构等方式充值。

（五）预付卡的使用

预付卡在发卡机构拓展、签约的特约商户中使用，不得用于或变相用于提取现金，不得用于购买、交换非本发卡机构发行的预付卡、单一行业卡及其他商业预付卡或向其充值，卡内资金不得向银行账户或向非本发卡机构开立的网络支付账户转移。

（六）预付卡的赎回

记名预付卡可在购卡3个月后办理赎回，赎回时，持卡人应当出示预付卡及持卡人和购卡人的有效身份证件。由他人代理赎回的，应当同时出示代理人和被代理人的有效身份证件。单位购买的记名预付卡只能由单位办理赎回。

（七）预付卡的发卡机构

预付卡发卡机构必须是经中国人民银行核准，取得《支付业务许可证》的支付机构。发卡机构对客户备付金需100%集中交存中国人民银行。

【随堂测试4-24】根据支付结算法律制度的规定，下列关于预付卡的表述中，正确的是（　　）。

A.记名预付卡的有效期最长为3年

B.单张记名预付卡的资金不得超过1 000元

C.购卡人可以使用信用卡购买预付卡

D.预付卡以人民币计价，不具有透支功能

任务七　结算纪律与法律责任

一、空头支票

微课

结算纪律与法律责任

出票人签发的支票金额超过其付款时在付款人处实有的存款金额的，为空头支票。对空头支票，付款银行有权拒付。

单位或个人签发空头支票，不以骗取财物为目的的，由中国人民银行处以票面金额5%但不低于1 000元的罚款。持票人有权要求出票人赔偿支票金额2%的赔偿金。

二、违反银行结算账户规定的法律责任

违反银行结算账户规定的法律责任见表4-6。

三、妨害信用卡管理的行为

有下列情形之一，妨害信用卡管理的，处3年以下有期徒刑或者拘役，并处或者单处

表4-6 违反银行结算账户规定的法律责任

类型	具体行为	法律责任
开立、撤销过程中的违法行为	违反规定开立银行结算账户	（1）对于非经营性的存款人给予警告并处以1 000元的罚款 （2）对于经营性的存款人给予警告并处以1万元以上3万元以下的罚款 （3）构成犯罪的依法追究刑事责任
	伪造、变造证明文件欺骗银行开立银行结算账户	
	违反规定不及时撤销银行结算账户	
使用过程中的违法行为	违反规定将单位款项转入个人银行结算账户	（1）对于非经营性的存款人给予警告并处以1 000元罚款 （2）对于经营性的存款人给予警告并处以5 000元以上3万元以下的罚款
	违反规定支取现金	
	利用开立银行结算账户逃废银行债务	
	出租、出借银行结算账户	
	从基本存款账户之外的银行结算账户转账存入、将销货收入存入或者现金存入单位信用卡账户	
使用过程中的违法行为	法定代表人或者主要负责人、存款人地址以及其他开户资料的变更事项未在规定期限内通知银行	给予警告并处以1 000元的罚款
伪造、变造、私自印制开户许可证		（1）对于非经营性的存款人处以1 000元罚款 （2）对于经营性的存款人处以1万元以下3万元以上的罚款 （3）构成犯罪的依法追究刑事责任

1万元以上10万元以下罚金；数量巨大或者有其他严重情节的，处3年以上10年以下有期徒刑，并处2万元以上20万元以下罚金：

（1）明知是伪造的信用卡而持有、运输的，或者明知是伪造的空白信用卡而持有、运输，数量较大的；

（2）非法持有他人信用卡，数量较大的；

（3）使用虚假的身份证明骗领信用卡的；

（4）出售、购买、为他人提供伪造的信用卡或者以虚假的身份证明骗领的信用卡的；

（5）窃取、收买或者非法提供他人信用卡信息资料的。

四、信用卡诈骗

有下列情形之一，进行信用卡诈骗活动，数额较大的，处5年以下有期徒刑或者拘役，并处2万元以上20万元以下罚金；数额巨大或者有其他严重情节的，处5年以上10年以下有期徒刑，并处5万元以上50万元以下罚金；数额特别巨大或者有其他特别严重情节的，处10年以上有期徒刑或者无期徒刑，并处5万元以上50万元以下罚金或者没收财产：

（1）使用伪造的信用卡，或者使用以虚假的身份证明骗领的信用卡的；

（2）使用作废的信用卡的；
（3）冒用他人信用卡的；
（4）恶意透支的。

项目测试

一、单项选择题（每题只有一个正确选项，请将正确的选项填入括号内）

1. 根据票据法律制度的规定，持票人在一定期限内不行使票据权利，其权利归于消灭。下列有关票据权利消灭时效的表述中，错误的是（　　）。

A. 持票人对商业汇票的出票人的权利，自票据到期日起2年
B. 持票人对商业汇票的承兑人的权利，自票据到期日起1年
C. 持票人对支票出票人的权利，自出票日起6个月
D. 持票人对前手的再追索权，自清偿日或被提起诉讼之日起3个月

2. 下列有关汇票相对应记载事项的表述中，符合票据法律制度规定的是（　　）。

A. 相对必要记载事项可以在汇票上记载，也可以不在汇票上记载，只是未作记载的，将影响汇票本身的效力
B. 相对应记载事项如果未在汇票上记载，并不影响汇票本身的效力，可依法律规定推定
C. 开户银行名称及账号属于汇票的相对应记载事项
D. 付款日期属于汇票相对应记载事项，如果未记载付款日期，该汇票无效

3. 根据有关规定，下列各项中，汇票债务人可以对持票人行使抗辩权的事由是（　　）。

A. 汇票债务人与出票人之间存在合同纠纷
B. 汇票债务人与持票人的前手存在抵销关系
C. 出票人存入汇票债务人的资金不够
D. 背书不连续

4. 根据《票据法》的规定，汇票上可以记载非法定事项。下列各项中，属于非法定记载事项的是（　　）。

A. 出票人签章　　B. 出票地　　C. 付款地　　D. 签发票据的用途

5. 根据《票据法》的规定，下列各项中，不属于变造票据的是（　　）。

A. 变更票据金额　　B. 变更票据上的到期日
C. 变更票据上的签章　　D. 变更票据上的付款日

6. 背书人在汇票上记载“不得转让”字样，其后手再背书转让的（　　）。

A. 该汇票无效
B. 该背书转让无效
C. 原背书人对后手的被背书人不承担保证责任
D. 原背书人对后手的被背书人不承担付款责任

7. 甲、乙签订买卖合同后，甲向乙背书转让3万元的汇票作为价款。后乙又将该汇票背书转让给丙。如果在乙履行合同前，甲、乙协议解除合同。甲的下列行为中，符合票据

法律制度规定的是（ ）。

A.请求乙返还汇票　　B.请求乙返还3万元价款

C.请求丙返还汇票　　D.请求付款人停止支付汇票上的款项

二、多项选择题（每题有两个或两个以上正确选项，请将正确的选项填入括号内）

1.票据权利是指持票人向票据债务人请求支付票据金额的权利。该权利包括（ ）。

A.付款请求权　　B.追索权

C.更改非主要记载事项权　　D.委托签章权

2.根据规定，下列各项中，属于无效票据的有（ ）。

A.更改保证人签章的票据

B.更改收款单位名称的票据

C.中文大写金额和阿拉伯数字金额不一致的票据

D.更改签发日期的票据

3.甲签发一张金额为3万元的本票交付收款人乙，乙背书转让给丙，丙将本票金额改为8万元后转让给丁，丁又背书转让给戊。下列各项说法中，正确的有（ ）。

A.如果戊向甲请求付款，甲只应支付3万元

B.如果戊向乙请求付款，乙应支付8万元

C.如果戊向丙请求付款，丙只应支付3万元

D.如果戊向丁请求付款，丁应支付8万元

4.根据《票据法》的规定，下列各项中，属于票据权利消灭的情形有（ ）。

A.持票人对本票出票人的权利，自票据出票日起2年未行使

B.持票人对支票出票人的权利，自出票日起6个月未行使

C.持票人对前手的追索权，自被拒绝承兑或者被拒绝付款之日起6个月未行使

D.持票人对前手的再追索权，自清偿日或者被提起诉讼之日起3个月未行使

5.下列关于票据抗辩的说法正确的有（ ）。

A.票据债务人可以以自己与出票人之间的抗辩事由对抗持票人

B.票据债务人不得以自己与持票人的前手之间的抗辩事由对抗持票人

C.善意的已支付对价的正当持票人可以向票据上的一切债务人请求付款

D.持票人取得的票据是无对价的，那么其享有的权利不得优于其前手

6.根据《票据法》的规定，汇票上可以记载非法定事项。下列各项属于法定记载事项的有（ ）。

A.出票人签章　　B.出票地

C.付款地　　D.签发票据的用途

7.根据票据法律制度的规定，下列各项属于背书无效的有（ ）。

A.将汇票金额全部转让给甲某

B.将汇票金额的一半转让给甲某

C.将汇票金额分别转让给甲某和乙某

D.将汇票金额转让给甲某但要求甲某不得对背书人行使追索权

8.根据《票据法》的规定，下列关于支票付款的有关说法中，正确的有（ ）。

A.支票限于见票即付，不得另行记载付款日期，另行记载付款日期的，该票据无效

B.支票的持票人应当自出票日起10日内提示付款

C.超过付款提示期限的，付款人可以不予付款

D.持票人超过付款提示期限的，并不丧失对出票人的追索权

三、判断题（正确的在括号内打“√”，错误的打“×”）

1.出票人在票据上的签章不符合规定的，其签章无效，票据还是有效的。（　）

2.票据行为的代理中，代理人可以在票据上记载“代理”，也可以另外出具“代理书”。（　）

3.相对应记载事项也是汇票记载的内容，相对应记载事项如果未在汇票上记载，并不影响汇票本身的效力，可依法律规定推定。（　）

4.甲向乙签发了一张银行承兑汇票，该汇票已经依法由A银行承兑，乙到期向A银行提示付款时，A银行以甲账户资金余额不足为由拒绝付款，A银行的做法是正确的。（　）

5.本票的持票人未按照规定期限提示本票的，则丧失对其所有前手的追索权。（　）

四、案例分析题

A公司于2020年1月10日与B公司签订一份标的额为100万元的买卖合同，合同约定采用汇票结算方式。2020年2月1日，A公司按照合同约定发出货物，B公司于2月10日签发一张见票后1个月付款的银行承兑汇票。3月5日A公司向C银行提示承兑并于当日获得承兑。3月10日A公司在与D公司的买卖合同中将承兑后的汇票背书转让给D公司。3月20日，D公司在与E公司的买卖合同中将该汇票背书转让给E公司，同时在汇票的背面记载“不得转让”字样。3月30日E公司在与F公司的买卖合同中将该汇票背书转让给F公司。4月6日，持票人F公司向C银行提示付款，C银行以“E公司在背书转让时未记载背书日期”为由拒绝付款。F公司于4月7日取得“拒付理由书”后，于4月12日向E公司、D公司、B公司、A公司同时发出追索通知，追索金额包括汇票金额100万元、逾期付款利息及发出追索通知的费用合计102万元。

其中，E公司以F公司未在法定期限内发出追索通知、丧失追索权为由拒绝承担保证责任；D公司以自己在背书时曾记载“不得转让”字样为由拒绝承担担保责任；A公司以追索金额超出汇票金额为由拒绝承担担保责任；B公司以F公司应当首先向E公司追索为由拒绝承担担保责任。

要求：根据上述情况和票据法律制度的有关规定，回答下列问题。

（1）A公司提示承兑的时间是否符合规定？并说明理由。

（2）汇票的到期日为哪天？

（3）C银行拒绝付款的“理由”是否成立？说明理由。

（4）E公司拒绝承担责任的“理由”是否成立？说明理由。

（5）D公司的主张是否成立？说明理由。

（6）A公司的主张是否成立？说明理由。

（7）B公司的主张是否成立？说明理由。

（8）如F公司于4月20日才向C银行提示付款，C银行拒绝付款，能否向E公司行使追索权？F公司是否还可以行使付款请求权？分别说明理由。

项目五

工业产权法律制度

【知识目标】

1. 理解工业产权的概念、特征。
2. 掌握商标专用权的取得、商标专用权的法律保护、商标侵权行为及法律责任。
3. 掌握专利权的主体和客体、授予专利权的条件及专利权的保护。

【能力目标】

1. 能运用工业产权法律制度的规定识别商标侵权行为和专利侵权行为。
2. 能解决工业产权中的简单纠纷。

【主要概念】

工业产权　工业产权法　商标　专利及专利权

引导案例

壳牌石油与中国小食品企业争“扇贝”商标

据《中国青年报》2000年10月22日报道，沈阳东北腾达调味品公司（以下简称腾达公司）生产调味液、调味粉、调味酱油等产品，该公司在申请注册使用“扇贝”商标的初审公告期间，于1995年10月28日收到国家工商局转来的《商标异议通知书》和壳牌国际石油公司（英国）（以下简称壳牌石油）的商标异议书。

壳牌石油认为，腾达公司的“扇贝”商标外观与壳牌石油的贝壳图相似，依据《商标法》，“扇贝”的申请注册侵犯了壳牌公司的在先注册权和专有权，不应准予注册；又鉴于贝壳图商标是享誉世界的驰名商标，依据《保护工业产权巴黎公约》对于驰名商标实施特殊跨类保护的原则，“扇贝”亦不应予以注册。

腾达公司也如期向国家商标局报送了《商标异议答辩书》。腾达公司认为，“扇贝”商标在相同或类似的商品上没有在先申请注册，而异议人在该类商品上也没有向我国商标主管机关申请注册，所以不存在侵犯异议人的在先注册权和专用权问题，使用“扇贝”作商标寓意其味道鲜美，两商标一个用于石油、气体燃料，一个用于大众调味品，绝不会引起消费者的误认。《保护工业产权巴黎公约》第6条第2款规定，商标是否驰名不是自封的，而是“商标注册国或使用国主管机关认定或市场认可的”。

面对双方各执己见，国家商标局于1997年作出裁定：异议人之壳牌图形主要使用并注册在石化、天然气等产品，被异议商标指定使用的是调味品等。它们各自有着不同的用途、销售渠道及消费对象，使用图形近似的商标一般不会引起消费者的混淆、误认。因此，异议人所提异议不成立。根据《商标法》第十九条的规定，对扇贝商标予以核准注册。壳牌公司又于1998年4月提出复议。1999年国家工商行政管理局商标评审委员会作出最终裁决：壳牌国际石油公司（英国）对沈阳东北腾达调味品公司经商标局初步审定的“扇贝及图形”商标异议不成立，该商标准予注册。

思考：

腾达公司是否侵犯了壳牌石油的商标权？为什么？

任务一　工业产权法概述

一、工业产权的概念和特征

（一）工业产权的概念

工业产权，亦称“工业所有权”，它是发明专利、实用新型专利、外观设计专利和商标所有权的总称。有些国家的法律和国际条约，还规定将服务标志、原产地名称或产地标记、厂商名称，以及制止不正当竞争的权利包括在内。在我国，工业产权主要指专利权、商标权。工业产权的“工业”一词，不仅适用于工商业本身，也适用于农业或采掘业的制造产品或天然产品。工业产权和版权统称知识产权。

（二）工业产权的特征

工业产权是一种无形财产权，与有形财产权相比，具有以下法律特征：

1.工业产权客体的无形性

工业产权的客体是智力成果，即人类的脑力劳动成果，具有无形性的特征。专利权的客体是发明创造，不是指所发明的某一具体物品。计算机是人类的发明，但作为计算机专利的客体不是具体的那一台计算机，而是指以那些零部件组装成一个可以进行信息处理的具体技术方案；商标权的客体是商标，它不是指具体的一张商标标签，而是指记载在这张标签之上的某一文字、图形或其组合。

2.工业产权的专有性

工业产权专有性，又称独占性、垄断性或排他性。工业产权是国家赋予权利人的一种独占使用、收益和处分的权利，即权利人垄断这种专利权并受严格保护，排除他人享有同样权利的可能性。非经权利人同意，任何人均不得使用其专利和注册商标，否则，将构成侵权而受法律制裁。

3.工业产权的地域性

一国授予的工业产权，只能在该国领域内有效，在其他国家并不发生法律效力。如果该工业产权想要在其他国家受到保护，必须按照该国的有关规定进行申请，经审查批准或登记注册后才能成为该国受保护的工业产权。

4.工业产权的时间性

工业产权保护有一定的期限，权利人只能在法定期限内行使专有权，一旦法律规定的期限届满，这种专有权便自行失去效力，智力成果即成为社会的共有财富，人们可以任意加以利用。工业产权在保护期限上的有限性，决定于工业产权立法的根本目的：对工业产权的法律保护，既要鼓励和保护劳动者创造性劳动的积极性，又要促进智力成果广为传播，推动科技、文化和经济的发展。

二、工业产权法的概念

工业产权法是调整因确认、保护和使用工业产权而发生的各种社会关系的法律规范的总和。迄今为止，我国已相继颁布和实施了《商标法》《商标法实施细则》《专利法》《专利法实施细则》等法律、法规。《民法典》第一百二十三条规定了民事主体依法享有知识产权。知识产权是权利人依法就下列客体享有的专有的权利：

（1）作品；

（2）发明、实用新型、外观设计；

（3）商标；

（4）地理标志；

（5）商业秘密；

（6）集成电路布图设计；

（7）植物新品种；

（8）法律规定的其他客体。随着工业产权制度的不断完善，工业产权法必将在鼓励人们从事创造性的脑力劳动、促进科学技术的进步等方面起到非常重要的作用。

【随堂测试5-1】工业产权作为一种无形财产权，具有（　　）的法律特征。

A.客体的无形性　　B.专有性
C.地域性　　D.时间性

任务二　商标法

一、商标的概念和分类

（一）商标的概念

商标即商品的标记。它是商品生产者或经营者生产、经营的商品或者提供的服务所使用的一种标记，以区别于他人生产、经营的商品或服务。商标是随着商品经济的产生而产生的，并随着商品经济的发展而发展。商标作为区别商品或服务的标记，对生产者或经营者来说，商标是其商品、服务质量和信誉的标志；对于消费者来说，商标是指导他们消费行为的向导。

（二）商标的分类

随着经济的发展，商品的品种越来越多，商标的使用也日益广泛，因而对商标种类的划分标准也是多种多样的。商标可以商标结构组成或形态、使用对象、使用者的目的及商标信誉等标准来划分。

1.按商标结构组成或形态进行划分

按商标结构组成或形态划分，可以分为文字商标、图形商标、字母商标、数字商标、三维标志商标、颜色组合商标、总体组合商标和声音商标。

（1）文字商标，是指以纯文字组成的商标，不含其他图形成分，如娃哈哈、可口可乐、全聚德、SONY、CITIZEN等。文字的组合可以是生造的，无任何含义，商标的字体可以任选，笔画可以艺术变形。

（2）图形商标，是指以图形构成的商标，包括人、动物或自然界各种各样的事物，可以是具体的，可以是抽象的，还可以是虚构的。图形商标不受语言文字的限制，无论使用何种语言的国家或地区，人们只要一看图形，就会形成印象，识别其商标。但图形商标不易称谓，交流困难，而且容易造成误认。

（3）字母商标，是指用拼音文字或注音符号的最小书写单位，包括拼音文字、外文字母（如英文字母、拉丁字母）等所构成的商标。

（4）数字商标，用阿拉伯数字、罗马数字或者是中文大写数字构成的商标。

（5）三维标志商标，又称为立体商标，用具有长、宽、高三种度量的三维立体物标志构成的商标标志，它与我们通常所见的表现在一个平面上的商标图案不同，而是以一个立体物质形态出现，这种形态可能出现在商品的外形上，也可以表现在商品的容器或其他地方。

（6）颜色组合商标，是指由两种或两种以上的颜色排列、组合而成的商标。文字、图案加颜色所构成的商标，不属于颜色组合商标，只是一般的组合商标。

（7）总体组合商标，是指由两种或两种以上成分相结合构成的商标，也称复合商标。

（8）声音商标，是以音符编成的一组音乐或以某种特殊声音作为商品或服务的商标。

如美国一家唱片公司使用11个音符编成一组乐曲，把它灌制在他们所出售的录音带的开头，作为识别其商品的标志。

2. 按商标的使用对象进行划分

按商标的使用对象划分，商标可以分为商品商标和服务商标。商品商标又可分为生产者的生产商标（产业商标）和销售者的商业商标。服务商标是服务性行业所使用的标志。它与商品商标性质一样，只是商品商标表示向消费者提供的是商品，而服务商标表示向消费者提供的是服务。

3. 按商标使用者的目的进行划分

按商标使用者的目的划分，商标可以分为联合商标、防御商标、证明商标和集体商标。

（1）联合商标，是指同一商标所有人在同一种或同类商品上注册的若干个近似商标。联合商标的注册不是为了每一个商标都使用，其目的是保护正商标，防止他人影射、近似或雷同。如“娃哈哈”产品的生产厂家同时还注册了“哈哈娃”、“娃娃哈”及“哈娃娃”等，使他人难以侵犯。

（2）防御商标，是指驰名商标或者已为公众熟知的商标的所有人在不同类别的商品或服务上注册若干相同商标。原商标为正商标，注册在另外类别商品或服务上的这种商标称为防御商标，注册这种商标的目的就是为了防御。

（3）证明商标，是指由对某种商品或者服务具有监督能力的组织所控制，而由该组织以外的单位或者个人使用于其商品或者服务，用以证明该商品或者服务的原产地、原料、制造方法、质量或者其他特定品质的标志。如国际羊毛组织的纯羊毛标志，以及绿色食品标志、真皮标志等。

（4）集体商标，指以团体、协会或者其他组织名义注册，供该组织成员在商事活动中使用，以表明使用者在该组织中的成员资格的标志，如美国的农产品商标“新奇士”鲜橙。

4. 按商标信誉进行划分

按商标信誉划分，商标可以分为普通商标和驰名商标。驰名商标是指在消费者心目中享有崇高信誉、知名度高的商标。驰名商标是企业的宝贵财富，代表着企业的形象和技术实力，具有一定的竞争力。在国际惯例中，驰名商标受到严格的保护。

【随堂测试5-2】集体商标是按（　　）对商标进行的分类。

A. 商标结构组成　　B. 商标使用对象

C. 商标使用者的目的　　D. 商标信誉

二、商标的注册

（一）商标注册的原则

商标注册是指商标使用人将使用的商标依照《商标法》以及《商标法实施细则》规定的注册条件、程序，向商标管理机关提出注册申请，经商标局依法审核批准，在商标注册簿上登录，发给商标注册证，并予以公告，授予注册人以商标专用权的法律活动。商标所有人经过注册这一法律事实取得商标权，从而受到国家法律的保护。

根据《商标法》的规定，商标注册应遵循以下基本原则：

1.自愿注册与强制注册相结合的原则

我国对大部分商品和服务项目的商标采取自愿注册的原则，由商标使用人自主决定是否进行注册。与此同时，对部分商品实行强制注册原则，“法律、行政法规规定必须使用注册商标的商品，必须申请商标注册，未经核准注册的，不得在市场销售。”国家规定必须使用注册商标的商品，一般限于与人民生活关系密切、涉及人身安全和健康的少数商品，如人用药品和烟草制品。

2.申请在先的原则

两个或两个以上的申请人在同一种商品或类似商品上，以相同或者近似的商标申请注册的，初步审定并公告申请在先的商标；同一天申请的，初步审定并公告使用在先的商标，驳回他人的申请。同日使用或者均未使用的，申请人应当协商解决；超过30天达不成协议，商标局通知各申请人以抽签的方式确定一个申请人，驳回他人的注册申请。

3.一种商品一件商标的原则

商标注册申请人应当按规定的商品分类表填报使用商标的商品类别和商品名称，提出注册申请。商标注册申请人可以通过一份申请就多个类别的商品申请注册同一商标。商标注册申请等有关文件，可以以书面方式或者数据电文方式提出。

4.优先权原则

商标注册申请人自其商标在外国第一次提出商标注册申请之日起6个月内，又在中国就相同商品以同一商标提出商标注册申请的，依照该外国同中国签订的协议或者共同参加的国际条约，或者按照相互承认优先权的原则，可以享有优先权。

商标注册人申请要求优先权，应当在提出商标注册申请的时候提出书面声明，并且在3个月内提交第一次提出的商标注册申请文件的副本；未提出书面声明或者逾期未提交商标注册申请文件副本的，视为未要求优先权。

（二）商标注册的条件

商标注册申请人必须是依法成立的企业、事业单位、社会团体、个体工商户、个人合伙或者与中国签订协议或与中国共同参加国际条约或按对等原则办理的国家的外国人或外国企业。自然人、法人或者其他组织在生产经营活动中，对其商品或者服务需要取得商标专用权的，应当向商标局申请商标注册。不以使用为目的的恶意商标注册申请，应当予以驳回。商标必须具备以下条件：

1.商标必须具备法定的构成要素

根据《商标法》第八条的规定，任何能够将自然人、法人或者其他组织的商品与他人的商品区别开的标志，包括文字、图形、字母、数字、三维标志、颜色组合和声音等，以及上述要素的组合，均可以作为商标申请注册。

2.商标必须具备显著特征

申请注册的商标，应当有显著特征，便于识别，并不得与他人在先取得的合法权利相冲突。

3.商标必须不是禁止使用或者禁止注册的标志

根据《商标法》第十条的规定，下列标志不得作为商标使用：同中华人民共和国的国家名称、国旗、国徽、国歌、军旗、军徽、军歌、勋章等相同或者近似的，以及同中央国家机关的名称、标志、所在地特定地点的名称或者标志性建筑物的名称、图形相同的；同外国的国家名称、国旗、国徽、军旗等相同或者近似的，但经该国政府同意的除外；同政府间国际组织的名称、旗帜、徽记等相同或者近似的，但经该组织同意或者不易误导公众的除外；与表明实施控制、予以保证的官方标志、检验印记相同或者近似的，但经授权的除外；同“红十字”“红新月”的名称、标志相同或者近似的；带有民族歧视性的；带有欺骗性，容易使公众对商品的质量等特点或者产地产生误认的；有害于社会主义道德风尚或者有其他不良影响的。

县级以上行政区划的地名或者公众知晓的外国地名，不得作为商标。但是，地名具有其他含义或者作为集体商标、证明商标组成部分的除外；已经注册的使用地名的商标继续有效。同时，《商标法》对地理标志作出了比较明确的规定。地理标志，是指标示某商品来源于某地区，该商品的特定质量、信誉或者其他特征，主要由该地区的自然因素或者人文因素所决定的标志。商标中有商品的地理标志，而该商品并非来源于该标志所标示的地区，误导公众的，不予注册并禁止使用；但是，已经善意取得注册的继续有效。

根据《商标法》第十一条的规定，下列标志不得作为商标注册：仅有本商品的通用名称、图形、型号的；仅直接表示商品的质量、主要原料、功能、用途、重量、数量及其他特点的；其他缺乏显著特征的。上述标志经过使用取得显著特征，并便于识别的，可以作为商标注册。以三维标志申请注册商标的，仅由商品自身的性质产生的形状、为获得技术效果而需有的商品形状或者使商品具有实质性价值的形状，不得注册。

【案例5-1】“金华火腿”是浙江省金华市特产，商标中的“金华”为地名。

请问：“金华”为何能作为商标？

（三）商标注册程序

1.商标注册的申请

商标注册申请采取自愿注册原则，凡需要在自己生产、制造、加工、拣选或者经销的商品或者提供的服务项目上取得商标专用权的企业、事业单位、社会团体、个体工商户、个人合伙、自然人等，依照《商标法》及其实施细则的规定，向商标局提出《商标注册申请书》和相关文件，并缴纳规费，均可申请商标注册。

2.商标注册申请的审查和核准

商标审查是商标注册和主管机关对商标注册申请是否合乎《商标法》的规定所进行的检查、资料检索、分析对比、调查研究并决定给予初步审定或驳回申请等一系列活动。我国商标法采用形式审查和实质审查相结合的制度。商标注册的审查和核准包括以下几个程序：

（1）初步审定。商标局对受理的商标注册申请，应按照《商标法》的规定进行审查。初步审定内容包括：申请人是否具备合法资格；申请文件是否齐全，内容是否合格，手续是否齐备；申请注册的商标是否符合法律规定的条件，是否违反禁用条款；申请注册的商标，是否同他人在同一种类商品或同一商品上已申请在先或已注册的商标相同或相似等，经初步审查，对符合规定的或者在部分指定商品上使用商标的注册申请符合规定的，予以初步审定，并予以公告；对不符合规定或者在部分指定商品上使用商标的注册申请不符合规定的，予以驳回或者驳回在部分指定商品上使用商标的注册申请，书面通知申请人并说明理由。

（2）公告核准。对申请注册的商标，商标局应当自收到商标注册申请文件之日起9个月内审查完毕，符合《商标法》有关规定的，予以初步审定公告。对初步审定公告的商标，自公告之日起3个月内，在先权利人、利害关系人认为违反商标法规定的，可以向商标局提出异议。公告期满无异议的，予以核准注册，发给商标注册证，并予公告。

凡不符合《商标法》规定的，由商标局驳回申请，不予公告。商标注册申请人不服的，可以自收到通知之日起15日内向商标评审委员会申请复审。商标评审委员会应当自收到申请之日起9个月内做出决定，并书面通知申请人。有特殊情况需要延长的，经国务院市场监督管理部门批准，可以延长3个月。当事人对商标评审委员会的决定不服的，可以自收到通知之日起30日内向人民法院起诉。

（3）商标异议制度。异议是指申请人以外的其他任何人对商标局初步审定公告的商标提出的不同意见，要求撤销初步审定公告的商标。提出异议的人可以是商标利害关系人，认为同自己已经注册的商标或审定公告在先的商标相同或近似；也可以是其他单位或者个人，认为初步审定的商标本身违反了《商标法》规定的禁用条款。《商标法》规定，对初步审定的商标，自公告之日起3个月内，任何人均可以提出异议。公告期满无异议的，予以核准注册，发给商标注册证；经裁定异议成立的，不予核准注册。当事人不服商标局裁定的，可以自收到通知之日起15日内向商标评审委员会申请复审，由商标评审委员会做出裁定，并书面通知异议人和被异议人。当事人对商标评审委员会的裁定不服的，可以自收到通知之日起30日内向人民法院起诉。

（4）核准注册。经过初步审定公告的商标，3个月内无人提出异议，或者经裁定异议不成立的，即对于申请注册的商标予以核准注册，发给商标注册证，并予以公告。至此，申请人便取得了商标专用权，成为商标权人。

三、注册商标的续展、转让和使用许可

（一）注册商标的续展

《商标法》规定，注册商标的有效期为10年，自核准注册之日起计算。

所谓注册商标的续展，是指在注册商标有效期满时，需要继续使用该注册商标的，经过一定的法定手续延长商标专用权的有效期。《商标法》规定每次续展的期限为10年，续展的次数不作限制。因此，只要商标注册人愿意，其注册商标专用权可以一直延续下去。

注册商标有效期满，需要继续使用的，商标注册人应当在期满前12个月内按照规定办理续展手续；在此期间未能办理的，可以给予6个月的宽展期。期满未办理续展手续的，注销其注册商标。

（二）注册商标的转让

注册商标的转让是指注册商标专用权人根据自己的意愿，按照一定的条件和规定的程序，将其注册的商标转移给他人，由他人享有商标专用权的法律行为。注册商标的转让是商标专用权人行使其商标权的一种形式。转让注册商标的，转让人和受让人应当签订转让协议，并共同向商标局提出申请。受让人应当保证使用该注册商标的商品质量。转让注册商标的，商标注册人对其在同一种商品上注册的近似的商标，或者在类似商品上注册的相同或者近似的商标，应当一并转让。对容易导致混淆或者有其他不良影响的转让，商标局不予核准，书面通知申请人并说明理由。

转让注册商标经核准后，予以公告。受让人自公告之日起享有商标专用权。

（三）注册商标的使用许可

注册商标的使用许可，是指注册商标专用权人通过签订使用许可合同，在一定期限内，依据一定条件许可他人使用其注册商标的法律行为。注册商标的使用许可，只发生了注册商标使用权的转移，而不产生商标专用权的转让。

商标注册人可以通过签订商标使用许可合同，许可他人使用其注册商标。许可人应当监督被许可人使用其注册商标的商品质量。被许可人应当保证使用该注册商标的商品质量。经许可使用他人注册商标的，必须在使用该注册商标的商品上标明被许可人的名称和商品产地。许可他人使用其注册商标的，许可人应当将其商标使用许可报商标局备案，由商标局公告。商标使用许可未经备案不得对抗善意第三人。

【案例5-2】甲公司于2018年12月10日申请注册A商标，2020年3月20日该商标被核准注册。

请问：根据《商标法》的规定，甲公司申请商标续展注册的最迟日期是哪一天？

四、注册商标的保护

（一）侵犯注册商标专用权的行为

注册商标专用权的保护范围，以核准注册的商标和核定使用的商品为限。有下列行为之一的，均属侵犯注册商标专用权：

（1）未经商标注册人的许可，在同一种商品上使用与其注册商标相同的商标的；

（2）未经商标注册人的许可，在同一种商品上使用与其注册商标近似的商标，或者在类似商品上使用与其注册商标相同或者近似的商标，容易导致混淆的；

（3）销售侵犯注册商标专用权的商品的；

（4）伪造、擅自制造他人注册商标标识或者销售伪造、擅自制造的注册商标标识的；

（5）未经商标注册人同意，更换其注册商标并将该更换商标的商品又投入市场的；

（6）故意为侵犯他人商标专用权行为提供便利条件，帮助他人实施侵犯商标专用权行为的；

（7）给他人的注册商标专用权造成其他损害的。

《商标法实施条例》第七十五条规定，为侵犯他人商标专用权提供仓储、运输、邮寄、印制、隐匿、经营场所、网络商品交易平台等，属于商标法规定的故意为侵犯他人商标专用权行为提供便利条件。

（二）对侵权行为的处理

侵犯注册商标专用权行为引起纠纷的，可以由当事人协商解决；不愿协商解决或协商不成的，商标注册人或者利害关系人可以向人民法院起诉，也可以请求市场监督管理部门处理。对侵犯注册商标专用权的行为，市场监督管理部门有权依法查处；涉嫌犯罪的，应当及时移送司法机关处理。

从处理措施上看，对侵犯注册商标权的行为，可以追究侵权人的民事责任、行政责任、刑事责任。

侵犯商标专用权的赔偿数额，按照权利人因被侵权所受到的实际损失确定；实际损失难以确定的，可以按照侵权人因侵权所获得的利益确定；权利人的损失或者侵权人获得的利益难以确定的，参照该商标许可使用费的倍数合理确定。对恶意侵犯商标专用权，情节严重的，可以在按照上述方法确定数额的1倍以上5倍以下确定赔偿数额。赔偿数额应当包括权利人为制止侵权行为所支付的合理开支。权利人因被侵权所受到的实际损失、侵权人因侵权所获得的利益、注册商标许可使用费难以确定的，由人民法院根据侵权行为的情节判决给予500万元以下的赔偿。

人民法院审理商标纠纷案件，应权利人请求，对属于假冒注册商标的商品，除特殊情况外，责令销毁；对主要用于制造假冒注册商标的商品的材料、工具，责令销毁，且不予补偿；或者在特殊情况下，责令禁止前述材料、工具进入商业渠道，且不予补偿。

假冒注册商标的商品不得在仅去除假冒注册商标后进入商业渠道。

销售不知道是侵犯注册商标专用权的商品，能证明该商品是自己合法取得并说明提供者的，不承担赔偿责任。

对侵犯注册商标专用权的行为，市场监督管理部门有权依法查处。市场监督管理部门处理时，认定侵权行为成立的，责令立即停止侵权行为，没收、销毁侵权商品和主要用于制造侵权商品、伪造注册商标标识的工具，违法经营额5万元以上的，可以处违法经营额5倍以下的罚款，没有违法经营额或者违法经营额不足5万元的，可以处25万元以下的罚款。对5年内实施2次以上商标侵权行为或者有其他严重情节的，应当从重处罚。销售不知道是侵犯注册商标专用权的商品，能证明该商品是自己合法取得并说明提供者的，由市场监督管理部门责令停止销售。

对侵犯商标专用权的赔偿数额的争议，当事人可以请求进行处理的市场监督管理部门调解，也可以依照《中华人民共和国民事诉讼法》向人民法院起诉。经市场监督管理部门调解，当事人未达成协议或者调解书生效后不履行的，当事人可以依照《中华人民共和国民事诉讼法》向人民法院起诉。

未经商标注册人许可，在同一种商品上使用与其注册商标相同的商标，构成犯罪的，除赔偿被侵权人的损失外，依法追究刑事责任。伪造、擅自制造他人注册商标标识或者销售伪造、擅自制造的注册商标标识，构成犯罪的，除赔偿被侵权人的损失外，依法追究刑事责任。销售明知是假冒注册商标的商品，构成犯罪的，除赔偿被侵权人的损失外，依法追究刑事责任。

五、驰名商标的概念、认定及保护

（一）驰名商标的概念及认定

驰名商标是指在市场上享有较高声誉并为相关公众所熟知的注册商标。驰名商标的认定与管理工作由国家知识产权局商标局负责。只有经过商标局依法认定的商标，才可称为驰名商标。任何组织和个人不得认定或者采取其他变相方式认定驰名商标。

驰名商标认定考虑下列因素：

（1）相关公众对该商标的知晓程度；

（2）该商标使用的持续时间；

（3）该商标的任何宣传工作的持续时间、程度和地理范围；

（4）该商标作为驰名商标受保护的记录；

（5）该商标驰名的其他因素。

（二）驰名商标的保护

商标是企业的宝贵财富。商标所有者靠商标树立信誉、推销商品、占领市场。我国商标法对注册商标予以保护，对驰名商标予以特别保护。驰名商标保护范围如下：

（1）就相同或者类似商品申请注册的商标是复制、模仿或者翻译他人未在中国注册的驰名商标，容易导致混淆的，不予注册并禁止使用。

（2）就不相同或者不相类似商品申请注册的商标是复制、模仿或者翻译他人已经在中国注册的驰名商标，误导公众，致使该驰名商标注册人的利益可能受到损害的，不予注册并禁止使用。

（3）已经注册的商标，违反《商标法》相关规定的，自商标注册之日起5年内，商标所有人或者利害关系人可以请求商标评审委员会裁定撤销该注册商标。对恶意注册的，驰名商标所有人不受5年的时间限制。

（4）使用商标违反《商标法》第十三条规定的，有关当事人可以请求市场监督管理部门禁止使用。经商标局依照《商标法》第十四条的规定认定为驰名商标的，由市场监督管理部门责令侵权人停止违反《商标法》第十三条规定使用该驰名商标的行为，收缴、销毁其商标标识；商标标识与商品难以分离的，一并收缴、销毁。

（5）驰名商标所有人认为他人将其驰名商标作为企业名称登记，可能欺骗公众或者对公众造成误解的，可以向企业名称登记主管机关申请撤销该企业名称登记。企业名称登记主管机关应当依照《企业名称登记管理规定》处理。

（6）他人的域名或其主要部分构成对驰名商标的复制、模仿、翻译或音译的，应当认定其注册、使用域名等行为构成侵权或者不正当竞争。

【案例5-3】浙江省温州市一水暖经营部向国家知识产权局商标评审委员会申请注册“YiLi+伊利”商标，用在冲水马桶、水龙头等卫生设备上，获得商标评审委员会裁定通过。内蒙古伊利实业集团股份有限公司（以下简称伊利公司）随即提起诉讼，要求撤销商标评审委员会的裁定，并作出不予注册的裁定。

请问：伊利公司的要求能得到支持吗？

任务三　专利法

一、专利权概述

（一）专利及专利权

专利一词，通常有三种含义：

（1）专利是专利权的简称，是指依照专利法的规定，某项发明创造向国家专利机关申请，经审查批准授予该项发明在一定期限内的独占权。这是专利的最基本的含义。

（2）专利是指专利法保护的创造发明，一般包括发明、实用新型和外观设计3种专利。

（3）专利是指专利文献，其重要部分为记载发明创造内容的专利说明书。

专利权是指按专利法的规定，由国家专利机关授予发明人、设计人或其所属单位，在一定期限内对某项发明享有的专有权。

（二）专利的种类

《中华人民共和国专利法》（以下简称《专利法》）中规定了3种专利，即发明、实用新型和外观设计。

发明是世界上所有实行专利制度的国家都普遍保护的一种专利，是指依法授予发明的专利。我国《专利法》所称的发明是指对产品、方法或其改进所提出的新的技术方案。

实用新型，又称小专利，是指依法授予实用新型的专利。我国《专利法》所称的实用新型是指对产品的形状、构造或其结合所提出的适于实用的新的技术方案。

外观设计是指依法授予外观设计的专利。我国《专利法》所称的外观设计是指对产品的整体或者局部的形状、图案或者其结合以及色彩与形状、图案的结合所作出的富有美感并适于工业应用的新设计。

（三）专利法的概念

专利法，是调整在确认和保护发明创造的专有权以及在利用专有的发明创造过程中产生的社会关系的法律规范的总称。其主要内容包括规定专利的种类，授予专利的条件，专利申请的程序，专利权的期限、终止和无效，专利权人的权利及义务，专利的实施和强制许可，专利的保护等。

我国专利方面的法律主要是《专利法》，该法是1984年3月12日第六届全国人民代表大会常务委员会第四次会议通过的，1985年4月1日起实施，此后国务院又公布了《中华人民共和国专利法实施细则》。1992年、2000年、2008年、2020年，全国人大常委会又四次通过了《关于修改〈中华人民共和国专利法〉的决定》，对专利法进行了重要修改。

二、专利权的主体

专利权的主体即有权提出专利申请和获得专利，并承担相应的义务的人，包括自然人和法人。根据《专利法》的规定，专利权主体可以是发明人或设计人、职务发明创造的单位、外国人，以及专利权的合法受让人。专利权可以为一个自然人或法人所有，也可以为两个或两个以上的自然人或法人共有。

（一）发明人或设计人

发明人或设计人即真正完成发明创新，对其实质性特点作出创造性贡献的人。在完成发明创造的过程中，只负责组织工作的人、为物质技术条件的利用提供方便的人或者从事其他辅助工作的人，不是发明人或者设计人。

（二）申请人

申请人是指就一项发明创造向专利局申请专利的人。通常，发明人和申请人是同一人。但是由于以下两种情况会使发明人和申请人不为同一人：第一，发明人以外的人依合同转让或依法继承而取得专利申请权。第二，职务发明。职务发明在无合同约定的情况下，单位是专利的申请人。

（三）专利权人

专利权人是依法享有专利权的个人或单位。专利申请人和专利权人并不一定是同一人，因为一项发明创造申请专利后未必都能获得批准成为专利技术，即专利申请人未必就能成为专利权人。另外，由于专利权的可转让性或可继承取得，专利权人与申请人也不一定相同。

（四）职务发明

《专利法》对职务发明作出了明确规定：执行本单位的任务或者主要是利用本单位的物质技术条件所完成的发明创造为职务发明创造。职务发明创造申请专利的权利属于该单位；申请被批准后，该单位为专利权人。该单位可以依法处置其职务发明创造申请专利的权利和专利权，促进相关发明创造的实施和运用。利用本单位的物质技术条件所完成的发明创造，单位与发明人或者设计人订有合同，对申请专利的权利和专利权的归属作出约定的，从其约定。

所谓“执行本单位的任务”的发明创造是指：在本职工作中所作出的发明创造；履行本单位交付的本职工作之外的任务所作出的发明创造；退职、退休或调动工作1年内作出的，与其在原单位承担的本职工作或分配的任务有关的发明创造。所谓本单位物质条件是指本单位的资金、设备、零部件、原材料或不向外公开的技术资料等。

三、专利的取得

（一）授予专利的实质条件

根据《专利法》的规定，授予专利权的发明和实用新型，应具备新颖性、创造性和实用性。授予专利权的外观设计，应具备新颖性。

1.新颖性

在授予专利的条件中，新颖性在所有国家的专利中占第一位，是授予专利权的首要条件，也是最基本条件。我国《专利法》规定：“新颖性，是指该发明或者实用新型不属于现有技术；也没有任何单位或者个人就同样的发明或者实用新型在申请日以前向国务院专利行政部门提出过申请，并记载在申请日以后公布的专利申请文件或者公告的专利文件中。”新颖性是指发明创造是现有技术中所没有的。所谓现有技术，又称技术水平、已有技术或现行技术，是指有关某一技术问题已经公开的技术知识的总和。判断新颖性的问题实际上就是判断申请专利的技术是否与现有技术相同的问题。而判断某项技术是否属于现有技术，就是要看该项技术是否已经公开。因此，某项发明公开与否是决定其具有新颖性的条件。

2.创造性

一项发明创造仅具有新颖性，但与现有技术相比没有什么进步，即没有创造性，是不能取得专利的。按照《专利法》的规定，发明创造的创造性包括实质性特点和进步这两个因素，缺一不可。所谓实质性特点，是指发明创造具有一个或几个技术特征，与现有技术相比具有本质上的区别。也就是说，发明创造应该是发明人创造性构思的结果，而不是对现有技术的拼凑或简单相加，或仅仅变更材料或设计等。因此，对一项发明创造来说，凡是其所属技术领域的普通技术人员不能直接从现有技术中得出构成该发明创造的全部必要技术特征的，都应该认为具有实质性特点。所谓进步，就是指发明创造与最接近的技术相比有所进步。《专利法》对发明和实用新型的创造性要求是不一样的，法律对发明的创造性比实用新型要求更高，发明要求“有突出的实质特点和显著进步”，而实用新型则要求

“有实质性特点和进步”。

3.实用性

实用性是指该发明或者实用新型能够制造或者使用，并且能够产生积极效果。凡是能够用工业方法加以实施的，不论是工业生产领域的发明创造，还是农业、交通运输、矿业、农林渔业、畜牧业、教科文卫、体育等领域的发明创造，都可被认为具有工业实用性。

实用性要求申请专利的发明创造必须具备可实施性和再现性。所谓可实施性，是指如果是一项产品发明，那么该产品必须能够用工业方法制造出来；如果是一项方法发明，那么该方法必须能够用工业方法加以利用。所谓再现性，是指能够使所属技术领域的普通技术人员可以无数次地反复制造或使用，这种重复必须是可靠的，而不是随机的。如果只是在某种独一无二的条件下才能实施，在其他条件下无法实施，就不能认为具有实用性。

外观设计和发明及实用新型不同，发明或实用新型必须同时具备新颖性、创造性和实用性三个条件才可获得专利；而外观设计取得专利权的关键条件只有一个，即必须具备新颖性。

【随堂测试5-3】授予专利权的外观设计，应具备（　　）。

A.新颖性　　B.创造性　　C.实用性　　D.再现性

（二）专利申请的原则

1.书面原则

专利申请的书面原则是指申请人为获得专利权所需履行的各种法定手续都必须依法以书面形式办理。申请发明或实用新型专利的，应当提交请求书、说明书、摘要和权利要求书等4类文件。申请外观设计专利的，应当提交请求书以及该外观设计的图片或者照片说明。申请专利的，应向专利局提交一式两份的申请文件。申请人委托专利代理机构向专利局申请专利或办理其他事务的，应当同时提交委托书，写明委托权限。总之，专利法和实施细则规定的各种手续，都应当以书面形式办理。

2.单一性原则

单一性原则，又称“一发明一申请原则”，即一件专利申请只限于一项发明创造。实行该原则，便于对申请进行分类、检索和审查，也便于专利的转让和专利许可合同的签订。《专利法》第三十一条规定：“一件发明或者实用新型专利申请应当限于一项发明或者实用新型。属于一个总的发明构思的两项以上的发明或者实用新型，可以作为一件申请提出。一件外观设计专利申请应当限于一种产品所使用的一项外观设计。用于同一类别并且成套出售或者使用的产品的两项以上的外观设计，可以作为一件申请提出。”

3.先申请原则

两个或两个以上的申请人分别就同样的发明创造申请专利时，专利权授予最先申请的人。确定申请先后，是以申请日为准，也就是专利局收到申请文件之日，即以递交日或以寄出的邮戳日为申请日。

4.优先权原则

申请人自发明或者实用新型在国外第一次提出专利申请之日起12个月内，或者自外观设计在国外第一次提出专利申请之日起6个月内，又在中国就相同主题提出专利申请的，依照该外国同中国签订的协议或共同参加的国际条约，或者依照互相承认优先权原则，可享有优先权。申请人自发明或者实用新型在中国第一次提出专利申请之日起12个月内，或者自外观设计在中国第一次提出专利申请之日起6个月内，又向国务院专利行政部门就相同主题提出专利申请的，可以享有优先权。申请人要求发明、实用新型专利优先权的，应当在申请的时候提出书面声明，并且在第一次提出申请之日起16个月内，提交第一次提出的专利申请文件的副本。申请人要求外观设计专利优先权的，应当在申请的时候提出书面声明，并且在3个月内提交第一次提出的专利申请文件的副本。申请人未提出书面声明或者逾期未提交专利申请文件副本的，视为未要求优先权。

（三）专利申请的审查和批准

世界各国专利局在授予专利之前，都要对专利进行审查，以便决定是否授予专利权。发明专利申请的审批与实用新型和外观设计专利申请的审批程序如下：

1.发明专利申请的审批

我国对发明专利申请采用“先期公开，延迟审查”的制度。具体流程是：申请受理→初步审查→公布申请→实质审查→授权登记公告。

（1）申请受理。专利局收到发明专利申请的请求书、说明书摘要、说明书和权利要求书后，应当发给申请人受理通知书，明确申请日，给予申请号。缺少上述必须提交的文件，或者所提交的文件不符合规定的，专利局不予受理。

（2）初步审查。其主要包括三方面的审查：对申请文件的审查；对与专利有关的其他文件的审查（如委托代理书、要求优先权声明书及撤回专利申请书等）；对专利申请内容进行审查，主要看申请内容是否明显属于不授予专利的范畴，是否需要保密等。

（3）公布申请。发明专利申请经初步审查认为符合《专利法》要求的，自申请日起满18个月，即行公布。申请人可以填写、提交《提前公开请求书》要求早日公布其申请，专利局在初审合格后，即可以在《发明专利公报》上公布。

（4）实质审查。发明专利申请自申请日起3年内，专利局可以根据申请人随时提出的请求，对其申请进行实质审查，专利局认为有必要的时候，可以对发明专利进行实质审查。

专利局对发明专利申请进行实质审查后，认为不符合《专利法》规定的，应当通知申请人，要求其在指定的期限内陈述意见，或者对其申请进行修改；无正当理由逾期不答复的，该申请即被视为撤回。发明专利申请人陈述意见或者进行修改后，专利局仍然认为不符合《专利法》规定的，应当予以驳回。

专利申请人对国务院专利行政部门驳回申请的决定不服的，可以自收到通知之日起3个月内向国务院专利行政部门请求复审。国务院专利行政部门复审后，作出决定，并通知专利申请人。专利申请人对国务院专利行政部门的复审决定不服的，可以自收到通知之日起3个月内向人民法院起诉。

（5）授权登记公告。发明专利申请经实质审查没有发现驳回理由的，专利局应当作出授予发明专利权的决定，发给发明证书，并予以登记和公告。专利局发出授予专利权通知后，申请人应当自收到通知之日起2个月内办理登记手续。申请人按期办理登记手续的，专利局应当授予专利权，并予以公告。发明专利权自公告之日起生效。期满未办理登记手续的，视为放弃取得专利权的权利。

2.实用新型和外观设计专利申请的审批

对于实用新型和外观设计专利申请，我国《专利法》采用“初审登记制度”，增加了授权后的撤销程序。实用新型和外观设计专利申请的审批只有初步审查，没有实质审查，因此比发明专利申请的审批要简单。其审批程序为：申请受理→初步审查→授权登记公告。

【案例5-4】专利申请人甲于2020年1月1日在美国提出发明专利申请，2020年9月1日，甲就相同主题在中国提出专利申请；2020年8月20日，当事人乙就相同主题在中国提出专利申请。

请问：专利机关应将专利授予谁？

四、专利权的期限、终止和无效

（一）专利权的期限

专利权的期限，是指专利局授予专利权具有法律效力的时间界限。《专利法》规定，发明专利权的期限为20年，实用新型专利权的期限为10年，外观设计专利权的期限为15年，均自申请日起计算。

自发明专利申请日起满4年，且自实质审查请求之日起满3年后授予发明专利权的，国务院专利行政部门应专利权人的请求，就发明专利在授权过程中的不合理延迟给予专利权期限补偿，但由申请人引起的不合理延迟除外。

为补偿新药上市审评审批占用的时间，对在中国获得上市许可的新药相关发明专利，国务院专利行政部门应专利权人的请求给予专利权期限补偿。补偿期限不超过5年，新药批准上市后总有效专利权期限不超过14年。

（二）专利权的终止

专利权的终止是指专利权在有效期届满而自然消灭，以及有效期届满前由于法定原因而消灭。专利权的终止有两种情况：

（1）期限届满终止，这是正常终止。

（2）期限届满前终止，这称为提前终止，提前终止是由于专利权人没有按期缴纳年费，或者是专利权人书面声明放弃专利权。

专利权终止应由专利局登记公告。

（三）专利权的无效

专利权的无效是指被授予的专利因其不符合《专利法》的规定，而由专利复审委员会根据有关单位或个人的请求通过审查程序而宣告为无效。

《专利法》第四十五条规定，自国务院专利行政管理部门公告授予专利权之日起，任何单位或者个人认为该专利权授予不符合《专利法》规定的，都可以请求专利复审委员会宣告该专利权无效。国务院专利行政部门对宣告专利权无效的请求应当及时审查和作出决定，并通知请求人和专利权人。宣告专利权无效的决定，由国务院专利行政部门登记和公告。

对国务院专利行政部门宣告专利权无效或者维持专利权的决定不服的，可以自收到通知之日起3个月内向人民法院起诉。人民法院应当通知无效宣告请求程序的对方当事人作为第三人参加诉讼。

五、专利权的保护

专利权的法律保护是指国家通过法律采取行政和司法程序保障专利权人依法独立自主地实施其权利，制止和制裁侵犯其专利权的行为，在专利的申请、审批、实施、转让等方面给予专利申请人和专利权人以法律保护的制度。

（一）侵犯专利权的行为

侵犯专利权的行为是指未经专利权人的许可，为生产经营目的制造、使用或销售其专利产品，使用其专利方法，以及使用、销售依照该专利方法直接获得的产品或制造、销售其外观设计专利产品的行为。

侵犯专利权的行为主要有以下几种：

（1）以生产经营为目的制造、使用、销售或进口专利产品，或使用专利方法以及使用、销售或进口依该方法获得的产品，或制造、销售或进口外观设计专利产品，而又未经专利权人许可的行为。

（2）假冒他人专利、未经许可而使用专利标记。根据《专利法实施细则》的规定，下列行为属于假冒他人专利的行为：未经许可，在其制造或者销售的产品、产品的包装上标注他人的专利号；未经许可，在广告或者其他宣传材料中使用他人的专利号，使人将所涉及的技术误认为是他人的专利技术；未经许可，在合同中使用他人的专利号，使人将合同涉及的技术误认为是他人的专利技术；伪造或者变造他人的专利证书、专利文件或者专利申请文件。

（3）以非专利产品冒充专利产品，以非专利方法冒充专利方法。根据《专利法实施细则》的规定，以下行为属于以非专利产品冒充专利产品、以非专利方法冒充专利方法的行为：制造或者销售标有专利标记的非专利产品；专利权被宣告无效后，继续在制造或者销售的产品上标注专利标记；在广告或者其他宣传材料中将非专利技术称为专利技术；在合同中将非专利技术称为专利技术；伪造或者变造专利证书、专利文件或者专利申请文件。

（4）善意第三人使用、销售侵权专利产品或者依照专利方法直接获得的产品，能证明产品合法来源的除外。

《专利法》规定，有下列情形之一的，不视为侵犯专利权：

①专利产品或者依照专利方法直接获得的产品，由专利权人或者经其许可的单位、个人售出后，使用、许诺销售、销售、进口该产品的；

②在专利申请日前已经制造相同产品、使用相同方法或者已经做好制造、使用的必要准备，并且仅在原有范围内继续制造、使用的；

③临时通过中国领陆、领水、领空的外国运输工具，依照其所属国同中国签订的协议或者共同参加的国际条约，或者依照互惠原则，为运输工具自身需要而在其装置和设备中使用有关专利的；

④专为科学研究和实验而使用有关专利的；

⑤为提供行政审批所需要的信息，制造、使用、进口专利药品或者专利医疗器械的，以及专门为其制造、进口专利药品或者专利医疗器械的。

【案例 5-5】甲公司享有一项产品发明专利权，乙公司未经甲公司的许可，制造该产品并将其销售给丙公司，丙公司不知道自己购买的是侵权产品。

请问：丙公司应不应该承担赔偿责任？

（二）专利权的保护方式

未经专利权人许可，实施其专利，即侵犯其专利权，引起纠纷的，由当事人协商解决；不愿协商或者协商不成的，专利权人或者利害关系人可以向人民法院起诉，也可以请求管理专利工作的部门处理。管理专利工作的部门处理时，认定侵权行为成立的，可以责令侵权人立即停止侵权行为，当事人不服的，可以自收到处理通知之日起15日内依照《中华人民共和国行政诉讼法》向人民法院起诉；侵权人期满不起诉又不停止侵权行为的，管理专利工作的部门可以申请人民法院强制执行。进行处理的管理专利工作的部门应当事人的请求，可以就侵犯专利权的赔偿数额进行调解；调解不成的，当事人可以依照《中华人民共和国民事诉讼法》向人民法院起诉。

假冒专利的，除依法承担民事责任外，由负责专利执法的部门责令改正并予公告，没收违法所得，可以并处违法所得5倍以下的罚款；没有违法所得的或者违法所得在5万元以下的，可以处25万元以下的罚款；构成犯罪的，依法追究刑事责任。侵犯专利权的赔偿数额按照权利人因被侵权所受到的实际损失或者侵权人因侵权所获得的利益确定；权利人的损失或者侵权人获得的利益难以确定的，参照该专利许可使用费的倍数合理确定。对故意侵犯专利权，情节严重的，可以在按照上述方法确定数额的1倍以上5倍以下确定赔偿数额。

权利人的损失、侵权人获得的利益和专利许可使用费均难以确定的，人民法院可以根据专利权的类型、侵权行为的性质和情节等因素，确定给予3万元以上5百万元以下的赔偿。赔偿数额还应当包括权利人为制止侵权行为所支付的合理开支。

项目测试

一、单项选择题（每题只有一个正确选项，请将正确的选项填入括号内）

1.根据专利法律制度的规定，当事人范某于2015年3月3日首次向意大利专利部门提出外观设计专利申请，如果范某在（　　）之前在中国就相同主题提出专利申请的，可以享有优先权。

A.2015年6月3日　　B.2015年9月3日

C.2016年3月3日　　D.2017年3月3日

2.甲于2015年4月1日向专利局提出一份发明专利申请，经初步审查后，2016年10月1日予以公布。2017年7月1日申请人请求进行实质审查，2017年12月1日被授予发明专利权。该发明专利权的保护期限自（　　）起计算。

A.2015年4月1日　　B.2016年10月1日

C.2017年7月1日　　D.2017年11月1日

3.根据《商标法》的规定，以协会名义注册，供协会成员在商事活动中使用，以表明使用者在该协会中的成员资格的标志，属于（　　）商标。

A.证明　　B.集体　　C.防御　　D.联合

4.郎某于2016年4月1日提出商标注册申请，商标局于7月1日作出初审公告。在公告期内无人提出异议，商标局予以核准注册。根据《商标法》的规定，郎某取得商标专用权的时间为（　　）。

A.2016年4月1日　　B.2016年7月1日

C.2016年10月1日　　D.2017年1月1日

5.授予专利权的外观设计，应当同申请日以前在（　　）出版物上公开发表过或者在（　　）公开使用过的外观设计不相同或者不相近似。

A.国内　国内　　B.国内　国外

C.国内外　国内　　D.国内　国内外

6.对商标局初步审查的商标，自公告之日起（　　），任何人均可以提出异议。

A.15日内　　B.30日内　　C.45日内　　D.3个月内

二、多项选择题（每题有两个或两个以上正确选项，请将正确的选项填入括号内）

1.下列各项中可以授予专利权的有（　　）。

A.科学发现　　B.调味品

C.疾病的治疗方法　　D.生产植物品种的方法

2.下列有关实用新型和发明的区别的表述中，正确的有（　　）。

A.发明既可以是产品，也可以是方法；而实用新型仅限于产品

B.发明专利的创造性应具有突出的实质性特点和显著的进步；而实用新型专利的创造性应具有实质性特点和进步

C.发明专利的审查程序包括形式审查和实质审查；而实用新型专利仅采用形式审查

D.发明专利的保护期是20年；实用新型专利的保护期是10年

3.根据《商标法》的规定，经许可使用他人注册商标的，必须在使用该注册商标的商品上标明（　　）。

A.许可人的注册地　　B.被许可人的注册地

C.被许可人的名称　　D.商品产地

4.下列各项中，属于侵犯注册商标专用权的有（　　）。

A.未经商标注册人的许可，在类似的商品上使用相同的商标的

B.销售侵犯注册商标专用权的商品的

C.擅自制造他人注册商标的

D.销售伪造的注册商标的

5.非职务技术成果的（　　）。

A.使用权属于完成技术成果的个人

B.使用权由完成者的单位享有

C.转让权属于完成技术成果的单位或个人

D.使用权属于完成者的单位，所有权属于完成者个人

6.根据《专利法》的规定，下列表述中，正确的有（　　）。

A.发明专利权的期限为20年，自申请日起计算

B.发明专利权的期限为15年，自申请日起计算，期满前专利权人可申请续展

C.实用新型专利权的期限是10年，自申请日起计算，期满前专利权人可申请续展3年

D.外观设计专利权的期限是15年，自申请日起计算

7.商标局接受了一批商标注册申请，经审查，应当依法驳回（ ）的商标注册申请。

A.美利坚合众国牙刷　　B.奥林匹克球鞋

C.美美洗衣粉　　D.红新月牌口罩

三、判断题（正确的在括号内打“√”，错误的打“×”）

1.发明专利权的保护期限为10年，实用新型专利的保护期限为20年。（ ）

2.对一项发明创造的专利申请权或被授予的专利权发生争议的，当事人可以请求专利管理机关处理，也可以直接向人民法院起诉。（ ）

3.取得强制实施许可的单位或者个人不享有独占的实施权，并且无权允许他人实施。但是经国务院专利行政管理部门的决定可以在合理范围内免费使用。（ ）

4.经许可使用他人注册商标的，必须在使用注册商标的商品上标明许可人的名称和商品产地。（ ）

5.发明人可以是自然人，也可以是法人或者其他经济组织。（ ）

6.专利申请人必须是其发明人、设计人。（ ）

四、案例分析题

1.1964年武汉无线电天线厂生产“红梅”牌电视机，按1963年4月10日国务院颁布的《商标管理条例》登记注册，取得了商标专用权。1972年无锡电视机厂投产生产电视机也以“红梅”为其商标。由于无锡电视机厂的“红梅”牌电视机质优，深受消费者欢迎，多次被评为全国优质名牌产品。1983年3月1日《商标法》施行后，原《商标管理条例》被废除。武汉电视机厂（系原武汉无线电天线厂）根据《商标法》申请注册了“红梅”商标。随后，武汉电视机厂要求无锡电视机厂停止使用“红梅”注册商标。无锡电视机厂辩称：自己生产的“红梅”牌电视机系全国优质名牌产品，而且使用了二十多年，何来侵权？要说侵权倒是武汉电视机厂侵权。

请问：

（1）两厂究竟谁侵犯了对方的商标权？为什么？

（2）武汉电视机厂的要求是否符合法律规定？

2.张某在A研究所从事医疗器械研发工作。2001年1月，张某从A研究所退职，并与B公司签订了一份合作开发合同。该合同约定：B公司提供研发经费、设施等必要的研究条件，张某主持从事一种治疗骨质增生的医疗器械的研发工作，该医疗器械称为“骨质增生治疗仪”；该产品研发成功后，B公司付给张某30万元报酬。

2002年8月1日B公司就“骨质增生治疗仪”向国务院专利行政管理部门提出发明专利申请，国务院专利行政部门于同日收到该申请文件，在经初步审查后受理了B公司的发明专利申请。同年9月1日，A研究所就与“骨质增生治疗仪”相同的发明创造向国务院专利行政部门提出专利申请，该发明为“骨质增生治疗器”。国务院专利行政部门在初步审查后，以B公司已经就相同的发明创造在A研究所申请日之前申请专利为由，驳回了A研究所的该发明专利申请。

A研究所经过调查后认为，B公司无权就“骨质增生治疗仪”向国务院专利行政部门提出发明专利申请，其理由是：第一，张某作为“骨质增生治疗仪”的发明人，在A研究

所从事的工作与该发明创造有关，其退职后与B公司合作开发的该产品应当属于A研究所的职务发明，A研究所之外的任何人无权就此发明创造申请专利；第二，A研究所实际于2001年5月就已经完成了“骨质增生治疗器”的发明，而“骨质增生治疗仪”的发明创造的完成时间是2002年6月，因此，“骨质增生治疗仪”不具有新颖性。为此，A研究所就被驳回申请向专利复审委员会请求复审。

请问：

（1）张某和B公司在合作开发合同中约定张某为“骨质增生治疗仪”的发明人是否妥当？为什么？可否将B公司列为发明人和专利权人？请说明理由。

（2）张某退职后与B公司合作开发的“骨质增生治疗仪”是否属于A研究所的职务发明？为什么？

（3）A研究所以其完成的“骨质增生治疗器”的时间早于“骨质增生治疗仪”的完成时间为由，认为“骨质增生治疗仪”不具有新颖性是否正确？请说明理由。

项目六

市场规制法

【知识目标】

1. 熟悉不正当竞争行为。
2. 熟悉垄断行为的危害性。
3. 掌握生产者和销售者的产品质量义务。
4. 熟悉消费者的权利和义务。

【能力目标】

1. 识别不正当竞争行为。
2. 正确界定垄断行为。
3. 正确分析产品责任的归属及应承担的法律责任。
4. 识别侵犯消费者权益的行为，能解决简单的消费者权益纠纷。

【主要概念】

不正当竞争　假冒行为　垄断行为　滥用市场支配地位　经营者集中　产品质量检验制度　企业质量体系认证制度　产品质量认证制度　消费者权利

引导案例

某市甲、乙两厂均生产一种“记忆增强器”产品。甲厂产品的质量比乙厂产品好得多。因而其市场占有率远远高于乙厂。王某是甲厂技术人员。乙厂为提高本厂的市场占有率，付给王某一大笔“技术咨询费”，获取其提供的甲厂技术秘密。乙厂运用这些技术秘密对自己的产品进行了改进。同时，乙厂在本市电视台发布广告，声称本厂生产的记忆增强器功效迅速、质量可靠。其他厂家生产的同类产品质量无保证，呼吁消费者当心。另外，乙厂还以高额回扣诱使本市几家大型商场的采购人员不再采购甲厂产品。本市消费者李某等人在使用乙厂产品一段时间后，不仅记忆力没有增强，反而出现了神经衰弱症状。李某等人在电视台的协助下，向乙厂反映了情况。乙厂随后发现，王某提供的甲厂技术资料缺少几项关键技术，致使乙厂产品存在质量缺陷。李某向法院起诉，状告某商场、乙厂，要求维护消费者权益，赔偿损失。

某商场辩称，该产品是本商场销售的，但产品质量问题是生产厂家的责任，应由产品的生产者承担赔偿责任，销售者不应承担责任。

思考：

（1）乙厂的行为是否构成不正当竞争？

（2）李某的什么权利受到了侵害？

（3）某商场是否应承担责任？如承担责任，享有什么权利？

（4）李某的损失最终应由谁赔偿？

任务一　反不正当竞争法

一、反不正当竞争法概述

（一）不正当竞争

不正当竞争是指经营者违反法律、法规的规定，损害其他经营者的合法权益，扰乱社会经济秩序的行为。不正当竞争具有以下特征：不正当竞争的主体是经营者；经营者必须实施了违反自愿、平等、公平、诚实信用原则和公认的商业道德的行为，并且在行为中有过错；不正当竞争行为必须发生在竞争领域，即发生在有竞争的市场交易中；不正当竞争行为必须是侵犯了其他经营者的合法权益，扰乱了社会经济秩序的行为。

（二）反不正当竞争法的概念

反不正当竞争法是调整在制止不正当竞争行为过程中发生的经济关系的法律规范的总称。它包括我国于1993年9月2日第八届全国人民代表大会常务委员会第三次会议通过、2017年11月4日第十二届全国人民代表大会常务委员会第三十次会议修订的《中华人民共和国反不正当竞争法》（以下简称《反不正当竞争法》），以及一系列相关的法律、法规。这些法律、法规共同组成了我国反不正当竞争的法律体系。

（三）《反不正当竞争法》的立法宗旨和基本原则

我国反不正当竞争法的立法宗旨在于制止不正当竞争行为，鼓励和保护公平竞争，从而保护经营者和消费者的合法权益，保障社会主义市场经济的健康发展。

微课

反不正当竞争法

《反不正当竞争法》规定，经营者在生产经营活动中，应当遵循自愿、平等、公平、诚实信用的原则，遵守法律和商业道德。自愿、平等、公平、诚实信用原则是我国《民法典》的基本原则，是民法精神的集中体现，也是一切经营者从事市场竞争活动所必须遵循的基本准则。商业道德是一种由善良的商业习俗而逐渐演变成的人们应该遵守的商业行为规范，遵守公认的商业道德比较明显地反映了《反不正当竞争法》的个性特征，是《反不正当竞争法》所特有的原则。

二、不正当竞争行为

不正当竞争行为，是指经营者在生产经营活动中，违反《反不正当竞争法》的规定，扰乱市场竞争秩序，损害其他经营者或者消费者的合法权益的行为。《反不正当竞争法》第二章列举了7种不正当竞争行为：

（一）混淆行为

混淆行为是指经营者违背诚实信用的原则，采用假冒或仿冒等混淆手段从事市场交易，损害竞争对手的行为。

根据《反不正当竞争法》第六条的规定，经营者不得实施下列混淆行为，引人误认为是他人商品或者与他人存在特定联系：

（1）擅自使用与他人有一定影响的商品名称、包装、装潢等相同或者近似的标识；

（2）擅自使用他人有一定影响的企业名称（包括简称、字号等）、社会组织名称（包括简称等）、姓名（包括笔名、艺名、译名等）；

（3）擅自使用他人有一定影响的域名主体部分、网站名称、网页等；

（4）其他足以引人误认为是他人商品或者与他人存在特定联系的混淆行为。

【随堂测试6-1】甲欲购买“全聚德”牌的快餐包装烤鸭，临上火车前误购了商标不同而外包装十分近似的显著标明名称为“仝聚德”的烤鸭，遂向“全聚德”公司投诉。“全聚德”公司发现，“仝聚德”烤鸭的价格仅为“全聚德”的1/3。如果“全聚德”起诉“仝聚德”，其纠纷的性质应当是（　　）。

A.诋毁商誉的侵权纠纷　　B.低价倾销的不正当竞争纠纷

C.假冒的不正当交易纠纷　　D.企业名称侵权纠纷

（二）商业贿赂行为

商业贿赂行为是指经营者在经营活动中为了排挤竞争对手，采取秘密给付财物或其他报酬等手段收买交易相对人或者对交易行为有决定权的人的行为。

《反不正当竞争法》第七条规定，经营者不得采用财物或者其他手段贿赂下列单位或者个人，以谋取交易机会或者竞争优势：

（1）交易相对方的工作人员；

（2）受交易相对方委托办理相关事务的单位或者个人；

（3）利用职权或者影响力影响交易的单位或者个人。

经营者在交易活动中，可以以明示方式向交易相对方支付折扣，或者向中间人支付佣金。经营者向交易相对方支付折扣、向中间人支付佣金的，应当如实入账。接受折扣、佣金的经营者也应当如实入账。

经营者的工作人员进行贿赂的，应当认定为经营者的行为；但是，经营者有证据证明该工作人员的行为与为经营者谋取交易机会或者竞争优势无关的除外。

【随堂测试6-2】A公司经销健身器材，规定每台售价为5 000元，业务员按合同价5%提取奖金。业务员王某在与B公司洽谈时提出，合同定价按公司规定办，但自己按每台50元反馈B公司。B公司表示同意，遂与王某签订了订货合同，并将获得的反馈款入账。王某反馈50元的行为（ ）。

A.属于无权代理　　B.属于滥用代理权

C.属于不正当竞争　　D.属于合法行为

（三）虚假宣传行为

虚假宣传行为是指经营者利用广告或者其他方法，对商品的性能、功能、质量、销售状况、用户评价、曾获荣誉等作虚假或者引人误解的商业宣传，欺骗、误导消费者的行为。经营者不得通过组织虚假交易等方式，帮助其他经营者进行虚假或者引人误解的商业宣传。

【案例6-1】锅王胡师傅广告资料：你想炒菜无油烟吗？就用锅王胡师傅。你想炒菜不粘锅吗？就用锅王胡师傅。

自封“锅王”的胡师傅宣称：他们的无烟锅采用了一种特殊材质，能将锅体温度控制在油烟挥发的临界点240℃以内，从而达到无油烟的效果。

经过上海材料研究所检测中心检测分析，这种宣称采用航天科技、紫砂合金锻造、绝对无涂层的胡师傅无烟锅既不是钛合金，也不是锰钛合金，而是一种以铝为主料的铝合金。被吹得神乎其神的无烟锅，原来只是铝合金做的很普通的一只锅。一个普通铝锅居然卖到了599元的高价！

请问：锅王胡师傅违反了哪方面的法律规定？

（四）侵犯商业秘密行为

侵犯商业秘密行为是指行为人通过不正当手段获取、披露、使用或者允许他人使用权利人的商业秘密，或者违反约定披露、使用或者允许他人使用权利人的商业秘密的行为。所谓商业秘密，是指不为公众所知悉、能为权利人带来经济利益、具有实用性并经权利人采取保密措施的技术信息和经营信息。

根据《反不正当竞争法》第九条的规定，侵犯商业秘密的不正当竞争行为有4种情形：

（1）以盗窃、贿赂、欺诈、胁迫、电子侵入或者其他不正当手段获取权利人的商业秘密；

（2）披露、使用或者允许他人使用以前项手段获取的权利人的商业秘密；

（3）违反约定或者违反权利人有关保守商业秘密的要求，披露、使用或者允许他人使用其所掌握的商业秘密；

（4）教唆、引诱、帮助他人违反保密义务或者违反权利人有关保守商业秘密的要求，获取、披露、使用或者允许他人使用权利人的商业秘密。

第三人明知或者应知商业秘密权利人的员工、前员工或者其他单位、个人实施前述所列违法行为，仍获取、披露、使用或者允许他人使用该商业秘密的，视为侵犯商业秘密。

（五）不正当有奖销售行为

根据《反不正当竞争法》第十条的规定，经营者从事不正当竞争的有奖销售行为包括：

（1）所设奖的种类、兑奖条件、奖金金额或者奖品等有奖销售信息不明确，影响兑奖；

（2）采用谎称有奖或者故意让内定人员中奖的欺骗方式进行有奖销售；

（3）抽奖式的有奖销售，最高奖的金额超过5万元。

（六）诋毁商誉行为

诋毁商誉行为是指经营者捏造、散布虚假的事实，损害竞争对手的商业信誉和商品声誉的行为。诋毁他人商誉将会削弱竞争对手的商业信誉和商品声誉，使其难以参加正常的市场竞争，从而扩大自己的市场，违背了公认的商业道德。《反不正当竞争法》规定，经营者不得编造、传播虚假信息或者误导性信息，损害竞争对手的商业信誉、商品声誉。

（七）网络经营者不当竞争行为

经营者利用网络从事生产经营活动，应当遵守《反不正当竞争法》的各项规定。

经营者不得利用技术手段，通过影响用户选择或者其他方式，实施下列妨碍、破坏其他经营者合法提供的网络产品或者服务正常运行的行为：

（1）未经其他经营者同意，在其合法提供的网络产品或者服务中，插入链接、强制进行目标跳转；

（2）误导、欺骗、强迫用户修改、关闭、卸载其他经营者合法提供的网络产品或者服务；

（3）恶意对其他经营者合法提供的网络产品或者服务实施不兼容；

（4）其他妨碍、破坏其他经营者合法提供的网络产品或者服务正常运行的行为。

【案例6-2】A旅行社在开展国际旅游业务方面具有一定实力。另一家影响大、实力强的B旅行社用高薪将A旅行社国际部的所有雇员挖到B旅行社任职。A旅行社国际部的雇员“跳槽”时将A旅行社的业务资料等商业秘密全部拱手转让给B旅行社，使A旅行社蒙受巨大损失，业务量骤然下降，其国际旅游业务一时陷于瘫痪。

请问：雇员“跳槽”到B旅行社是什么性质的行为？B旅行社的行为是否属于不正当竞争行为？

三、不正当竞争行为的监督检查

（一）监督检查机关

各级人民政府应当采取措施，制止不正当竞争行为，为公平竞争创造良好的环境和条件。国务院建立反不正当竞争工作协调机制，研究制定反不正当竞争重大政策，协调处理维护市场竞争秩序的重大问题。

县级以上人民政府履行市场监督管理职责的部门对不正当竞争行为进行查处；法律、行政法规规定由其他部门查处的，依照其规定。

国家鼓励、支持和保护一切组织和个人对不正当竞争行为进行社会监督。

国家机关及其工作人员不得支持、包庇不正当竞争行为。行业组织应当加强行业自律，引导、规范会员依法竞争，维护市场竞争秩序。

（二）不正当竞争行为监督检查职权

监督检查部门调查涉嫌不正当竞争行为，可以采取以下措施：

（1）进入涉嫌不正当竞争行为的经营场所进行检查；

（2）询问被调查的经营者、利害关系人及其他有关单位、个人，要求其说明有关情况或者提供与被调查行为有关的其他资料；

（3）查询、复制与涉嫌不正当竞争行为有关的协议、账簿、单据、文件、记录、业务函电和其他资料；

（4）查封、扣押与涉嫌不正当竞争行为有关的财物；

（5）查询涉嫌不正当竞争行为的经营者的银行账户。

采取上述规定的措施，应当向监督检查部门主要负责人书面报告，并经批准。

采取前款第（4）项、第（5）项规定的措施，应当向设区的市级以上人民政府监督检查部门主要负责人书面报告，并经批准。

监督检查部门调查涉嫌不正当竞争行为，应当遵守《中华人民共和国行政强制法》和其他有关法律、行政法规的规定，并应当将查处结果及时向社会公开。

监督检查部门调查涉嫌不正当竞争行为，被调查的经营者、利害关系人及其他有关单位、个人应当如实提供有关资料或者情况。监督检查部门及其工作人员对调查过程中知悉的商业秘密负有保密义务。

对涉嫌不正当竞争行为，任何单位和个人都有权向监督检查部门举报，监督检查部门接到举报后应当依法及时处理。监督检查部门应当向社会公开受理举报的电话、信箱或者电子邮件地址，并为举报人保密。对实名举报并提供相关事实和证据的，监督检查部门应当将处理结果告知举报人。

四、不正当竞争行为的法律责任

（一）经营者的法律责任

经营者违反《反不正当竞争法》的规定，给他人造成损害的，应当依法承担民事责任。经营者的合法权益受到不正当竞争行为损害的，可以向人民法院提起诉讼。

因不正当竞争行为受到损害的经营者的赔偿数额，按照其因被侵权所受到的实际损失确定；实际损失难以计算的，按照侵权人因侵权所获得的利益确定。经营者恶意实施侵犯商业秘密行为，情节严重的，可以在按上述方法确定数额的1倍以上5倍以下确定赔偿数额。赔偿数额还应当包括经营者为制止侵权行为所支付的合理开支。

经营者有混淆行为和侵犯商业秘密行为的，权利人因被侵权所受到的实际损失、侵权人因侵权所获得的利益难以确定的，由人民法院根据侵权行为的情节判决给予权利人500万元以下的赔偿。

经营者实施混淆行为的，由监督检查部门责令停止违法行为，没收违法商品。违法经营额5万元以上的，可以并处违法经营额5倍以下的罚款；没有违法经营额或者违法经营额不足5万元的，可以并处25万元以下的罚款。情节严重的，吊销营业执照。

经营者登记的企业名称违反混淆行为规定的，应当及时办理名称变更登记；名称变更前，由原企业登记机关以统一社会信用代码代替其名称。

经营者有贿赂他人行为的，由监督检查部门没收违法所得，处10万元以上300万元以下的罚款。情节严重的，吊销营业执照。

经营者违反规定对其商品作虚假或者引人误解的商业宣传，或者通过组织虚假交易等方式帮助其他经营者进行虚假或者引人误解的商业宣传的，由监督检查部门责令停止违法行为，处20万元以上100万元以下的罚款；情节严重的，处100万元以上200万元以下的罚款，可以吊销营业执照。

经营者违反规定，属于发布虚假广告的，依照《中华人民共和国广告法》的规定处罚。

经营者违反规定侵犯商业秘密的，由监督检查部门责令停止违法行为，处10万元以上50万元以下的罚款；情节严重的，处50万元以上300万元以下的罚款。

经营者违反规定进行有奖销售的，由监督检查部门责令停止违法行为，处5万元以上50万元以下的罚款。

经营者违反规定损害竞争对手商业信誉、商品声誉的，由监督检查部门责令停止违法行为、消除影响，处10万元以上50万元以下的罚款；情节严重的，处50万元以上300万元以下的罚款。

经营者违反规定妨碍、破坏其他经营者合法提供的网络产品或者服务正常运行的，由监督检查部门责令停止违法行为，处10万元以上50万元以下的罚款；情节严重的，处50万元以上300万元以下的罚款。

经营者违反规定从事不正当竞争，有主动消除或者减轻违法行为危害后果等法定情形的，依法从轻或者减轻行政处罚；违法行为轻微并及时纠正，没有造成危害后果的，不予行政处罚。经营者违反《反不正当竞争法》的规定从事不正当竞争，受到行政处罚的，由监督检查部门记入信用记录，并依照有关法律、行政法规的规定予以公示。

经营者违反《反不正当竞争法》的规定，应当承担民事责任、行政责任和刑事责任，其财产不足以支付的，优先用于承担民事责任。

当事人对监督检查部门作出的决定不服的，可以依法申请行政复议或者提起行政诉讼。

（二）国家机关及其工作人员的法律责任

监督检查部门的工作人员滥用职权、玩忽职守、徇私舞弊或者泄露调查过程中知悉的商业秘密的，依法给予处分。

违反《反不正当竞争法》的规定，构成犯罪的，依法追究刑事责任。

任务二　反垄断法

一、垄断与反垄断法

（一）垄断的基本含义

经济学上的垄断指的是少数大企业或经济组织之间为攫取高额利润，利用正当或不正当竞争手段，彼此达成协议独占某种商品的生产和销售。

法学中的垄断，是指违反国家法律、法规、政策和社会公共利益，通过合谋性协议、安排和协同行动，或者通过滥用经济优势地位，排斥或者控制其他经营者正当的经济活动，在某一领域内实质上限制竞争的行为。垄断的法学定义不是指市场结构，只能指市场行为。法律所规范的只能是市场行为而不是状态。当今世界，反垄断法对垄断的规制已经从注重对市场结构状态的规制转向了注重对试图形成市场优势地位、滥用市场优势地位以及其他限制竞争的行为进行规制。可见，反垄断法所反的垄断是一种行为或动作意义上的概念，它与市场结构意义上的独占概念已相去甚远，而经常与“限制竞争”或“反竞争”相互替代使用。

（二）反垄断法的概念

反垄断法是调整国家规制垄断过程中所发生的社会关系的法律规范的总称。反垄断法是反对垄断、保护竞争之法，鉴于反垄断法所维护的竞争是市场的生存之本，因此反垄断法亦有经济宪法之称。

《中华人民共和国反垄断法》（以下简称《反垄断法》）颁布于2007年8月30日，于2008年8月1日开始实施。此前，我国虽无法典意义上的反垄断法，但是，在《反不正当竞争法》《价格法》《对外贸易法》以及其他相关法律、法规和规章中已散见一些反垄断法律规范。

《反垄断法》的立法宗旨是：预防和制止垄断行为，保护市场公平竞争，提高经济运行效率，维护消费者利益和社会公共利益，促进社会主义市场经济健康发展。

（三）适用范围

1.地域范围

中华人民共和国境内经济活动中的垄断行为，适用《反垄断法》；中华人民共和国境外的垄断行为，对境内市场竞争产生排除、限制影响的，适用《反垄断法》。

2.主体和行为类型

《反垄断法》对以“经营者”为行为主体的下列垄断行为予以规制：

（1）经营者达成垄断协议；

（2）经营者滥用市场支配地位；

（3）具有或者可能具有排除、限制竞争效果的经营者集中。

所谓经营者，是指从事商品生产、经营或者提供服务的自然人、法人和其他组织。对这三种行为的规章制度是《反垄断法》实体规范的主体，通常被称作是《反垄断法》的三大支柱。

由于体制原因，当前我国还存在一定形式的“行政垄断”，为此，《反垄断法》设专章规定“滥用行政权力排除、限制竞争”禁止制度。滥用行政权力排除、限制竞争的主体是行政机关和法律、法规授权的具有管理公共事务职能的组织，它虽不是传统意义上的垄断行为，但同样具有排除、限制竞争的效果，因此也是我国《反垄断法》的规制对象。

此外，行业协会有时也会参与组织实施诸如横向价格联盟之类的垄断行为，因此，行业协会也是《反垄断法》的适用主体。

3.适用除外

适用除外制度对部分垄断行为排除适用《反垄断法》，从消极方面界定了《反垄断法》的适用范围。具体包括以下几个方面：

（1）知识产权的正当行使；

（2）农业生产中的联合或者协同行为。

二、反垄断法的实施机制

（一）反垄断法律责任

一般而言，反垄断法的法律责任主要有行政责任、民事责任和刑事责任。

1.行政责任

我国反垄断法实施机制以行政实施为主，因此，《反垄断法》主要规定了违法者的行政责任，包括责令停止违法行为、没收违法所得、罚款等形式。不服反垄断执法机构有关处理决定的，可以通过行政复议和行政诉讼得到救济。《反垄断法》对反垄断执法机构作出的有关经营者集中的决定，规定了行政复议前置的程序；对其作出的其他决定，则可以申请行政复议，也可以直接提起行政诉讼。

2.民事责任

《反垄断法》只作了“经营者实施垄断行为，给他人造成损失的，依法承担民事责任”的原则规定，具体民事责任如何承担尚需要最高人民法院通过司法解释予以完善。

3.刑事责任

《反垄断法》对垄断行为没有规定刑事责任。对阻碍、拒绝反垄断执法机构审查、调查行为以及反垄断执法机构工作人员滥用职权、玩忽职守、徇私舞弊或者泄露执法过程中知悉的商业秘密这两种情形规定了刑事责任。

（二）反垄断机构

反垄断机构是指负责反垄断执法的行政机构及其他相关行政机构。根据《反垄断法》的规定，我国反垄断机构采取双层制模式：国务院反垄断执法机构负责《反垄断法》的行政执法工作；另外，在其之上还设反垄断委员会，负责组织、协调、指导反垄断工作。

如前述，在《反垄断法》颁布之前，在相关法律、法规中已经存在一些反垄断法律规范，也存在相应的反垄断执法机构。《反垄断法》中并没有明确反垄断执法机构的具体所指，是出于尊重既有执法格局、节省改革成本等方面的考虑，目前《反垄断法》所称“国务院反垄断执法机构”仍是一个多元化概念，主要指国家市场监督管理总局、国家发改委和商务部。三家执法机构的职责具体划分为：国家市场监督管理总局负责非价格垄断协议和非价格滥用市场地位以及滥用行政权力排除、限制竞争的反垄断执法；国家发改委负责依法查处价格垄断行为；商务部负责经营者集中行为的反垄断审查工作。此外，国务院反垄断执法机构根据工作需要，可以授权省、自治区、直辖市人民政府相应的机构，依照《反垄断法》的规定负责有关反垄断执法工作。

（三）反垄断行政调查

1.调查机构及调查措施

反垄断执法机构依法对涉嫌垄断行为进行调查。反垄断执法机构调查涉嫌垄断行为，可以采取下列措施：

（1）进入被调查的经营者的营业场所或者其他有关场所进行检查；

（2）询问被调查的经营者、利害关系人或者其他有关单位或者个人，要求其说明有关情况；

（3）查阅、复制被调查的经营者、利害关系人或者其他有关单位或者个人的有关单证、协议、会计账簿、业务函电、电子数据等文件、资料；

（4）查封、扣押相关证据；

（5）查询经营者的银行账户。

2.调查程序

反垄断执法机构可依举报人举报对涉嫌垄断的行为立案调查，也可依职权主动立案。对涉嫌垄断行为，任何单位和个人有权向反垄断执法机构举报。反垄断执法机构应当为举报人保密。举报采用书面形式并提供相关事实和证据的，反垄断执法机构应当进行必要的调查。

立案后，反垄断执法机构应对涉嫌垄断行为展开调查。反垄断执法机构调查涉嫌垄断行为，执法人员不得少于2人，并应当出示执法证件。执法人员进行询问和调查，应当制作笔录，并由被询问人或者被调查人签字。反垄断执法机构及其工作人员对执法过程中知悉的商业秘密负有保密义务。被调查的经营者、利害关系人或者其他有关单位或者个人应当配合反垄断执法机构依法履行职责，不得拒绝、阻碍反垄断执法机构的调查。被调查的经营者、利害关系人有权陈述意见。反垄断执法机构应当对被调查的经营者、利害关系人提出的事实、理由和证据进行核实。

反垄断执法机构对涉嫌垄断行为调查核实后，认为构成垄断行为的，应当依法作出处理决定，并可以向社会公布。

三、垄断协议及其法律规制

垄断协议，又称限制竞争协议、联合限制竞争行为，是指两个或两个以上经营者排除、限制竞争的协议、决定或者其他协同行为。经营者达成垄断协议是实现市场垄断最直接、最主要的一种方式，因此，各国的反垄断法都将其作为规制重点。

根据参与垄断协议的经营者之间是否具有竞争关系，一般将垄断协议分为横向垄断协议和纵向垄断协议。横向垄断协议是具有竞争关系的经营者达成的联合限制竞争行为的协议，如生产相同产品的经营者达成的固定产品价格的协议。纵向垄断协议是指同产业中处于不同经济阶段而具有买卖关系的企业通过共谋达成的联合限制竞争行为的协议，如产品生产商与销售商之间关于限制转售价格的协议。

横向垄断协议是最原始、最直接、危害最大的垄断行为。《反垄断法》禁止具有竞争关系的经营者达成下列垄断协议：

（1）固定或者变更商品价格；

（2）限制商品的生产数量或者销售数量；

（3）分割销售市场或者原材料采购市场；

（4）限制购买新技术、新设备或者限制开发新技术、新产品；

（5）联合抵制交易；

（6）国务院反垄断执法机构认定的其他垄断协议。

【随堂测试6-3】生产同类产品的甲公司与乙公司某日签订协议，约定甲公司的产品只销往西北、华北和华东地区，乙公司的产品只销往西南、华中和东北地区。根据《反垄断法》的规定，这种签订协议的行为属于（　　）。

A.分割采购市场行为　　B.抵制交易行为

C.分割销售市场行为　　D.固定转售价格行为

纵向垄断协议发生在处于不同生产经营阶段或者环节的经营者之间，即上下游经营者之间，在《反垄断法》中，将其表述为“经营者与交易相对人”达成的垄断协议。《反垄断法》禁止经营者与交易相对人达成下列垄断协议：

（1）固定向第三人转售商品的价格；

（2）限定向第三人转售商品的最低价格；

（3）国务院反垄断执法机构认定的其他垄断协议。

经营者特别是具有竞争关系的经营者之间的联合，是《反垄断法》之大忌。但经营者能够证明所达成的协议属于下列情形之一的，可以得到豁免：

（1）为改进技术、研究开发新产品的；

（2）为提高产品质量、降低成本、增进效率，统一产品规格、标准或者实行专业化分工的；

（3）为提高中小经营者经营效率、增强中小经营者竞争力的；

（4）为实现节约能源、保护环境、救灾救助等社会公共利益的；

（5）因经济不景气，为缓解销售量严重下降或者生产明显过剩的；

（6）为保障对外贸易和对外经济合作中的正当利益的；

（7）法律和国务院规定的其他情形。

对前述第（1）项至第（5）项垄断协议的豁免，经营者还应当证明所达成的协议不会严重限制相关市场的竞争，并且能够使消费者分享由此产生的利益。

行业协会应加强行业自律，引导本行业企业的经营者依法竞争，禁止行业协会组织本行业的经营者订立或实施《反垄断法》所禁止的垄断协议。

经营者违反《反垄断法》的规定，达成并实施垄断协议的，由反垄断执法机构责令停止违法行为，没收违法所得，并处上一年度销售额1%以上10%以下的罚款；尚未实施所达成的垄断协议的，可以处50万元以下的罚款。经营者主动向反垄断执法机构报告达成垄断协议的有关情况并提供重要证据的，反垄断执法机构可以酌情减轻或者免除对该经营者的处罚。

行业协会违反《反垄断法》的规定，组织本行业的经营者达成垄断协议的，反垄断执法机构可以处50万元以下的罚款；情节严重的，社会团体登记管理机关可以依法撤销登记。

【案例6-3】2006年12月26日，方便面中国分会在北京召开一届八次峰会，研究棕榈油和面粉涨价引起的企业成本增加问题。会议商定了高价面（当时价格每包大于等于1.5元）、中价面（当时价格每包大于等于1元小于1.5元）和低价面（当时价格每包小于1元）涨价的时间和实施步骤。

2007年4月21日，方便面中国分会在杭州召开一届九次峰会，再次研究方便面调价日程。会议明确了调价幅度和调价时间，高价面从每包1.5元直接涨到1.7元，计划于同年6月1日全行业统一上调。2007年7月5日，方便面中国分会又一次在北京召开价格协调会议，部分企业决定从7月26日起全面提价。7月23日，该会负责人接受媒体采访，公布了涨价消息，社会反响强烈。

请问：方便面中国分会调价的行为是什么行为？是否违法？

四、滥用市场支配地位行为及其法律规制

市场支配地位，又称市场优势地位，是指经营者在相关市场内具有能够控制商品价格、数量或者其他交易条件，或者能够阻碍、影响其他经营者进入相关市场能力的市场地位。所谓滥用市场支配地位行为，是指具有市场支配地位的经营者凭借其市场支配地位实施的排挤部分对手或不公平交易行为。

《反垄断法》规定应依据下列因素认定经营者是否具有市场支配地位：

（1）该经营者在相关市场的市场份额，以及相关市场的竞争状况；

（2）该经营者控制销售市场或者原材料采购市场的能力；

（3）该经营者的财力和技术条件；

（4）其他经营者对该经营者在交易上的依赖程度；

（5）其他经营者进入相关市场的难易程度；

（6）与认定该经营者市场支配地位有关的其他因素。

《反垄断法》规定了以市场份额为基础的经营者支配地位推定标准。根据该标准，一个经营者在相关市场的市场份额达到1/2的；两个经营者在相关市场的市场份额合计达到2/3的；三个经营者在相关市场的市场份额合计达到3/4的，即可推定为具有市场支配地位。同时，对于两个和三个经营者被推定为共同占有市场支配地位时，其中有的经营者市场份额不足1/10的，不应当推定该经营者具有市场支配地位。

由于市场份额不是认定市场支配地位的唯一的和绝对的标准，因此，被推定具有市场支配地位的经营者，有证据证明不具有市场支配地位的，不应当认定其具有市场支配地位。

《反垄断法》禁止具有市场支配地位的经营者从事下列滥用市场支配地位的行为：

（1）以不公平的高价销售商品或者以不公平的低价购买商品；

（2）没有正当理由，以低于成本的价格销售商品；

（3）没有正当理由，拒绝与交易相对人进行交易；

（4）没有正当理由，限定交易相对人只能与其进行交易或者只能与其指定的经营者进行交易；

（5）没有正当理由搭售商品，或者在交易时附加其他不合理的交易条件；

（6）没有正当理由，对条件相同的交易相对人在交易价格等交易条件上实行差别待遇；

（7）国务院反垄断执法机构认定的其他滥用市场支配地位的行为。

经营者违反《反垄断法》的规定，滥用市场支配地位的，由反垄断执法机构责令停止违法行为，没收违法所得，并处上一年度销售额1%以上10%以下的罚款。

五、经营者集中及其法律规制

经营者集中是指下列3种情形：

（1）经营者合并；

（2）经营者通过取得股权或者资产的方式取得对其他经营者的控制权；

（3）经营者通过合同等方式取得对其他经营者的控制权或者能够对其他经营者施加决定性影响。

经营者集中的经济效果的两面性，决定了《反垄断法》对它的规制在于“控制”，而不在于“禁止”。这种控制制度体现为经营者集中申报制度。经营者集中申报制度并不是所有的集中都应申报，而是达到一定法定标准的集中才申报。《反垄断法》规定，经营者集中达到国务院规定的申报标准的，经营者应当事先向国务院反垄断执法机构申报，未申报的不得实施集中。但有下列情形之一的，经营者可以不向国务院反垄断执法机构申报：

（1）参与集中的一个经营者拥有其他每个经营者50%以上有表决权的股份或者资产的；

（2）参与集中的每个经营者50%以上有表决权的股份或者资产被同一个未参与集中的经营者拥有的。

经营者向国务院反垄断执法机构申报集中，应当提交下列文件、资料：申报书；集中对相关市场竞争状况影响的说明；集中协议；参与集中的经营者经会计师事务所审计的上一会计年度财务会计报告；国务院反垄断执法机构规定的其他文件、资料。申报书应当载明参与集中的经营者的名称、住所、经营范围、预定实施集中的日期和国务院反垄断执法机构规定的其他事项。

国务院反垄断执法机构应当自收到经营者提交的符合规定的文件、资料之日起30日内，对申报的经营者集中进行初步审查，作出是否实施进一步审查的决定，并书面通知经营者。国务院反垄断执法机构作出决定前，经营者不得实施集中。国务院反垄断执法机构作出不实施进一步审查的决定或者逾期未作出决定的，经营者可以实施集中。

国务院反垄断执法机构决定实施进一步审查的，应当自决定之日起90日内审查完毕，作出是否禁止经营者集中的决定，并书面通知经营者。作出禁止经营者集中的决定，应当说明理由。审查期间，经营者不得实施集中。

有下列情形之一的，国务院反垄断执法机构经书面通知经营者，可以延长前款规定的审查期限，但最长不得超过60日：

（1）经营者同意延长审查期限的；

（2）经营者提交的文件、资料不准确，需要进一步核实的；

（3）经营者申报后有关情况发生重大变化的。

国务院反垄断执法机构逾期未作出决定的，经营者可以实施集中。

根据不同情况，国务院反垄断执法机构应作出以下不同决定：

（1）禁止集中决定。国务院反垄断执法机构认为经营者集中具有或者可能具有排除、限制竞争效果的应当作出禁止经营者集中的决定。

（2）不予禁止决定。国务院反垄断执法机构虽认为经营者集中不具有排除、限制竞争效果的，或者国务院反垄断执法机构认为经营者集中具有排除、限制竞争效果，但是经营者能够证明该集中对竞争产生的有利影响明显大于不利影响或者符合社会公共利益的，国务院反垄断执法机构可以作出对经营者集中不予禁止的决定。

（3）附条件的不予禁止。对不予禁止的经营者集中，国务院反垄断执法机构可以决定附加减少集中对竞争产生不利影响的限制性条件。

国务院反垄断执法机构应当将禁止经营者集中的决定或者对经营者集中附加限制性条件的决定，及时向社会公布。

经营者违反《反垄断法》的规定实施集中的，由国务院反垄断执法机构责令停止实施集中、限期处分股份或者资产、限期转让营业以及采取其他必要措施恢复到集中前的状态，可以处50万元以下的罚款。

六、滥用行政权力排除、限制竞争及其法律规制

滥用行政权力排除、限制竞争，即通常所谓的“行政性垄断”，是指行政机关和法律、法规授权的具有公共事务职能的组织滥用行政权力，排除、限制竞争的行为。

《反垄断法》规定，行政机关和法律、法规授权的具有管理公共事务职能的组织不得滥用行政权力，实施下列行为，妨碍商品在地区之间的自由流通：

（1）对外地商品设定歧视性收费项目、实行歧视性收费标准，或者规定歧视性价格；

（2）对外地商品规定与本地同类商品不同的技术要求、检验标准，或者对外地商品采取重复检验、重复认证等歧视性技术措施，限制外地商品进入本地市场；

（3）采取专门针对外地商品的行政许可，限制外地商品进入本地市场；

（4）设置关卡或者采取其他手段，阻碍外地商品进入或者本地商品运出；

（5）妨碍商品在地区之间自由流通的其他行为。

行政机关和法律、法规授权的具有管理公共事务职能的组织不得滥用行政权力，以设定歧视性资质要求、评审标准或者不依法发布信息等方式，排斥或者限制外地经营者参加本地的招标投标活动。

行政机关和法律、法规授权的具有管理公共事务职能的组织不得滥用行政权力，采取与本地经营者不平等待遇等方式，排斥或者限制外地经营者在本地投资或者设立分支机构。

行政机关和法律、法规授权的具有管理公共事务职能的组织不得滥用行政权力，强制经营者从事《反垄断法》规定的垄断行为。

行政机关不得滥用行政权力，制定含有排除、限制竞争内容的规定。

行政机关和法律、法规授权的具有管理公共事务职能的组织滥用行政权力，实施排除、限制竞争行为的，由上级机关责令改正；对直接负责的主管人员和其他直接责任人员依法给予处分。反垄断执法机构可以向有关上级机关提出依法处理的建议。法律、行政法规对行政机关和法律、法规授权的具有管理公共事务职能的组织滥用行政权力实施排除、限制竞争行为的处理另有规定的，依照其规定。

【随堂测试6-4】某市场监督管理部门的下列行为中，属于《反垄断法》禁止的有（　　）。

A.限制外地经营者在本地设立分支机构

B.要求外地的货物必须通过指定物流公司进入本地

C.禁止没有资质的经营者参加本地建筑项目的投标

D.强制下属单位每年消费一定数额的烟酒

任务三 产品质量法

一、产品质量法概述

（一）产品的概念

《产品质量法》规定："本法所称产品是指通过加工、制作，用于销售的产品。建设工程不适用本法规定；但是，建设工程使用的建筑材料、建筑构配件和设备，属于前款规定的产品范围的，适用本法规定。"因此，未经加工、制作的物品（如农业产品），经加工、制作但非用于销售的物品，以及建设工程等不属于《产品质量法》所说的产品。

（二）产品质量与产品缺陷

产品质量指的是产品的适用性，也就是产品符合用户、消费者使用需求的特性的总和。产品的质量表现在以下几个方面：使用性能；可靠性与可维修性；安全性；适应性；经济性；时间性等。

对于产品缺陷，《产品质量法》定义为："本法所称缺陷，是指产品存在危及人身、他人财产安全的不合理的危险；产品有保障人体健康和人身、财产安全的国家标准、行业标准的，是指不符合该标准。"

（三）产品质量法的调整对象与适用范围

产品质量法，是指调整生产者、经营者与消费者之间因产品质量而发生的社会关系的法律规范的总称。产品的质量与国家及整个社会的经济利益紧密相连，关系到人民群众的切身利益。1993年2月22日第七届全国人民代表大会常务委员会第三十次会议审议通过了《中华人民共和国产品质量法》（以下简称《产品质量法》）（2000年7月8日通过修正案，2000年9月1日起施行），对产品质量的监督管理，生产者、销售者的产品质量责任和义务，以及赔偿损失、惩罚等方面做了明确规定。2009年8月27日和2018年12月29日进行了第二次、第三次修订。

《产品质量法》第二条规定了产品质量法的适用范围：适用的地域为中华人民共和国境内；适用的主体为在中华人民共和国境内的公民、企业、事业单位、国家机关、社会组织以及个体工商户等；适用的产品是以销售为目的，通过工业加工、手工制作等生产方式所获得的具有特定使用性能的物品。

《产品质量法》所调整的社会关系可分为两大类：一是产品质量监督管理过程中产生的监督与被监督、管理与被管理的关系。二是产品质量责任关系。这是指国家确立生产经营者的产品质量责任和义务，强制生产经营者因为违法而承担损失赔偿责任，以及承担行政、经济和刑事责任。

二、产品质量的监督管理

（一）产品质量监督管理体制

产品质量监督管理体制，是指有关产品质量监督管理的主体、职责、权限、方式、方法等问题。根据《产品质量法》的规定，我国层次有别、任务不同的产品质量监督管理机构包括：

（1）国务院市场监督管理部门，主管全国产品质量监督管理工作。国务院有关部门在各自的职责范围内负责产品质量监督工作。

（2）县级以上地方市场监督管理部门主管本行政区域内的产品质量监督管理工作。

（3）国务院和县级以上地方人民政府设置的有关行业主管部门在各自的职责范围内负责产品质量监督管理工作。

（二）产品质量监督管理制度

产品质量监督管理，是指对质量监督活动的计划、组织、指挥、调节和监督的总称。产品质量监督管理制度是指由《产品质量法》确认的相互联系、相互依存、自成体系的管理规定。根据《产品质量法》的规定，产品质量的监督管理有以下主要制度。

1.产品质量检验合格制度

《产品质量法》第十二条规定，产品质量应当检验合格，不得以不合格产品冒充合格产品。这是指任何产品在出厂前都必须经过检验，只有经过检验质量合格的产品才能出厂销售。检验产品，可以由企业自行设立检验机构进行，也可以委托其他检验机构进行。检验的标准，可依靠国家标准、行业标准、国际标准，也可以是企业自行制定的或与合同当事人约定的标准。但是根据《产品质量法》第十三条的规定，可能危及人体健康和人身、财产安全的工业产品，必须符合国家标准、行业标准。未制定国家标准或行业标准的，必须符合保障人体健康和人身、财产安全的要求。

2.企业质量体系认证制度

产品质量体系认证制度是指国务院产品质量监督管理部门或由其授权的部门认可的认证机构，依据国际通用的《质量管理和质量保证》系列标准，对企业的质量体系和质量保证能力进行审核确认并颁发企业质量体系认证证书的制度。国家根据国际通用的质量管理标准，推行企业质量体系认证制度。企业根据自愿原则可以向国务院产品质量监督部门认可的或者国务院产品质量监督部门授权的部门认可的认证机构申请企业质量体系认证。经认证合格的，由认证机构颁发企业质量体系认证证书。

3.产品质量认证制度

《产品质量法》第十四条对企业质量认证制度进行了规定：国家参照国际先进的产品标准和技术要求，推行产品质量认证制度。企业根据自愿原则可以向国务院产品质量监督部门认可的或者国务院产品质量监督部门授权的部门认可的认证机构申请产品质量认证。经认证合格的，由认证机构颁发产品质量认证证书，准许企业在产品或者其包装上使用产品质量认证标志。

4.产品质量监督检查制度

国家对产品质量实行以抽查为主要方式的监督检查制度，对可能危及人体健康和人身、财产安全的产品，影响国计民生的重要工业产品以及消费者、有关组织反映有质量问题的产品进行抽查。抽查的样品应当在市场上或者企业成品仓库内的待销产品中随机抽取。监督抽查工作由国务院市场监督部门规划和组织。县级以上地方市场监督部门在本行政区域内也可以组织监督抽查。法律对产品质量的监督检查另有规定的，依照有关法律的规定执行。国家监督抽查的产品，地方不得另行重复抽查；上级监督抽查的产品，下级不得另行重复抽查。根据监督抽查的需要，可以对产品进行检验。检验抽取样品的数量不得超过检验的合理需要，并不得向被检查人收取检验费用。监督抽查所需检验费用按照国务院规定列支。生产者、销售者对抽查检验的结果有异议的，可以自收到检验结果之日起15日内向实施监督抽查的产品质量监督部门或者其上级产品质量监督部门申请复检，由受理复检的产品质量监督部门作出复检结论。

5.产品质量社会监督制度

产品质量的社会监督是指消费者和用户或社会团体以及舆论单位，对产品的生产者、经销者，以及质量管理机关是否遵守和贯彻质量法律法规所进行的监督，是公民监督权的一种具体实现。采取的方法是批评、建议、申诉、举报等。

【随堂测试6-5】企业根据自愿原则可以向国务院产品质量监督部门认可的或者国务院产品质量监督部门授权的部门认可的认证机构申请（　　）。

A.工业产品生产许可证　　B.企业质量体系认证

C.产品质量认证　　D.产品质量监督免检标志

三、生产者、销售者产品质量责任和义务

生产者、销售者产品质量义务，是一种瑕疵担保义务，即其提供的产品应符合适用、安全的要求，不得存在不合理的危险。基于生产者、销售者各自的经营特点，《产品质量法》对两者的产品质量责任和义务分别作了规定。

（一）生产者的产品质量责任和义务

生产者应当对其生产的产品质量负责，如因自己的产品设计、制造或指示上的瑕疵造成他人人身、财产损害的应当承担产品质量责任。

1.生产者应当保证产品的内在质量

生产者生产的产品在质量上应符合以下要求：

（1）不存在危及人身、财产安全的不合理的危险，有保障人体健康和人身、财产安全的国家标准、行业标准的，应当符合该标准。

（2）具备产品应当具备的使用性能，但是，对产品存在使用性能的瑕疵作出说明的除外。

（3）符合在产品或者其包装上注明采用的产品标准，符合以产品说明、实物样品等方式表明的质量状况。

2.生产者的产品标识应当符合法律要求

生产者应当在其生产的产品或包装上附加产品标识。产品或者其包装上的标识必须真实，并符合下列要求：

（1）有产品质量检验合格证明。

（2）有中文标明的产品名称、生产厂厂名和厂址。

（3）根据产品的特点和使用要求，需要标明产品规格、等级、所含主要成分的名称和含量的，用中文相应予以标明；需要事先让消费者知晓的，应当在外包装上标明，或者预先向消费者提供有关资料。

（4）限期使用的产品，应当在显著位置清晰地标明生产日期和安全使用期或者失效日期。

（5）使用不当，容易造成产品本身损坏或者可能危及人身、财产安全的产品，应当有

警示标志或者中文警示说明。

裸装的食品和其他根据产品的特点难以附加标识的裸装产品，可以不附加产品标识。

易碎、易燃、易爆、有毒、有腐蚀性、有放射性等危险物品以及储运中不能倒置和有其他特殊要求的产品，其包装质量必须符合相应要求，依照国家有关规定作出警示标志或者中文警示说明，标明储运注意事项。

【案例6-4】李某不满两岁的女儿，在吃A厂生产的果冻时，不幸被噎窒息死亡，李某以A厂没有警示标志为由，将A厂告上法院。

请问：A厂是否应承担责任?

3.法律禁止生产者实施的行为

法律禁止生产者实施下列行为：

（1）生产者不得生产国家明令淘汰的产品；

（2）生产者不得伪造产地，不得伪造或者冒用他人的厂名、厂址；

（3）生产者不得伪造或者冒用认证标志等质量标志；

（4）生产者生产的产品，不得掺假、掺杂，不得以假充真、以次充好，不得以不合格产品冒充合格产品。

（二）销售者的产品质量责任和义务

1.验收义务

《产品质量法》规定，销售者应当建立并执行进货检查验收制度，验明产品合格证明和其他标识。

2.保持商品质量的义务

销售者应当采取措施，保持销售产品的质量。

3.有关产品标识的义务

销售者销售的产品的标识应当符合《产品质量法》关于产品或者其包装上的标识的各项规定。

4.法律禁止销售者实施的行为

销售者不得销售国家明令淘汰并停止销售的产品和失效、变质的产品；销售者不得伪造产地，不得伪造或者冒用他人的厂名、厂址；销售者不得伪造或冒用认证标志等质量标志；销售者销售产品不得掺杂、掺假，不得以假充真、以次充好，不得以不合格产品冒充合格产品。

四、损害赔偿

损害赔偿是指产品的销售者、生产者因产品的瑕疵或者缺陷对他人造成财产、人身损害的，应承担补偿对方损失的民事责任。

（一）产品瑕疵责任及损害赔偿

产品瑕疵是指产品不具备应有的使用性能，不符合明示采用的产品质量标准，或不符合产品说明、实物样品等方式表明的质量状况。

《产品质量法》规定，售出的产品有下列情形之一的，销售者应当负责修理、更换、退货；给购买产品的消费者造成损失的，销售者应当赔偿损失：

（1）不具备产品应当具备的使用性能而事先未作说明的；

（2）不符合在产品或者其包装上注明采用的产品标准的；

（3）不符合以产品说明、实物样品等方式表明的质量状况的。

销售者依照上述规定负责修理、更换、退货、赔偿损失后，属于生产者的责任或者属于向销售者提供产品的其他销售者（以下简称供货者）的责任的，销售者有权向生产者、供货者追偿。

销售者未按照规定给予修理、更换、退货或者赔偿损失的，由产品质量监督部门或者市场监督管理部门责令改正。

生产者之间，销售者之间，生产者与销售者之间订立的买卖合同、承揽合同有不同约定的，合同当事人按照合同约定执行。

（二）产品缺陷责任及损害赔偿

产品缺陷责任应是在缺陷产品招致用户、消费者的人身、财产损害时发生，即当产品缺陷与损害事实之间有因果关系时才能确立。损害事实包括用户、消费者的人身伤害和缺陷产品以外的其他财产损失。

求偿对象，从受害人的角度而言是指其应向谁要求赔偿。为体现对受害人的保护，《产品质量法》规定，因产品存在缺陷造成人身、缺陷产品以外的其他财产（以下简称他人财产）损害的，受害人可以向产品的生产者要求赔偿，也可以向产品的销售者要求赔偿。属于产品的生产者的责任，产品的销售者赔偿的，产品的销售者有权向产品的生产者追偿。属于产品的销售者的责任，产品的生产者赔偿的，产品的生产者有权向产品的销售者追偿。

《产品质量法》规定，因产品存在缺陷造成人身、他人财产损害的，生产者应当承担赔偿责任。可见，生产者对产品责任的承担，实行的是严格责任原则，即无论生产者有无过错，只要产品存在缺陷致使人身、他人财产损害的，生产者就应承担赔偿责任。但严格责任不等于绝对责任，生产者能够证明有下列情形之一的，不承担赔偿责任：

（1）未将产品投入流通的；

（2）产品投入流通时，引起损害的缺陷尚不存在的；

（3）将产品投入流通时的科学技术水平尚不能发现缺陷的存在的。

《产品质量法》规定，由于销售者的过错使产品存在缺陷，造成人身、他人财产损害的，销售者应当承担赔偿责任。销售者不能指明缺陷产品的生产者也不能指明缺陷产品的供货者的，销售者应当承担赔偿责任。可见，销售者对产品责任的承担，实行的是过错责任原则。

因产品存在缺陷造成受害人人身伤害的，侵害人应当赔偿医疗费、治疗期间的护理费、因误工减少的收入等费用；造成残疾的，还应当支付残疾者生活自助用具费、生活补助费、残疾赔偿金以及由其扶养的人所必需的生活费等费用；造成受害人死亡的，应当支付丧葬费、死亡赔偿金以及由死者生前扶养的人所必需的生活费等费用。

因产品存在缺陷造成受害人财产损失的，侵害人应当恢复原状或者折价赔偿。受害人因此遭受其他重大损失的，侵害人应当赔偿损失。

因产品存在缺陷造成损害要求赔偿的请求权，在造成损害的缺陷产品交付最初消费者满10年丧失；但是，尚未超过明示的安全使用期的除外。

【案例6-5】哈尔滨某商店出售一批皮上衣，其中几件有质量问题，属于生产厂家的责任。商店为消费者退换后，即向生产厂家追偿。生产厂家厂长称，在订立该批货物的买卖合同中，已经明确由生产厂家多付出5%的货物，生产厂家不再承担产品瑕疵担保责任。

请问：生产厂家的理由充分吗？

五、违反产品质量法的行政责任

生产、销售不符合保障人体健康和人身、财产安全的国家标准、行业标准的产品的，责令停止生产、销售，没收违法生产、销售的产品，并处违法生产、销售产品（包括已售出和未售出的产品，下同）货值金额等值以上3倍以下的罚款；情节严重的，吊销营业执照。

在产品中掺杂、掺假，以假充真，以次充好，或者以不合格产品冒充合格产品的，责令停止生产、销售，没收违法生产、销售的产品，并处违法生产、销售产品货值金额50%以上3倍以下的罚款；有违法所得的，并处没收违法所得；情节严重的，吊销营业执照；构成犯罪的，依法追究刑事责任。

生产国家明令淘汰的产品的，销售国家明令淘汰并停止销售的产品的，责令停止生产、销售，没收违法生产、销售的产品，并处违法生产、销售产品货值金额等值以下的罚款；有违法所得的，并处没收违法所得；情节严重的，吊销营业执照。

销售失效、变质的产品的，责令停止销售，没收违法销售的产品，并处违法销售产品货值金额2倍以下的罚款；有违法所得的，并处没收违法所得；情节严重的，吊销营业执照。

伪造产品产地的，伪造或者冒用他人厂名、厂址的，伪造或者冒用认证标志等质量标志的，责令改正，没收违法生产、销售的产品，并处违法生产、销售产品货值金额等值以下的罚款；有违法所得的，并处没收违法所得；情节严重的，吊销营业执照。

产品标识不符合要求，责令改正；有包装的产品标识不符合要求，情节严重的，责令停止生产、销售，并处违法生产、销售产品货值金额30%以下的罚款；有违法所得的，并处没收违法所得。

与《反不正当竞争法》及《消费者权益保护法》相比，《产品质量法》的许多条款都涉及刑事责任。若情节严重，构成犯罪的，应依法追究刑事责任。

任务四　消费者权益保护法

一、消费者权益保护法概述

（一）消费者权益保护法的概念

消费者权益保护法是调整国家机关、经营者、消费者相互之间因保护利益而产生的社会关系的法律规范的总称。它有广义和狭义之分。狭义的消费者权益保护法是指1993年10月31日第八届全国人民代表大会常务委员会第四次会议通过，并于1994年1月1日施行的《中华人民共和国消费者权益保护法》（以下简称《消费者权益保护法》），2009年8

月27日第十一届全国人民代表大会常务委员会第十次会议《关于修改部分法律的决定》第一次修正，2013年10月25日第十二届全国人民代表大会常务委员会第五次会议《关于修改〈中华人民共和国消费者权益保护法〉的决定》第二次修正。它是我国最具代表性的保护消费者权益方面的法律。广义的消费者权益保护法是指《消费者权益保护法》以及其他法律法规中的保护消费者权益的法律规范。

微课

消费者权益保护法

（二）《消费者权益保护法》的适用范围

（1）消费者为生活消费需要购买、使用商品或者接受服务，适用《消费者权益保护法》。《消费者权益保护法》保护的主体是消费者。该法所称的消费者包括为生活消费需要购买、使用商品或者接受服务的个人。

消费者具有以下特征：①消费者的消费性质指生活消费，但有一个例外，《消费者权益保护法》第六十二条规定，农民购买、使用直接用于农业生产的生产资料，如农药、化肥、农业机械等，参照《消费者权益保护法》执行。②消费者的消费客体是商品和服务。③消费者包括自然人和单位。生活消费主要是自然人（含家庭）的消费，而且自然人的生活消费也是《消费者权益保护法》保护的重点。但是，生活消费还包括单位的生活消费，因为在一般情况下，单位购买生活资料最后都是由个人使用，有些单位还为个人进行生活消费而购买商品和接受服务。

（2）经营者为消费者提供其生产、销售的商品或者提供服务，适用《消费者权益保护法》。经营者是以营利为目的，从事生产经营活动的法人、其他经济组织和个人。

（三）《消费者权益保护法》的调整对象

《消费者权益保护法》的调整对象是消费过程中所发生的社会关系，包括：

（1）国家机关和经营者之间的关系，主要是指国家有关管理部门在对经营者的生产、销售、服务活动进行监督管理、维护消费者合法利益过程中所发生的关系；

（2）国家机关和消费者之间的关系，即国家管理部门在为消费者提供指导、服务与保护的过程中所发生的关系；

（3）经营者和消费者之间的关系，指经营者因进行违法经营给消费者造成损害，消费者请求赔偿，以及消费者对经营者进行监督而发生的关系。

二、消费者的权利和经营者的义务

（一）消费者的权利

消费者的权利作为一种基本人权，是生存权的重要组成部分。因此，法律必须予以保障，以使消费者的基本人权从自然的权利转化为法定的权利。

1.安全保障权

《消费者权益保护法》规定，消费者在购买、使用商品和接受服务时享有人身、财产安全不受损害的权利。消费者有权要求经营者提供的商品和服务，符合保障人身、财产安全的要求。安全保障权包括人身安全权、财产安全权两个方面的内容。安全保障权是消费者最重要的权利，也是《宪法》和《民法典》赋予公民的人身权、财产权在消费领域的具体体现。消费者在有偿取得商品时，有权要求其符合国家的安全、卫生标准，不致因此而受伤害；在有偿取得服务时有权要求其设施、用料等安全、卫生，并有相应的保护措施，不危及人身、财产安全。

2.知悉真情权

《消费者权益保护法》规定，消费者享有知悉其购买、使用的商品或者接受的服务的真实情况的权利。消费者有权根据商品或者服务的不同情况，要求经营者提供商品的价格、产地、生产者、用途、性能、规格、等级、主要成分、生产日期、有效期限、检验合格证明、使用方法说明书、售后服务，或者服务的内容、规格、费用等有关情况。

3.自主选择权

《消费者权益保护法》规定，消费者享有自主选择商品或者服务的权利。消费者有权自主选择提供商品或者服务的经营者，自主选择商品品种或者服务方式，自主决定购买或者不购买任何一种商品、接受或者不接受任何一项服务。消费者在自主选择商品或者服务时，有权进行比较、鉴别和挑选。

4.公平交易权

《消费者权益保护法》规定，消费者享有公平交易的权利。消费者在购买商品或者接受服务时，有权获得质量保障、价格合理、计量正确等公平交易条件，有权拒绝经营者的强制交易行为。经营者向消费者提供商品和服务的质量应符合《产品质量法》等法律、法规的规定，经营者与消费者有约定的，应符合约定，但该约定不得违背法律、法规的规定。

5.依法求偿权

《消费者权益保护法》规定，消费者在因购买、使用商品或接受服务受到人身、财产安全损害时，享有依法获得赔偿的权利。在经营者提供的商品或服务不符合国家有关质量标准，不能实现应有的使用价值，或计量、计价不符合法定要求、侵害消费者权益时，消费者有权要求消除损害或采取补救措施；消费者有权要求经营者合理赔偿，并有权在交涉不成时向有关部门投诉和向法院起诉。

6.依法结社权

《消费者权益保护法》规定，消费者享有依法成立维护自身权益的社会团体的权利。政府对消费者团体不应加以限制，并且在制定有关消费者方面的政策和法律时，还应向消费者团体征求意见，以求更好地保护消费者的权利。

7.求教获知权

《消费者权益保护法》规定，消费者享有获得有关消费和消费者权益保护方面的知识的权利。求教获知权，或称受教育权、获取知识权，是从知悉真情权中引申出来的一种消费者权利。

这一权利包括两方面的内容：

（1）获得有关消费方面的知识。其主要包括有关消费观、有关商品和服务的基本知识、有关市场的基本知识。这是保障正确、适宜的消费所不可缺少的。

（2）获得有关消费者权益保护方面的知识。其主要包括有关消费者权益保护的法律、行政法规和政策，以及保护机构和争议解决途径等方面的知识。

8.维护尊严权

《消费者权益保护法》规定，消费者在购买、使用商品和接受服务时，享有人格尊严、民族风俗习惯得到尊重的权利，享有个人信息依法得到保护的权利。尊重消费者的人格尊严和民族习惯，是社会文明进步的表现，也是尊重和保障人权的重要内容。

9.监督批评权

《消费者权益保护法》规定，消费者享有对商品和服务以及保护消费者权益工作进行监督的权利。消费者有权检举、控告侵害消费者权益的行为和国家机关及其工作人员在保护消费者权益工作中的违法失职行为，有权对保护消费者权益工作提出批评、建议。

【案例6-6】A市市民李某到本市康力家具公司购买家具，他在一套标价6.8万元的红木家具中的一把椅子上坐了一下，不料，椅背忽然向后掉落到地上，上半截处断裂。顿时，这家公司多人将李某围住。公司一位负责人先是要求他出6.8万元把全套家具买走，在李某的苦苦哀求下，便提出要他赔1万元。经李某一再喊冤叫屈，最后以赔付3 000元了事。

请问：李某是否应赔偿？康力家具公司的行为是否合法？

（二）经营者的义务

由于经营者是为消费者提供其生产、销售的商品或者提供服务的市场主体，是与消费者直接进行交易的另一方，因此明确经营者的义务对于保护消费者权益至关重要。根据《消费者权益保护法》第三章的规定，在保护消费者权益方面，经营者负有以下义务：

1.依法定或约定履行的义务

经营者向消费者提供商品或者服务，应当依照《消费者权益保护法》和其他有关法律、法规的规定履行义务。经营者和消费者有约定的，应当按照约定履行义务，但双方的约定不得违背法律、法规的规定。经营者向消费者提供商品或者服务，应当恪守社会公德，诚信经营，保障消费者的合法权益；不得设定不公平、不合理的交易条件，不得强制交易。

2.听取意见和接受监督的义务

《消费者权益保护法》规定，经营者应当听取消费者对其提供的商品或者服务的意见，接受消费者的监督。这是与消费者的监督批评权或称质询权相对应的经营者的义务，对改善消费者的地位具有重要意义。

3.保障人身和财产安全的义务

《消费者权益保护法》规定，经营者应当保证其提供的商品或者服务符合保障人身、财产安全的要求。对可能危及人身、财产安全的商品和服务，应当向消费者作出真实的说明和明确的警示，并说明和标明正确使用商品或者接受服务的方法以及防止危害发生的方法。宾馆、商场、餐馆、银行、机场、车站、港口、影剧院等经营场所的经营者，应当对消费者尽到安全保障义务。经营者发现其提供的商品或者服务存在缺陷，有危及人身、财产安全危险的，应当立即向有关行政部门报告和告知消费者，并采取停止销售、警示、召回、无害化处理、销毁、停止生产或者服务等措施。这是与消费者的安全保障权相对应的经营者的义务。

4.提供商品和服务的真实信息，不作虚假宣传的义务

《消费者权益保护法》规定，经营者向消费者提供有关商品或者服务的质量、性能、用途、有效期限等信息，应当真实、全面，不得作虚假或者引人误解的宣传。经营者对消费者就其提供的商品或者服务的质量和使用方法等问题提出的询问，应当作出真实、明确的答复。经营者提供商品或者服务应当明码标价，否则即构成侵犯消费者权益的行为和不

正当竞争行为。这是与消费者的知悉真情权相对应的经营者的义务。

5.标明真实名称和标记的义务

《消费者权益保护法》规定，经营者应当标明真实名称和标记；租赁他人柜台或者场地的经营者，应当标明其真实名称和标记。经营者标明真实名称和标记是对消费者的尊重。经营者不得使用未经核准登记的企业名称；不得假冒他人的企业名称和他人特有的营业标记；也不得仿冒，即不得使用与他人的企业名称或营业标记相近的并足以造成消费者误解的企业名称或营业标记。租赁他人柜台或场地的经营者，应当以自己的真实名称和标记从事经营活动，而不能以出租者的名称或标记从事经营活动。

6.出具相应的凭证和单据的义务

《消费者权益保护法》规定，经营者提供商品或者服务，应当按照国家有关规定或者商品惯例向消费者出具购货凭证或者服务单据，消费者索要购货凭证或者服务单据的，经营者必须出具。由于购货凭证或者服务单据具有证据的价值，对于界定消费者和经营者的权利和义务有重要意义，因此，明确经营者出具相应的凭证和单据的义务，有利于保护消费者权益。

7.保证商品或者服务质量、履行“三包”或者其他责任的义务

《消费者权益保护法》规定，经营者应当保证在正常使用商品或者接受服务的情况下其提供的商品或者服务应当具有的质量、性能、用途和有效期限；但消费者在购买该商品或者接受该服务前已经知道其存在瑕疵，且存在该瑕疵不违反法律强制性规定的除外。

经营者以广告、产品说明、实物样品或者其他方式表明商品或者服务的质量状况的，应当保证其提供的商品或者服务的实际质量与表明的质量状况相符。经营者提供的机动车、计算机、电视机、电冰箱、空调、洗衣机等耐用商品或者装饰装修等服务，消费者自接受商品或者服务之日起6个月内发现瑕疵，发生争议的，由经营者承担有关瑕疵的举证责任。

经营者提供的商品或者服务不符合质量要求的，消费者可以依照国家规定、当事人约定退货，或者要求经营者履行更换、修理等义务。没有国家规定和当事人约定的，消费者可以自收到商品之日起7日内退货；7日后符合法定解除合同条件的，消费者可以及时退货，不符合法定解除合同条件的，可以要求经营者履行更换、修理等义务。依照规定进行退货、更换、修理的，经营者应当承担运输等必要费用。

经营者采用网络、电视、电话、邮购等方式销售商品，消费者有权自收到商品之日起7日内退货，且无须说明理由，但下列商品除外：

（1）消费者定做的；

（2）鲜活易腐的；

（3）在线下载或者消费者拆封的音像制品、计算机软件等数字化商品；

（4）交付的报纸、期刊。

除以上所列商品外，其他根据商品性质并经消费者在购买时确认不宜退货的商品，不适用无理由退货。消费者退货的商品应当完好。经营者应当自收到退回商品之日起7日内返还消费者支付的商品价款。退回商品的运费由消费者承担；经营者和消费者另有约定的，按照约定。

【案例6-7】“双十一”购物节时，周小姐在某大型购物网站上看到一个背包，款式新

颖，价格便宜。周小姐点击购买，并支付了货款。收到货后，周小姐觉得与其原来的一个背包相似，于是便联系网店店主退货，并愿意承担来回的运费，但店主不同意。

请问：周小姐如何维护自己的权益？

8.不得从事不公平、不合理的交易的义务

《消费者权益保护法》规定，经营者在经营活动中使用格式条款的，应当以显著方式提请消费者注意商品或者服务的数量和质量、价款或者费用、履行期限和方式、安全注意事项和风险警示、售后服务、民事责任等与消费者有重大利害关系的内容，并按照消费者的要求予以说明。经营者不得以格式条款、通知、声明、店堂告示等方式，作出排除或者限制消费者权利、减轻或者免除经营者责任、加重消费者责任等对消费者不公平、不合理的规定，不得利用格式条款并借助技术手段强制交易。格式条款、通知、声明、店堂告示等含有上述所列内容的，其内容无效。

9.不得侵犯消费者人格权的义务

《消费者权益保护法》从规定经营者义务的角度，体现了对消费者人格权的保护，要求经营者不得对消费者进行侮辱、诽谤；不得搜查消费者的身体及其携带的物品；不得侵犯消费者的人身自由。

10.消费者信息保密义务

《消费者权益保护法》规定，经营者收集、使用消费者个人信息，应当遵循合法、正当、必要的原则，明示收集、使用信息的目的、方式和范围，并经消费者同意。经营者收集、使用消费者个人信息，应当公开其收集、使用规则，不得违反法律、法规的规定和双方的约定收集、使用信息。经营者及其工作人员对收集的消费者个人信息必须严格保密，不得泄露、出售或者非法向他人提供。经营者应当采取技术措施和其他必要措施，确保信息安全，防止消费者个人信息泄露、丢失。在发生或者可能发生信息泄露、丢失的情况时，应当立即采取补救措施。经营者未经消费者同意或者请求，或者消费者明确表示拒绝的，不得向其发送商业性信息。

11.网络、电视、电话、邮购等方式的销售义务

采用网络、电视、电话、邮购等方式提供商品或者服务的经营者，以及提供证券、保险、银行等金融服务的经营者，应当向消费者提供经营地址、联系方式、商品或者服务的数量和质量、价款或者费用、履行期限和方式、安全注意事项和风险警示、售后服务、民事责任等信息。

三、争议的解决和法律责任

（一）争议解决的途径

《消费者权益保护法》规定，消费者和经营者发生消费者权益争议的，可以通过下列途径解决：与经营者协商和解；请求消费者协会或者依法成立的其他调解组织调解；向有关行政机关投诉；根据与经营者达成的协议提请仲裁机构仲裁；提起诉讼。

（二）赔偿责任主体的确定

1.生产者、销售者、服务者的责任

（1）消费者在购买、使用商品时，其合法权益受到损害的，可以向销售者要求赔偿。销售者赔偿后，属于生产者的责任或者属于向销售者提供商品的其他销售者的责任的，销

售者有权向生产者或者其他销售者追偿。

（2）消费者或者其他受害人因产品缺陷造成人身、财产损害的，可以向销售者要求赔偿，也可以向生产者要求赔偿。属于生产者责任的，销售者赔偿后，有权向生产者追偿。

（3）消费者在接受服务时，其合法权益受到损害的，可以向服务者要求赔偿。

（4）消费者在展览会、租赁柜台购买商品或者接受服务，其合法权益受到损害的，可以向销售者或者服务者要求赔偿。展览会结束或者柜台租赁期满，也可以向展览会的举办者、柜台的出租者要求赔偿。展览会的举办者、柜台的出租者赔偿后，有权向销售者或者服务者追偿。

2.企业变更后的责任

消费者在购买、使用商品或者接受服务时，其合法权益受到损害，而原企业分立、合并的，可以由变更后承担其权利义务的企业赔偿。

3.营业执照使用人或持有人的责任

使用他人营业执照的违法经营者提供商品或者服务，损害消费者合法权益的，消费者可以向其要求赔偿，也可以向营业执照的持有人要求赔偿。

4.网络交易平台提供者的责任

消费者通过网络交易平台购买商品或者接受服务，其合法权益受到损害的，可以向销售者或者服务者要求赔偿。网络交易平台提供者不能提供销售者或者服务者的真实名称、地址和有效联系方式的，消费者也可以向网络交易平台提供者要求赔偿；网络交易平台提供者作出更有利于消费者的承诺的，应当履行承诺。网络交易平台提供者赔偿后，有权向销售者或者服务者追偿。网络交易平台提供者明知或者应知销售者或者服务者利用其平台侵害消费者合法权益，未采取必要措施的，依法与该销售者或者服务者承担连带责任。

【案例6-8】刘女士在某大型网购平台上的一家手机店购买了一款外国某知名手机。实际收货后，刘女士发现自己购买的手机并非正品。于是联系卖家退货，但电话和邮件均无法联系到售卖人。刘女士向网购平台工作人员反映，他们核实后发现，对方当时提供的验证身份证件系假冒的，目前他们已将这家网店关闭，刘女士的损失只能自己承担。

请问：刘女士应怎么办？

5.虚假广告经营者的责任

消费者因经营者利用虚假广告或者其他虚假宣传方式提供商品或者服务，其合法权益受到损害的，可以向经营者要求赔偿。广告经营者、发布者发布虚假广告的，消费者可以请求行政主管部门予以惩处。广告经营者、发布者不能提供经营者的真实名称、地址和有效联系方式的，应当承担赔偿责任。广告经营者、发布者设计、制作、发布关系消费者生命健康的商品或者服务的虚假广告，造成消费者损害的，应当与提供该商品或者服务的经营者承担连带责任。社会团体或者其他组织、个人在关系消费者生命健康的商品或者服务的虚假广告或者其他虚假宣传中向消费者推荐商品或者服务，造成消费者损害的，应当与提供该商品或者服务的经营者承担连带责任。

（三）侵犯消费者合法权益行为的法律责任

对生产者和经营者侵害消费者合法权益的行为，应根据其违法行为的性质、情节、社会危害程度等因素，由经营者分别承担民事责任、行政责任和刑事责任。

1.侵犯消费者合法权益行为的民事责任

经营者提供商品或者服务有下列情形之一的，承担民事责任：

（1）商品或者服务存在缺陷的；

（2）不具备商品应当具备的使用性能而出售时未作说明的；

（3）不符合在商品或者其包装上注明采用的商品标准的；

（4）不符合商品说明、实物样品等方式表明的质量状况的；

（5）生产国家明令淘汰的商品或者销售失效、变质的商品的；

（6）销售的商品数量不足的；

（7）服务的内容和费用违反约定的；

（8）对消费者提出的修理、重作、更换、退货、补足商品数量、退还货款和服务费用或者赔偿损失的要求，故意拖延或者无理拒绝的；

（9）法律、法规规定的其他损害消费者权益的情形。经营者对消费者未尽到安全保障义务，造成消费者损害的，应当承担侵权责任。

经营者提供商品或者服务，造成消费者或者其他受害人人身伤害的，应当赔偿医疗费、护理费、交通费等为治疗和康复支出的合理费用，以及因误工减少的收入。造成残疾的，还应当赔偿残疾生活辅助器具费和残疾赔偿金。造成死亡的，还应当赔偿丧葬费和死亡赔偿金。

经营者侵害消费者的人格尊严、侵犯消费者人身自由或者侵害消费者个人信息依法得到保护的权利的，应当停止侵害、恢复名誉、消除影响、赔礼道歉，并赔偿损失。

经营者有侮辱诽谤、搜查身体、侵犯人身自由等侵害消费者或者其他受害人人身权益的行为，造成严重精神损害的，受害人可以要求精神损害赔偿。

经营者提供商品或者服务，造成消费者财产损害的，应当依照法律规定或者当事人约定承担修理、重作、更换、退货、补足商品数量、退还货款和服务费用或者赔偿损失等民事责任。

经营者以预收款方式提供商品或者服务的，应当按照约定提供。未按照约定提供的，应当按照消费者的要求履行约定或者退回预付款；并应当承担预付款的利息、消费者必须支付的合理费用。

依法经有关行政部门认定为不合格的商品，消费者要求退货的，经营者应当负责退货。

经营者提供商品或者服务有欺诈行为的，应当按照消费者的要求增加赔偿其受到的损失，增加赔偿的金额为消费者购买商品的价款或者接受服务的费用的3倍；增加赔偿的金额不足500元的，为500元。法律另有规定的，依照其规定。

【随堂测试6-6】王某以5万元从甲商店购得一件标明为明代的瓷瓶，放置于家中客厅。李某好奇把玩不慎摔坏。经鉴定，该瓷瓶为赝品，市场价格为100元，甲商店是知假卖假。王某的下列请求中，（　　）是合法的。

A.要求甲商店赔偿15万元

B.要求甲商店赔偿5万元

C.要求李某赔偿5万元

D.要求李某赔偿100元

经营者明知商品或者服务存在缺陷，仍然向消费者提供，造成消费者或者其他受害人死亡或者健康严重损害的，受害人有权要求经营者依照规定赔偿损失，并有权要求所受损失2倍以下的惩罚性赔偿。

2.侵犯消费者合法权益行为的行政责任

经营者有下列情形之一，除承担相应的民事责任外，其他有关法律、法规对处罚机关和处罚方式有规定的，依照法律、法规的规定执行；法律、法规未作规定的，由市场监督管理部门或者其他有关行政部门责令改正，可以根据情节单处或者并处警告、没收违法所得、处以违法所得1倍以上10倍以下的罚款，没有违法所得的，处以50万元以下的罚款；情节严重的，责令停业整顿、吊销营业执照：

（1）提供的商品或者服务不符合保障人身、财产安全要求的；

（2）在商品中掺杂、掺假，以假充真，以次充好，或者以不合格商品冒充合格商品的；

（3）生产国家明令淘汰的商品或者销售失效、变质的商品的；

（4）伪造商品的产地，伪造或者冒用他人的厂名、厂址，篡改生产日期，伪造或者冒用认证标志等质量标志的；

（5）销售的商品应当检验、检疫而未检验、检疫或者伪造检验、检疫结果的；

（6）对商品或者服务作虚假或者引人误解的宣传的；

（7）拒绝或者拖延有关行政部门责令对缺陷商品或者服务采取停止销售、警示、召回、无害化处理、销毁、停止生产或者服务等措施的；

（8）对消费者提出的修理、重作、更换、退货、补足商品数量、退还货款和服务费用或者赔偿损失的要求，故意拖延或者无理拒绝的；

（9）侵害消费者人格尊严、侵犯消费者人身自由或者侵害消费者个人信息依法得到保护的权利的；

（10）法律、法规规定的对损害消费者权益应当予以处罚的其他情形。

经营者有前款规定情形的，除依照法律、法规规定予以处罚外，处罚机关应当记入信用档案，向社会公布。

经营者对行政处罚决定不服的，可以依法申请行政复议或者提起行政诉讼。

3.刑事责任的确定

经营者违反《消费者权益保护法》的规定提供商品或者服务，侵害消费者合法权益，构成犯罪的，依法追究刑事责任。

经营者违反《消费者权益保护法》的规定，应当承担民事赔偿责任和缴纳罚款、罚金，其财产不足以同时支付的，先承担民事赔偿责任。

以暴力、威胁等方法阻碍有关行政部门工作人员依法执行职务的，依法追究刑事责任；拒绝、阻碍有关行政部门工作人员依法执行职务，未使用暴力、威胁方法的，由公安机关依照《中华人民共和国治安管理处罚法》的规定处罚。国家机关工作人员玩忽职守或者包庇经营者侵害消费者合法权益的行为的，由其所在单位或者上级机关给予行政处分；

情节严重，构成犯罪的，依法追究刑事责任。

项目测试

一、单项选择题（每题只有一个正确选项，请将正确的选项填入括号内）

1.下列各项说法中，正确的是（　　）。

A.《产品质量法》中的产品专指销售的产品，包括建设工程

B.建设工程不适用《产品质量法》

C.建筑材料的加工制作销售不适用《产品质量法》

D.建筑设备未经过加工制作的不适用《产品质量法》

2.根据《产品质量法》，求偿人为（　　）。

A.消费者　　B.受害者　　C.生产者　　D.销售者

3.因产品存在缺陷造成受害人身体伤害的，侵害人应当赔偿（　　）。

A.医疗费　　B.护理费　　C.误工减少的收入　　D.以上都包括

4.某地违法者将胡萝卜伪装处理后当人参销售，这种行为属于产品质量法规定的（　　）行为。

A.以不合格产品冒充合格产品　　B.以假充真

C.以次充好　　D.掺杂、掺假行为

5.居民甲在某商场购得1台“多功能食品加工机”，回家试用后发现该产品只有一种功能，遂向商场提出退货，商场答复：“该产品说明书未就其使用性能作明确说明，且产品本身无质量问题，所以顾客应向厂家索赔，商场概不负责。”对此，顾客（　　）。

A.应当要求销售者给予退换

B.只能向生产者要求退换

C.可选择向销售者或生产者要求退换并给予赔偿

D.因未当场认真检验商品，所以不能要求退换

6.消费者知情权的客体不包括（　　）。

A.商品价格　　B.商品产地

C.商品主要成分　　D.商品的成本

7.某消费者因啤酒瓶爆炸造成身体上的伤害，他的（　　）受到了侵犯。

A.安全保障权　　B.知悉真情权

C.公平交易权　　D.接受教育权

8.经营者有欺诈行为的，应按消费者的要求增加赔偿其受到的损失，增加赔偿的金额为消费者购买商品价款或接受服务费用的（　　）。

A.1倍　　B.2倍　　C.3倍　　D.5倍

9.甲厂生产一种易拉罐装碳酸饮料。消费者丙从乙商场购买这种饮料后，在开启时被罐内强烈气流炸伤眼部，下列各项中正确的是（　　）。

A.丙只能向乙索赔

B.丙只能向甲索赔

C.丙只能向消费者协会投诉，请其确定向谁索赔

D.丙可向甲、乙中的一个索赔

10.根据反不正当竞争法律制度的规定，下列各项中，不属于不正当竞争行为中的假冒行为的是（　　）。

A.擅自使用他人的企业名称或者姓名，引人误认为是他人的商品

B.在商品上伪造或者冒用认证标志、名优标志等质量标志，伪造产地，对商品质量作引人误解的虚假表示

C.销售明知是假冒注册商标的商品的

D.经营者利用广告或者其他方法，对商品的质量、制作方法、性能、用途、生产者、有效期限、产地等作引人误解的虚假宣传的行为

11.根据《反垄断法》的规定，负责经营者集中行为反垄断审查工作的机构是（　　）。

A.国家工商局　　B.国家发改委

C.商务部　　D.反垄断审查委员会

12.根据《反垄断法》的规定，下列各项中，属于法律禁止的纵向垄断协议的是（　　）。

A.限制开发新技术、新产品　　B.限制商品的生产数量或者销售数量

C.限制购买新技术、新设备　　D.限定向第三人转售商品的最低价格

13.经营者提供的机动车、计算机、电视机、电冰箱、空调、洗衣机等耐用商品或者装饰装修等服务，消费者自接受商品或者服务之日起（　　）个月内发现瑕疵，发生争议的，由经营者承担有关瑕疵的举证责任。

A.3　　B.12　　C.6　　D.24

14.对于线上交易的商品，消费者需要退货的，退货的商品应当完好。经营者应当自收到退回商品之日起（　　）日内返还消费者支付的商品价款。

A.3　　B.7　　C.15　　D.30

15.对于线上交易的商品，消费者需要退货的，退回商品的运费由（　　）承担；经营者和消费者另有约定的，按照约定。

A.消费者　　B.经营者

C.运输公司　　D.消费者和经营者共同

16.经营者提供商品或者服务有欺诈行为的，应当按照消费者的要求增加赔偿其受到的损失，增加赔偿的金额不足（　　）元的，为（　　）元。法律另有规定的，依照其规定。

A.5 000　　B.500　　C.1 000　　D.100

17.经营者违反《消费者权益保护法》的规定，应当承担民事赔偿责任和缴纳罚款、罚金，其财产不足以同时支付的，优先承担（　　）。

A.民事赔偿责任　　B.违约责任　　C.刑事责任　　D.罚款、罚金

二、多项选择题（每题有两个或两个以上正确选项，请将正确的选项填入括号内）

1.下列产品中不属于《产品质量法》调整对象的有（　　）。

A.石油　　B.汽车　　C.服装　　D.小麦

2.下列产品中存在《产品质量法》所称的“缺陷”的有（　　）。

A.致人中毒的假酒

B.口感不佳的劣酒

C.易醉人的高度酒

D.突然爆炸炸坏家具的汽酒（爆炸原因为气压过高）

3.下列产品中应有警示标志或中文警示说明的有（　　）。

A.有副作用的药品　　B.需稀释方可使用的农药

C.易燃易爆物　　D.书籍

4.销售者在产品质量方面承担民事责任的具体形式有（　　）。

A.修理　　B.更换　　C.退货　　D.赔偿

5.售出的产品给购买产品的用户、消费者造成损失的，销售者有（　　）的情形的应当赔偿损失。

A.不具备产品应当具备的使用性能

B.不符合在产品或包装上注明采用的产品标准

C.不符合以产品说明方式表明的质量状况

D.不符合以实物样品方式表明的质量状况

6.经营者侵害消费者的人格尊严或者侵犯消费者人身自由的，应当负（　　）的责任。

A.停止侵害　　B.恢复名誉　　C.消除影响　　D.赔礼道歉

7.根据《反不正当竞争法》的规定，下列各项中，属于不正当竞争行为的有（　　）。

A.第三人明知或者应知法律所禁止的行为，获取、使用或者披露他人商业秘密的行为

B.经营者以低于成本的价格销售商品用于清偿债务的行为

C.擅自使用他人的企业名称或者姓名，引人误认为是他人商品的行为

D.利用有奖销售推销质次价高的商品

8.根据《反不正当竞争法》的规定，下列各项中，属于侵犯商业秘密的行为有（　　）。

A.甲披露自己以偷盗手段获取的A企业的商业秘密

B.乙披露甲以偷盗手段获取的A企业的商业秘密

C.甲允许丙使用自己以偷盗手段获取的A企业的商业秘密

D.丁明知甲以偷盗手段获取A企业的商业秘密，丁披露该商业秘密

9.根据《反垄断法》的规定，下列各项中，不适用《反垄断法》的行为有（　　）。

A.知识产权的正当行使

B.经营者达成垄断协议

C.可能具有排除、限制竞争效果的经营者集中

D.农业生产中的联合或者协同行为

10.根据《反垄断法》的规定，下列各项中，属于法律禁止的横向垄断协议的有（　　）。

A.固定或者变更商品价格的协议

B.限制购买新技术、新设备或者限制开发新技术、新产品

C.联合抵制交易

D.固定向第三人转售商品的价格

11.根据《反垄断法》的规定，下列各项中，属于法律禁止的纵向垄断协议的有（　　）。

A.固定向第三人转售商品的价格　　B.限定向第三人转售商品的最低价格

C.联合抵制交易　　D.分割销售市场或者原材料采购市场

12.根据《反垄断法》的规定，下列各项中，属于滥用市场支配地位行为的有（　　）。

A.以不公平的高价销售商品

B.没有正当理由，拒绝与交易相对人进行交易

C.没有正当理由搭售商品

D.限定向第三人转售商品的最低价格

13.经营者采用网络、电视、电话、邮购等方式销售商品，消费者有权自收到商品之日起7日内退货，且无须说明理由，但（　　）商品除外。

A.消费者定做的

B.鲜活易腐的

C.在线下载或者消费者拆封的音像制品、计算机软件等数字化

D.交付的报纸、期刊

14.经营者有侵犯消费者合法权益行为的，除依照法律、法规规定予以处罚外，处罚机关应当将经营者的行为（　　）。

A.记入信用档案　　B.向社会公布

C.责令经营者公开道歉　　D.责令赔偿损失

三、判断题（正确的在括号内打"√"，错误的打"×"）

1.《产品质量法》调整的对象之一是产品的生产者、销售者与产品的用户和消费者之间因产品缺陷而产生的产品质量责任关系。（　　）

2.因产品的缺陷造成他人人身、财产损害的，无论任何情况下，产品生产者均应承担赔偿责任。（　　）

3.《产品质量法》和《民法典》关于人身受到损害要求赔偿的诉讼时效期间的规定是一致的，即均为1年。（　　）

4.广告经营者在明知或应知情况下发布虚假广告应承担法律责任。（　　）

5.经营者集中达到国务院规定的申报标准的，经营者应当事先向国务院反垄断委员会申报，未申报的不得实施集中。（　　）

6.经营者依照有关知识产权的法律、行政法规规定行使知识产权的行为，不适用《反垄断法》；但是，经营者滥用知识产权，排除、限制竞争的行为，适用《反垄断法》。（　　）

7.消费者在购买、使用商品时，其合法权益受到损害的，既可以向销售者要求赔偿，也可以向生产者要求赔偿。（　　）

8.经营者不得搜查消费者的身体，但可以根据需要搜查消费者携带的物品。（　　）

9.经营者有侮辱诽谤、搜查身体、侵犯人身自由等侵害消费者或者其他受害人人身权益的行为，造成严重精神损害的，受害人无法要求精神损害赔偿。（　　）

10.经营者明知商品或者服务存在缺陷，仍然向消费者提供，造成消费者或者其他受害人死亡或者健康严重损害的，受害人有权要求经营者依照《消费者权益保护法》第四十九条、第五十一条等法律规定赔偿损失，并有权要求所受损失2倍以下的惩罚性赔偿。（　　）

四、案例分析题

1.2020年5月，某市六家大型百货商场联合发函致有关厂家，声称由于本市个别单位违反商业道德，损害商业信誉和消费者权益，在经营中搞不正当竞争行为，影响极坏。六家商场负责人联名呼吁：希望各厂家不要与这些个别单位在经营上有联系。否则，我们六家商场可能会采取统一行动，从而影响我们之间业务的正常往来。

请问：

（1）如果六家商场发函中所叙述的情形属实，其联合行为是否恰当？若不恰当，请说明应该怎样做才恰当？

（2）如果函中所述情形虚假，其联合行为构成什么性质的行为？为什么？

2.1996年1月下旬，上海肯德基有限责任公司在上海市电视荧屏及报纸等媒体上刊登了“新年肯德基奇妙时光餐”的促销广告。广告内容如下：“新年到，戴新表，肯德基里吃套餐，就有一块新手表；尝新味，戴新表，肯德基里真热闹，快去快去肯德基，新年去戴新手表。”在印刷精美的画面上，一只别致的手表非常突出，引人注目；在两只装食物的纸盒旁有两段红色的文字：“A套餐：两块鸡+菜丝沙拉+土豆泥+面包+手表，只要27.50元；B套餐：一块鸡+两块辣鸡翅+菜丝沙拉+土豆泥+手表，只要27.50元。”广告海报上还写有几段黑体字：“现在吃A套餐或B套餐就能拥有一只漂亮的奇妙时光表”和“数量有限，售完为止”。

上海肯德基有限公司为此次促销活动共准备了26万块手表，原打算从1月30日开始一直延续至2月19日春节。但没想到，广告做出后影响特别大，许多孩子吵着向自己的父母要这块奇妙时光表，爱子心切的上海父母竟在9天之内将24万多份（去除手表损耗）奇妙时光餐抢购一空。但是，有一位为孩子购买了一份奇妙时光餐的母亲在孩子满足地吃着套餐时，心里却算起了套餐的成本。这一算使她产生了疑惑和被骗的不满。她发现这块时光表不是赠送的，成本已打入了套餐价格。于是她向电台投诉……

据查，上海肯德基有限公司以7.60元的进货单价向香港一家贸易公司订购了26万只标有“KFC”字样的手表（手表上再无其他明显标识），加上媒体广告费、传单费和海报费等，实际每只手表的成本价是9.09元。套餐中的食物若单买，价格为18.50元。因此，肯德基有限公司未以此牟利。其实，这批手表的真正产地是广东。

要求：结合我国现行法律规定，请对上海肯德基有限公司的经营行为进行评价。

项目七
证券法

【知识目标】

1. 了解证券的概念和种类。
2. 掌握证券的发行和交易制度。
3. 掌握协议收购和要约收购。
4. 理解禁止交易行为。

【能力目标】

1. 运用证券法律知识分析证券的发行、交易中的基本问题。
2. 判断证券发行、交易行为的合法性。
3. 能解决发行、交易中的简单纠纷。

【主要概念】

证券发行　证券交易　持续信息公开　内幕信息　操纵市场　虚假信息　上市公司收购

引导案例

银广夏，全称广夏（银川）实业股份有限公司，1994年6月17日起在深圳证券交易所上市（深交所：000557）。1999年12月30日银广夏股价忽然启动，1年后猛涨6倍。2001年8月5日，《财经》杂志发表封面文章《银广夏陷阱》，揭露了银广夏财务舞弊的行为，引起了各方面的关注，银广夏也因此成为中国大陆上市公司财务舞弊的代名词。

舞弊经过

银广夏对外宣称，其利润绝大部分来自于其子公司天津广夏对德国诚信公司出口二氧化碳超临界萃取技术的产品卵磷脂、生姜精油、桂皮精油等。而《财经》杂志记者调查发现了其中的几大疑点：

清华大学化学工程系教授朱慎林等专家指出，银广夏使用的二氧化碳超临界萃取技术的设备即使24小时运转也无法达到其宣称的销售量。

天津广夏的产品出口价格高出同类产品价格3～5倍。

天津广夏所宣称的某些产品根本不可能由二氧化碳超临界萃取技术萃取生产。

天津广夏所宣称的德国客户的注册资本只有51 129.19欧元，但合同总金额高达60亿元人民币，且该企业从未露面。

最后决定性的证据来自天津海关，天津海关的统计数据显示，天津广夏所宣称的产品根本没有出口记录，天津广夏的所有的经营业绩是虚构的。

结果

事发后，银广夏多名高层管理人员被起诉，为其提供审计服务的深圳中天勤会计师事务所也被财政部吊销执业资格，签字注册会计师刘加荣、徐林文被吊销注册会计师资格。证监会同时吊销了深圳中天勤会计师事务所的证券、期货相关业务许可证。

2002年12月20日上午，银广夏特大虚假利润案在宁夏银川开庭审理。

2007年1月19日，银川市中级人民法院审结股票持有人要求银广夏赔偿案。判决书确认，由第三人银川培鑫投资有限责任公司以每10元折抵2.2股银广夏股份，代被告银广夏公司向原告进行赔偿。

思考：

（1）上市公司舞弊有哪些手段？如何防止？

（2）造假违规应承担什么后果？

任务一　证券法认知

一、证券的概念和种类

一般认为，证券有广义和狭义之分。广义的证券是指记载并且代表一定权利的所有凭证，主要包括三类：一是财物证券，如提货单、购物券等；二是货币证券，如支票、本票、汇票等；三是资本证券，如股票、债券等。狭义的证券仅指资本证券。《中华人民共和国证券法》(以下简称《证券法》)规定的证券为股票、公司债券、存托凭证以及国务院依法认定的其他证券。

目前我国证券市场上发行和流通的主要有以下几种证券:

(一)股票

所谓股票是股份有限公司签发的证明股东所持股份的凭证。我国证券市场上流通的股票有人民币普通股(A股)和境内上市外资股(B股)。另外,中国境内注册的公司还可以发行境外上市外资股,包括H股(中国香港上市)、N股(美国纽约上市)、S股(新加坡上市)等。

(二)债券

债券是政府、金融机构、公司等单位依照法定程序发行的、约定在一定期限还本付息的有价证券。

(三)存托凭证

存托凭证是指在一国证券市场流通的代表外国公司有价证券的可转让凭证,由存托人签发,以境外证券为基础在境内发行,代表境外基础证券权益的证券。中国存托凭证(Chinese Depository Receipt,CDR)是指境外(包括中国香港)的上市公司将部分已发行上市的股票托管在当地保管银行,由中国境内的存托银行发行、在境内A股市场上市、以人民币交易结算、供国内投资者买卖的投资凭证。只有注册地在中国境外的公司才能发行中国存托凭证,发行目的是进行内地融资,实现股票的异地买卖。

(四)证券投资基金

证券投资基金是一种利益共享、风险共担的集合证券投资方式,即通过发售基金份额募集资金,由基金托管人托管,由基金管理人管理和运作资金,为基金份额持有人的利益,以资产组合方式进行证券投资的一种投资方式。依据其运作方式不同,可以分为封闭式基金和开放式基金。封闭式基金是指基金的发起人在设立基金时,限定了基金单位的发行总额,筹集到这个总额后,基金即宣告成立,并进行封闭,在一定时期内不再接受新的投资,又称为固定型投资基金。基金单位的流通采取在证券交易所上市的办法,投资者日后买卖基金单位都必须通过证券经纪商在二级市场上进行竞价交易。开放式基金是指基金管理公司在设立基金时,发行基金单位的总份额不固定,可视投资者的需求追加发行。投资者也可根据市场状况和各自的投资决策,或者要求发行机构按现期净资产值扣除手续费后赎回股份或受益凭证,或者再买入股份或受益凭证,增持基金单位份额。

(五)资产支持证券

资产支持证券是由受托机构发行的、代表特定目的信托的信托受益权份额。受托机构以信托财产为限向投资机构承担支付资产支持证券收益的义务。其支付基本来源于支持证券的资产池产生的现金流。项下的资产通常是金融资产,如贷款或信用应收款,根据它们的条款规定,支付是有规律的。资产支持证券支付本金的时间常依赖于涉及资产本金回收的时间,这种本金回收的时间和相应的资产支持证券相关本金支付时间的固有的不可预见性,是资产支持证券区别于其他债券的一个主要特征,是固定收益证券当中的主要一种。可以用作资产支持证券抵押品的资产分为两类:现存的资产或应收款,将来发生的资产或应收款。前者称为“现有资产的证券化”,后者称为“将来现金流的证券化”。

（六）资产管理产品

资产管理产品是指接受投资者委托，对受托投资者提供财产投资和管理服务的银行、信托、证券、期货、保险资产管理机构、金融资产投资公司等机构发行的，由其担任资产管理人，由托管机构担任资产托管人，为资产委托人的利益运用委托财产进行投资的一种标准化金融产品。资产管理产品按照募集方式的不同，分为公墓产品和私募产品；按照投资性质的不同，分为固定收益类产品、权益类产品、商品及金融衍生产品和混合类产品。

（七）认股权证

认股权证，又称“认股证”或“权证”，其英文名称为Warrant，是一种约定该证券的持有人可以在规定的某段期间内，有权利（而非义务）按约定价格向发行人购买标的股票的权利凭证。

（八）期货

期货是一种跨时间的交易方式。买卖双方通过签订标准化合约，同意按约定的时间、价格与其他交易条件，交收指定数量的现货。按照现货标的物的种类不同，期货可以分为商品期货与金融期货。

（九）期权

期权是一种选择权，本质上是一种合约，该合约持有人享有在某一特定日期或该日之前的任何时间以固定价格购进或售出一种资产的权利。期权可以分为看涨期权和看跌期权。

二、证券市场的概念

证券市场是指证券发行与交易的场所。证券市场分为发行市场和流通市场。发行市场又称一级市场，是发行新证券的市场，证券发行人通过证券发行市场将已获准公开发行的证券第一次销售给投资者，以获取资金。证券流通市场又称二级市场，是针对已发行的证券进行买卖、转让交易的场所。

证券市场的主体包括证券发行人、投资者、中介机构、交易场所，以及自律性组织和监管机构。证券发行人是在证券市场上发行证券的单位，一般包括企业、金融机构和政府部门。证券投资者是证券市场上证券的购买者，也是资金的供给者。证券投资者一般包括个人投资者和机构投资者。证券中介机构主要是指证券经营机构、资产评估机构、会计师事务所、律师事务所等。证券交易场所是进行证券交易的场所，有场内交易市场和场外交易市场两种。证券自律性组织包括证券交易所、证券业协会等，主要是在本所或本行业内实行自我监管。证券监管机构是代表政府对证券市场进行监督管理的机构，在我国特指中国证券监督管理委员会及其派出机构。

三、证券法的概念

证券法是调整证券市场的参与者与证券管理监督者，在证券的募集发行、交易、监督管理过程中所发生的社会经济关系的法律规范的总称。有广义和狭义之分。狭义的证券法是指《中华人民共和国证券法》（以下简称《证券法》），广义的证券法除《证券法》外，还包括其他法律中有关证券管理的内容、国务院有关证券管理的行政法规、有关证券管理的部门规章、有关证券管理的地方性法规和规章。

证券法调整的对象是证券市场的参与者和监督者在证券的募集发行、交易、服务和监督管理过程中所发生的各种经济关系，包括证券募集发行关系、证券交易关系、证券服务关系、证券监督管理关系等证券法律关系。

证券的发行、交易活动，必须实行公开、公平、公正的原则。

任务二　证券发行

一、证券发行的一般规定

（一）公开发行证券的有关规定

《证券法》规定，公开发行证券，必须符合法律、行政法规规定的条件，并依法报经国务院证券监督管理机构或者国务院授权的部门注册。未经依法注册，任何单位和个人不得公开发行证券。证券发行注册制的具体范围、实施步骤，由国务院规定。

有下列情形之一的，为公开发行：

（1）向不特定对象发行证券；

（2）向特定对象发行证券累计超过200人，但依法实施员工持股计划的员工人数不计算在内；

（3）法律、行政法规规定的其他发行行为。

非公开发行证券，不得采用广告、公开劝诱和变相公开方式，否则就属于公开发行。

【随堂测试7-1】根据《证券法》的规定，下列项目中，属于公开发行的有（　　）。

A.向累计为100人的社会公众发行证券

B.向累计为100人的本公司股东发行证券

C.向累计为200人的社会公众发行证券

D.向累计超过200人的本公司股东发行证券

（二）公开发行证券实行保荐制度的有关规定

发行人申请公开发行股票、可转换为股票的公司债券，依法采取承销方式的，或者公开发行法律、行政法规规定实行保荐制度的其他证券的，应当聘请具有保荐资格的机构担任保荐人。

2020年6月1日，中国证券监督管理委员会第235次主席办公会议审议通过的《证券发行上市保荐业务管理办法》第二条规定，发行人应当就下列事项聘请具有保荐机构资格的证券公司履行保荐职责：首次公开发行股票并上市；上市公司发行新股、可转换公司债券；公开发行存托凭证；中国证券监督管理委员会认定的其他情形。

二、股票发行的类型

（一）股票发行的类型

依据发行主体、发行方式和发行目的的不同，《证券法》对股票发行进行了以下分类：

1.非公众公司非公开发行股票

这是指发行后发行人股东人数不超过200人，也没有采取公开发行方式的股票发行。

此种股票发行不需报经证监会的核准，发行人自行决定，只需要遵守《公司法》，不承担《证券法》规定的强制信息披露义务。

2. 非公众公司向特定对象发行股票，导致发行后股东超过200人的发行

依据证监会《非上市公众公司监督管理办法》的规定，这种股票发行必须符合法定条件，依法报经中国证监会核准。非公众公司经核准定向发行股票后，股东人数超过200人的，该公司将被定性为非上市公众公司。

3. 非公众公司申请股票以公开方式向社会公众公开转让

本来股东转让股票并不构成股票发行行为，但为了防止有人利用股份转让规避公开发行监管，公司拟申请其股票以公开方式向社会公众公开转让的，需报经中国证监会核准，核准后该公司被定性为非上市公众公司。

4. 非上市公众公司的定向发行

非上市公众公司向特定对象发行股票，也需要经过中国证监会的核准。

5. 首次公开发行股票并上市

当发行人向社会公众公开发行股票，并且在发行完毕拟去证券市场上市的，需要符合法定条件，依法履行《证券法》规定的注册程序。发行上市后，发行人成为上市公司。

6. 上市公司发行新股

上市公司无论是公开发行新股还是非公开发行新股，都必须符合法定条件，经过中国证监会的核准。

上述第1种股票发行类型，由发行人依据《公司法》规定的公司设立或者公司新增资本的方式进行，本节不再讨论。第2种、第3种和第4种涉及《证券法》规定的一种新公司类型——非上市公众公司，本书将在下面集中讨论；第5种和第6种是股票市场最常见的股票发行类型，本书也将在下面分别介绍。

（二）非上市公众公司

非上市公众公司并非《公司法》规定的公司种类，而是基于《证券法》对于公开发行的界定划分出来的新公司类型。根据《非上市公众公司监督管理办法》的规定，非上市公众公司是指有下列情形之一且其股票未在证券交易所上市交易的股份有限公司：

（1）股票向特定对象发行或者转让导致股东累计超过200人；

（2）股票公开转让。

1. 对非上市公众公司的核准

（1）因股票以非公开方式转让导致股东累计超过200人。

股票向特定对象转让导致股东累计超过200人的股份有限公司，应当自上述行为发生之日起3个月内，按照中国证监会有关规定制作申请文件向中国证监会申请核准。如果股份有限公司在3个月内将股东人数降至200人以内，可以不提出申请。

（2）因股份有限公司申请其股票公开转让。

股份有限公司申请其股票公开转让，董事会应当依法就股票公开转让的具体方案作出决议，并提请股东大会批准，股东大会决议必须经出席会议的股东所持表决权的2/3以上通过。股份人数超过200人的公司申请其股票公开转让，应当按照中国证监会有关规定制作公开转让的申请文件向中国证监会申请核准。

中国证监会在受理申请文件后，依法对公司治理和信息披露进行审核，在20个工作

日内作出核准、中止审核、终止审核、不予审核的决定。

对于股东人数未超过200人的公司申请其股票公开转让，中国证监会豁免核准，由全国中小企业股份转让系统进行审查。

2.对非上市公众公司的监管要求

对非上市公众公司的监管要求主要有：股权明晰；合法规范经营；公司治理机制健全；履行信息披露义务。其中最重要的是履行信息披露义务。

依据《非上市公众公司监督管理办法》，非上市公众公司应当履行强制信息披露义务。信息披露文件主要包括公开转让说明书、定向转让说明书、定向发行说明书、发行情况报告书、定期报告和临时报告等。非上市公众公司及其他信息披露义务人应当按照法律、行政法规和中国证监会的规定，真实、准确、完整、及时地披露信息，不得有虚假记载、误导性陈述或者重大遗漏。

3.非上市公众公司的股票转让

非上市公众公司公开转让股票应当在全国中小企业股份转让系统进行，公开转让的非上市公众公司股票应当在中国证券登记结算公司集中登记存管。

未在全国中小企业股份转让系统挂牌上市的公众公司（以下简称“不挂牌公司”），除按照《非上市公众公司监督管理办法》履行公众公司信息披露等义务外，还应当遵循以下规定：明确信息披露方式，选择在非上市公众公司信息披露网站、公司网站及其他公众媒体披露股份变更、定期报告等信息，同时报中国证监会派出机构存档；选择在中国证券登记结算公司、证券公司或者符合规定的区域性市场或托管机构登记托管股份；不得采用公开方式向社会公众转让股份，也不得在未经国务院批准的证券交易场所转让股份，未经批准不得擅自发行股票。证监会派出机构负责对不挂牌公司的监管。

【随堂测试7-2】关于非上市公众公司，下列说法中正确的有（　　）。

A.非上市公众公司是股票向特定对象发行或者转让导致股东累计超过200人的公司

B.非上市公众公司股票定向发行的对象不得超过35名

C.股票向特定对象转让导致股东累计超过200人的股份有限公司，若股份有限公司在3个月内将股东人数降至200人以内的，可以不向证监会提出核准申请

D.非上市公众公司应当定期披露季度报告、半年度报告和年度报告

三、首次公开发行股票并上市

（一）首次公开发行股票的一般条件

设立股份有限公司公开发行股票（以下简称“首次公开发行股票”），应当符合《证券法》《公司法》规定的发行条件和经国务院批准的国务院证券监督管理机构规定的其他发行条件。

首次公开发行股票的基本条件包括：

（1）健全且运行良好的组织机构；

（2）具有持续经营能力；

（3）最近3年财务会计报告被出具无保留意见审计报告；

（4）发行人及其控股股东、实际控制人最近3年不存在贪污、贿赂、侵占财产、挪用财产或者破坏社会主义市场经济秩序的刑事犯罪；

（5）经国务院批准的国务院证券监督管理机构规定的其他条件。

公开发行存托凭证的，应当符合首次公开发行新股的条件以及国务院证券监督管理机构规定的其他条件。

上述基本条件是注册制下在主板、中小板、创业板、科创板上市的公司都应遵守的共性规则。

（二）在主板和中小板上市的公司首次公开发行股票的条件

（1）发行人应当是依法设立且合法存续的股份有限公司。发行人自股份有限公司成立后，持续经营时间应当在3年以上，但经国务院批准的除外。有限责任公司按原账面净资产值折股整体变更为股份有限公司的，持续经营时间可以从有限责任公司成立之日起计算。

（2）发行人已合法并真实取得注册资本项下载明的资产。发行人的注册资本已足额缴纳，发起人或者股东用作出资的资产的财产权转移手续已办理完毕，发行人的主要资产不存在重大权属纠纷。

（3）发行人的生产经营符合法律、行政法规和公司章程的规定，符合国家产业政策。

（4）发行人最近3年内主营业务和董事、高级管理人员没有发生重大变化，实际控制人没有发生变更。

（5）发行人的股权清晰，控股股东和受控股股东、实际控制人支配的股东持有的发行人股份不存在重大权属纠纷。

（6）发行人具备健全且运行良好的组织机构。

（7）发行人具有持续盈利能力。

（8）发行人的财务状况良好。发行人的内部控制在所有重大方面是有效的，并由注册会计师出具了无保留结论的内部控制鉴证报告。发行人会计基础工作规范，财务报表的编制符合企业会计准则和相关会计制度的规定，在所有重大方面公允地反映了发行人的财务状况、经营成果和现金流量，并由注册会计师出具了无保留意见的审计报告。发行人编制财务报表应以实际发生的交易或者事项为依据；在进行会计确认、计量和报告时应当保持应有的谨慎；对相同或者相似的经济业务，应选用一致的会计政策，不得随意变更。发行人应当完整披露关联方关系并按重要性原则恰当披露关联交易。关联交易价格公允，不存在通过关联交易操纵利润的情形。发行人财务指标良好并达到以下条件：①最近3个会计年度净利润均为正数且累计超过人民币3 000万元，净利润以扣除非经常性损益前后较低者为计算依据；②最近3个会计年度经营活动产生的现金流量净额累计超过人民币5 000万元，或者最近3个会计年度营业收入累计超过人民币3亿元；③发行前股本总额不少于人民币3 000万元；④最近一期末无形资产（扣除土地使用权、水面养殖权和采矿权等后）占净资产的比例不高于20%；⑤最近一期末不存在未弥补亏损。

（9）发行人不存在法定的违法行为。发行人不得有下列情形：①最近36个月内未经法定机关核准，擅自公开或者变相公开发行过证券；或者有关违法行为虽然发生在36个月前，但目前仍处于持续状态。②最近36个月内违反市场监督管理、税收、土地、环保、海关以及其他法律、行政法规，受到行政处罚，且情节严重。③最近36个月内曾向中国证监会提出发行申请，但报送的发行申请文件有虚假记载、误导性陈述或重大遗漏；或者不符合发行条件以欺骗手段骗取发行核准；或者以不正当手段干扰中国证监会及其发行审核委员会审核工作；或者伪造、变造发行人或其董事、监事、高级管理人员的签字、盖章。④本次报送的发行申请文件有虚假记载、误导性陈述或者重大遗漏。⑤涉嫌犯罪被司法机关立案侦查，尚未有明确结论意见。⑥严重损害投资者合法权益和社会公共利益的其他情形。

【案例7-1】某股份有限公司拟公开发行股票并上市。相关经营业务如下：

（1）公司发行股票前股本总额为人民币5 000万元。

（2）公司上一年度严重违反环境保护管理法规受到罚款的行政处罚。

（3）公司最近3个会计年度净利润均为正数且累计为人民币4 000万元。

（4）最近3年内曾向中国证监会提出发行申请，但报送的发行文件有虚假记载。

（5）最近3年内曾因产品质量问题被市场监督管理部门立案调查但未进行处罚。

请问：根据证券法律制度的规定，上述经营业务符合公司首次公开发行股票并上市的条件有哪些？

（三）在创业板上市的公司首次公开发行股票的条件

根据《首次公开发行股票并在创业板上市管理办法》的规定，公司在创业板首次公开发行股票应当符合下列条件：

（1）发行人是依法设立且持续经营3年以上的股份有限公司。有限责任公司按原账面净资产值折股整体变更为股份有限公司的，持续经营时间可以从有限责任公司成立之日起计算。

（2）最近2年连续盈利，最近2年净利润累计不少于1 000万元，且持续增长；或者最近1年盈利，且净利润不少于500万元。净利润以扣除非经常性损益前后孰低者为计算依据。

（3）最近一期末净资产不少于2 000万元，且不存在未弥补亏损。

（4）发行后股本总额不少于3 000万元。

（5）发行人的注册资本已足额缴纳，发起人或者股东用作出资的资产的财产权转移手续已办理完毕。发行人的主要资产不存在重大权属纠纷。

（6）发行人应当主要经营一种业务，其生产经营活动符合法律、行政法规和公司章程的规定，符合国家产业政策及环境保护政策。

（7）发行人最近2年内主营业务和董事、高级管理人员均没有发生重大变化，实际控制人没有发生变更。

（8）发行人的股权清晰，控股股东和受控股股东、实际控制人支配的股东所持发行人的股份不存在重大权属纠纷。

（9）发行人具有完善的公司治理结构，依法建立健全股东大会、董事会、监事会以及独立董事、董事会秘书、审计委员会制度，相关机构和人员能够依法履行职责。

（10）发行人会计基础工作规范，财务报表的编制符合企业会计准则和相关会计制度的规定，在所有重大方面公允地反映了发行人的财务状况、经营成果和现金流量，并由注册会计师出具无保留意见的审计报告。

（11）发行人内部控制制度健全且被有效执行，能够合理保证公司财务报告的可靠性、生产经营的合法性、营运的效率与效果，并由注册会计师出具无保留结论的内部控制鉴证报告。

（12）发行人的董事、监事和高级管理人员了解股票发行上市相关法律法规，知悉上市公司及其董事、监事和高级管理人员的法定义务和责任。发行人的董事、监事和高级管理人员应当忠实、勤勉，具备法律、行政法规和规章规定的资格，且不存在下列情形：①被中国证监会采取证券市场禁入措施尚在禁入期的；②最近3年内受到中国证监会行政处罚，或者最近1年内受到证券交易所公开谴责的；③因涉嫌犯罪被司法机关立案侦查或者涉嫌违法违规被中国证监会立案调查，尚未有明确结论意见的。

（13）发行人及其控股股东、实际控制人最近3年内不存在损害投资者合法权益和社会公共利益的重大违法行为。发行人及其控股股东、实际控制人最近3年内不存在未经法定机关核准，擅自公开或者变相公开发行证券，或者有关违法行为虽然发生在3年前，但目前仍处于持续状态的情形。

（四）在科创板上市的公司首次公开发行股票的条件

（1）发行人是依法设立且持续经营3年以上的股份有限公司，具备健全且运行良好的组织机构，相关机构和人员能够依法履行职责。有限责任公司按原账面净资产值折股整体变更为股份有限公司的，持续经营时间可以从有限责任公司成立之日起计算。

（2）发行人会计基础工作规范，财务报表的编制和披露符合企业会计准则和相关信息披露规则的规定，在所有重大方面公允地反映了发行人的财务状况、经营成果和现金流量，并由注册会计师出具标准无保留意见的审计报告。发行人内部控制制度健全且被有效执行，能够合理保证公司运行效率、合法合规和财务报告的可靠性，并由注册会计师出具无保留结论的内部控制鉴证报告。

（3）发行人业务完整，具有直接面向市场独立持续经营的能力：

①资产完整，业务及人员、财务、机构独立，与控股股东、实际控制人及其控制的其他企业间不存在对发行人构成重大不利影响的同业竞争，不存在严重影响独立性或者显失公平的关联交易。

②发行人主营业务、控制权、管理团队和核心技术人员稳定，最近 2 年内主营业务和董事、高级管理人员及核心技术人员均没有发生重大不利变化；控股股东和受控股股东、实际控制人支配的股东所持发行人的股份权属清晰，最近 2 年实际控制人没有发生变更，不存在导致控制权可能变更的重大权属纠纷。

③发行人不存在主要资产、核心技术、商标等的重大权属纠纷，重大偿债风险，重大担保、诉讼、仲裁等或有事项，经营环境已经或者将要发生重大变化等对持续经营有重大不利影响的事项。

（4）发行人生产经营符合法律、行政法规的规定，符合国家产业政策。最近 3 年内，发行人及其控股股东、实际控制人不存在贪污、贿赂、侵占财产、挪用财产或者破坏社会主义市场经济秩序的刑事犯罪，不存在欺诈发行、重大信息披露违法或者其他涉及国家安全、公共安全、生态安全、生产安全、公众健康安全等领域的重大违法行为。董事、监事和高级管理人员不存在最近 3 年内受到中国证监会行政处罚，或者因涉嫌犯罪被司法机关立案侦查或者涉嫌违法违规被中国证监会立案调查，尚未有明确结论意见等情形。

（五）首次公开发行股票的程序

以科创板为例，说明首次公开发行股票的注册程序。科创板首次公开发行股票的注册程序：

（1）发行人董事会应当依法就本次股票发行的具体方案、本次募集资金使用的可行性及其他必须明确的事项作出决议，并提请股东大会批准。

发行人股东大会就本次发行股票作出的决议，至少应当包括下列事项：本次公开发行股票的种类和数量；发行对象；定价方式；募集资金用途；发行前滚存利润的分配方案；决议的有效期；对董事会办理本次发行具体事宜的授权；其他必须明确的事项。

（2）发行人申请首次公开发行股票并在科创板上市，应当按照中国证监会有关规定制作注册申请文件，由保荐人保荐并向交易所申报。交易所收到注册申请文件后，5个工作日内作出是否受理的决定。

自注册申请文件受理之日起，发行人及其控股股东、实际控制人、董事、监事、高级管理人员，以及与本次股票公开发行并上市相关的保荐人、证券服务机构及相关责任人员，即承担相应法律责任。

注册申请文件受理后，未经中国证监会或者交易所同意，不得改动。发生重大事项的，发行人、保荐人、证券服务机构应当及时向交易所报告，并按要求更新注册申请文件和信息披露资料。

（3）交易所应当自受理注册申请文件之日起3个月内形成审核意见。发行人根据要求补充、修改注册申请文件，以及交易所按照规定对发行人实施现场检查，或者要求保荐人、证券服务机构对有关事项进行专项核查的时间不计算在内。

交易所设立独立的审核部门，负责审核发行人公开发行并上市申请；设立科技创新咨询委员会，负责为科创板建设和发行上市审核提供专业咨询和政策建议；设立科创板股票上市委员会，负责对审核部门出具的审核报告和发行人的申请文件提出审议意见。交易所主要通过向发行人提出审核问询、发行人回答问题方式开展审核工作，基于科创板定位，判断发行人是否符合发行条件、上市条件和信息披露要求。

交易所按照规定的条件和程序，作出同意或者不同意发行人股票公开发行并上市的审核意见。同意发行人股票公开发行并上市的，将审核意见、发行人注册申请文件及相关审核资料报送中国证监会履行发行注册程序。不同意发行人股票公开发行并上市的，作出终止发行上市审核决定。

（4）中国证监会收到交易所报送的审核意见、发行人注册申请文件及相关审核资料后，履行发行注册程序。发行注册主要关注交易所发行上市审核内容有无遗漏，审核程序是否符合规定，以及发行人在发行条件和信息披露要求的重大方面是否符合相关规定。中国证监会认为存在需要进一步说明或者落实事项的，可以要求交易所进一步问询。

中国证监会在20个工作日内对发行人的注册申请作出同意注册或者不予注册的决定。发行人根据要求补充、修改注册申请文件，中国证监会要求交易所进一步问询，以及中国证监会要求保荐人、证券服务机构等对有关事项进行核查的时间不计算在内。

中国证监会认为交易所对影响发行条件的重大事项未予关注或者交易所的审核意见依据明显不充分的，可以退回交易所补充审核。交易所补充审核后，同意发行人股票公开发行并上市的，重新向中国证监会报送审核意见及相关资料，20个工作日的注册期限重新计算。

存在下列情形之一的，交易所或者中国证监会应当终止相应发行上市审核程序或者发行注册程序，并向发行人说明理由：①发行人撤回注册申请文件或者保荐人撤销保荐；

②发行人未在要求的期限内对注册申请文件作出解释说明或者补充、修改；③注册申请文件存在虚假记载、误导性陈述或者重大遗漏；④发行人阻碍或者拒绝中国证监会、交易所依法对发行人实施检查、核查；⑤发行人及其关联方以不正当手段严重干扰发行上市审核或者发行注册工作；⑥发行人法人资格终止；⑦注册申请文件内容存在重大缺陷，严重影响投资者理解和发行上市审核或者发行注册工作；⑧发行人注册申请文件中记载的财务资料已过有效期且逾期 3 个月未更新；⑨发行人中止发行上市审核程序超过交易所规定的时限或者中止发行注册程序超过 3 个月仍未恢复；⑩交易所不同意发行人公开发行股票并上市；⑪中国证监会规定的其他情形。

（5）中国证监会同意注册的决定自作出之日起 1 年内有效，发行人应当在注册决定有效期内发行股票，发行时点由发行人自主选择。

（6）中国证监会作出注册决定后、发行人股票上市交易前，发行人应当及时更新信息披露文件内容，财务报表过期的，发行人应当补充财务会计报告等文件；保荐人及证券服务机构应当持续履行尽职调查职责；发生重大事项的，发行人、保荐人应当及时向交易所报告。交易所应当对上述事项及时处理，发现发行人存在重大事项影响发行条件、上市条件的，应当出具明确意见并及时向中国证监会报告。

中国证监会作出注册决定后、发行人股票上市交易前，发现可能影响本次发行的重大事项的，中国证监会可以要求发行人暂缓或者暂停发行、上市；相关重大事项导致发行人不符合发行条件的，可以撤销注册。中国证监会撤销注册后，股票尚未发行的，发行人应当停止发行；股票已经发行尚未上市的，发行人应当按照发行价并加算银行同期存款利息返还股票持有人。

（7）交易所因不同意发行人股票公开发行并上市，作出终止发行上市审核决定，或者中国证监会作出不予注册决定的，自决定作出之日起 6 个月后，发行人可以再次提出公开发行股票并上市申请。

（六）上市公司发行新股的条件

上市公司发行新股是指股份有限公司成立后，基于增资目的而再次申请发行股票，包括增发和配股。增发是指再次向社会公众公开发行；配股是指向原股东配售新发行的股票。

1. 上市公司公开发行新股的一般条件

（1）上市公司的组织机构健全、运行良好。公司章程合法有效，股东大会、董事会、监事会和独立董事制度健全，能够依法有效履行职责；公司内部控制制度健全，能够有效保证公司运行的效率、合法合规性和财务报告的可靠性；内部控制制度的完整性、合理性、有效性不存在重大缺陷；现任董事、监事和高级管理人员具备任职资格，能够忠实和勤勉地履行职务，不存在违反《公司法》第一百四十七条、第一百四十八条规定的行为，且最近36个月内未受到过中国证监会的行政处罚、最近12个月内未受到过证券交易所的公开谴责；上市公司与控股股东或实际控制人的人员、资产、财务分开，机构、业务独立，能够自主经营管理；最近12个月内不存在违规对外提供担保的行为。

（2）盈利能力应具有可持续性。最近3个会计年度连续盈利。扣除非经常性损益后的净利润与扣除前的净利润相比，以低者作为计算依据；业务和盈利来源相对稳定，不存在严重依赖于控股股东、实际控制人的情形；现有主营业务或投资方向能够可持续发展，经营模式和投资计划稳健，主要产品或服务的市场前景良好，行业经营环境和市场需求不存在现实或可预见的重大不利变化；高级管理人员和核心技术人员稳定，最近12个月内未发生重大不利变化；公司重要资产、核心技术或其他重大权益的取得合法，能够持续使用，不存在现实或可预见的重大不利变化；不存在可能严重影响公司持续经营的担保、诉讼、仲裁或其他重大事项；最近24个月内曾公开发行证券的，不存在发行当年营业利润比上年下降50%以上的情形。

（3）财务状况良好。会计基础工作规范，严格遵循国家统一会计制度的规定；最近3年及一期财务报表未被注册会计师出具保留意见、否定意见或无法表示意见的审计报告；被注册会计师出具带强调事项的无保留意见审计报告的，所涉及的事项对发行人无重大不利影响或者在发行前重大不利影响已经消除；资产质量良好，不良资产不足以对公司财务状况造成重大不利影响；经营成果真实，现金流量正常，营业收入和成本费用的确认严格遵循国家有关企业会计准则的规定，最近3年资产减值准备计提充分合理，不存在操纵经营业绩的情形；最近3年以现金方式累计分配的利润不少于最近3年实现的年均可分配利润的30%。

（4）财务会计文件无虚假记载。上市公司不存在违反证券法律、行政法规或规章，受到中国证监会的行政处罚，或者受到刑事处罚；不存在违反市场监督管理、税收、土地、环保、海关法律、行政法规或规章，受到行政处罚且情节严重，或者受到刑事处罚；不存在违反国家其他法律、行政法规且情节严重。

（5）募集资金的数额和使用符合规定。

（6）上市公司不存在下列行为：本次发行申请文件有虚假记载、误导性陈述或重大遗漏；擅自改变前次公开发行证券募集资金的用途而未作纠正；上市公司最近12个月内受到过证券交易所的公开谴责；上市公司及其控股股东或实际控制人最近12个月内存在未履行向投资者作出的公开承诺的行为；上市公司或其现任董事、高级管理人员因涉嫌犯罪被司法机关立案侦查或涉嫌违法违规被中国证监会立案调查；严重损害投资者的合法权益和社会公共利益的其他情形。

【随堂测试7-3】上市公司发生下列情形时，属于证券法律制度禁止其增发股票的有（　　）。

A.公司在3年前曾经公开发行过可转换公司债券

B.公司现任监事在最近36个月内曾经受到过中国证监会的行政处罚

C.公司在前年曾经严重亏损

D.公司现任董事因涉嫌违法已被中国证监会立案调查

2.上市公司配股的条件

向原股东配售股份（简称“配股”），除符合上述一般条件外，还应当符合下列规定：

（1）拟配售股份数量不超过本次配售股份前股本总额的30%；

（2）控股股东应当在股东大会召开前公开承诺认配股份的数量；

（3）采用证券法规定的代销方式发行。

控股股东不履行认配股份的承诺，或者代销期限届满，原股东认购股票的数量未达到拟配售数量70%的，发行人应当按照发行价并加算银行同期存款利息返还已经认购的股东。

3. 上市公司增发的条件

向不特定对象公开募集股份（简称“增发”），除符合前述一般条件外，还应当符合下列规定：

（1）最近3个会计年度加权平均净资产收益率平均不低于6%。扣除非经常性损益后的净利润与扣除前的净利润相比，以低者作为加权平均净资产收益率的计算依据；

（2）除金融类企业外，最近一期末不存在持有金额较大的交易性金融资产和可供出售的金融资产、借予他人款项、委托理财等财务性投资的情形；

（3）发行价格应不低于公告招股意向书前20个交易日公司股票均价或前1个交易日的均价。

四、公司债券的发行

（一）公开发行的条件

公开发行公司债券，应当符合下列条件：

（1）具备健全且运行良好的组织机构；

（2）最近3年平均可分配利润足以支付公司债券一年的利息；

（3）国务院规定的其他条件。

公开发行公司债券筹集的资金，必须按照公司债券募集办法所列资金用途使用；改变资金用途，必须经债券持有人会议作出决议。公开发行公司债券筹集的资金，不得用于弥补亏损和非生产性支出。

上市公司发行可转换为股票的公司债券，除应当符合上述（1）（2）（3）的规定外，还应当符合中国证监会规定的条件。但是，按照公司债券募集办法，上市公司通过收购本公司股份的方式进行公司债券转换的除外。除此之外，中国证监会在《公司债券发行与交易管理办法》中还规定，资信状况符合以下标准的公司债券可以向公众投资者公开发行，也可以自主选择仅面向合格投资者公开发行：

（1）发行人最近3年无债务违约或者迟延支付本息的事实；

（2）发行人最近3个会计年度实现的年均可分配利润不少于债券一年利息的1.5倍；

（3）债券信用评级达到AAA级；

（4）中国证监会根据投资者保护的需要规定的其他条件。

未达到前款规定标准的公司债券公开发行应当面向合格投资者；仅面向合格投资者公开发行的，中国证监会简化核准程序。

《证券法》规定，有下列情形之一的，不得再次公开发行公司债券：

（1）对已公开发行的公司债券或者其他债务有违约或者延迟支付本息的事实，仍处于继续状态；

（2）违反《证券法》的规定，改变公开发行公司债券所募资金的用途。

公开发行公司债券，应当委托具有从事证券服务业务资格的资信评级机构进行信用评级。

（二）公开发行报送文件

申请公开发行公司债券，应当向国务院授权的部门或者国务院证券监督管理机构报送下列文件：

（1）公司营业执照；

（2）公司章程；

（3）公司债券募集办法；

（4）国务院授权的部门或者国务院证券监督管理机构规定的其他文件。依法规定聘请保荐人的，还应当报送保荐人出具的发行保荐书。

【随堂测试7-4】根据证券法律制度的有关规定，下列各项中，属于发行公司债券应当符合的条件有（　　）。

A.具备健全且运行良好的组织机构

B.改变公开发行公司债券所募资金的用途

C.本次发行后累计公司债券余额不超过最近一期末净资产额的50%

D.最近3个会计年度实现的年均可分配利润不少于公司债券1年的利息

任务三　证券交易

一、证券交易的一般规则

证券交易是指证券所有人转移证券的所有权于买受人，买受人支付相应价款的法律行为。《证券法》对证券交易作了如下规定：

（一）交易的标的与主体必须合法

1.交易的证券，必须是依法发行并交付的证券

非依法发行的证券，不得买卖。证券交易当事人买卖的证券可以采用纸面形式或者国务院证券监督管理机构规定的其他形式。

2.依法发行的证券，法律对其转让期限有限制性规定的，在限定的期限内不得买卖

根据《公司法》《证券法》的有关规定，涉及该限制性规定的有：

（1）发起人持有本公司股份，自公司成立之日起1年内不得转让。公司公开发行股份前已发行的股份，自公司股票在证券交易所上市交易之日起1年内不得转让。

（2）公司董事、监事、高级管理人员在任职期间每年转让其持有的本公司股份总数不得超过规定的比例（见《公司法》的有关内容）。

（3）证券交易所、证券公司和证券登记结算机构的从业人员、证券监督管理机构的工作人员以及法律、行政法规禁止参与股票交易的其他人员，在任期或者法定限期内，不得直接或者以化名、借他人名义持有、买卖股票，也不得收受他人赠送的股票。任何人在成为前款所列人员时，其原已持有的股票，必须依法转让。实施股权激励计划或者员工持股计划的证券公司的从业人员，可以按照国务院证券监督管理机构的规定持有、卖出本公司股票或者其他具有股权性质的证券。

（4）为股票发行出具审计报告、资产评估报告或者法律意见书等文件的证券服务机构和人员，在该股票承销期内和期满后6个月内，不得买卖该种股票。除前款规定外，为上市公司出具审计报告、资产评估报告或者法律意见书等文件的证券服务机构和人员，自接受上市公司委托之日起至上述文件公开后5日内，不得买卖该种股票。

（5）上市公司、股票在国务院批准的其他全国性证券交易场所交易的公司持有5%以上股份的股东、董事、监事、高级管理人员，将其持有的该公司的股票或者其他具有股权性质的证券在买入后6个月内卖出，或者在卖出后6个月内又买入，由此所得收益归该公司所有，公司董事会应当收回其所得收益。但是，证券公司因包销购入售后剩余股票而持有5%以上股份，以及有国务院证券监督管理机构规定的其他情形的除外。上述董事、监事、高级管理人员、自然人股东持有的股票或者其他具有股权性质的证券，包括其配偶、父母、子女持有的及利用他人账户持有的股票或者其他具有股权性质的证券。董事会不按照上述规定执行的，股东有权要求董事会在30日内执行。公司董事会未在30日内执行的，股东有权为了公司的利益以自己的名义直接向人民法院提起诉讼。公司董事会不按照规定执行的，负有责任的董事依法承担连带责任。

（6）上市公司持有5%以上股份的股东、实际控制人、董事、监事、高级管理人员，以及其他持有发行人首次公开发行前发行的股份或者上市公司向特定对象发行的股份的股东，转让其持有的本公司股份的，不得违反法律、行政法规和国务院证券监督管理机构关于持有期限、卖出时间、卖出数量、卖出方式、信息披露等规定，并应当遵守证券交易所的业务规则。

（7）通过证券交易所的证券交易，投资者持有或者通过协议、其他安排与他人共同持有一个上市公司已发行的股份达到5%时，应当在该事实发生之日起3日内，向国务院证券监督管理机构、证券交易所作出书面报告，通知该上市公司，并予公告；在上述期限内，不得再行买卖该上市公司的股票。投资者持有或者通过协议、其他安排与他人共同持有一个上市公司已发行的股份达到5%后，其所持该上市公司已发行的股份比例每增加或者减少5%，应当依照前述规定进行报告和公告。在报告期限内和作出报告、公告后2日内，不得再行买卖该上市公司的股票。

（二）证券交易活动的场所必须合法

依法公开发行的股票、公司债券及其他证券，应当在依法设立的证券交易所上市交易或者在国务院批准的其他证券交易场所转让。我国的交易所有上海证券交易所和深圳证券交易所。非公开发行的证券，可以在证券交易所、国务院批准的其他全国性证券交易场所、按照国务院规定设立的区域性股权市场转让。

（三）证券交易的方式必须合法

证券在证券交易所上市交易，应当采用公开的集中交易方式或者国务院证券监督管理机构批准的其他方式。集中交易方式，是指在集中交易市场以竞价交易的方式进行交易。集中交易方式分为集中竞价交易和大宗交易。集中竞价，又称集合竞价，是指在证券交易所市场内，所有参与证券买卖的各方当事人公开报价，按照价格优先、时间优先的原则撮合成交的证券交易方式。大宗交易，是指单笔交易规模远大于市场平均单笔交易规模的交易。

（四）交易服务要规范

首先，证券交易所、证券公司、证券登记结算机构必须依法为客户开立的账户保密。除法律、行政法规另有规定外，证券交易所、证券公司、证券登记结算机构不得向任何人提供客户账户的情况，否则将承担相应的法律责任。

其次，证券交易的收费必须合理，并公开收费项目、收费标准和管理办法。证券交易的收费项目、收费标准和管理办法由国务院有关主管部门统一规定。

（五）交易程序要规范

通过计算机程序自动生成或者下达交易指令进行程序化交易的，应当符合国务院证券监督管理机构的规定，并向证券交易所报告，不得影响证券交易所系统安全或者正常交易秩序。

二、证券上市

证券上市是公开发行的证券在证券交易所或其他依法设立的交易市场公开挂牌交易的过程。证券上市是连接证券发行市场和证券交易市场的桥梁。申请证券上市交易，应当向证券交易所提出申请，由证券交易所依法审核同意，并由双方签订上市协议。政府债券上市交易由国务院授权的部门决定，证券交易所根据国务院授权部门的决定安排政府债券的上市交易。

1.常规证券的主板、中小板、创业板上市条件

常规证券的上市条件由证券交易所规定。证券交易所上市规则规定的上市条件，应当对发行人的经营年限、财务状况、最低公开发行比例和公司治理、诚信记录等提出要求。

申请证券上市交易，应当符合证券交易所上市规则规定的上市条件。新《证券法》发布后，证券交易所尚未制定上市规则对主板、中小板、创业板上市的各证券品种的上市条件作出规定。随着有关板块和证券品种分步实施注册制，证券交易所将依法制定上市规则并具体明确不同板块、不同证券品种的上市条件。

2.终止上市

上市交易的证券，有证券交易所规定的终止上市情形的，由证券交易所按照业务规则终止其上市交易。证券交易所决定终止证券上市交易的，应当及时公告，并报国务院证券监督管理机构备案。

对证券交易所作出的不予上市交易、终止上市交易决定不服的，可以向证券交易所设立的复核机构申请复核。

三、强制信息披露

信息公开也称信息披露，是指证券的发行人和其他法定的相关负有信息公开义务的人在证券发行、上市、交易过程中，按照法定或约定要求将应当向社会公开的财务、经营及其他有关影响证券投资者投资判断的信息向证券监督管理机构和证券交易所报告，并向社会公众公告的活动。信息公开规范主要适用于公开发行的证券。信息公开可以分为发行信息公开（或首次信息公开）和持续信息公开，但两者又密不可分。《证券法》第五章规定了“信息披露”，对两类信息披露制度进行了规定。

《证券法》规定，发行人、上市公司依法披露的信息，必须真实、准确、完整，不得有虚假记载、误导性陈述或者重大遗漏。

（一）信息披露内容

1.首次信息披露

首次信息披露，也称发行信息披露，主要是公开发行股票和公司债券的信息披露。根据有关规定，首次信息披露主要有招股说明书、债券募集说明书和上市公告书等。

2. 持续信息披露

持续信息披露是指证券上市后，信息披露义务人承担的持续披露义务。持续信息公开主要包括定期报告（季度报告、中期报告和年度报告）和临时报告（重大事件公告）。

（1）定期报告。

上市公司、公司债券上市交易的公司、股票在国务院批准的其他全国性证券交易场所交易的公司，应当按照国务院证券监督管理机构和证券交易场所规定的内容和格式编制定期报告，并按照以下规定报送和公告：①在每一会计年度结束之日起4个月内，报送并公告年度报告，其中的年度财务会计报告应当经符合本法规定的会计师事务所审计；②在每一会计年度的上半年结束之日起2个月内，报送并公告中期报告。季度报告应当在每个会计年度第3个月、第9个月结束后的1个月内编制完成并披露。季度报告记载的内容依照中国证监会的相关规定。

【随堂测试7-5】定期报告是上市公司进行持续信息披露的主要形式之一。甲上市公司的下列做法中，符合证券法律制度规定的有（　　）。

A. 该公司的第一季度报告在该会计年度的第5个月披露

B. 该公司的中期报告在该会计年度的第7个月披露

C. 该公司的第三季度报告在该会计年度的第11个月披露

D. 该公司的年度报告在该会计年度结束之日后的第3个月披露

（2）临时报告。

临时报告是指在定期报告之外临时发布的报告。凡发生可能对上市公司股票交易价格产生较大影响的重大事件，投资者尚未得知时，公司应当立即将有关该重大事件的情况向国务院证券监督管理机构和证券交易所报送临时报告，并予公告，说明事件的起因、目前的状态和可能产生的法律后果。

这里所称重大事件主要包括：①公司的经营方针和经营范围的重大变化；②公司的重大投资行为，公司在1年内购买、出售重大资产超过公司资产总额30%，或者公司营业用主要资产的抵押、质押、出售或者报废一次超过该资产的30%；③公司订立重要合同、提供重大担保或者从事关联交易，可能对公司的资产、负债、权益和经营成果产生重要影响；④公司发生重大债务和未能清偿到期重大债务的违约情况；⑤公司发生重大亏损或者重大损失；⑥公司生产经营的外部条件发生重大变化；⑦公司的董事、1/3以上监事或者经理发生变动，董事长或者经理无法履行职责；⑧持有公司5%以上股份的股东或者实际控制人持有股份或者控制公司的情况发生较大变化，公司的实际控制人及其控制的其他企业从事与公司相同或者相似业务的情况发生较大变化；⑨公司分配股利、增资的计划，公司股权结构的重要变化，公司减资、合并、分立、解散及申请破产的决定，或者依法进入破产程序、被责令关闭；⑩涉及公司的重大诉讼、仲裁，股东大会、董事会决议被依法撤销或者宣告无效；⑪公司涉嫌犯罪被司法机关立案调查，公司董事、监事、高级管理人员涉嫌犯罪被司法机关采取强制措施；⑫国务院证券监督管理机构规定的其他事项。

《证券法》第八十一条规定，发生可能对上市交易公司债券的交易价格产生较大影响的重大事件，投资者尚未得知时，公司应当立即将有关该重大事件的情况向国务院证券监督管理机构和证券交易场所报送临时报告，并予公告，说明事件的起因、目前的状态和可能产生的法律后果。前述所称重大事件包括：①公司股权结构或者生产经营状况发生重大变化；②公司债券信用评级发生变化；③公司重大资产抵押、质押、出售、转让、报废；④公司发生未能清偿到期债务的情况；⑤公司新增借款或者对外提供担保超过上年末净资产的20%；⑥公司放弃债权或者财产超过上年末净资产的10%；⑦公司发生超过上年末净资产10%的重大损失；⑧公司分配股利，作出减资、合并、分立、解散及申请破产的决定，或者依法进入破产程序、被责令关闭；⑨涉及公司的重大诉讼、仲裁；⑩公司涉嫌犯罪被依法立案调查，公司的控股股东、实际控制人、董事、监事、高级管理人员涉嫌犯罪被依法采取强制措施；国务院证券监督管理机构规定的其他事项。

（二）信息发布与监督

发行人的董事、高级管理人员应当对公司定期报告签署书面确认意见。发行人的监事会应当对董事会编制的证券发行文件和定期报告进行审核并提出书面审核意见。监事应当签署书面确认意见。发行人的董事、监事、高级管理人员应当保证发行人及时、公平地披露信息，所披露的信息真实、准确、完整。

董事、监事和高级管理人员无法保证证券发行文件和定期报告内容的真实性、准确性、完整性或者有异议的，应当在书面确认意见中发表意见并陈述理由，发行人应当披露。发行人不予披露的，董事、监事和高级管理人员可以直接申请披露。

信息披露义务人披露的信息应当同时向所有投资者披露，不得提前向任何单位和个人泄露。但是，法律、行政法规另有规定的除外。任何单位和个人不得非法要求信息披露义务人提供依法需要披露但尚未披露的信息。任何单位和个人提前获知的重大事件信息，在依法披露前应当保密。

发行人及其控股股东、实际控制人、董事、监事、高级管理人员等作出公开承诺的，应当披露。不履行承诺给投资者造成损失的，应当依法承担赔偿责任。

信息披露义务人未按照规定披露信息，或者公告的证券发行文件、定期报告、临时报告及其他信息披露资料存在虚假记载、误导性陈述或者重大遗漏，致使投资者在证券交易中遭受损失的，信息披露义务人应当承担赔偿责任；发行人的控股股东、实际控制人、董事、监事、高级管理人员和其他直接责任人员以及保荐人、承销的证券公司及其直接责任人员，应当与发行人承担连带赔偿责任，但是能够证明自己没有过错的除外。

依法披露的信息，应当在证券交易场所的网站和符合国务院证券监督管理机构规定条件的媒体发布，同时将其置备于公司住所、证券交易场所，供社会公众查阅。

国务院证券监督管理机构对信息披露义务人的信息披露行为进行监督管理。证券交易场所应当对其组织交易的证券的信息披露义务人的信息披露行为进行监督，督促其依法及时、准确地披露信息。

【案例7-2】甲上市公司董事长授意有关员工采用签订虚假销售合同、转移费用支出和违规进行资产评估等手段，虚增当年营业利润和资本公积等指标误导投资者，造成投资者重大损失。案发后，该上市公司的董事长以自己未直接参与财务造假为由拒绝承担连带赔偿责任。

请问：该董事长是否应当承担连带赔偿责任？

四、禁止的交易行为

（一）内幕交易行为

内幕交易是指证券交易内幕信息的知情人和非法获取内幕信息的人员利用内幕信息进

行证券交易的行为。内幕交易的主观愿望是要达到获取利润或避免损失的目的。内幕交易行为是一种不正当的行为，它不仅侵犯了广大投资者的利益，违反了证券发行与交易中的公开、公平、公正原则，而且还会扰乱证券市场，其危害很大。《证券法》规定，禁止证券交易内幕信息的知情人和非法获取内幕信息的人利用内幕信息从事证券交易活动。

《证券法》规定，证券交易内幕信息的知情人包括以下几种：

（1）发行人的董事、监事、高级管理人员；

（2）持有公司5%以上股份的股东及其董事、监事、高级管理人员，公司的实际控制人及其董事、监事、高级管理人员；

（3）发行人控股的公司及其董事、监事、高级管理人员；

（4）由于所任公司职务可以获取公司有关内幕信息的人员；

（5）上市公司收购人或者重大资产交易方及其控股股东、实际控制人、董事、监事和高级管理人员；

（6）因职务、工作可以获取内幕信息的证券交易场所、证券公司、证券登记结算机构、证券服务机构的有关人员；

（7）因职责、工作可以获取内幕信息的证券监督管理机构工作人员；

（8）因法定职责对证券的发行、交易或者对上市公司及其收购、重大资产交易进行管理可以获取内幕信息的有关主管部门、监管机构的工作人员；

（9）国务院证券监督管理机构规定的可以获取内幕信息的其他人员。

证券交易活动中，涉及发行人的经营、财务或者对该发行人证券的市场价格有重大影响的尚未公开的信息，为内幕信息，《证券法》第八十条第二款、第八十一条第二款所列重大事件属于内幕信息（详见本节临时报告部分）。

【随堂测试7-6】根据证券法律制度的规定，下列信息中，属于内幕信息的有（　　）。

A.公司董事的行为可能依法承担重大损害赔偿责任

B.公司营业用主要资产的抵押、出售或者报废一次超过该资产的20%

C.公司生产经营的外部条件发生重大变化

D.公司董事长发生变动

证券交易内幕信息的知情人和非法获取内幕信息的人，在内幕信息公开前，不得买卖该公司的证券，或者泄露该信息，或者建议他人买卖该证券。持有或者通过协议、其他安排与他人共同持有公司5%以上股份的自然人、法人、其他组织收购上市公司的股份，《证券法》另有规定的，适用其规定。内幕交易行为给投资者造成损失的，行为人应当依法承担赔偿责任。

禁止证券交易场所、证券公司、证券登记结算机构、证券服务机构和其他金融机构的从业人员、有关监管部门或者行业协会的工作人员，利用因职务便利获取的内幕信息以外的其他未公开的信息，违反规定，从事与该信息相关的证券交易活动，或者明示、暗示他人从事相关交易活动。利用未公开信息进行交易给投资者造成损失的，应当依法承担赔偿责任。

【案例7-3】姜某在担任甲上市公司董事期间，利用甲公司与乙公司进行资产重组、乙公司主营业务将要发生重大变化这一信息，于某年5月10日至14日期间，在某证券公司营业部投入资金300万元，以平均每股6元的价格买入乙公司股票60万股，信息公开后以每股7元的价格全部卖出，共计获利60万元。同年5月，甲公司与乙公司相继公告资产管理费用的信息。

请问：姜某的行为是否合法？

(二)操纵市场行为

操纵市场是指单位或个人以获取利益或者减少损失为目的，利用其资金、信息等优势或者滥用职权影响证券交易价格或者交易量，制造证券市场假象，诱导或者致使投资者在不了解事实真相的情况下作出错误的投资判断的行为。《证券法》禁止任何操纵证券市场的行为。

根据《证券法》的规定，操纵证券市场的行为主要有以下情形：

(1) 单独或者通过合谋，集中资金优势、持股优势或者利用信息优势联合或者连续买卖；

(2) 与他人串通，以事先约定的时间、价格和方式相互进行证券交易；

(3) 在自己实际控制的账户之间进行证券交易；

(4) 不以成交为目的，频繁或者大量申报并撤销申报；

(5) 利用虚假或者不确定的重大信息，诱导投资者进行证券交易；

(6) 对证券、发行人公开作出评价、预测或者投资建议，并进行反向证券交易；

(7) 利用在其他相关市场的活动操纵证券市场；

(8) 操纵证券市场的其他手段。

操纵证券市场行为给投资者造成损失的，行为人应当依法承担赔偿责任。

(三)制造虚假信息行为

制造虚假信息包括编造、传播虚假信息和作虚假陈述或信息误导等情况。编造、传播虚假信息即凭空捏造信息或歪曲、篡改已有的信息，并加以宣传。虚假陈述是指行为不端人故意对证券的发行交易及其相关活动的性质、前景、法律等事项作出不实、严重误导或含有重大遗漏的陈述或诱导，致使投资者在不了解事实真相的情况下作出证券投资决定。信息误导指行为不端人非故意地作出虚假陈述。

《证券法》规定，禁止任何单位和个人编造、传播虚假信息或者误导性信息，扰乱证券市场。禁止证券交易所、证券公司、证券登记结算机构、证券服务机构及其从业人员，证券业协会、证券监督管理机构及其工作人员，在证券交易活动中作出虚假陈述或者信息误导。各种传播媒介传播证券市场信息必须真实、客观，禁止误导。传播媒介及其从事证券市场信息报道的工作人员不得从事与其工作职责发生利益冲突的证券买卖。

编造、传播虚假信息或者误导性信息，扰乱证券市场，给投资者造成损失的，行为人应当依法承担赔偿责任。

(四)欺诈客户行为

欺诈客户，是指证券公司及其从业人员在证券交易中违背客户的真实意愿，严重侵害客户利益的违法行为。

欺诈客户的行为主要表现在以下方面：

(1) 违背客户的委托为其买卖证券；

(2) 不在规定时间内向客户提供交易的书面确认文件；

(3) 未经客户的委托，擅自为客户买卖证券，或者假借客户的名义买卖证券；

（4）为牟取佣金收入，诱使客户进行不必要的证券买卖；

（5）其他违背客户真实意思表示，损害客户利益的行为。

违反前述规定给客户造成损失的，应当依法承担赔偿责任。

（五）其他禁止交易行为

禁止法人非法利用他人账户从事证券交易；禁止法人出借自己或者他人的证券账户。

依法拓宽资金入市渠道，禁止资金违规流入股市。

禁止任何人挪用公款买卖证券。

国有企业和国有资产控股的企业买卖上市交易的股票，必须遵守国家有关规定。

证券交易所、证券公司、证券登记结算机构、证券服务机构及其从业人员对证券交易中发现的禁止的交易行为，应当及时向证券监督管理机构报告。

任务四　上市公司的收购

一、上市公司收购概述

上市公司收购是指投资者公开收购已经依法上市交易的股份有限公司的股份，以获得或者进一步巩固对该股份有限公司的控制权的行为。

上市公司收购具有以下特征：

（1）上市公司的收购是指对某一上市公司的收购，对非上市公司的收购不在此列。

（2）上市公司的收购是指对上市公司股份的收购，不是指对上市公司资产的收购。

（3）上市公司收购的收购主体是投资者，包括自然人和法人。投资者通过协议、其他安排与其他人共同收购上市公司，与投资者有协议或其他安排的其他人也是上市公司收购的收购主体。

（4）上市公司收购是一种投资者与投资者之间进行股份转让的行为。由于上市公司的股份通常由上市公司的股东所持有，因此，上市公司的收购实质上是投资者与上市公司股东之间进行股份转让的行为。

（5）上市公司收购的目的是获得或者进一步巩固对上市公司的控制权。

《证券法》规定，投资者可以采取要约收购、协议收购及其他合法方式收购上市公司。要约收购，是指投资者向目标公司的所有股东发出要约，表明愿意以要约中的条件购买目标公司的股票，以期达到对目标公司控制权的获得或巩固。协议收购，是指投资者在证券交易所外与目标公司的股东，主要是持股比例较高的大股东就股票的价格、数量等方面进行私下协商，购买目标公司的股票，以期达到对目标公司控制权的获得或巩固。

二、要约收购

（一）披露收购信息

通过证券交易所的证券交易，当投资者持有一个上市公司已发行股份的5%时，应当在该事实发生之日起3日内，向国务院证券监督管理机构、证券交易所作出书面报告，通知该上市公司，并予以公告；在上述规定的期限内不得再行买卖该上市公司的股票。

当投资者持有一个上市公司已发行的股份的5%后，通过证券交易所的证券交易，其所持该上市公司已发行的股份比例每增加或者减少5%时，应当依照法律规定进行书面报告和公告。在报告期限内作出报告、公告后2日内，不得再行买卖该上市公司的股票。

报告和公告的内容有：持股人的名称、住所；所持有的股票名称、数量；持股达到法定比例或者持股增减变化达到法定比例的日期。

（二）报送上市公司收购报告书

发出收购要约前，收购人必须事先向国务院证券监督管理机构报送上市公司收购报告书，并载明下列事项：收购人的名称、住所；收购人关于收购的决定；被收购的上市公司名称；收购目的；收购股份的详细名称和预定收购的股份数额；收购的期限、收购的价格；收购所需资金额及资金保证；报送上市公司收购报告书时所持有被收购公司股份数占该公司已发行的股份总数的比例。收购人还应当将上市公司收购报告书同时提交证券交易所。

（三）发出要约

通过证券交易所的证券交易，投资者持有或者通过协议、其他安排与他人共同持有一个上市公司已发行的股份达到30%时，继续进行收购的，应当依法向该上市公司所有股东发出收购上市公司全部或者部分股份的要约。收购上市公司部分股份的收购要约应当约定，被收购公司股东承诺出售的股份数额超过预定收购的股份数额的，收购人按比例进行收购。

收购人在依照规定报送上市公司收购报告书之日起15日后，公告其收购要约。收购要约的期限不得少于30日，并不得超过60日。在此期限内，收购人不得撤回其收购要约。收购人需要变更收购要约中的事项的，必须事先向国务院证券监督管理机构及证券交易所提出报告，经获准后，予以公告。

收购要约提出的各项收购条件，适用于被收购公司的所有股东。

采取要约收购方式的，收购人在收购期限内，不得卖出被收购公司的股票，也不得采取要约规定以外的形式和超出要约的条件买入被收购公司的股票。

三、协议收购

采取协议收购方式的，收购人可以依照法律、行政法规的规定同被收购公司的股东以协议方式进行股份转让。以协议方式收购上市公司时，达成协议后，收购人必须在3日内将该收购协议向国务院证券监督管理机构及证券交易所作出书面报告，并予公告。在公告前不得履行收购协议。

采取协议收购方式的，协议双方可以临时委托证券登记结算机构保管协议转让的股票，并将资金存放于指定的银行。

采取协议收购方式的，收购人收购或者通过协议、其他安排与他人共同收购一个上市公司已发行的股份达到30%时，继续进行收购的，应当向该上市公司所有股东发出收购上市公司全部或者部分股份的要约。但是，经国务院证券监督管理机构免除发出要约的除外。

四、上市公司收购后事务的处理

收购期限届满，被收购公司股权分布不符合上市条件的，该上市公司的股票应当由证券交易所依法终止上市交易；其余仍持有被收购公司股票的股东，有权向收购人以收购要约的同等条件出售其股票，收购人应当收购。收购行为完成后，被收购公司不再具备股份有限公司条件的，应当依法变更企业形式。

收购行为完成后，收购人与被收购公司合并，并将该公司解散的，被解散公司的原有股票由收购人依法更换。

在上市公司收购中，收购人持有的被收购的上市公司的股票，在收购行为完成后的18个月内不得转让。

收购行为完成后，收购人应当在15日内将收购情况报告国务院证券监督管理机构和证券交易所，并予公告。

任务五　相关证券机构

一、证券交易所

（一）证券交易所的概念

证券交易所是为证券集中交易提供场所和设施，组织和监督证券交易，实行自律管理的法人。证券交易所有会员制证券交易所和公司制证券交易所两种形式。会员制证券交易所是以会员协会形式成立的不以营利为目的的法人组织，其会员主要为证券商，只有会员以及有特许权的经纪人才有资格在交易所中交易。公司制证券交易所是以营利为目的的公司法人。公司制证券交易所对本所的证券交易负有担保责任。公司制证券交易所的证券商及其股东不得担任证券交易所的董事、监事或经理。我国证券交易所是会员制证券交易所，是不以营利为目的的法人。我国目前有上海证券交易所和深圳证券交易所。

（二）证券交易所的组织机构

1.会员大会

会员大会为证券交易所的最高权力机构，决定证券交易所的重大问题。它只是一个议事机构，不是常设机构。

2.理事会

理事会是证券交易所的决策机构，理事会对会员大会负责。理事会的职责是：执行会员大会的决议；制定、修改证券交易所的业务规则；审定总经理提出的工作计划；审定总经理提出的财务预算、决算方案；审定对会员的接纳；审定对会员的处分；根据需要决定专门委员会的设置；会员大会授予的其他职责。

3.总经理

总经理由证监会任免。总经理在理事会领导下负责证券交易所的日常管理工作，为证券交易所的法定代表人。

二、证券公司

（一）证券公司的概念

证券公司是指依照《公司法》和《证券法》的规定设立并经国务院证券监督管理机构审查批准而成立的专门经营证券业务，具有独立法人地位的有限责任公司或者股份有限公司。它具有证券交易所的会员资格，可以承销发行、自营买卖或自营兼代理买卖证券。普通投资人的证券投资都要通过证券公司来进行。

（二）证券公司设立的条件

（1）有符合法律、行政法规规定的公司章程；

（2）主要股东及公司的实际控制人具有良好的财务状况和诚信记录，最近3年无重大违法违规记录；

（3）有符合证券法规定的注册资本；

（4）董事、监事、高级管理人员具备任职资格，从业人员具有证券从业资格；

（5）有完善的风险管理与内部控制制度；

（6）有合格的经营场所、业务设施和信息技术系统；

（7）法律、行政法规规定的和经国务院批准的国务院证券监督管理机构规定的其他条件。

国务院证券监督管理机构应当自受理证券公司设立申请之日起6个月内，依照法定条件和法定程序并根据审慎监管原则进行审查，作出批准或者不予批准的决定，并通知申请人；不予批准的，应当说明理由。证券公司设立申请获得批准的，申请人应当在规定的期限内向公司登记机关申请设立登记，领取营业执照。证券公司应当自领取营业执照之日起15日内，向国务院证券监督管理机构申请经营证券业务许可证。未取得经营证券业务许可证，证券公司不得经营证券业务。

（三）证券公司的经营业务

经国务院证券监督管理机构批准，证券公司可以经营下列部分或者全部业务：

（1）证券经纪；

（2）证券投资咨询；

（3）与证券交易、证券投资活动有关的财务顾问；

（4）证券承销与保荐；

（5）证券融资融券；

（6）证券做市交易；

（7）证券自营；

（8）其他证券业务。

证券公司经营上述（1）项至（3）项业务的，注册资本最低限额为人民币5 000万元；经营（4）项至（8）项业务之一的，注册资本最低限额为人民币1亿元；经营（4）项至（8）项业务中两项以上的，注册资本最低限额为人民币5亿元。证券公司的注册资本应当是实缴资本。国务院证券监督管理机构根据审慎监管原则和各项业务的风险程度，可以调整注册资本最低限额，但不得少于前述规定的限额。

三、证券登记结算机构

（一）证券登记结算机构的概念

证券登记结算机构是为证券交易提供集中登记、存管与结算服务，不以营利为目的的法人。设立证券登记结算机构必须经国务院证券监督管理机构批准。

（二）证券登记结算机构的设立条件

（1）自有资金不少于人民币2亿元；

（2）具有证券登记、存管和结算服务所必需的场所和设施；

（3）国务院证券监督管理机构规定的其他条件。

证券登记结算机构的名称中应当标明证券登记结算字样。证券登记结算采取全国集中统一的运营方式。证券登记结算机构章程、业务规则应当依法制定，并经国务院证券监督管理机构批准。

（三）证券登记结算机构的职责

（1）证券账户、结算账户的设立；

（2）证券的存管和过户；

（3）证券持有人名册登记；

（4）证券交易所的清算和交收；

（5）受发行人的委托派发证券权益；

（6）办理与上述业务有关的查询、信息服务；

（7）国务院证券监督管理机构批准的其他业务。

四、证券服务机构

（一）证券服务机构的概念和种类

证券服务机构是指依法设立的从事证券服务业务的法人机构。其主要包括会计师事务所、律师事务所以及从事证券投资咨询、资产评估、资信评级、财务顾问、信息技术系统服务的证券服务机构。

（二）证券服务机构行为规范

从事证券投资咨询服务业务，应当经国务院证券监督管理机构核准；未经核准，不得为证券的交易及相关活动提供服务。从事其他证券服务业务，应当报国务院证券监督管理机构和国务院有关主管部门备案。

证券服务机构应当勤勉尽责、恪尽职守，按照相关业务规则为证券的交易及相关活动提供服务。

证券投资咨询机构及其从业人员从事证券服务业务不得有下列行为：

（1）代理委托人从事证券投资；

（2）与委托人约定分享证券投资收益或者分担证券投资损失；

（3）买卖本证券投资咨询机构提供服务的证券；

（4）法律、行政法规禁止的其他行为。

有前述所列行为之一，给投资者造成损失的，应当依法承担赔偿责任。

证券服务机构为证券的发行、上市、交易等证券业务活动制作、出具审计报告、资产评估报告、财务顾问报告、资信评级报告或者法律意见书等文件，应当勤勉尽责，对所依据的文件资料内容的真实性、准确性、完整性进行核查和验证。其制作、出具的文件有虚假记载、误导性陈述或者重大遗漏，给他人造成损失的，应当与发行人、上市公司承担连带赔偿责任，但是能够证明自己没有过错的除外。

五、证券监督管理机构

（一）证券监督管理机构的概念

国务院证券监督管理机构是指中国证券监督管理委员会。中国证券监督管理委员会是国务院直属事业单位，是全国证券期货市场的主管部门。《证券法》规定："国务院证券监督管理机构依法对证券市场实行监督管理，维护证券市场公开、公平、公正，防范系统性风险，维护投资者合法权益，促进证券市场健康发展。"

（二）证券监督管理机构的职责

（1）依法制定有关证券市场监督管理的规范、规则，并依法进行审批、核准、注册，办理备案；

（2）依法对证券的发行、上市、交易、登记、存管、结算等行为，进行监督管理；

（3）依法对证券发行人、证券公司、证券服务机构、证券交易所、证券登记结算机构的证券业务活动，进行监督管理；

（4）依法制定从事证券业务人员的资格标准和行为准则，并监督其实施；

（5）依法监督检查证券发行、上市、交易的信息披露；

（6）依法对证券业协会的自律管理活动进行指导和监督；

（7）依法监测并防范、处置证券市场风险；

（8）依法开展投资者教育；

（9）依法对证券违法行为进行查处；

（10）法律、行政法规规定的其他职责。

项目测试

一、单项选择题（每题只有一个正确选项，请将正确的选项填入括号内）

1.关于证券的发行，下列说法不正确的是（　　）。

A.向特定对象发行证券累计超过200人的，属于公开发行

B.申请发行一般的公司债券，应当聘请保荐人

C.公司公开发行新股，最近3年财务会计文件应当无虚假记载

D.上市公司非公开发行新股，应当报国务院证券监督管理机构核准

2.根据证券法律制度的规定，上市公司公开发行股票所募集的资金，必须按照招股说明书所列资金用途使用。改变招股说明书所列资金用途，必须经（　　）作出决议。

A.上市公司股东大会　　B.上市公司董事会

C.上市公司监事会　　D.中国证监会

3.根据证券法律制度的规定，证券交易所可以暂停上市公司债券上市交易的情形

是（　　）。

A.公司因经济纠纷被起诉

B.公司前一年发生亏损

C.公司未按公司债券募集办法履行义务

D.公司董事会成员组成发生重大变化

4.根据证券法律制度的规定，为股票发行出具审计报告的注册会计师在一定期限内不得购买该公司的股票。该期限为（　　）。

A.该股票的承销期内和期满后1年内

B.该股票的承销期内和期满后6个月内

C.出具审计报告后6个月内

D.出具审计报告后1年内

5.根据证券法律制度的规定，上市公司向国务院证券监督管理机构和证券交易所提交年度报告并予以公告的时间为（　　）。

A.每一会计年度结束之日起1个月内　　B.每一会计年度结束之日起3个月内

C.每一会计年度结束之日起4个月内　　D.每一会计年度结束之日起6个月内

6.根据证券法律制度的规定，收购要约的期限为（　　）。

A.不得少于15日，并不得超过30日　　B.不得少于15日，并不得超过60日

C.不得少于30日，并不得超过60日　　D.不得少于30日，并不得超过80日

7.根据证券法律制度的规定，下列各项中，不能成为上市公司收购人的是（　　）。

A.财务状况与公司信誉良好的甲上市公司

B.在过去一年中因虚假信息披露被中国证监会给予行政处罚的乙上市公司

C.丙上市公司已经拥有戊上市公司20%的股份，打算继续收购

D.自然人丁曾经担任某股份有限公司董事长，因不可抗力原因，该股份有限公司已在3年前破产关闭

8.当投资者及其一致行动人拥有权益的股份达到一个上市公司已发行的股份的5%后，通过证券交易所的证券交易，其拥有权益的股份占该上市公司已发行股份的比例每增加或减少（　　）时，应予以公告和进行书面报告。

A.10%　　B.5%　　C.3%　　D.8%

9.根据《证券法》的规定，在上市公司收购中，收购人持有的被收购上市公司的股票，在收购行为完成后的一定期间内不得转让。该期间为（　　）。

A.2个月　　B.3个月　　C.6个月　　D.12个月

二、多项选择题（每题有两个或两个以上正确选项，请将正确的选项填入括号内）

1.下列各项属于内幕交易行为的有（　　）。

A.内幕人员利用内幕信息买卖证券

B.内幕人员根据内幕信息建议他人买卖证券

C.内幕人员向他人泄露内幕信息，使他人利用该信息进行内幕交易

D.非内幕人员根据其获得的内幕信息买卖证券或建议他人买卖证券

2.下列关于上市公司收购的说法中正确的有（　　）。

A.上市公司收购可以采取要约收购或者协议收购的方式

B. 投资者持有一个上市公司已发行的股份的5%时，应当在该事实发生之日起3日内，向国务院证券监督管理机构、证券交易所作出书面报告，通知该上市公司，并予以公告

C. 收购要约的期限不得少于20日，并不得超过1年

D. 在收购要约的有效期限内，收购人不得撤回其收购要约

3. 根据《证券法》的规定，下列各项中，属于禁止的证券交易行为的有（　　）。

A. 甲证券公司在证券交易活动中传播了虚假信息，对市场交易量产生了一定影响

B. 乙证券公司不在规定的时间内向客户李某提供交易的书面确认文件

C. 丙证券公司利用其资金优势连续买入某上市公司股票，造成该股票价格大幅上涨

D. 丁证券公司在自身网站上发布对某上市公司股票价格的预测信息

4. 根据上市公司证券发行的有关规定，下列关于上市公司非公开发行股票的表述中，正确的有（　　）。

A. 发行对象不得超过200人

B. 发行价格不得低于市场交易价格

C. 控股股东认购的股份36个月内不得转让

D. 非控股股东认购的股份在12个月内不得转让

5. 根据证券法律制度的规定，下列各项中，上市公司不得增发新股的有（　　）。

A. 最近三年及最近一期财务报表被注册会计师出具了保留意见的审计报告

B. 最近三年及最近一期财务报表被注册会计师出具了否定意见的审计报告

C. 最近三年及最近一期财务报表被注册会计师出具了无法表示意见的审计报告

D. 最近三年及最近一期财务报表被注册会计师出具了带强调事项的无保留意见审计报告的，所涉及的事项对发行人无重大不利影响或者在发行前重大不利影响已经消除

6. 根据证券法律制度的规定，下列各项中，上市公司应当在年度报告中予以披露的有（　　）。

A. 董事会报告

B. 董事、监事、高级管理人员的任职情况、持股变动情况、年度报酬情况

C. 持股5%以上股东、控股股东及实际控制人情况

D. 财务会计报告和审计报告全文

7. 根据证券法律制度的规定，凡发生可能对上市公司证券及其衍生品种交易价格产生较大影响的重大事件，投资者尚未得知时，上市公司应当立即提出临时报告，披露事件内容，说明事件的起因、目前的状态和可能产生的影响。下列各项中，属于重大事件的有（　　）。

A. 公司董事因涉嫌职务犯罪被公安机关刑事拘留

B. 公司1/3以上监事辞职

C. 公司董事会的决议被依法撤销

D. 公司经理被撤换

8. 根据证券法律制度的规定，下列信息中，属于内幕信息的有（　　）。

A. 公司董事的行为可能依法承担重大损害赔偿责任

B.公司营业用主要资产的抵押、出售或者报废一次超过该资产的20%

C.公司生产经营的外部条件发生重大变化

D.公司董事发生变动

9.根据证券法律制度的规定，下列各项中，属于禁止的证券交易行为的有（ ）。

A.甲证券公司在证券交易活动中编造并传播虚假信息，严重影响证券交易

B.乙证券公司不在规定的时间内向客户提供交易的书面确认文件

C.丙证券公司利用资金优势，连续买卖某上市公司股票，操纵该股票交易价格

D.上市公司董事王某知悉该公司近期未能清偿到期重大债务，在该信息公开前将自己所持有的股份全部转让给他人

10.下列行为中，属于欺诈客户的行为有（ ）。

A.在自己实际控制的账户之间进行证券交易，影响证券交易价格

B.未经客户同意，借客户的名义买卖证券

C.不在规定的时间内向客户提供交易的书面确认文件

D.违背客户的委托为其买卖证券

三、判断题（正确的在括号内打“√”，错误的打“×”）

1.股份有限公司依法向100人的特定对象发行证券属于公开发行证券。（ ）

2.上市公司如改变招股说明书所列的资金用途，必须经董事会的批准。（ ）

3.股票发行采用代销方式，代销期限届满，向投资者出售的股票数量未达到拟公开发行股票数量80%的，为发行失败。（ ）

4.公开发行公司债券筹集的资金，必须用于核准的用途，不得用于弥补亏损和非生产性支出。（ ）

5.甲、乙、丙、丁合谋，集中资金优势、持股优势或者利用信息优势联合买卖或者连续买卖证券，影响证券交易价格，从中牟取利益的行为是欺诈客户行为。（ ）

6.内幕信息知情人员自己未买卖证券，也未建议他人买卖证券，但将内幕信息泄露给他人，他人依此买卖证券的，也属内幕交易行为。（ ）

四、案例分析题

1.2017年4月1日，某股份有限公司在沪市交易所临近收市时，通过6个C字头个人账户，进行连续交易却不转让股票所有权的方式，买卖本公司股票，以抬高本公司股票的价格，致使该公司股票的当日收盘价比前日上涨50%。从4月1日至4月末，该公司证券部先后动用资金近1 000万元，买入本公司股票150万股。后来，该公司证券部将上述股票及此前所存股票全数抛出，共获利300万元。

请问：

（1）公司的行为属于什么行为，是否合法？

（2）该公司所得应如何处理？

2.诚然股份公司经过法定程序批准，于2019年3月15日公开发行股票，注册资本为6 000万元人民币。2019年10月15日，公司董事会向股东大会提交的增资扩股方案如下：

（1）拟发行6 000万股普通股，每股面额为1元，从2020年2月1日开始发行；

（2）每股定价4元人民币，全部委托利荣证券公司承销，承销期暂定为100天；

（3）为了保证发行工作的顺利进行，准备向证券管理机构、证券交易所的有关人员送2 000股；

（4）新股发行方案经股东大会通过后，董事会立即组织实施。

请问：此方案具体有哪些违反规定之处？请说明理由。

3. 根据中国证监会调查表明：济南某摩托车股份有限公司（以下简称济南摩托公司）存在下述违反证券法规的事实：

（1）1993年，济南摩托公司发行A股募集资金42 916万元，除22 731万元投入招股说明书承诺的项目外，20 184.75万元被用于归还中国某摩托车集团公司（后改名为中国A集团有限公司，以下简称A集团）欠银行的贷款本息，截至调查终结之日A集团尚未归还上述款项。对此，济南摩托公司直到中国证监会日常检查发现上述问题后才于2001年8月3日进行了披露，因此造成公司自1993年中期报告至2000年年度报告间的定期报告内容存在重大遗漏。

（2）1996年，济南摩托公司实施配股，实际募集资金29 871万元，配股说明书中承诺配股资金投资于引进卧式加工中心等设备和发动机厂迁建扩能工程两个项目。济南摩托公司在1996年年度报告中称，上述配股资金中的12 536万元用于引进卧式加工中心等设备，并在1997年B股招股说明书中称，上述配股资金已用于引进卧式加工中心等设备的技术改造项目，上述设备已于1996年年底购置完毕并投入运行。经查，配股募集资金实际未投入引进卧式加工中心等设备的技术改造项目，投入发动机厂迁建扩能工程的募集资金则比原来承诺的多6 908万元。因此，济南摩托公司1996年年度报告和1997年B股招股说明书对配股资金使用情况的披露与实际情况严重不符，1997年中期报告至2000年年度报告间的定期报告也未对上述募集资金的使用情况进行披露。

请问：为什么不能擅自改变所募集资金的用途？擅自改变所募集资金的用途会有什么法律后果？

项目八

劳动法

【知识目标】

1. 掌握劳动法的概念和基本原则，明确劳动关系的概念和特征。
2. 明确劳动者的权利和义务。
3. 清楚劳动合同包含的内容以及劳动合同体现的原则。
4. 明确劳动合同订立、变更、终止和解除的条件。
5. 能够明确劳动基准法包含的内容。
6. 掌握什么是劳动争议，以及其在实际工作中的解决办法。

【能力目标】

1. 能够准确辨别劳动合同法所调整的社会关系。
2. 能够准确判断劳动合同主体的合法性。
3. 能够准确判断劳动合同的合法性。
4. 能够运用法律知识解决现实生活中的劳动争议。

【主要概念】

劳动法　劳动合同　劳动关系　劳动争议　劳动者的权利和义务

引导案例

冯某于2016年11月3日与某公司签订了为期10年的劳动合同，任销售部经理。2020年3月，该公司与冯某协商解除劳动合同，冯某同意。经协商，该公司向冯某支付经济补偿2.5万元，双方解除了劳动合同。冯某解除劳动合同前12个月的平均工资为1万元。2020年5月，冯某以该公司拖欠经济补偿为由，向当地劳动争议仲裁委员会提出仲裁，要求该公司补发经济补偿2万元并加付50%的额外经济补偿金1万元。

思考：

仲裁委员会是否会支持冯某的请求？请说明理由。

任务一　劳动法认知

一、劳动法的概念和调整对象

（一）劳动法的概念

劳动法意义上的劳动是指劳动者为获取劳动报酬而从事的、履行劳动法律义务的社会劳动。

狭义上的劳动法，一般指国家最高立法机构制定颁布的全国性、综合性的劳动法，即法典式的劳动法。在我国是指1994年7月5日第八届全国人民代表大会常务委员会第八次会议通过，并于1995年1月1日实施的《中华人民共和国劳动法》（以下简称《劳动法》）。

广义上的劳动法，是指调整劳动关系以及与劳动关系有密切联系的其他社会关系的法律规范的总称。

劳动法学上的研究范围是广义上的劳动法。

（二）劳动法的调整对象

劳动法的调整对象是劳动关系和与劳动关系密切联系的其他社会关系。

1.劳动关系

劳动关系是指劳动者在运用劳动能力、实现社会劳动的过程中与用人单位之间发生的社会关系。劳动关系有如下特征：

（1）劳动关系的当事人是特定的。劳动者是自然人，包括在法定劳动年龄内具有劳动能力的我国公民、外国人、无国籍人。用人单位是指使用和管理劳动者并支付劳动报酬的单位，为依法成立的企业、个体经济组织、国家机关、事业组织、社会团体、民办非事业单位等组织。劳动关系是在实现劳动过程中发生的社会关系，是在职业劳动、集体劳动、工业劳动过程中发生的社会关系。私人雇佣劳动关系和农业劳动关系、家庭成员的共同劳动关系等不用劳动法调整。

（2）劳动关系具有人身、财产关系的属性。劳动力是劳动者生理机能的表现，离不开劳动者人身的生理活动，故劳动力与劳动者人身须臾不可分离，特定的劳动力与特定的劳动者相联系，具有专属的人身性。这种劳动力的专属性，也就是劳动者主体的专属性，特定的劳动力意味着特定的劳动者；只要劳动过程中劳动力不发生变更，那么劳动者也就不会也不允许发生变更。劳动者提供劳动是有偿的，用人单位应向劳动者支付劳动报酬，所以劳动关系具有财产性质。不具有财产关系属性的无偿、义务、慈善性劳动关系不由劳动法调整。

（3）劳动关系具有平等性、隶属性。在市场经济条件下，劳动合同关系的平等性主要体现在以下两个方面：第一，管理方和劳动者双方都是劳动力市场的主体，双方都要遵循平等自愿协商的原则订立劳动合同，缔结劳动关系。任何一方在单方决定与对方解除劳动关系时，都要遵循一定的法律规定。第二，双方各自遵守自己的权利与义务，发生争议时法律地位平等。劳动合同关系具有人身让渡的特征，劳动者同用人单位签订劳动合同，缔结劳动关系之后，就有义务在工作场所接受用人单位的管理和监督，按照用人单位所规定的纪律或要求付出劳动。企业依法制定的规章制度和劳动纪律，劳动者应当遵守和执行，这就形成了所谓的隶属性，也就是不平等性。实践中，企业内部规章制度和劳动纪律往往是其行使隶属管理权的主要工具之一。因此依法制定出好的规章制度是企业对员工进行管理所必需的。

2.与劳动关系密切联系的其他社会关系

这些关系主要有：劳动行政管理部门管理劳动工作方面的关系；社会保险方面的关系；调解劳动争议方面的关系：工会组织因履行职责、维护劳动者合法权益与用人单位或劳动者发生的关系；监督劳动执法方面的关系等。

（三）劳动法的基本原则

劳动法的基本原则，是指包含在整个劳动法体系之中，集中体现劳动法的本质和基本精神，贯穿于各项劳动法律制度之中，贯穿于劳动法的立法、执法、司法的全过程的总的指导思想和基本准则。

1.劳动权利义务相统一原则

《宪法》第四十二条规定："中华人民共和国公民有劳动的权利和义务。"这一规定被确立为《劳动法》的一项基本原则。它表明，有劳动能力的公民从事劳动，既是行使法律赋予的权利，又是履行对国家和社会所承担的义务。

2.保护劳动者合法权益原则

这一原则体现在《宪法》第二章"公民的权利和义务"的一系列规定中，而《劳动法》更是在第一条就明确了"保护劳动者的合法权益"的宗旨。

3.劳动法主体利益平衡原则

劳动法主体主要包括国家、用人单位和劳动者，相应的，劳动法主体利益包括国家的利益、用人单位的利益和劳动者的利益。劳动法主体利益平衡就是要求尽量实现这三方利益的平衡。劳动法的立法宗旨从根本上说就是为了实现劳动法主体三方权益的平衡，劳动法的具体条文也是在充分考虑、衡量了主体三方利益之后确定的。

二、劳动法的适用范围

劳动法对人的适用范围是指劳动法对哪些人发生效力。《劳动法》第二条第一款规定："在中华人民共和国境内的企业、个体经济组织（以下统称用人单位）和与之形成劳动关系的劳动者，适用本法。"这里的"企业"是指从事产品生产、流通或服务性活动等实行独立经济核算的经济单位，包括各种所有制类型的企业。《劳动法》第二条第二款规定：“国家机关、事业单位、社会团体和与之建立劳动合同关系的劳动者，依照本法执行。”这一款中的劳动者包括三个方面：

（1）国家机关、事业组织、社会团体的工勤人员；

（2）实行企业化管理的事业组织的非工勤人员；

（3）其他通过劳动合同（包括聘用合同）与国家机关、事业单位、社会团体建立劳动关系的劳动者。

《劳动法》的适用范围排除了公务员和比照实行公务员制度的事业组织和社会的工作人员，以及农业劳动者、现役军人和家庭保姆等。

三、劳动者的权利和义务

（一）劳动者的权利

劳动者享有平等就业和选择职业的权利、取得劳动报酬的权利、休息休假的权利、获得劳动安全卫生保护的权利、接受职业技能培训的权利、享受社会保险和福利的权利、提请劳动争议处理的权利以及法律规定的其他劳动权利。

“法律规定的其他劳动权利”是指，劳动者依法享有参加和组织工会的权利，参加职工民主管理的权利，参加社会义务劳动的权利，参加劳动竞赛的权利，提出合理化建议的权利，从事科学研究、技术革新、发明创造的权利，依法解除劳动合同的权利，对用人单位管理人员违章指挥、强令冒险作业有拒绝执行的权利，对危害生命安全和身体健康的行为提出批评、检举和控告的权利，对违反劳动法的行为进行监督的权利等。

（二）劳动者的义务

劳动者应当完成劳动任务，提高职业技能，执行劳动安全卫生规程，遵守劳动纪律和职业道德。

【随堂测试8-1】正式工和聘用工同工不同酬反映了用人单位侵害了劳动者（　　）。

A.平等就业和选择职业的权利

B.获得社会保险和社会福利的权利

C.获得劳动安全卫生保护的权利

D.取得劳动报酬的权利

任务二　劳动合同法

一、劳动合同的概念和种类

（一）劳动合同的概念

劳动合同亦称劳动契约，是劳动者与用人单位确立劳动关系、明确双方权利和义务的书面协议。劳动合同是确立劳动关系的基本形式，是用人单位与劳动者履行权利义务的法律依据。

（二）劳动合同的种类

劳动合同分为固定期限劳动合同、无固定期限劳动合同和以完成一定工作任务为期限的劳动合同。

1. 固定期限劳动合同

固定期限劳动合同，是指用人单位与劳动者约定合同终止时间的劳动合同。用人单位与劳动者协商一致，可以订立固定期限劳动合同。

2. 无固定期限劳动合同

无固定期限劳动合同，是指用人单位与劳动者约定无确定终止时间的劳动合同。用人单位与劳动者协商一致，可以订立无固定期限劳动合同。

有下列情形之一，劳动者提出或者同意续订、订立劳动合同的，除劳动者提出订立固定期限劳动合同外，应当订立无固定期限劳动合同：

（1）劳动者在该用人单位连续工作满10年的。

（2）用人单位初次实行劳动合同制度或者国有企业改制重新订立劳动合同时，劳动者在该用人单位连续工作满10年且距法定退休年龄不足10年的。

（3）连续订立两次固定期限劳动合同，且劳动者没有下述情形，续订劳动合同的：①严重违反用人单位的规章制度的；②严重失职，营私舞弊，给用人单位造成重大损害的；③劳动者同时与其他用人单位建立劳动关系，对完成本单位的工作任务造成严重影响，或者经用人单位提出，拒不改正的；④以欺诈、胁迫的手段或者乘人之危，使用人单位在违背真实意思的情况下订立或者变更劳动合同，致使劳动合同无效的；⑤被依法追究刑事责任的；⑥劳动者患病或者非因工负伤，在规定的医疗期满后不能从事原工作，也不能从事由用人单位另行安排的工作的；⑦劳动者不能胜任工作，经过培训或者调整工作岗位，仍不能胜任工作的。

用人单位自用工之日起满1年不与劳动者订立书面劳动合同的，视为用人单位与劳动者已订立无固定期限劳动合同。

3. 以完成一定工作任务为期限的劳动合同

以完成一定工作任务为期限的劳动合同，是指用人单位与劳动者约定以某项工作的完成为合同期限的劳动合同。用人单位与劳动者协商一致，可以订立以完成一定工作任务为期限的劳动合同。

二、劳动合同的订立

（一）劳动合同的形式

微课

劳动合同订立

1. 书面形式

用人单位与劳动者建立劳动关系，应当订立书面劳动合同。已建立劳动关系，未同时订立书面劳动合同的，应当自用工之日起1个月内订立书面劳动合同。用人单位与劳动者在用工前订立劳动合同的，劳动关系自用工之日起建立。劳动合同文本由用人单位和劳动者各执一份。

自用工之日起1个月内，经用人单位书面通知后，劳动者不与用人单位订立书面劳动合同的，用人单位应当书面通知劳动者终止劳动关系，无须向劳动者支付经济补偿，但是应当依法向劳动者支付其实际工作时间的劳动报酬。用人单位自用工之日起超过1个月不满1年未与劳动者订立书面劳动合同的，应当依照《劳动合同法》的规定向劳动者每月支付2倍的工资，并与劳动者补订书面劳动合同，每月支付2倍工资的起算时间为用工之日起满1个月的次日，截止时间为补订书面劳动合同的前1日。用人单位自用工之日起满1年未与劳动者订立书面劳动合同的，自用工之日起满1个月的次日至满1年的前一日应当依照《劳动合同法》的规定向劳动者每月支付2倍的工资，并视为自用工之日起满1年的当日已经与劳动者订立无固定期限劳动合同，应当立即与劳动者补订书面劳动合同。

用人单位招用劳动者，不得扣押劳动者的居民身份证和其他证件，不得要求劳动者提供担保或者以其他名义向劳动者收取财物。用人单位扣押劳动者居民身份证等证件的，由劳动行政部门责令限期退还劳动者本人，并依照有关法律规定给予处罚。用人单位以担保或者其他名义向劳动者收取财物的，由劳动行政部门责令限期退还劳动者本人，并以每人500元以上2 000元以下的标准处以罚款；给劳动者造成损害的，应当承担赔偿责任。

【随堂测试8-2】2019年7月5日，王某到甲公司上班，但甲公司未与其签订书面合同。甲公司该行为法律后果的表述中，正确的有（ ）。

A.甲公司和王某之间尚未建立劳动关系

B.甲公司应于2019年8月5日前与王某签订书面劳动合同

C.若甲公司在2019年10月5日与王某补签了书面劳动合同，王某有权要求甲公司向其支付2个月的双倍工资

D.若甲公司在2020年10月5日与王某补签了书面劳动合同，王某有权要求甲公司向其支付11个月的双倍工资

2.口头形式（非全日制用工）

非全日制用工双方当事人可以订立口头协议。非全日制用工，是指以小时计酬为主，劳动者在同一用人单位一般平均每日工作时间不超过4小时，每周工作时间累计不超过24小时的用工形式。

从事非全日制用工的劳动者可以与一个或者一个以上用人单位订立劳动合同；但是，后订立的劳动合同不得影响先订立的劳动合同的履行。

非全日制用工双方当事人不得约定试用期。

非全日制用工双方当事人任何一方都可以随时通知对方终止用工。终止用工，用人单位不向劳动者支付经济补偿。

非全日制用工小时计酬标准不得低于用人单位所在地人民政府规定的最低小时工资标准。

非全日制用工劳动报酬结算支付周期最长不得超过15日。

（二）劳动合同的条款

1.必备条款

劳动合同必备条款是指劳动合同依法必须具备的内容。劳动合同必备以下条款：

（1）用人单位的名称、住所和法定代表人或者主要负责人。

（2）劳动者的姓名、住址和居民身份证或者其他有效身份证件号码。

（3）劳动合同期限。

（4）工作内容和工作地点。

（5）工作时间和休息休假。

微课

劳动合同内容

工作时间通常是指劳动者每天应工作的时数或每周应工作的天数。目前我国实行的工时制度主要有标准工时制、不定时工作制和综合计算工时制三种类型。

标准工时制，也称标准工作日，是指法律统一规定的劳动者从事工作或劳动的时间。国家实行劳动者每日工作时间8小时、每周工作40小时的工时制度。有些企业因工作性质和生产特点不能实行标准工时制，应保证劳动者每天工作不超过8小时，每周工作不超过40小时，每周至少休息1天。

用人单位由于生产经营需要，经与工会和劳动者协商后可以延长工作时间，一般每日不得超过1小时；因特殊原因需要延长工作时间的，在保障劳动者身体健康的条件下延长工作时间每日不得超过3小时，但是每月不得超过36小时。

不定时工作制，又称无定时工作制、不定时工作日。是指没有固定工作时间限制的工作制度，主要适用于一些工作性质或工作条件不受标准工作时间限制的工作岗位。

综合计算工时制，也称综合计算工作日，是指用人单位根据生产和工作特点，分别以周、月、季、年等为周期，综合计算劳动者工作时间，但其平均日工作时间和平均周工作时间仍与法定标准工作时间基本相同的一种工时形式。

休息是劳动者在任职期间，在国家的法定工作时间以外，无须履行劳动义务而自行支配的时间，包括工作日内的间歇时间、工作日之间的休息时间和公休假日。

休假是指劳动者无须履行劳动义务且一般有工资保障的法定休息时间。如：①法定假日，包括元旦、春节、清明节、劳动节、端午节、中秋节、国庆节等。②年休假。指职工工作满一定年限，每年可享受的保留工作岗位、带薪连续休息的时间。

《职工带薪年休假条例》规定，机关、团体、企业、事业单位、民办非企业单位、有雇工的个体工商户等单位的职工连续工作1年以上的，享受带薪年休假（以下简称年休假）。单位应当保证职工享受年休假。职工在年休假期间享受与正常工作期间相同的工资收入。职工累计工作已满1年不满10年的，年休假5天；已满10年不满20年的，年休假10天；已满20年的，年休假15天。国家法定休假日、休息日不计入年休假的假期。单位根据生产、工作的具体情况，并考虑职工本人意愿，统筹安排职工年休假。年休假在1个年度内可以集中安排，也可以分段安排，一般不跨年度安排。单位因生产、工作特点确有必要跨年度安排职工年休假的，可以跨1个年度安排。

职工有下列情形之一的，不享受当年的年休假：①职工依法享受寒暑假，其休假天数多于年休假天数的；②职工请事假累计20天以上且单位按照规定不扣工资的；③累计工作满1年不满10年的职工，请病假累计2个月以上的；④累计工作满10年不满20年的职工，请病假累计3个月以上的；⑤累计工作满20年以上的职工，请病假累计4个月以上的。

（6）劳动报酬。

劳动报酬是指用人单位根据劳动者劳动的数量和质量，以货币形式支付给劳动者的工资。

工资应当以法定货币支付，不得以实物及有价证券代替货币支付。

工资必须在用人单位与劳动者约定的日期支付，如遇节假日或休息日，则应提前在最近的工作日支付。

工资至少每月支付一次，实行周、日、小时工作制的可按周、日、小时支付工资。对完成一次性临时劳动或某项具体工作的劳动者，用人单位应按有关协议或合同规定在其完成劳动任务后即支付工资。

用人单位应当依法支付劳动者在法定休假日和婚丧假期间以及依法参加社会活动期间的工资。在部分公民放假的节日期间（妇女节、青年节），对参加社会活动或单位组织庆祝活动和照常工作的职工，单位应支付工资报酬，但不支付加班工资。

用人单位安排劳动者在法定标准工作时间以外工作的，应当支付高于劳动者正常工作时间工资的工资报酬。加班费用相关规定见表8-1。

表8-1 加班费用相关规定

加班时段	补休	加班费用
工作日加班	无论是否补休	本人小时工资标准的150%
休息日（周末）加班	不安排补休	本人日或小时工资标准的200%
节假日加班	无论是否补休	本人日或小时工资标准的300%

国家实行最低工资保障制度。用人单位支付劳动者的工资不得低于当地最低工资标准。最低工资的具体标准由省、自治区、直辖市人民政府规定，报国务院备案。最低工资不包括延长工作时间的工资报酬，中班、夜班、高温、低温、井下、有毒有害等特殊工作环境、条件下的津贴，以货币形式支付的住房和用人单位支付的伙食补贴，国家法律、法规、规章规定的社会保险福利待遇。

因劳动者本人原因给用人单位造成经济损失的，用人单位可按照劳动合同的约定要求其赔偿经济损失。经济损失的赔偿，可从劳动者本人工资中扣除，但每月扣除的部分不得超过劳动者当月工资的20%。若扣除后剩余工资部分低于当地月最低工资标准，则按最低工资标准支付。

【案例8-1】某建筑公司2019年3月招收了一批农村合同工人，双方签订的劳动合同中约定，试用期为6个月，工资为每个月1 500元人民币，由公司提供食宿。2019年9月试用期即将届满，工人们要求转正后工资涨到3 000元。公司负责人称，公司已经决定转正后每人每月工资2 500元，如不接受，公司将与其解除劳动合同。工人们只得同意。2020年4月，工人们得知该市最低工资标准为3 000元，企业支付工资一律不得低于该标准。于是工人们向公司要求将工资涨到每月每人3 000元。但公司认为，公司除向工人每月支付的工资2 500元之外，还为工人提供食宿，折合下来，工人每人每月工资超过5 000元，远远高于3 000元的最低工资标准。所以拒绝了工人的要求。

请问：建筑公司支付的工资是否符合最低工资标准？本案应该如何处理报酬及赔偿金？

（7）社会保险。

（8）劳动保护、劳动条件和职业危害防护。

（9）法律、法规规定应当纳入劳动合同的其他事项。

2.可备条款

可备条款，即劳动合同的约定条款，是指除法定必备条款外劳动合同当事人可约定，也可以不约定的条款。约定条款不得违反法律、法规的规定。劳动合同的约定条款一般包括以下内容：

（1）试用期条款。

劳动合同期限3个月以上不满1年的，试用期不得超过1个月；劳动合同期限1年以上不满3年的，试用期不得超过2个月；3年以上固定期限和无固定期限的劳动合同，试用期不得超过6个月。同一用人单位与同一劳动者只能约定一次试用期。以完成一定工作任务为期限的劳动合同或者劳动合同期限不满3个月的，不得约定试用期。试用期包含在劳动合同期限内。劳动合同仅约定试用期的，试用期不成立，该期限为劳动合同期限。劳动者在试用期的工资不得低于本单位相同岗位最低档工资或者劳动合同约定工资的80%，并不得低于用人单位所在地的最低工资标准。在试用期中，除劳动者不符合录用条件，劳动者有违规、违纪、违法行为，劳动者不能胜任工作等情形外，用人单位不得解除劳动合同。用人单位在试用期解除劳动合同的，应当向劳动者说明理由。

【案例8–2】吴某被某公司聘为业务员，并与该公司签订了为期2年的劳动合同，劳动合同约定：吴某需先交2 000元风险抵押金，如果吴某违约，则2 000元押金不再退还，吴某试用期为6个月，试用期每月工资为800元，试用期满后每月工资为1 500元。

请问：该劳动合同存在哪些违反劳动法规的地方？

（2）服务期限协议。

用人单位为劳动者提供专项培训费用，对其进行专业技术培训的，可以与该劳动者订立协议，约定服务期。劳动者违反服务期约定的，应当按照约定向用人单位支付违约金。违约金的数额不得超过用人单位提供的培训费用。用人单位要求劳动者支付的违约金不得超过服务期尚未履行部分所应分摊的培训费用。用人单位与劳动者约定服务期的，不影响按照正常的工资调整机制提高劳动者在服务期期间的劳动报酬。

（3）保守商业秘密和竞业限制。

用人单位与劳动者可以在劳动合同中约定保守用人单位的商业秘密和与知识产权相关的保密事项。对负有保密义务的劳动者，用人单位可以在劳动合同或者保密协议中与劳动者约定竞业限制条款，并约定在解除或者终止劳动合同后，在竞业限制期限内按月给予劳动者经济补偿。劳动者违反竞业限制约定的，应当按照约定向用人单位支付违约金。

竞业限制的人员限于用人单位的高级管理人员、高级技术人员和其他负有保密义务的人员。竞业限制的范围、地域、期限由用人单位与劳动者约定，竞业限制的约定不得违反法律、法规的规定。在解除或者终止劳动合同后，前款规定的人员到与本单位生产或者经营同类产品、从事同类业务的有竞争关系的其他用人单位，或者自己开业生产或者经营同类产品、从事同类业务的竞业限制期限，不得超过2年。《最高人民法院关于审理劳动争议案件适用法律若干问题的解释（四）》对于竞业限制作了如下规定：

当事人在劳动合同或者保密协议中约定了竞业限制，但未约定解除或者终止劳动合同后给予劳动者经济补偿，劳动者履行了竞业限制义务，要求用人单位按照劳动者在劳动合同解除或者终止前12个月平均工资的30%按月支付经济补偿的，人民法院应予支持。前述规定的月平均工资的30%低于劳动合同履行地最低工资标准的，按照劳动合同履行地最低工资标准支付。

当事人在劳动合同或者保密协议中约定了竞业限制和经济补偿，当事人解除劳动合同时，除另有约定外，用人单位要求劳动者履行竞业限制义务，或者劳动者履行了竞业限制义务后要求用人单位支付经济补偿的，人民法院应予支持。

当事人在劳动合同或者保密协议中约定了竞业限制和经济补偿，劳动合同解除或者终止后，因用人单位的原因导致3个月未支付经济补偿，劳动者请求解除竞业限制约定的，人民法院应予支持。

在竞业限制期限内，用人单位请求解除竞业限制协议时，人民法院应予支持。在解除竞业限制协议时，劳动者请求用人单位额外支付劳动者3个月的竞业限制经济补偿的，人民法院应予支持。

劳动者违反竞业限制约定，向用人单位支付违约金后，用人单位要求劳动者按照约定继续履行竞业限制义务的，人民法院应予支持。

（三）劳动合同的无效

劳动合同由用人单位与劳动者协商一致，并经用人单位与劳动者在劳动合同文本上签字或者盖章生效。

下列劳动合同无效或者部分无效：

（1）以欺诈、胁迫的手段或者乘人之危，使对方在违背真实意思的情况下订立或者变更劳动合同的；

（2）用人单位免除自己的法定责任、排除劳动者权利的；

（3）违反法律、行政法规强制性规定的。

对劳动合同的无效或者部分无效有争议的，由劳动争议仲裁机构或者人民法院确认。劳动合同部分无效，不影响其他部分效力的，其他部分仍然有效。劳动合同被确认无效，劳动者已付出劳动的，用人单位应当向劳动者支付劳动报酬。劳动报酬的数额，参照本单位相同或者相近岗位劳动者的劳动报酬确定。

劳动合同被确认无效，给对方造成损害的，有过错的一方应当承担赔偿责任。

三、劳动合同的履行

用人单位与劳动者应当按照劳动合同的约定，全面履行各自的义务。用人单位应当按照劳动合同约定和国家规定，向劳动者及时足额支付劳动报酬。用人单位拖欠或者未足额支付劳动报酬的，劳动者可以依法向当地人民法院申请支付令，人民法院应当依法发出支付令。用人单位应当严格执行劳动定额标准，不得强迫或者变相强迫劳动者加班。用人单位安排加班的，应当按照国家有关规定向劳动者支付加班费。

劳动者拒绝用人单位管理人员违章指挥、强令冒险作业的，不视为违反劳动合同。劳动者对危害生命安全和身体健康的劳动条件，有权对用人单位提出批评、检举和控告。用人单位变更名称、法定代表人、主要负责人或者投资人等事项，不影响劳动合同的履行。用人单位发生合并或者分立等情况，原劳动合同继续有效，劳动合同由承继其权利和义务的用人单位继续履行。

用人单位应当将直接涉及劳动者切身利益的规章制度和重大事项决定公示，或者告知劳动者。如果用人单位的规章制度未经公示或者未对劳动者告知，该规章制度对劳动者不生效。公示或告知可以采取张贴通告、员工手册送达、会议精神传达等方式。

四、劳动合同的变更

劳动合同的变更是指在劳动合同开始履行但尚未履行完毕之前，因订立合同的主客观条件发生了变化，当事人依照法律规定的条件和程序，对原合同中的某些条款进行修改、补充的法律行为。

用人单位与劳动者协商一致，可以变更劳动合同约定的内容。变更劳动合同，应当采用书面形式。变更后的劳动合同文本由用人单位和劳动者各执一份。

变更劳动合同未采取书面形式，但已经实际履行了口头劳动合同超过1个月，且变更后的劳动合同内容不违反法律、行政法规、国家政策以及公序良俗，当事人以未采用书面形式为由主张劳动合同变更无效的，人民法院不予支持。

五、劳动合同的解除

微课

劳动合同解除

劳动合同的解除，是指在劳动合同依法订立后，尚未履行完毕之前，由双方或一方当事人依法提前终止劳动合同法律效力的行为。根据提出劳动合同解除的主体不同，劳动合同的解除分为以下三类。

（一）双方协商解除劳动合同

《劳动合同法》第三十六条规定：“用人单位与劳动者协商一致，可以解除劳动合同。”由用人单位提出解除劳动合同，且与劳动者协商一致的，必须依法向劳动者支付经济补偿。由劳动者主动辞职，且与用人单位协商一致解除劳动合同的，用人单位无须向劳动者支付经济补偿。

（二）劳动者单方解除劳动合同

劳动者单方解除劳动合同的情形见表8-2。

表8-2　劳动者单方解除劳动合同的情形

类型	具体规定
提前通知	①劳动者提前30日以书面形式通知用人单位，可以解除劳动合同； ②劳动者在试用期内提前3日通知用人单位，可以解除劳动合同
可随时通知	①用人单位未按照劳动合同约定提供劳动保护或者劳动条件的； ②用人单位未及时足额支付劳动报酬的； ③用人单位的规章制度违反法律、法规的规定，损害劳动者权益的； ④用人单位以欺诈、胁迫的手段或乘人之危，使劳动者在违背真实意思的情况下订立或者变更劳动合同，而致使劳动合同无效的； ⑤用人单位免除自己的法定责任、排除劳动者权利，而致使劳动合同无效的； ⑥违反法律、行政法规强制性规定，而致使劳动合同无效的； ⑦法律、行政法规规定劳动者可以解除劳动合同的其他情形
不需事先通知	①用人单位以暴力、威胁或者非法限制人身自由的手段强迫劳动者劳动的； ②用人单位违章指挥、强令冒险作业危及劳动者人身安全的

【案例8-3】陈某原在一家国有企业工作并与企业签订了为期5年的劳动合同。在合同期内，陈某以收入偏低为由，口头提出解除劳动合同，企业未予答复。过了10天，陈某

被一家合资企业招用，又与该企业签订了劳动合同。

请问：陈某与原企业的劳动合同是否已经解除？

（三）用人单位单方解除劳动合同

用人单位单方解除劳动合同的情形见表8-3。

表8-3 用人单位单方解除劳动合同的情形

类型	具体规定
提前通知（无过失性辞退）	有下列情形之一的，用人单位提前30日以书面形式通知劳动者本人或者额外支付劳动者1个月工资后，可以解除劳动合同： ①劳动者患病或者非因工负伤，在规定的医疗期满后不能从事原工作，也不能从事由用人单位另行安排的工作的； ②劳动者不能胜任工作，经过培训或者调整工作岗位，仍不能胜任工作的； ③劳动合同订立时所依据的客观情况发生重大变化，致使劳动合同无法履行，经用人单位与劳动者协商，未能就变更劳动合同内容达成协议的
随时通知	①在试用期间被证明不符合录用条件的； ②严重违反用人单位的规章制度的； ③严重失职，营私舞弊，给用人单位造成重大损害的； ④劳动者同时与其他用人单位建立劳动关系，对完成本单位的工作任务造成严重影响，或者经用人单位提出，拒不改正的； ⑤劳动者以欺诈、胁迫的手段或者乘人之危，使用人单位在违背真实意思的情况下订立或者变更劳动合同，致使劳动合同无效的； ⑥被依法追究刑事责任的
裁减人员（经济性裁员）	有下列情形之一，需要裁减20人以上或者裁减不足20人但占企业职工总数10%以上的，用人单位提前30日向工会或者全体职工说明情况，听取工会或者职工的意见后，裁减人员方案经向劳动行政部门报告，可以裁减人员： ①依照企业破产法规定进行重整的； ②生产经营发生严重困难的； ③企业转产、重大技术革新或者经营方式调整，经变更劳动合同后，仍需裁减人员的； ④其他因劳动合同订立时所依据的客观经济情况发生重大变化，致使劳动合同无法履行的

六、劳动合同的终止

劳动合同的终止指劳动合同的法律效力依法消灭，亦即劳动合同所确立的劳动关系由于一定法律事实的出现而终结，劳动者与用人单位之间原有的权利和义务不复存在。

（一）劳动合同终止的情形

根据《劳动合同法》的规定，有下列情形之一的，劳动合同终止：

（1）劳动合同期满的；

（2）劳动者开始依法享受基本养老保险待遇的；

（3）劳动者死亡，或者被人民法院宣告死亡或者宣告失踪的；

（4）用人单位被依法宣告破产的；

（5）用人单位被吊销营业执照、责令关闭、撤销或者用人单位决定提前解散的；

（6）法律、行政法规规定的其他情形。

用人单位与劳动者不得约定上述情形之外的其他劳动合同终止条件。

（二）劳动合同终止的限制性规定

劳动者有下列情形之一的，用人单位不得解除劳动合同：

（1）从事接触职业病危害作业的劳动者未进行离岗前职业健康检查，或者疑似职业病病人在诊断或者医学观察期间的；

（2）在本单位患职业病或者因工负伤并被确认丧失或者部分丧失劳动能力的；

（3）患病或者非因工负伤，在规定的医疗期内的；

（4）女职工在孕期、产期、哺乳期的；

（5）在本单位连续工作满15年，且距法定退休年龄不足5年的；

（6）法律、行政法规规定的其他情形。

【随堂测试8-3】根据《劳动合同法》的规定，下列关于劳动合同解除的说法中，正确的是（　　）。

A. 用人单位未按照劳动合同约定提供劳动保护或劳动条件的，劳动者提前3日以书面形式通知用人单位，可以解除劳动合同

B. 用人单位的规章制度违反法律、法规的规定，损害劳动者权益的，劳动者在试用期内提前30日通知用人单位，可以解除劳动合同

C. 用人单位以暴力、威胁手段强迫劳动者劳动的，或者用人单位违章指挥、强令冒险作业危及劳动者人身安全的，劳动者可以立即解除劳动合同，不必事先告知用人单位

D. 劳动者非因公负伤，在规定的医疗期满后不能从事原工作，也不能从事由用人单位另行安排的工作的，用人单位提前3日以书面形式通知劳动者本人后，可以解除劳动合同

七、劳动合同解除和终止的经济补偿

（一）经济补偿金、违约金与赔偿金

经济补偿是在劳动者无过错的情况下，用人单位解除或终止劳动合同时，给予劳动者的一次性货币补偿。经济补偿相关规定见表8-4。

表8-4　经济补偿相关规定

项目	适用条件	性质	支付主体
经济补偿金	（1）劳动关系的解除和终止 （2）劳动者无过错	法定	用人单位
违约金	劳动者违反了服务期和竞业限制的规定（单位不得约定其他违约金）	约定	劳动者
赔偿金	用人单位和劳动者由于自己的过错给对方造成损害	法定	两者之一

（二）补偿标准

经济补偿按劳动者在本单位工作的年限，每满1年支付1个月工资的标准向劳动者支付。6个月以上不满1年的，按1年计算；不满6个月的，向劳动者支付半个月工资的经济补偿。劳动者月工资高于用人单位所在直辖市、设区的市级人民政府公布的本地区上年度职工月平均工资3倍的，向其支付经济补偿的标准按职工月平均工资3倍的数额支付，向其支付经济补偿的年限最高不超过12年。

（三）支付经济补偿金的法定情形

（1）由用人单位单方提出解除劳动合同并与劳动者协商一致而解除劳动合同的。

（2）劳动者符合随时通知解除和不需要事先通知即可解除劳动合同规定情形而解除劳动合同的。

（3）用人单位符合提前30日以书面形式通知劳动者本人或者额外支付劳动者1个月工资后，可以解除劳动合同规定情形而解除合同的。

（4）用人单位以裁员的方式解除与劳动者劳动合同的，用人单位应向劳动者支付经济补偿金。

（5）除用人单位维持或者提高劳动合同约定条件续订劳动合同，劳动者不同意续订的情形外，在劳动合同期满时用人单位以低于原劳动合同约定的条件要求与劳动者续订劳动合同，而劳动者不同意续订的，用人单位应向劳动者支付经济补偿金。

（6）用人单位被依法宣告破产的，被吊销营业执照、责令关闭、撤销或者用人单位决定提前解散而终止劳动合同的，用人单位应向劳动者支付经济补偿金。

（7）以完成一定工作任务为期限的劳动合同因任务完成而终止的，用人单位应当依法向劳动者支付经济补偿。

（8）法律、行政法规规定的其他情形。

八、劳动合同解除和终止的法律后果及双方义务

劳动合同解除和终止后，用人单位和劳动者双方不再履行劳动合同，劳动关系消灭。劳动者应当按照双方约定办理工作交接。

解除或者终止劳动合同，用人单位应当在解除或者终止劳动合同时出具解除或者终止劳动合同的证明，并在15日内为劳动者办理档案和社会保险关系转移手续。用人单位出具的解除、终止劳动合同的证明，应当写明劳动合同期限、解除或者终止劳动合同的日期、工作岗位、在本单位的工作年限。

用人单位应当在解除或者终止劳动合同时向劳动者支付经济补偿的，在办结工作交接时支付。

用人单位违反本法规定解除或者终止劳动合同，劳动者要求继续履行劳动合同的，用人单位应当继续履行；劳动者不要求继续履行劳动合同或者劳动合同已经不能继续履行的，用人单位应当依照《劳动合同法》规定的经济补偿金标准的2倍支付赔偿金。用人单位支付了赔偿金的，不再支付经济补偿金。

劳动者违反《劳动合同法》规定解除或者终止劳动合同，给用人单位造成损失的，应当承担赔偿责任。

九、集体合同与劳务派遣

（一）集体合同

微课

集体合同与劳务派遣

集体合同是工会代表企业职工一方与用人单位订立的以劳动报酬、工作时间、休息休假、劳动安全卫生、保险福利等为主要内容的书面协议。尚未建立工会的用人单位，由上级工会指导劳动者推举的代表与用人单位订立集体合同。

企业职工一方与用人单位可以订立劳动安全卫生、女职工权益保护、工资调整机制等专项集体合同。

在县级以下区域内，建筑业、采矿业、餐饮服务业等行业可以由工会与企业方面代表订立行业性集体合同，或者订立区域性集体合同。

集体合同内容由用人单位和职工各自派出集体协商代表通过集体协商的方式协商确定，集体协商双方的代表人数应当对等，每方至少3人，并各确定1名首席代表。

经双方协商一致的集体合同草案或专项集体合同草案应当提交职工代表大会或者全体职工大会讨论。职工代表大会或者全体职工大会讨论集体合同草案，应当有2/3以上职工代表或者职工出席，且须经全体职工代表半数以上或者全体职工半数以上同意，方获得通过。集体合同草案或专项集体合同草案经职工代表大会或者全体职工大会通过后，由集体协商双方首席代表签字。

集体合同订立后，应当报送劳动行政部门；劳动行政部门自收到集体合同文本之日起15日内未提出异议的，集体合同即行生效。

集体合同中劳动报酬和劳动条件等标准不得低于当地人民政府规定的最低标准；用人单位与劳动者订立的劳动合同中劳动报酬和劳动条件等标准不得低于集体合同规定的标准。

依法订立的集体合同对用人单位和劳动者具有约束力。行业性、区域性集体合同对当地本行业、本区域的用人单位和劳动者具有约束力。

用人单位违反集体合同，侵犯职工劳动权益的，工会可以依法要求用人单位承担责任；因履行集体合同发生争议，经协商解决不成的，工会可以依法申请仲裁、提起诉讼。

（二）劳务派遣

劳务派遣是指劳务派遣单位与劳动者订立劳动合同，与用工单位订立劳务派遣协议，将被派遣劳动者派往用工单位给付劳务。劳动合同关系存在于劳务派遣单位与被派遣劳动者之间，但劳动力给付的事实则发生于被派遣员工与用工单位之间，即劳动力的雇佣与劳动力使用分离，被派遣劳动者不与用工单位签订劳动合同、发生劳动关系，而是与派遣单位存在劳动关系。

劳务派遣用工是补充形式，只能在临时性、辅助性或者替代性的工作岗位上实施。

用工单位应当严格控制劳务派遣用工数量，使用的被派遣劳动者数量不得超过其用工总量的10%。

用人单位不得设立劳务派遣单位向本单位或者所属单位派遣劳动者。用工单位不得将被派遣劳动者再派遣到其他用人单位。

劳务派遣单位是用人单位，应当履行用人单位对劳动者的义务。劳务派遣单位应当依法与被派遣劳动者订立2年以上的固定期限书面劳动合同。按月支付劳动报酬；被派遣劳动者在无工作期间，劳务派遣单位应当按照所在地人民政府规定的最低工资标准，向其按月支付报酬。

接受以劳务派遣形式用工的单位是用工单位。劳务派遣单位应当与用工单位订立劳务派遣协议。用工单位应当根据工作岗位的实际需要与劳务派遣单位确定派遣期限，不得将连续用工期限分割订立数个短期劳务派遣协议。

劳务派遣单位应当将劳务派遣协议的内容告知被派遣劳动者，不得克扣用工单位按照劳务派遣协议支付给被派遣劳动者的劳动报酬。劳务派遣单位和用工单位不得向被派遣劳动者收取费用。

被派遣劳动者享有与用工单位的劳动者同工同酬的权利。

任务三 劳动争议的解决

一、劳动争议的概述

（一）劳动争议的概念

劳动争议是指劳动关系当事人之间因劳动的权利与义务发生分歧而引起的争议，又称劳动纠纷。其中有的属于既定权利的争议，即因适用劳动法和劳动合同、集体合同的既定内容而发生的争议；有的属于要求新的权利而出现的争议，是因制定或变更劳动条件而发生的争议。主要包括：

（1）因确认劳动关系发生的争议；

（2）因订立、履行、变更、解除和终止劳动合同发生的争议；

（3）因除名、辞退和辞职、离职发生的争议；

（4）因工作时间、休息休假、社会保险、福利、培训以及劳动保护发生的争议；

（5）因劳动报酬、工伤医疗费、经济补偿或赔偿金等发生的争议；

（6）法律法规规定的其他劳动争议。

（二）劳动争议解决的方法

劳动争议解决的方法有协商、调解、仲裁和诉讼。发生劳动争议，劳动者可以与用人单位协商，也可以请工会或者第三方共同与用人单位协商，达成和解协议；当事人不愿协商、协商不成或达成和解协议后不履行的，可向调解组织申请调解；不愿调解、调解不成或达成调解协议后不履行的，可以向劳动争议仲裁机构申请仲裁；对仲裁裁决不服的，除《劳动争议调解仲裁法》另有规定的以外，可以向人民法院提起诉讼。

发生劳动争议，当事人对自己提出的主张，有责任提供证据。与争议事项有关的证据属于用人单位掌握管理的，用人单位应当提供；用人单位不提供的，应当承担不利后果。

二、劳动调解

发生劳动争议，当事人可以到下列调解组织申请调解：

（1）企业劳动争议调解委员会。企业劳动争议调解委员会由职工代表和企业代表组成。职工代表由工会成员担任或者由全体职工推举产生，企业代表由企业负责人指定。企业劳动争议调解委员会主任由工会成员或者双方推举的人员担任。

（2）依法设立的基层人民调解组织。

（3）在乡镇街道设立的具有劳动争议调解职能的组织。

微课

劳动争议的解决

自劳动争议调解组织收到调解申请之日起15日内未达成调解协议的，当事人可以依法申请仲裁。

达成调解协议后，一方当事人在协议约定期限内不履行调解协议的，另一方当事人可以依法申请仲裁。

因支付拖欠劳动报酬、工伤医疗费、经济补偿或者赔偿金事项达成调解协议，用人单位在协议约定期限内不履行的，劳动者可以持调解协议书依法向人民法院申请支付令。人民法院应当依法发出支付令。

三、劳动仲裁

劳动仲裁是指由劳动争议仲裁委员会对当事人申请仲裁的劳动争议居中公断与裁决。在我国，劳动仲裁是劳动争议当事人向人民法院提起诉讼的必经程序。

（一）劳动仲裁机构、劳动仲裁参加人和劳动仲裁管辖

1.劳动仲裁机构

劳动仲裁机构是劳动人事仲裁争议仲裁委员会（简称仲裁委员会）。仲裁委员会按照统筹规划、合理布局和适应实际需要的原则设立。仲裁委员会不按行政区划层层设立。仲裁委员会下设办事机构，负责办理仲裁委员会的日常工作。

劳动争议仲裁不收费。仲裁委员会的经费由财政予以保证。

2.劳动仲裁参加人

（1）当事人。发生劳动争议的劳动者和用人单位为劳动争议仲裁案件的双方当事人。劳务派遣单位或者用工单位与劳动者发生劳动争议的，劳务派遣单位和用工单位为共同当事人。

（2）当事人代表。发生争议的劳动者一方在10人以上，并有共同请求的，劳动者可以推举3至5名代表人参加仲裁活动。

代表人参加仲裁的行为对其所代表的当事人发生效力，但代表人变更、放弃仲裁请求或者承认对方当事人的仲裁请求，进行和解，必须经被代表的当事人同意。

（3）第三人。与劳动争议案件的处理结果有利害关系的第三人，可以申请参加仲裁活动或者由仲裁委员会通知其参加仲裁活动。

（4）代理人。当事人可以委托代理人参加仲裁活动。委托他人参加仲裁活动，应当向仲裁委员会提交有委托人签名或者盖章的委托书，委托书应当载明委托事项和权限。

丧失或者部分丧失民事行为能力的劳动者，由其法定代理人代为参加仲裁活动；无法定代理人的，由仲裁委员会为其指定代理人。劳动者死亡的，由其近亲属或者代理人参加仲裁活动。

3.劳动争议仲裁案件的管辖

仲裁委员会负责管辖本区域内发生的劳动争议。

劳动争议由劳动合同履行地或者用人单位所在地的仲裁委员会管辖。双方当事人分别向劳动合同履行地和用人单位所在地的仲裁委员会申请仲裁的，由劳动合同履行地的仲裁委员会管辖。有多个劳动合同履行地的，由最先受理的仲裁委员会管辖。劳动合同履行地不明确的，由用人单位所在地的仲裁委员会管辖。

（二）申请和受理

1. 仲裁时效

劳动争议申请仲裁的时效期间为1年。仲裁时效期间从当事人知道或者应当知道其权利被侵害之日起计算。劳动关系存续期间因拖欠劳动报酬发生争议的，劳动者申请仲裁不受1年仲裁时效期间的限制；但是，劳动关系终止的，应当自劳动关系终止之日起1年内提出。

劳动仲裁时效，因当事人一方向对方当事人主张权利，或者向有关部门请求权利救济，或者对方当事人同意履行义务而中断。从中断时起，仲裁时效期间重新计算。

因不可抗力或者有其他正当理由，当事人不能在仲裁时效期间申请仲裁的，仲裁时效中止。从中止时效的原因消除之日起，仲裁时效期间继续计算。

2. 仲裁申请

申请人申请仲裁应当提交书面仲裁申请，并按照被申请人人数提交副本。书写仲裁申请确有困难的，可以口头申请，由仲裁委员会记入笔录，并告知对方当事人。

3. 仲裁受理

仲裁委员会收到仲裁申请之日起5日内，认为符合受理条件的，应当受理，并通知申请人；认为不符合受理条件的，应当书面通知申请人不予受理，并说明理由。

（三）开庭和裁决

1. 仲裁基本制度

（1）公开原则。劳动争议仲裁公开进行，但当事人协议不公开进行或者涉及国家秘密、商业秘密和个人隐私的除外。

（2）仲裁庭制。仲裁委员会裁决劳动争议案件实行仲裁庭制。仲裁庭由3名仲裁员组成，设首席仲裁员。简单劳动争议案件可以由1名仲裁员独任仲裁。

（3）回避制度。仲裁员有下列情形之一的，应当回避，当事人也有权以口头或者书面方式提出回避申请：

①是本案当事人或者当事人、代理人的近亲属的；

②与本案有利害关系的；

③与本案当事人、代理人有其他关系，可能影响公正裁决的；

④私自会见当事人、代理人，或者接受当事人、代理人的请客送礼的。

（4）先行调解制度。仲裁庭在作出裁决前，应当先行调解。调解达成协议的，仲裁庭应当制作调解书。调解书经双方当事人签收后，发生法律效力。

2. 仲裁开庭程序

仲裁委员会应当在受理仲裁申请之日起5日内将仲裁庭的组成情况书面通知当事人。仲裁庭应当在开庭5日前，将开庭日期、地点书面通知双方当事人。当事人有正当理由的，可以在开庭3日前请求延期开庭。是否延期，由仲裁委员会决定。

申请人收到书面通知，无正当理由拒不到庭或者未经仲裁庭同意中途退庭的，可以视为撤回仲裁申请。被申请人收到书面通知，无正当理由拒不到庭或者未经仲裁庭同意中途退庭的，可以缺席裁决。

开庭审理中，仲裁员应当听取申请人的陈述和被申请人的答辩，主持庭审调查、质证和辩论、征询当事人最后意见，并进行调解。

仲裁庭裁决劳动争议案件，应当自仲裁委员会受理仲裁申请之日起45日内结束。案情复杂需要延期的，经仲裁委员会主任批准，可以延期并书面通知当事人，但是延长期限不得超过15日。逾期未作出仲裁裁决的，当事人可以就该劳动争议事项向人民法院提起诉讼。

3. 仲裁裁决

裁决应当按照多数仲裁员的意见作出，少数仲裁员的不同意见应当记入笔录。仲裁庭不能形成多数意见时，裁决应当按照首席仲裁员的意见作出。裁决书应当载明仲裁请求、争议事实、裁决理由、裁决结果和裁决日期。裁决书由仲裁员签名，加盖仲裁委员会印章。对裁决持不同意见的仲裁员，可以签名，也可以不签名。

仲裁庭裁决劳动争议案件时，其中一部分事实已经清楚，可以就该部分先行裁决。

下列劳动争议，除《劳动争议调解仲裁法》另有规定的外，仲裁裁决为终局裁决，裁决书自作出之日起发生法律效力：

（1）追索劳动报酬、工伤医疗费、经济补偿或者赔偿金，不超过当地月最低工资标准12个月金额的争议；

（2）因执行国家的劳动标准在工作时间、休息休假、社会保险等方面发生的争议。

（四）执行

仲裁庭对追索劳动报酬、工伤医疗费、经济补偿或者赔偿金的案件，根据当事人的申请，可以裁决先予执行，移送人民法院执行。

仲裁庭裁决先予执行的，应当符合下列条件：①当事人之间权利义务关系明确；②不先予执行将严重影响申请人的生活。劳动者申请先予执行的，可以不提供担保。

当事人对发生法律效力的调解书、裁决书，应当依照规定的期限履行。一方当事人逾期不履行的，另一方当事人可以依照民事诉讼法的有关规定向人民法院申请执行。受理申请的人民法院应当依法执行。

【案例8-4】小赵是两年前毕业的高职生，2018年7月应聘在一家种子公司工作。2019年6月公司效益不好，此后一直未发放工资。2019年9月小赵辞去公司工作另谋出路，双方解除了劳动合同，直到2020年7月小赵才向公司追要拖欠的3个月工资，该公司拒绝支付，小赵申请劳动争议仲裁。

请问：

（1）劳动争议仲裁机构是否会支持小赵的请求？为什么？

（2）小赵可否直接向人民法院起诉？为什么？

【随堂测试8-4】劳动者因用人单位拖欠劳动报酬发生劳动争议申请仲裁的，应当在仲裁时效期间内提出。关于该仲裁时效期间的下列表述中，正确的有（　　）。

A. 从用人单位拖欠劳动报酬之日起1年

B. 从用人单位拖欠劳动报酬之日起2年

C. 劳动关系存续期间无仲裁时效期间的限制

D.劳动关系终止的自劳动关系终止日起1年

四、劳动诉讼

（一）劳动诉讼的提起

对仲裁委员会不受理或者逾期未作出决定的，申请人可以就该劳动争议事项向人民法院提起诉讼。

劳动者对劳动争议的终局裁决不服的，可以自收到仲裁裁决书之日起15日内向人民法院提起诉讼。

当事人对终局裁决情形以外的其他劳动争议案件的仲裁裁决不服的，可以自收到仲裁裁决书之日起15日内向人民法院提起诉讼。

终局裁决被人民法院裁定撤销的，当事人可以自收到裁定书之日起15日内就该劳动争议事项向人民法院提起诉讼。

（二）劳动诉讼程序

劳动诉讼程序按照《民事诉讼法》的规定执行。

项目测试

一、单项选择题（每题只有一个正确选项，请将正确的选项填入括号内）

1.《劳动合同法》的立法宗旨是：完善劳动合同制度，明确劳动合同双方当事人的权利和义务，保护（　　）的合法权益，构建和发展和谐稳定的劳动关系。

A.企业　　B.用人单位

C.劳动者　　D.用人单位和劳动者

2.订立劳动合同，应当遵守合法、（　　）、平等自愿、协商一致、诚实信用原则。

A.公道　　B.公认　　C.公开　　D.公平

3.用人单位在制定、修改或者决定有关劳动报酬、工作时间、休息休假、劳动安全卫生、保险福利、职工培训、劳动纪律以及劳动定额管理等直接涉及劳动者切身利益的规章制度或者重大事项时，应当经职工代表大会或者全体职工讨论，提出方案和意见，与（　　）或者职工代表平等协商确定。

A.董事会　　B.监事会　　C.工会　　D.职工代表大会

4.《劳动合同法》调整的劳动关系是一种（　　）。

A.人身关系

B.财产关系

C.人身关系和财产关系相结合的社会关系

D.经济关系

5.用人单位与劳动者建立劳动关系的起算日期是（　　）。

A.用工之日起　　B.劳动合同订立之日起

C.试用期满之日起　　D.自用工之日起1个月后

6.根据《劳动合同法》的规定，下列各项属于劳动合同必备条款的是（　　）。

A.劳动报酬　　B.试用期

C.保守商业秘密　　D.福利待遇

7.无民事行为能力人是指（　　）。

A.不满8周岁的未成年人　　B.不满16周岁的未成年人

C.不满18周岁的未成年人　　D.不能完全辨认自己行为的精神病人

8.甲公司与李某签订了3年期劳动合同，约定月工资为1 600元，当地最低工资标准为1 400元，张某在试用期的月工资不得低于（　　）元。

A.1 200　　B.1 120　　C.1 400　　D.1 280

9.甲公司安排职工李某在国庆节期间上班。根据《劳动法》的规定，李某应该获得的工资为不低于其标准工资报酬的（　　）。

A.150%　　B.200%　　C.250%　　D.300%

10.根据《劳动合同法》第十九条的规定，试用期最长不得超过（　　）。

A.3个月　　B.6个月　　C.12个月　　D.1个月

二、多项选择题（每题有两个或两个以上正确选项，请将正确的选项填入括号内）

1.下列关于无固定期限劳动合同的说法中错误的有（　　）。

A.对无固定期限的劳动合同，劳动者可以随时解除劳动合同

B.若出现法律、法规规定或双方约定的可以解除、终止劳动合同的条件，该无固定期限的劳动合同也可以解除、终止

C.无固定期限的劳动合同以某项工作或工程的时间长度为准，当某项工作或工程完成后，劳动合同自行终止

D.劳动者在同一用人单位连续工作满10年以上，当事人双方同意续延劳动合同的，双方应当订立无固定期限的合同

2.下列争议不适用《劳动法》的有（　　）。

A.李某雇佣赵某照顾自己患病的母亲，李某与赵某就报酬发生争议

B.大学生刘某利用暑假时间到某公司勤工俭学，刘某就工资问题与公司发生争议

C.某企业工会主席与该企业就年休假问题发生争议

D.某公司股东与该公司就年终分红问题发生争议

3.假设张某与有关单位发生争议，张某想利用法律手段保护自己的权利，请问下列说法中正确的有（　　）。

A.张某与单位就工伤医疗费而发生的争议，不属于劳动争议

B.张某与单位发生的劳动争议，可以进行协商

C.张某与单位发生的劳动争议，必须先经劳动争议调解委员会调解

D.张某与单位发生的劳动争议，必须先经仲裁，对裁决不服的，可以向法院提起诉讼

4.下列有关竞业限制规定的说法中正确的有（　　）。

A.不得超过3年　　B.仅限于高级管理人员

C.负有保密义务的人员　　D.高级技术人员

5.下列用人单位，适用《劳动合同法》的有（　　）。

A.外商投资企业　　B.个人独资企业

C.会计师事务所　　　　　　　　　　D.民办非企业单位

6.下列各项中，用人单位不得解除劳动合同，也不得终止劳动合同的有（　　）。

A.患病或者非因工负伤，在规定的医疗期内

B.女职工在孕期、产期、哺乳期

C.在本单位连续工作15年，且距法定退休年龄不足5年

D.劳动者开始依法享受基本养老保险待遇

7.某公司拟与张某签订为期3年的劳动合同，关于该合同试用期约定的下列方案中，符合法律规定的有（　　）。

A.不约定试用期　　　　　　　　　　B.试用期1个月

C.试用期3个月　　　　　　　　　　D.试用期6个月

8.根据《劳动合同法》第十二条的规定，劳动合同的类型有（　　）。

A.固定期限劳动合同

B.无固定期限劳动合同

C.以完成一定工作任务为期限的劳动合同

D.约定期限劳动合同

9.根据《劳动合同法》第二十一条的规定，下列关于用人单位在试用期中解除劳动合同的说法中不正确的有（　　）。

A.试用期内用人单位可以随时通知劳动者解除劳动合同

B.用人单位在试用期解除劳动合同的，不需向劳动者说明理由

C.在试用期内被证明不符合录用条件的，用人单位可以解除劳动合同

D.在试用期内患病的，用人单位可以随时通知解除劳动合同

10.劳动者对危害生命安全和身体健康的劳动条件，有权对用人单位提出（　　）。

A.批评　　　　　B.检举　　　　　C.控告　　　　　D.申诉

三、判断题（正确的在括号内打“√”，错误的打“×”）

1.安排劳动者延长劳动时间的，用人单位应支付不低于劳动者正常工作时间工资的200%的工资报酬。（　　）

2.用人单位与劳动者在订立劳动合同时，必须约定试用期。（　　）

3.无民事行为能力人、限制民事行为能力人接受奖励、赠与，他人不得以行为人无民事行为能力、限制民事行为能力为由，主张上述行为无效。（　　）

4.安排劳动者延长劳动时间的，用人单位应支付不低于劳动者正常工作时间工资的300%的工资报酬。（　　）

5.医疗期内遇劳动合同期满的，则劳动合同必须延至医疗期满，职工在此期间仍然享受医疗待遇。（　　）

6.用人单位自用工之日起满1年不与劳动者订立书面合同的，视为用人单位自用工之日起满1年的当日已经与劳动者订立无固定期限劳动合同。（　　）

7.劳动者严重违反用人单位规章制度的，用人单位可以随时通知劳动者解除合同。（　　）

8.固定期限劳动合同，是指用人单位与劳动者约定合同中止时间的劳动合同。（　　）

9. 劳动者拒绝用人单位管理人员违章指挥、强令冒险作业的，不视为违反劳动合同。（　）

10. 劳动合同被确认无效，劳动者已付出劳动的，用人单位可以不向劳动者支付劳动报酬。（　）

四、案例分析题

甲某于2019年6月与上海万隆饭店签订了为期5年的劳动合同。合同明确规定其责任是负责饭店大堂的接待等工作，试用期8个月，月工资3 000元。8个月试用期后万隆饭店表示满意，合同正式履行。2020年4月，因饭店餐饮部门负责人调离，饭店主管又认为大堂经理最好以女性为宜，于是在未与甲某协商的情况下，便安排甲某将大堂工作移交，接手餐饮部的工作。对此，甲某表示不同意，认为原合同规定是做大堂部经理工作。饭店认为甲某与饭店已签了劳动合同，甲某已成为本饭店的职员，就应当服从饭店的安排，仍坚持由甲某去做餐饮部工作。甲某坚决不同意，并仍到大堂部上班。

请问：

（1）甲某与上海万隆饭店签订的合同有什么错误？

（2）上海万隆饭店强行安排甲某去餐饮部工作的做法是否正确？为什么？

（3）如果上海万隆饭店欲以甲不服从工作安排为由解雇甲某，是否符合法律规定？为什么？

（4）甲某如被解雇，可采取什么方法维护自己的合法权益？

（5）甲某如被解雇，工会可从哪些方面帮助甲某维护其合法权益？

项目九

社会保险法

【知识目标】

1. 理解社会保险的概念、种类及原则。
2. 掌握基本养老保险、基本医疗保险、工伤保险、失业保险、生育保险的基本含义。
3. 掌握社会保险费的征缴及社会保险的法律责任。

【能力目标】

1. 能够熟练计算基本养老保险费。
2. 能够熟练掌握基本医疗保险费的结算。
3. 能够认定工伤并计算工伤待遇。
4. 能够熟练说出失业人员享受的失业待遇。

【主要概念】

社会保险　基本养老保险　基本医疗保险　工伤保险　失业保险　生育保险

引导案例

在市场经济社会里，国家要建立健全一套适合社会发展的社会保障制度，完善社会保障体系，以保障每一个公民生产、生活、健康等各项社会福利的基本覆盖，使国家、集体、个人利益相互促进、和谐发展，从而推动国家社会经济可持续发展。比如：小王今年22岁，刚刚大学毕业，现就职于某市某汽车制造厂从事工程技术管理工作。在生产生活中会遇到患病、工伤、失业（企业效益不好、资不抵债面临下岗或失业风险）、60岁以后面临丧失劳动力需要有基本生活来源等实际问题，这些问题靠什么来解决呢？这是任何一个国家都需要解决的现实问题。我国作为一个社会主义国家，对于公民的社会保障问题高度重视，正逐步完善和提高广大人民群众的社会保障水平。以达到老有所养、病有所医，失业后有免费的岗位培训和基本的生活保障，由于工伤而丧失劳动能力后，国家和社会提供相应合理的经济补偿，以维持其基本生活。

思考：

个人社会保障经费由国家、企事业单位、个人哪一方承担？若共同承担，分担比例为多大比较合适？

任务一　社会保险认知

一、社会保险的概念和特点

（一）社会保险的概念

社会保险是指国家依法建立的，由国家、用人单位和个人共同筹集资金、建立基金，使个人在年老（退休）、患病、工伤（因工伤残或者患职业病）、失业、生育等情况下获得物质帮助和补偿的一种社会保障制度。这种保障是依靠国家立法强制实行的社会化保险。所谓社会保险，一是资金来源的社会化，社会保险基金中既有用人单位和个人缴纳的保险费，也有国家财政补助；二是管理社会化，国家设置专门机构，实行统一规划和管理，统一负责保险金的发放。

（二）社会保险的特点

1.立法强制性

立法强制性是指政府通过立法的形式，规定保险的范围、对象、交费的标准、被保险者的权利等，强制劳动者个人及其所在的企业依照法律的规定参加保险，并缴纳规定的保险费，使参加保险的劳动者可以在遭遇风险时有权依法获得经济损失的补偿。

2.社会互济性

社会互济性是指以经济补偿为手段的社会保险制度，通过缴纳的保险费形成可以弥补风险损失的基金，并在保险范围内通过制度的统筹安排，进行代际之间、地区之间、行业之间等的调剂使用。

3. 经济福利性

经济福利性指的是社会保险制度以预防社会生活的贫困为目的，通过政府、企业、个人的三方交费，进行收入转移支付的财富再分配和提供社会风险的经济补偿，并且在不以营利为目的社会保险机构的管理下，为被保险者提供以现金给付为主，并辅之以其他种类的社会服务给付。

4. 贫困预防性

贫困预防性指的是社会保险借助于社会的力量，通过预先交费、事后补偿的方法，对于劳动者可能遭遇的社会风险进行收入补偿，防止劳动者个人及其家属因收入的下降或完全失去收入而陷入生活的贫困状态。

5. 对象特定性

对象特定性是指在权利与义务一致性的原则下，社会保险的对象一般是工资收入的劳动者，而且这些劳动者在暂时或永久失去劳动能力、劳动机会的情况下，才能够获得相应的经济补偿，以保障其本人及其家属的基本生活水平。

二、社会保险法的概念、调整对象和基本原则

（一）社会保险法的概念

社会保险法就是调整社会保险关系以及与社会保险关系有密切联系的其他关系的法律规范的总称。社会保险关系是指参与社会保险的劳动者与作为社会保险的主办者（即政府）之间所形成的社会关系。与其他社会关系相比，社会保险关系有三个突出的特点：一是它只能产生于社会保险过程之中，即只有在发展社会保险事业的过程中所引发的社会关系，才能形成社会保险关系；二是社会保险关系的当事人是特定的，即一方是政府，另一方为劳动者；三是社会保险关系主要表现为社会权利与社会义务的关系，这种权利和义务的内容一般由法律确定，不能由社会保险关系的参与者自由商定。

1951年2月，政务院颁布《中华人民共和国劳动保险条例》，其是中华人民共和国第一部综合性劳动保险法规。它包括伤残、死亡、疾病、养老、生育及供养直系亲属待遇等方面，带有“诸险合一”的鲜明特征。20世纪80年代，我国开始进行“五险分立”的社会保险制度改革，并于20世纪90年代将其纳入立法规划。1994年7月5日，第八届全国人大常委会第八次会议审议通过的《中华人民共和国劳动法》规定，国家发展社会保险，建立社会保险制度，设立社会保险基金。2010年10月28日，第十一届全国人大常委会第十七次会议审议通过了《中华人民共和国社会保险法》（以下简称《社会保险法》），自2011年7月1日起施行。此外，国务院、人力资源和社会保障部陆续发布了一系列单行条例和规定，如1999年1月22日国务院令第258号发布的《失业保险条例》，2003年4月27日国务院令第375号发布、2010年12月20日修订的《工伤保险条例》，2016年2月3日国务院第122次常务会议通过的《全国社会保障基金条例》等，都是社会保险法律制度的组成部分。

（二）社会保险法的调整对象

作为社会保险法调整对象的社会保险关系包括：

1. 社会保险管理关系

社会保险管理关系，是指在确定社会保险管理体制过程中形成的各种关系，包括国家

社会保险经办机构与国家其他行政机关之间的关系，社会保险经办机构与社会团体、企业、事业单位等之间的关系，社会保险经办机构与公民之间的关系，以及社会保险经办机构内部高层、中层、基层之间及社会保险决策和立法主管机构与其他经办机构之间的关系等。

2.社会保险基金筹集和运作关系

社会保险基金筹集和运作关系，是指在社会保险基金筹资和运作过程中形成的各种关系。如国家、用人单位、个人共同负担社会保险费用的关系，在确保社会保险基金安全运作时，社会保险基金管理部门与其他相关部门之间形成的关系等。

3.社会保险给付关系

社会保险给付关系，是指社会保险的任何项目都只有通过给付关系的调整才能得以实施。

4.社会保险争议调解、仲裁和诉讼关系

社会保险争议调解、仲裁和诉讼关系，是指社会保险各平等主体间在发生由社会保险项目的实施而引起的争议的调解、仲裁和诉讼过程中所形成的关系。

5.社会保险监督关系

社会保险监督关系，是指在监督社会保险实施过程中形成的关系，包括司法监督关系、行政监督关系、社会监督关系等。

（三）社会保险法的基本原则

1.社会保险范围广覆盖

广覆盖原则体现了社会保险制度的公平性和全面性。我国通过政府补贴形成了低收入和无收入居民参加社会保险的缴费能力。社会保险基金按照保险类型确定资金来源，逐步实行社会统筹。用人单位和劳动者必须依法参加社会保险，缴纳社会保险费。具体目标是：医疗保险100%地覆盖全体公民，工伤保险覆盖全体劳动者，生育险覆盖全体育龄人口，失业保险覆盖全体劳动者，养老保险覆盖全体劳动者和老年居民。

2.国家基本保险“保基本”和“可持续”

社会保障待遇支付具有两级目标：克服贫困、体面生活。国家基本保险制度的主要功能在于实现社会保障的一级目标，即克服贫困，实现生有所育、劳有所酬、病有所医、伤有所供、老有所养。为保障基本保险的可持续，必须坚持以支定收，社会保险水平应当与社会经济发展水平和社会承受能力相适应。

3.社会保险体系“多层次”

社会保险体系多层次，是指责任主体和制度结构的多元化。基本保险保障的仅是劳动者的基本生活水平。为了保障国民享有较高的生活水平，即“体面生活”，还必须建立多层次的保障制度。《社会保险法》规定，国家鼓励用人单位根据本单位实际情况为劳动者建立补充保险；国家提倡个人进行储蓄型保险。

【案例9-1】张某2020年12月与单位解除劳动合同，成了一名失业者。通过本市人力资源中心到某单位开通勤车，但由于张某是失业者，单位不愿意为张某缴纳社会保险费，1个月后，张某被一个“协保”人员替代了。后来张某到一家私企开车，可老板还是不为张某缴社会保险费，张某感到这样下去不是办法，便把参加社会保险的事提了出来，老板要张某自己到外面找地方缴。张某年龄也不小了，怕丢掉现在的工作，想暂时不提缴费的事了，等以后离开单位后再说，到时一起“补”。

请问：这样做有问题吗？

三、社会保险的种类

目前，我国的社会保险主要有基本养老保险、基本医疗保险、工伤保险、失业保险和生育保险（俗称“五险”）。2019年3月6日，国务院办公厅印发了《关于全面推进生育保险和职工基本医疗保险合并实施的意见》，全面推进两项保险合并实施。

生育保险是国家通过立法，在怀孕和分娩的妇女劳动者暂时中断劳动时，由国家和社会提供医疗服务、生育津贴和产假的一种社会保险制度，国家或社会对生育的职工给予必要的经济补偿和医疗保健的社会保险制度。

2019年年底生育保险与职工基本医疗保险合并。参加职工基本医疗保险的在职职工同步参加生育保险。统一基金征缴和管理，生育保险基金并入职工基本医疗保险基金，按照用人单位参加生育保险和职工医疗保险的缴费比例之和确定新的用人单位职工基本医疗保险费率，职工个人不缴纳生育保险费。

【随堂测试9-1】我国现行的社会保险主要包括（　　）项目。

A.养老保险　　B.失业保险　　C.生育保险　　D.医疗保险

任务二　基本养老保险

一、基本养老保险的含义

基本养老保险是指缴费达到法定期限并且个人达到法定退休年龄后，国家和社会提供物质帮助以保证因年老而退出劳动领域者稳定、可靠的生活来源的社会保险制度。基本养老保险是社会保险体系中最重要、实施最广泛的一项制度，是完善公民社会保障制度的重要内容，是保障公民合法权益的重要手段。

二、基本养老保险的覆盖范围

（一）基本养老保险制度的组成

根据《社会保险法》的规定，基本养老保险制度由职工基本养老保险、新型农村社会养老保险和城镇居民社会养老保险三个部分组成。2014年2月26日，国务院公布了《关于建立统一的城乡居民基本养老保险制度的意见》（国发〔2014〕8号），决定将新农保和城居保两项制度合并实施，在全国范围内建立统一的城乡居民基本养老保险制度。年满16周岁（不含在校学生），非国家机关和事业单位工作人员及不属于职工基本养老保险制度覆盖范围的城乡居民，可以在户籍地参加城乡居民养老保险。

（二）职工基本养老保险

职工基本养老保险的征缴范围：国有企业、城镇集体企业、外商投资企业、城镇私营企业及其他城镇企业及其职工，实行企业化管理的事业单位及其职工。这是基本养老保险的主体部分。职工基本养老保险，由用人单位和职工共同缴纳基本养老保险费。本章除特别说明外，基本养老保险均指职工基本养老保险。

无雇工的个体工商户、未在用人单位参加基本养老保险的非全日制从业人员以及其他灵活就业人员可以参加基本养老保险，由个人缴纳基本养老保险费。

微课

基本养老保险

公务员和参照《公务员法》管理的工作人员养老保险的办法由国务院规定。国务院于2015年1月3日发布了《关于机关事业单位工作人员养老保险制度改革的决定》（国发〔2015〕2号），改革现行机关事业单位工作人员退休保障制度，逐步建立独立于机关事业单位之外、资金来源多渠道、保障方式多层次、管理服务社会化的养老保险体系。对于按照公务员法管理的单位、参照公务员法管理的机关（单位）、事业单位及其编制内的工作人员，实行社会统筹与个人账户相结合的基本养老保险制度。基本养老保险费由单位和个人共同负担。单位缴纳基本养老保险费（以下简称单位缴费）的比例为本单位工资总额的20%，个人缴纳基本养老保险费（以下简称个人缴费）的比例为本人缴费工资的8%，由单位代扣。按本人缴费工资8%的数额建立基本养老保险个人账户，全部由个人缴费形成。

三、职工基本养老保险基金的组成和来源

基本养老保险基金由用人单位和个人缴费以及政府补贴等组成。基本养老保险实行社会统筹与个人账户相结合。基本养老金由统筹养老金和个人账户养老金组成。

养老保险社会统筹，是指统收养老保险费和统支养老金，确保收支平衡的公共财物系统。国有企业、事业单位职工参加基本养老保险前，视同缴费年限期间应当缴纳的基本养老保险费由政府承担。基本养老保险基金出现支付不足时，政府给予补贴。

个人达到法定退休年龄时，基本养老金分段计算、统一支付。具体办法由国务院规定。

无雇工的个体工商户、未在用人单位参加基本养老保险的非全日制从业人员以及其他灵活就业人员参加基本养老保险的，应当按照国家规定缴纳基本养老保险费，分别记入基本养老保险统筹基金和个人账户。

四、职工基本养老保险费的缴纳与计算

（一）单位缴费

用人单位应按照国家规定的本单位职工工资总额的比例缴纳基本养老保险费，记入基本养老保险统筹基金。自2019年5月1日起，降低城镇职工基本养老保险（包括企业和机关事业单位基本养老保险，以下简称养老保险）单位缴费比例。养老保险单位缴费比例高于16%的，可降至16%；目前低于16%的，要研究提出过渡办法。

（二）个人缴费

根据国务院现行规定，职工个人按照本人缴费工资的8%缴费，记入个人账户。缴费工资，也称缴费工资基数，一般为职工本人上一年度月平均工资（有条件的地区也可以本人上月工资收入为个人缴费工资基数）。月工资按照国家统计局规定列入工资总额统计的项目计算，包括工资、奖金、津贴、补贴等收入，不包括用人单位承担或者支付给员工的社会保险费、劳动保护费、福利费、用人单位与员工解除劳动关系时支付的一次性补偿以

及计划生育费用等其他不属于工资的费用。新招职工（包括研究生、大学生、大中专毕业生等）以起薪当月工资收入作为缴费工资基数；从第二年起，按上一年实发工资的月平均工资作为缴费工资基数。其计算公式为：

$$个人养老账户月存储额 = 本人月缴费工资 \times 8\%$$

本人月平均工资低于当地职工月平均工资60%的，按当地职工月平均工资的60%作为缴费基数。本人月平均工资高于当地职工月工资300%的，按当地职工月平均工资的300%作为缴费基数，超过部分不计入缴费工资基数，也不计入计发养老金的基数。

个人缴费不计征个人所得税，在计算个人所得税的应税收入时，应当扣除个人缴纳的养老保险费。

城镇个体工商户和灵活就业人员按照上述口径计算的本地全口径城镇单位就业人员平均工资核定社保个人缴费基数上下限，允许缴费人在60%至300%选择适当的缴费基数。缴费比例为20%，其中8%记入个人账户。

【随堂测试9-2】某企业职工王某2020年的月平均工资为8 500元，当地统计局公布的职工月平均工资为2 400元。该职工每月应缴纳的基本养老保险费为（　）元。

A.576　　B.680　　C.935　　D.792

五、职工基本养老保险享受条件和待遇

（一）职工基本养老保险享受条件

1.年龄条件：达到法定退休年龄

目前国家实行的企业职工法定退休年龄为：男职工60周岁，从事管理和科研工作的女干部55岁，女职工50岁；从事井下、高温、高空、特别繁重体力劳动或其他有害身体健康工作的，退休年龄为男年满55周岁，女年满45周岁；因病或非因工致残，由医院证明并经劳动鉴定委员会确认完全丧失劳动能力的，退休年龄为男年满50周岁，女年满45周岁。

2.缴费条件：累计缴费满15年

参加基本养老保险的个人，达到法定退休年龄时累计缴费满15年的，按月领取基本养老金。

（二）职工基本养老保险待遇

1.支付职工基本养老金

对符合基本养老保险享受条件的人员国家按月支付基本养老金。

2.丧葬补助金和遗属抚恤金

投保人因病或者非因工死亡的，其遗属可以领取丧葬补助金和抚恤金。

个人死亡同时符合领取基本养老保险丧葬补助金、工伤保险丧葬补助金和失业保险丧葬补助金条件的，其遗属只能选择领取其中的一项。

投保人死亡后，其个人账户中的余额可以全部依法继承。

3.病残津贴

投保人在未达到法定退休年龄时因病或者非因工致残完全丧失劳动能力的，可以领取病残津贴。所需资金从基本养老保险基金中支付。

【随堂测试9-3】根据社会保险法律制度的规定，下列关于职工基本养老保险待遇的

表述中，正确的有（　　）。

A.参保职工未达到法定退休年龄时因病致残完全丧失劳动能力的，可以领取病残津贴

B.参保职工死亡后，其个人账户中的余额可全部依法继承

C.参保职工达到法定退休年龄时累计缴费满15年的，按月领取基本养老金

D.参保职工死亡同时符合领取基本养老保险丧葬补助金、工伤保险丧葬补助金和失业保险丧葬补助金条件的，其遗属可以同时领取

任务三　基本医疗保险

一、基本医疗保险的概述

（一）基本医疗保险的含义

微课

基本医疗保险

基本医疗保险是指按国家规定缴纳一定比例的医疗保险费，参保人因患病和意外伤害而就医诊疗，由医疗保险基金支付其一定医疗费用的社会保险制度。通过用人单位和个人缴费，建立医疗保险基金，参保人员患病就诊发生医疗费用后，由医疗保险经办机构给予一定的经济补偿，以避免或减轻劳动者因患病、治疗等所带来的经济风险。

（二）基本医疗保险的覆盖范围

1.职工基本医疗保险

职工应当参加职工基本医疗保险，由用人单位和职工按照国家规定共同缴纳基本医疗保险费。职工基本医疗保险覆盖范围：城镇所有用人单位及其职工都要参加基本医疗保险，包括企业、机关、事业单位、社会团体、民办非企业单位及其职工。

无雇工的个体工商户、未在用人单位参加职工基本医疗保险的非全日制从业人员以及其他灵活就业人员可以参加职工基本医疗保险，由个人按照国家规定缴纳基本医疗保险费。

2.城乡居民基本医疗保险制度

2016年1月3日，国务院发布整合城镇居民基本医疗保险和新型农村合作医疗两项制度，建立统一的城乡居民基本医疗保险制度。

城乡居民基本医疗保险制度覆盖范围包括原有城镇居民医保和新农合所有应参保（合）人员，即覆盖除职工基本医疗保险应参保人员以外的其他所有城乡居民。农民工和灵活就业人员依法参加职工基本医疗保险，有困难的可按照当地规定参加城乡居民医保。各地要完善参保方式，促进应保尽保，避免重复参保。

坚持多渠道筹资，继续实行个人缴费与政府补助相结合为主的筹资方式，鼓励集体、单位或其他社会经济组织给予扶持或资助。各地要统筹考虑城乡居民医保与大病保险保障需求，按照基金收支平衡的原则，合理确定城乡统一的筹资标准。

【随堂测试9-4】下列关于基本医疗保险的说法中，错误的是（　　）。

A.城镇所有用人单位及其职工均要参加基本医疗保险，实行属地管理

B.基本医疗保险基金实行社会统筹和个人账户相结合

C.基本医疗保险费用应该由用人单位承担并统一征缴

D.基本医疗保险的水平要与社会主义初级阶段生产力发展水平相适应

二、职工基本医疗保险费的缴纳

（一）单位缴费

由统筹地区统一确定适合当地经济发展水平的基本医疗保险单位缴费率。一般为职工工资总额的6%左右。用人单位缴纳的基本医疗保险费分为两个部分，一部分用于建立统筹基金，一部分划入个人账户。

（二）基本医疗保险个人账户的资金来源

1.个人缴费部分

由统筹地区统一确定适合当地职工负担水平的基本医疗保险个人缴费率。一般为本人工资收入的2%。

2.用人单位强制性缴费的划入部分

由统筹地区根据个人医疗账户的支付范围和职工年龄等因素确定用人单位所缴医疗保险费划入个人医疗账户的具体比例，一般为30%左右。

3.个人账户存储额的利息

个人跨统筹地区就业的，其基本医疗保险关系随本人转移，缴费年限累计计算。

【案例9-2】小张上年度月平均工资为3 000元，他所在地区的职工基本医疗保险费个人缴费比例为2%，单位缴费比例为8%。

请问：小张每月应缴纳的医疗保险费是多少？

（三）退休人员基本医疗保险费的缴纳

参加职工基本医疗保险的个人，达到法定退休年龄时累计缴费达到国家规定年限的，退休后不再缴纳基本医疗保险费，按照国家规定享受基本医疗保险待遇；未达到国家规定年限的，可以缴费至国家规定年限。

三、职工医疗保险费用的结算

（一）享受基本医疗保险待遇的条件

（1）参保人员必须到基本医疗保险的定点医疗机构就医、购药或者定点零售药店购买药品。

（2）参保人员在看病就医过程中所发生的医疗费用必须符合基本医疗药品目录、诊疗项目、医疗服务设施标准的范围和给付标准。

（二）基本医疗保险支付的范围及比例

参保人员符合基本医疗保险支付范围的医疗费用中，在社会医疗统筹基金起付标准以上与最高支付限额以下的费用部分，由社会医疗统筹基金按一定比例支付。

起付标准，又称起付线，一般为当地职工年平均工资的10%左右。最高支付限额，又称封顶线，一般为当地职工年平均工资的6倍左右。支付比例一般为90%。起付线以下和封顶线以上的部分由个人账户资金支付或个人自付。封顶线以上部分医疗费，可以通过单位补充保险或参加商业保险等途径解决。

（三）基本医疗保险基金不支付的医疗费用

下列医疗费用不纳入基本医疗保险基金支付范围：

（1）应当从工伤保险基金中支付的；

（2）应当由第三人负担的；

（3）应当由公共卫生负担的；

（4）在境外就医的。

医疗费用依法应当由第三人负担，第三人不支付或者无法确定第三人的，由基本医疗保险基金先行支付。基本医疗保险基金先行支付后，有权向第三人追偿。

四、医疗期

医疗期是指企业职工因患病或非因工负伤停止工作、治病休息，但不得解除劳动合同的期限。

（一）医疗期间

企业职工因患病或非因工负伤，需要停止工作，进行医疗时，根据本人实际参加工作年限和在本单位工作年限，给予3个月到24个月的医疗期。医疗期的相关规定见表9-1。

表9-1 医疗期的相关规定

实际工龄	在本单位工龄	医疗期	计算方法
<10年	<5年	3个月	按6个月累计
	≥5年且<10年	6个月	按12个月累计
≥10年	<5年	6个月	
	≥5年且<10年	9个月	按15个月累计
	≥10年且<15年	12个月	按18个月累计
	≥15年且<20年	18个月	按24个月累计
	≥20年	24个月	按30个月累计

注意：病休期间，公休、假日和法定假日包括在内。

对某些患特殊疾病（如癌症、精神病、瘫痪等）的职工，在24个月内不能痊愈的，经企业和劳动主管部门批准，可以适当延长医疗期。

（二）医疗期待遇

企业职工在医疗期内，其病假工资、疾病救济费和医疗待遇按照有关规定执行。病假工资或疾病救济费可低于当地最低工资标准支付，但最低不能低于最低工资标准的80%。医疗期内不得解除劳动合同。如医疗期内遇合同期满，则合同必须续延至医疗期满，职工在此期间仍然享受医疗期内待遇。对医疗期满尚未痊愈者，或者医疗期满后，不能从事原工作，也不能从事用人单位另行安排的工作，被解除劳动合同的，用人单位需按经济补偿规定给予其经济补偿。

任务四 工伤保险

一、工伤保险费的缴纳和工伤保险基金

（一）工伤保险的概念

工伤保险是职工由于工作原因在工作中发生的意外伤害或者由于工作环境恶劣导致的身体伤害或者残疾等情况，由国家和社会提供的必要物质保障制度。

（二）工伤保险费的缴纳

职工应当参加工伤保险，由用人单位缴纳工伤保险费，职工不缴纳工伤保险费。

中华人民共和国境内的企业、事业单位、社会团体、民办非企业单位、基金会、律师事务所、会计师事务所等组织和有雇工的个体工商户（以下简称用人单位）应当依照《工伤保险条例》的规定参加工伤保险，为本单位全部职工或者雇工（以下简称职工）缴纳工伤保险费。

用人单位应当按照本单位职工工资总额，根据社会保险经办机构确定的费率按时足额缴纳保险费。用人单位缴纳工伤保险费的数额为本单位职工工资总额与单位缴纳费率之积。工资总额，是指用人单位直接支付给本单位全部职工的劳动报酬总额。

国家根据不同行业的工伤风险程度确定行业的差别费率，并根据使用工伤保险基金、工伤发生率等情况在每个行业内确定费率档次。行业差别费率和行业内费率档次由国务院社会保险行政部门制定，报国务院批准后公布施行。

社会保险经办机构根据用人单位使用工伤保险基金、工伤发生率和所属行业费率档次等情况，确定用人单位缴费费率。

（三）工伤保险基金

工伤保险基金由用人单位缴纳的工伤保险费、工伤保险基金的利息和依法纳入工伤保险基金的其他资金构成。

工伤保险基金存入社会保障基金财政专户，用于规定的工伤保险待遇、劳动能力鉴定、工伤预防的宣传和培训等费用以及法律法规规定的用于工伤保险的其他费用的支付。任何单位或者个人不得将工伤保险基金用于投资运营、兴建或者改建办公场所、发放奖金或者挪作其他用途。

二、工伤认定与劳动能力鉴定

（一）工伤认定

工伤认定相关规定见表9-2。

表 9-2　工伤认定相关规定

应当认定工伤（与工作相关）	①在工作时间和工作场所内，因工作原因受到事故伤害的
	②工作时间前后在工作场所内，从事与工作有关的预备性或者收尾性工作受到事故伤害的
	③在工作时间和工作场所内，因履行工作职责受到暴力等意外伤害的
	④患职业病的
	⑤因工外出期间，由于工作原因受到伤害或者发生事故下落不明的
	⑥在上下班途中，受到非本人主要责任的交通事故或者城市轨道交通、客运轮渡、火车事故伤害的
视同工伤	①在工作时间和工作岗位，突发疾病死亡或者在48小时之内经抢救无效死亡的
	②在抢险救灾等维护国家利益、公共利益活动中受到伤害的
	③职工原在军队服役，因战、因公负伤致残，已取得革命伤残军人证，到用人单位后旧伤复发的
不认定工伤	①故意犯罪的
	②醉酒或者吸毒的
	③自残或者自杀的

【随堂测试9-5】职工因下列情形之一导致本人在工作中伤亡的，不认定为工伤的情形有（　　）。

A.故意犯罪　　B.醉酒或者吸毒

C.自残或者自杀　　D.法律、行政法规规定的其他情形

（二）劳动能力鉴定

职工发生工伤，经治疗伤情相对稳定后存在残疾、影响劳动能力的，应当进行劳动能力鉴定。

劳动能力鉴定是指劳动功能障碍程度和生活自理障碍程度的等级鉴定。劳动功能障碍分为十个伤残等级，最重的为一级，最轻的为十级。

生活自理障碍分为三个等级：生活完全不能自理、生活大部分不能自理和生活部分不能自理。劳动能力鉴定标准由国务院社会保险行政部门会同国务院卫生行政部门等部门制定。

自劳动能力鉴定结论作出之日起1年后，工伤职工或者其近亲属、所在单位或者经办机构认为伤残情况发生变化的，可以申请劳动能力复查鉴定。

三、工伤保险待遇

（一）工伤保险待遇

职工因工作原因受到事故伤害或者患职业病，且经工伤认定的，享受工伤待遇，其中经劳动能力鉴定丧失劳动能力的，享受伤残待遇。

微课
工伤保险

因工伤发生的下列费用，按照国家规定从工伤保险基金中支付：

（1）治疗工伤的医疗费用和康复费用；

（2）住院伙食补助费；

（3）到统筹地区以外就医的交通食宿费；

（4）安装配置伤残辅助器具所需费用；

（5）生活不能自理的，经劳动能力鉴定委员会确认的生活护理费；

（6）一次性伤残补助金和一至四级伤残职工按月领取的伤残津贴；

（7）终止或者解除劳动合同时，应当享受的一次性医疗补助金；

（8）因工死亡的，其遗属领取的丧葬补助金、供养亲属抚恤金和因工死亡补助金；

（9）劳动能力鉴定费。

因工伤发生的下列费用，按照国家规定由用人单位支付：

（1）治疗工伤期间的工资福利；

（2）五级、六级伤残职工按月领取的伤残津贴；

（3）终止或者解除劳动合同时，应当享受的一次性伤残就业补助金。

（二）特别规定

（1）工伤保险中所称本人工资，是指工伤职工因工作遭受事故伤害或者患职业病前12个月平均月缴费工资。本人工资高于统筹地区职工平均工资300%的，按照统筹地区职工平均工资的300%计算；本人工资低于统筹地区职工平均工资60%的，按照统筹地区职工平均工资的60%计算。

（2）工伤职工有下列情形之一的，停止享受工伤保险待遇：

①丧失享受待遇条件的；

②拒不接受劳动能力鉴定的；

③拒绝治疗的。

（3）工伤职工达到退休年龄并办理退休手续后，停发伤残津贴，按照国家有关规定享受基本养老保险待遇。基本养老保险待遇低于伤残津贴的，由工伤保险基金补足差额。

（4）职工与两个或两个以上单位建立劳动关系，工伤事故发生时，职工为之工作的单位为承担工伤保险责任的单位。

（5）职工所在用人单位未依法参加工伤保险，发生工伤的，由用人单位按照规定的工伤保险待遇项目和标准支付费用。

任务五 失业保险

一、失业保险的概念及缴纳

（一）失业保险的概念

失业保险是国家通过立法强制实行的，由社会集中建立基金，对因失业而暂时中断生活来源的劳动者提供物质帮助的制度。它是社会保险的有机组成部分。

（二）失业保险费的缴纳

职工应当参加失业保险，由用人单位和职工按国家规定共同缴纳失业保险费。失业保险费征缴的范围：国有企业、城镇集体企业、外商投资企业、城镇私营企业以及其他城镇企业及职工，事业单位及其职工。

城镇企业事业单位按照本单位工资总额的2%缴纳失业保险费，城镇企业事业单位职工按照本人工资的1%缴纳失业保险费。为减轻企业负担，将用人单位和职工失业保险缴费比例总和从3%阶段性降至1%，个人费率不得超过单位费率。

二、享受失业保险待遇的条件及内容

（一）失业保险待遇享受的条件

微课

失业保险

失业人员符合下列条件的，从失业保险基金中领取失业保险金：

（1）失业前用人单位和本人已经缴纳失业保险费满1年的；

（2）非因本人意愿中断就业的；

（3）已经进行失业登记，并有求职要求的。

（二）失业保险金的领取期限及标准

用人单位应当及时为失业人员出具终止或者解除劳动关系的证明，并将失业人员的名单自终止或者解除劳动关系之日起7日内报社会保险经办机构备案。失业人员应当持本单位为其出具的终止或者解除劳动关系的证明，及时到指定的社会保险经办机构办理失业登记。失业保险金自办理失业登记之日起计算。

失业人员失业前用人单位和本人累计缴费满1年不足5年的，领取失业保险金的期限最长为12个月；累计缴费满5年不足10年的，领取失业保险金的期限最长为18个月；累计缴费10年以上的，领取失业保险金的期限最长为24个月。重新就业后，再次失业的，缴费时间重新计算，领取失业保险金的期限与前次失业应当领取而尚未领取的失业保险金的期限合并计算，最长不超过24个月。

失业保险金的标准，由省、自治区、直辖市人民政府确定，不得低于城市居民最低生活保障标准。

（三）失业保险待遇的内容

（1）领取失业保险金期间享受基本医疗待遇。失业人员在领取失业保险金期间，参加职工基本医疗保险，享受基本医疗保险待遇。失业人员应当缴纳的基本医疗保险费从失业保险基金中支付，个人不缴纳基本医疗保险费。

（2）领取失业保险金期间的死亡补助。失业人员在领取失业保险金期间死亡的，参照当地对在职职工死亡的规定，向其遗属发给一次性丧葬补助金和抚恤金。所需资金从失业保险基金中支付。

个人死亡同时符合领取基本养老保险丧葬补助金、工伤保险丧葬补助金和失业保险丧葬补助金条件的，其遗属只能选择领取其中的一项。

（3）职业介绍与职业培训补贴。失业人员在领取失业保险金期间，应当积极求职，接受职业介绍和职业培训。失业人员接受职业介绍、职业培训的补贴由失业保险基金按规定支付。

（4）国务院规定或者批准的与失业保险有关的其他费用。

（四）停止领取失业保险金及其他失业保险待遇的情形

失业人员在领取失业保险金期间有下列情形之一的，停止领取失业保险金，并同时停止享受其他失业保险待遇：

（1）重新就业的；

（2）应征服兵役的；

（3）移居境外的；

（4）享受基本养老保险待遇的；

（5）被判刑收监执行的；

（6）无正当理由，拒不接受当地人民政府指定部门或者机构介绍的适当工作或者提供的培训的。

【随堂测试9-6】失业人员符合（　　）条件的，从失业保险基金中领取失业保险金。

A.失业前用人单位和本人已经缴纳失业保险费满1年的

B.非因本人意愿中断就业的

C.已经进行失业登记，并有求职要求的

D.丧失生活能力的

三、失业保险费的计算

我国的失业保险基金由用人单位与职工共同缴纳。其计算公式为：

失业保险费 = 单位工资总额 × 单位费率 + 职工本人平均工资 × 个人费率

任务六　社会保险费征缴与管理

社会保险费征缴是各级人力资源和社会保障部门依据国家社会保险法向有关个人和法人团体征收的保障费用，实行社会统筹，保障公民依法依规获取社会福利保障资金。

一、社会保险登记

用人单位应当自成立之日起30日内凭营业执照、登记证书或者单位印章，向当地社会保险经办机构申请办理社会保险登记。社会保险经办机构应当自收到申请之日起15日内予以审核，发给社会保险登记证件。

用人单位的社会保险登记事项发生变更或者用人单位依法终止的，应当自变更或者终止之日起30日内，到社会保险经办机构办理变更或者注销社会保险登记。

用人单位应当自用工之日起30日内为其职工向社会保险经办机构申请办理社会保险登记。未办理社会保险登记的，由社会保险经办机构核定其应当缴纳的社会保险费。

自愿参加社会保险的无雇工的个体工商户、未在用人单位参加社会保险的非全日制从业人员以及其他灵活就业人员，应当向社会保险经办机构申请办理社会保险登记。国家建立全国统一的个人社会保障号码。个人社会保障号码为居民身份证号码。县级以上人民政府应加强社会保险费的征收工作。社会保险费实行统一征收，实施步骤和具体办法由国务院规定。

二、社会保险费缴纳

用人单位应当自行申报、按时足额缴纳社会保险费，非因不可抗力等法定事由不得缓缴、减免。职工应当缴纳的社会保险费由用人单位代扣代缴，用人单位应当按月将缴纳社会保险费的明细情况告知本人。

无雇工的个体工商户、未在用人单位参加社会保险的非全日制从业人员以及其他灵活就业人员，可以直接向社会保险费征收机构缴纳社会保险费。

为提高社会保险资金征管效率，基本养老保险费、基本医疗保险费、失业保险费等社会保险费由税务部门实行集中、统一征收。自2019年1月1日起由税务部门统一征收各项社会保险费和先行划转的非税收入。

【案例9-3】梁先生2019年与某技术公司签订了为期两年的劳动合同，合同期限为2019年1月1日至2020年12月31日。因为该公司一直没有给他缴纳相应的社会保险，梁先生于2020年11月16日向公司提出辞职，并提出支付经济补偿3 000元。但是该公司的相关负责人却表示，因为是梁先生自己提出辞职的，所以不能给付任何的经济补偿金。

请问：该公司的说法是否正确？

三、社会保险基金管理

社会保险基金按照不同险种的统筹范围，分别建立基本养老保险基金、基本医疗保险基金、失业保险基金。各项社会保险基金分别单独核算。

社会保险基金专款专用，任何单位和个人不得侵占或者挪用。

除基本医疗保险基金与生育保险基金预算合并编制外，其他社会保险基金预算按照社会保险项目分别编制。

县级以上人民政府在社会保险基金出现支付不足时，给予补贴。社会保险经办机构应当定期向社会公布参加社会保险情况以及社会保险基金收入、支出、结余和收益情况。

社会保险基金在保证安全的前提下。按照国务院规定投资运营，实现保值增值。不得违规投资运营，不得用于平衡其他政府预算，不得用于兴建、改建办公场所和支付人员经费、运行费用，或者违反法律、行政法规规定挪作其他用途。

四、社会保险的法律责任

（一）社会保险法律责任的概念

社会保险法是经全国人大常委会批准通过的法律制度，具有强制性和权威性，是必须严格执行的。用人单位未按规定依法依规按时缴纳社会保险费，会受到相应的法律处理，追究相关人员、相关单位的法律责任。

（二）用人单位违反社会保险法的法律责任

用人单位不办理社会保险登记的，由社会保险行政部门责令限期改正；逾期不改正的，对用人单位处应缴社会保险费数额1倍以上3倍以下的罚款，对其直接负责的主管人员和其他直接责任人员处500元以上3 000元以下的罚款。

用人单位拒不出具终止或者解除劳动关系证明的，依照《劳动合同法》的规定处理。

用人单位未按时足额缴纳社会保险费的，由社会保险费征收机构责令限期缴纳或者补足，并自欠缴之日起，按日加收0.05%的滞纳金；逾期仍不缴纳的，由有关行政部门处欠缴数额1倍以上3倍以下的罚款。

（三）骗保行为的法律责任

社会保险经办机构以及医疗机构、药品经营单位等社会保险服务机构以欺诈、伪造证明材料或者其他手段骗取社会保险基金支出的，由社会保险行政部门责令退回骗取的社会保险金，处骗取金额2倍以上5倍以下的罚款；属于社会保险服务机构的，解除服务协议；直接负责的主管人员和其他直接责任人员有执业资格的，依法吊销其执业资格。以欺诈、伪造证明材料或者其他手段骗取社会保险待遇的，由社会保险行政部门责令退回骗取的社会保险金，处骗取金额2倍以上5倍以下的罚款。

（四）社会保险经办机构、征收机构、服务机构的法律责任

社会保险经办机构及其工作人员有下列行为之一的，由社会保险行政部门责令改正；给社会保险基金、用人单位或者个人造成损失的，依法承担赔偿责任；对直接负责的主管人员和其他直接责任人员依法给予处分：①未履行社会保险法定职责的；②未将社会保险基金存入财政专户的；③克扣或者拒不按时支付社会保险待遇的；④丢失或者篡改缴费记录、享受社会保险待遇记录等社会保险数据、个人权益记录的；⑤有违反社会保险法律、法规的其他行为的。

社会保险费征收机构擅自更改社会保险费缴费基数、费率，导致少收或者多收社会保险费的，由有关行政部门责令其追缴应当缴纳的社会保险费或者退还不应当缴纳的社会保险费；对直接负责的主管人员和其他直接责任人员依法给予处分。

违反《社会保险法》的规定，隐匿、转移、侵占、挪用社会保险基金或者违规投资运营的，由社会保险行政部门、财政部门、审计机关责令追回；有违法所得的，没收违法所得；对直接负责的主管人员和其他直接责任人员依法给予处分。

社会保险行政部门和其他有关行政部门、社会保险经办机构、社会保险费征收机构及其工作人员泄露用人单位和个人信息的，对直接负责的主管人员和其他直接责任人员依法给予处分；给用人单位或者个人造成损失的，应当承担赔偿责任。

国家工作人员在社会保险管理、监督工作中滥用职权、玩忽职守、徇私舞弊的，依法给予处分。

违反《社会保险法》的规定，构成犯罪的，依法追究刑事责任。

项目测试

一、单项选择题（每题只有一个正确选项，请将正确的选项填入括号内）

1. 中华人民共和国（　　）的用人单位和个人依法缴纳社会保险费。

A. 所有　　B. 管辖　　C. 境内　　D. 成立

2. 国家通过（　　）支持社会保险事业。

A. 财政支出　　B. 拨款　　C. 税收优惠政策　　D. 大力发展政策

3. 职工应当按照国家规定的（　　）的比例缴纳基本养老保险费，记入个人账户。

A. 单位平均工资　　B. 社会平均工资

C. 用工地最低工资　　D. 本人工资

4. 用人单位应当按照（　　），根据社会保险经办机构确定的费率缴纳工伤保险费。

A.本地区上一年职工平均工资　　B.本单位职工工资总额
C.本地区最低工资　　D.本行业的平均工资

5.用人单位按规定缴纳工伤保险后，职工因工伤发生的费用中，（　　）按照国家规定由用人单位支付。

A.劳动能力鉴定费用
B.因工死亡的，其遗属领取的丧葬补助金
C.五级、六级伤残职工按月领取的伤残津贴
D.一次性伤残补助金和一至四级伤残职工按月领取的伤残津贴

6.失业人员失业前用人单位和本人累计缴费满1年不足5年的，领取失业保险金的期限最长为（　　）。

A.6个月　　B.12个月　　C.14个月　　D.16个月

7.失业保险金的标准，由省、自治区、直辖市人民政府确定，不得低于（　　）。

A.本地最低工资的70%　　B.本地社会平均工资的60%
C.本地最低工资　　D.城市居民最低生活保障标准

8.用人单位应当及时为失业人员出具终止或者解除劳动关系的证明，并将失业人员的名单自终止或者解除劳动关系之日起（　　）内告知社会保险经办机构。

A.10日　　B.15日　　C.20日　　D.30日

9.失业保险金领取期限自（　　）起计算。、

A.解除或者终止劳动合同之日　　B.档案转移之日
C.办理失业登记之日　　D.申请之日

10.用人单位应当自成立之日起（　　）内凭营业执照、登记证书或者单位印章，向当地社会保险经办机构申请办理社会保险登记。

A.10日　　B.15日　　C.30日　　D.45日

11.社会保险经办机构应当自收到用人单位办理社会保险登记申请之日起（　　）内予以审核，发给社会保险登记证件。

A.10日　　B.15日　　C.30日　　D.45日

12.用人单位应当自用工之日起（　　）内为其职工向社会保险经办机构申请办理社会保险登记。

A.10日　　B.15日　　C.30日　　D.45日

13.职工应当缴纳的社会保险费由用人单位代扣代缴，用人单位应当按（　　）将缴纳社会保险费的明细情况告知本人。

A.月　　B.季度　　C.半年　　D.年

二、多项选择题（每题有两个或两个以上正确选项，请将正确的选项填入括号内）

1.国家建立基本养老保险、（　　）等社会保险制度，保障公民在年老、疾病、工伤、失业、生育等情况下依法从国家和社会获得物质帮助的权利。

A.基本医疗保险　　B.工伤保险　　C.失业保险　　D.生育保险

2.个人有权（　　），要求社会保险经办机构提供社会保险咨询等相关服务。

A.查询社会保险缴费记录　　B.查询企业社会保险缴费人数
C.查询个人社会保险权益记录　　D.查询同一企业他人缴费基数

3.社会保险经办机构提供社会保险服务，负责（ ）等工作。

A.社会保险登记　　B.个人权益记录

C.社会保险待遇支付　　D.社会保险政策制定

4.下列人员中可以参加基本养老保险，由个人缴纳基本养老保险费的有（ ）。

A.无雇工的个体工商户　　B.未在用人单位参加基本养老保险的

C.其他灵活就业人员　　D.被个体工商户雇佣的雇工

5.下列职工参加基本养老保险前，视同缴费年限期间应当缴纳的基本养老保险费由政府承担的有（ ）。

A.国有企业职工　　B.集体企业职工

C.合资企业职工　　D.事业单位职工

6.基本养老金根据个人累计缴费年限、（ ）等因素确定。

A.当地职工平均工资　　B.个人账户金额

C.城镇人口平均预期寿命　　D.缴费工资

7.下列人员中，基本医疗保险所需个人缴费部分由政府给予补贴的有（ ）。

A.享受最低生活保障的人　　B.丧失劳动能力的残疾人

C.低收入家庭60周岁以上的老年人　　D.低收入家庭的未成年人

8.下列医疗费用不应纳入基本医疗保险基金支付范围的有（ ）。

A.应当从工伤保险基金中支付的　　B.应当由第三人负担的

C.应当由公共卫生负担的　　D.在境外就医的

9.社会保险经办机构根据用人单位（ ）等情况，确定用人单位工伤保险的缴费费率。

A.使用工伤保险基金　　B.工伤发生率

C.所属行业费率档次　　D.职工人数

10.下列情况中，导致职工在工作中伤亡，不应认定为工伤的有（ ）。

A.故意犯罪　　B.醉酒或者吸毒

C.自残或者自杀　　D.出差的途中遭遇车祸

11.2020年9月小王入职后单位为其缴纳了工伤保险，同年11月小王在工作中受伤，被认定为工伤，下列费用应从工伤保险基金中支付的有（ ）。

A.治疗工伤的医疗费用和康复费用

B.住院伙食补助费

C.到统筹地区以外就医的交通食宿费

D.终止或者解除劳动合同时，应当享受的一次性医疗补助金

12.工伤职工有（ ）等情形，停止享受工伤保险待遇。

A.丧失享受待遇条件　　B.拒不接受劳动能力鉴定

C.拒绝治疗　　D.用人单位欠缴工伤保险

13.下列情形中，无法从失业保险基金中领取失业保险金的有（ ）。

A.小李解除了与单位的劳动合同

B.小刘缴纳失业保险11个月，用人单位解除了与其的劳动合同

C.小白缴纳失业保险15个月，用人单位解除了与其的劳动合同

D.小张缴纳失业保险28个月，用人单位终止了与其的劳动合同

14.在领取失业保险金期间，失业人员（　　），停止领取失业保险金，并同时停止享受其他失业保险待遇。

A.重新就业的

B.应征服兵役的

C.移居境外的

D.无正当理由，拒不接受当地人民政府指定部门或者机构介绍的适当工作或者提供的培训的

15.（　　）可以按照国家规定享受生育津贴。

A.女职工生育享受产假　　B.女职工哺乳期间

C.职工享受计划生育手术休假　　D.女职工怀孕期间

三、判断题（正确的在括号内打“√”，错误的打“×”）

1.个人依法享受社会保险待遇，无权查询本单位为其缴费情况。（　　）

2.无雇工的个体工商户、未在用人单位参加基本养老保险的非全日制从业人员以及其他灵活就业人员参加基本养老保险的，应当按照国家规定缴纳基本养老保险费，共同记入基本养老保险统筹基金和个人账户。（　　）

3.参加新型农村社会养老保险的农村居民，符合国家规定条件的，按年领取新型农村社会养老保险待遇。（　　）

4.参加基本养老保险的个人，因病或者非因工死亡的，其遗属可以领取丧葬补助金和抚恤金。（　　）

5.应当从工伤保险基金中支付的医疗费用不纳入基本医疗保险基金支付范围。（　　）

6.社会保险经办机构根据管理服务的需要，可以与医疗机构、药品经营单位签订服务协议，规范医疗服务行为。（　　）

7.职工应当参加工伤保险，由用人单位和职工共同缴纳工伤保险费。（　　）

8.职工所在用人单位未依法缴纳工伤保险费，发生工伤事故的，由用人单位支付工伤保险待遇。用人单位不支付的，从工伤保险基金中先行支付。（　　）

四、案例分析题

姚某2007年6月进入A公司从事销售工作，2018年1月7日在送货到济南的过程中被掉下的货物砸伤，当天住院，1月24日出院，医生建议休养3个月。2018年5月20日其被市劳动和社会保障局认定为工伤，2019年3月31日姚某劳动能力鉴定为9级。2019年1月姚某痊愈后回公司上班，公司也一直向其发放工资并为其缴纳社会保险，2020年1月31日，姚某以公司拒绝工伤赔偿、拖欠工资等理由向公司提出解除劳动关系，向公司提出工伤赔付、2019年1月到2020年1月的周末加班工资和法定节假日加班工资、2019年度年终奖以及2007年6月至2020年1月期间的经济补偿金，双方发生争议，诉至劳动仲裁委员会。（A公司已申报过特殊工时，姚某今年31周岁，签订的劳动合同中工作制为不定时工作制）

请问：

（1）你认为，劳动部门的工伤认定是否合理，为什么?

（2）姚某的停工留薪期为多长时间，在停工留薪期享受哪些待遇，由谁支付?

（3）姚某工伤可以享受哪些待遇，哪些由工伤保险基金支付，哪些由公司支付，其标准是多少？（假设A公司在南京）

（4）姚某提出支付周末加班工资、法定节假日加班工资的要求是否合理，为什么？

（5）姚某提出支付2019年度年终奖能否得到支持，为什么？

（6）姚某提出支付经济补偿金的要求能否得到仲裁委员会的支持？为什么？如果得到仲裁委员会的支持，经济补偿金应该怎么核算？

（7）如果仲裁委员会支持姚某提出的要求，公司不服可以通过什么途径维护自己的权益？

（8）在企业和劳动者之间，哪些事情属于劳动争议仲裁的范围？

项目十

经济纠纷的解决

【知识目标】

1. 了解经济纠纷的含义及其解决方式。
2. 掌握仲裁的概念、范围及仲裁协议的效力。
3. 掌握诉讼、时效、期间的效力和诉讼管辖的类别。
4. 了解仲裁、审判的程序。

【能力目标】

1. 能够区别和选择经济纠纷的解决方式。
2. 运用仲裁法和诉讼法的相关知识处理日常经济纠纷。

【主要概念】

经济纠纷　经济仲裁　行政复议　诉讼时效　法律效力

引导案例

2019年4月29日，源盛公司与甲签订了25万元的借款合同，约定借款期限为1年，口头约定借款月利率为2%，随后将利息变更为6万元并签订了6万元的借款还款协议。这样，借款总额变为31万元；源盛公司每逾期1日还款，按总借款1%承担延期发生的违约金（按日计算），还应赔偿甲主张债权所产生的诉讼费、律师代理费、执行费等一切费用。合同签订当日，甲通过工商银行账户向源盛公司法定代表人账户打款25万元。借款期限届满，甲向源盛公司催还借款，源盛公司以各种理由推延。

思考：

甲与源盛公司的经济纠纷解决方式有哪些？各有哪些利弊？

任务一　经济纠纷的解决方式

经济纠纷是指经济法主体在经济管理、经济活动中产生的权益争议，包括平等主体之间涉及经济内容的纠纷和公民、法人或者其他经济组织作为行政管理相对人与行政机关之间因行政管理所发生的涉及经济内容的纠纷。

解决经济纠纷的主要方式有协商、调解、仲裁、民事诉讼、行政复议、行政诉讼。协商、调解、仲裁和民事诉讼适用于解决横向关系的经济纠纷，即平等民事主体的当事人之间发生的经济纠纷。行政复议和行政诉讼适用于解决纵向关系经济纠纷，即行政管理相对人和行政机关之间发生的经济纠纷。在这些方式中，仲裁、民事诉讼和行政诉讼是具有显著特点并起主要作用的方式，将在后面详细论述，此处只具体介绍协商、调解、行政复议三种方式。

一、协商

协商是指发生经济争议后，当事人在互谅互让的基础上，进行磋商，自愿达成和解协议而解决争议的一种方式。这有利于具体纷争的解决，也有利于稳定和发展双方的信任和合作关系。这种方式简单方便，具有灵活性，既可省去仲裁、诉讼的程序和费用，也可减轻仲裁机关、法院的负担，因而我国大多数的经济纠纷均可通过这一方式解决。当然，采取这种方式也应遵循平等原则和合法原则。

二、调解

调解是指由当事人以外的第三人对当事人之间所发生的纠纷，在明辨是非、分清责任的基础上，从中调停，促使双方自愿就争议事项达成和解协议的一种方式。调解具有合意性、任意性，因而较仲裁、诉讼而言，更为简捷，有利于纠纷的彻底解决和预防。同时，由于第三者主持调解有助于加速纠纷解决进程，提高纠纷解决的效率。但由于调解的任意性特征，可能导致调解过程及结果与法律规范不相适应甚至冲突，从而出现违法或不公正的现象。

调解有仲裁、诉讼外的调解和仲裁裁决、法院判决前的调解两种。仲裁、诉讼外的调解一般包括民间调解和行政调解两种。民间调解又称人民调解，是指在村民委员会、居民委员会或企业、事业单位中设立的人民调解委员会主持下，调解民事纠纷的一种方式。它是基层人民政府和基层人民法院指导下的有组织、有领导、有章法的群众性自我教育、自我管理、自我保护和自我处分民事、经济权益的调解，该调解协议不具有法律上的强制力。行政调解是指在国家行政机关主持下，对特定的经济纠纷和其他纠纷依法进行的调解，调解人是国家行政机关，调解范围仅限于行政机关职权管辖之内的事项，调解协议一般不具有法律的强制力。

仲裁裁决、法院判决前的调解的效力与上述民间调解、行政调解的效力不同。仲裁机构和法院的调解书送达当事人后，和生效的仲裁裁决书、法院判决书的效力一样，一方当事人不履行，另一方当事人可向有管辖权的人民法院申请强制执行。

三、行政复议

微课

行政复议

行政复议是指公民、法人或者其他组织认为行政机关的具体行政行为侵犯其合法权益，依法向特定行政机关提出申请，由受理该申请的行政机关对原具体行政行为依法进行审查并作出行政复议决定的活动。行政复议是特定的行政机关以第三者的身份，对由具体行政行为引起的行政机关与利害关系人（公民、法人或者其他组织）之间的行政争议进行审理并作出决定的活动。因此，行政复议是一种行政行为，复议决定一般不具有终局效力。与行政机关的其他行政行为相比，行政复议的对象是行政争议，须申请进行，适用准司法程序，由行政机关以第三者的身份主持，涉及三方法律关系。

（一）行政复议的范围

《行政复议法》规定，有下列情形之一的，公民、法人或者其他组织可以申请行政复议：

（1）对行政机关作出的警告、罚款、没收违法所得、没收非法财物、责令停产停业、暂扣或者吊销许可证、暂扣或者吊销执照、行政拘留等行政处罚决定不服的；

（2）对行政机关作出的限制人身自由或者查封、扣押、冻结财产等行政强制措施决定不服的；

（3）对行政机关作出的有关许可证、执照、资质证、资格证等证书变更、中止、撤销的决定不服的；

（4）对行政机关作出的关于确认土地、矿藏、水流、森林、山岭、草原、荒地、滩涂、海域等自然资源的所有权或者使用权的决定不服的；

（5）认为行政机关侵犯合法的经营自主权的；

（6）认为行政机关变更或者废止农业承包合同，侵犯其合法权益的；

（7）认为行政机关违法集资、征收财物、摊派费用或者违法要求履行其他义务的；

（8）认为符合法定条件，申请行政机关颁发许可证、执照、资质证、资格证等证书，或者申请行政机关审批、登记有关事项，行政机关没有依法办理的；

（9）申请行政机关履行保护人身权利、财产权利、受教育权利的法定职责，行政机关没有依法履行的；

（10）申请行政机关依法发放抚恤金、社会保险金或者最低生活保障费，行政机关没有依法发放的；

（11）认为行政机关的其他具体行政行为侵犯其合法权益的。

根据《行政复议法》的规定，下列事项，公民、法人或者其他组织不得申请行政复议，但可以按照国家规定的其他救济方式解决：

（1）不服行政机关的抽象行政行为的，依照法律、行政法规规定的监督途径提出处理要求。

（2）不服行政机关作出的行政处分或其他人事处理决定的，依照法律、行政法规的规定提出申诉。

（3）不服行政机关对民事纠纷调解或其他处理的，依法申请仲裁或者向人民法院提起诉讼。

【随堂测试10-1】行政机关作出的下列行为中，（　　）属于行政复议的范围。

A.对工作人员小李开除的决定　　B.对公民王某错误刑事拘留

C.内部调整人员的决定　　D.对于一起治安案件迟迟未作处理

（二）行政复议的程序

1.复议申请

依法申请行政复议的公民、法人或者其他组织是申请人，作出具体行政行为的行政机关是被申请人，同申请行政复议的具体行政行为有利害关系的其他公民、法人或者其他组织，可以作为第三人参加行政复议。

公民、法人或者其他组织认为具体行政行为侵犯其合法权益的，可以自知道该具体行政行为之日起60日内提出行政复议申请，但是法律规定的申请期限超过60日的除外。因不可抗力或其他正当理由耽误法定申请期限的，申请期限自障碍消除之日起继续计算。

行政复议申请已被行政复议机关依法受理的，或者法律、法规规定应当先向复议机关申请行政复议，对行政复议决定不服再向人民法院提起行政诉讼的，在法定行政复议期限内不得向人民法院提起行政诉讼。

申请人向人民法院提起行政诉讼，人民法院已经依法受理的，不得申请行政复议。

2.复议管辖

根据作出具体行政行为的行政机关的不同类型及级别，《行政复议法》分别规定了行政复议机关的具体行政复议申请管辖权，申请人应当依法向具有管辖权的行政复议机关申请行政复议。

对县级以上地方各级人民政府工作部门的具体行政行为不服的，由申请人选择，可以向该部门的本级人民政府申请行政复议，也可以向上一级主管部门申请行政复议。但对海关、金融、税务局、外汇管理等实行垂直领导的行政机关和国家安全机关的具体行政行为不服的，向上一级主管部门申请行政复议。

对地方各级人民政府的具体行政行为不服的，向上一级地方人民政府申请行政复议。但对省、自治区人民政府依法设立的派出机关所属的县级地方人民政府的具体行政行为不服的，向该派出机关申请行政复议。

对国务院部门或者省、自治区、直辖市人民政府的具体行政行为不服的，向作出该具体行政行为的国务院部门或者省、自治区、直辖市人民政府申请行政复议。对行政复议决定不服的，可以向人民法院提起行政诉讼；也可以向国务院申请裁决，国务院依照《行政复议法》的规定作出最终裁决。

对其他行政机关、组织的具体行政行为不服的，申请人应按照下列规定申请行政复议：

（1）对县级以上地方人民政府依法设立的派出机关的具体行政行为不服的，向设立该派出机关的人民政府申请行政复议；

（2）对政府工作部门依法设立的派出机构依照法律、法规或者规章的规定，以自己的名义作出的具体行政行为不服的，向设立该派出机构的部门或者该部门的本级地方人民政府申请行政复议；

（3）对法律、法规授权的组织的具体行政行为不服的，分别向直接管理该组织的地方人民政府、地方人民政府工作部门或者国务院部门申请行政复议；

（4）对两个或者两个以上行政机关以共同的名义作出的具体行政行为不服的，向其共同上一级行政机关申请行政复议；

（5）对被撤销的行政机关在撤销前所作出的具体行政行为不服的，向继续行使其职权的行政机关的上一级行政机关申请行政复议。

有上述5种情形之一的，申请人也可以向具体行政行为发生地的县级地方人民政府提出行政复议申请，由接受申请的县级地方人民政府依照《行政复议法》第十八条的规定办理。

3.复议受理

行政复议机关收到行政复议申请后，应当在5日内进行审查，对不符合《行政复议法》规定的行政复议申请，决定不予受理，并书面告知申请人；对符合《行政复议法》规定，但是不属于本机关受理的行政复议申请，应当告知申请人向有关行政复议机关提出。除上述情况外，行政复议申请自行政复议机关负责法制工作的机构收到之日起即为受理。

公民、法人或者其他组织依法提出行政复议申请，行政复议机关无正当理由不予受理的，上级行政机关应当责令其受理；必要时，上级行政机关也可以直接受理。

法律、法规规定应当先向行政复议机关申请行政复议、对行政复议决定不服再向人民法院提起行政诉讼的，行政复议机关决定不予受理或者受理后超过行政复议期限不作答复的，公民、法人或者其他组织可以自收到不予受理决定书之日起或者行政复议期满之日起15日内，依法向人民法院提起行政诉讼。

除有特殊情况外，行政复议期间具体行政行为不停止执行。

4.复议决定

行政复议原则上采取书面审查的办法，但是申请人提出要求或者行政复议机关负责法制工作的机构认为有必要时，可以向有关组织和人员调查情况，听取申请人、被申请人和第三人的意见。

行政复议机关负责法制工作的机构应当自行政复议申请受理之日起7日内，将行政复议申请书副本或者行政复议申请笔录复印件发送被申请人。被申请人应当自收到申请书副本或者申请笔录复印件之日起10日内，提出书面答复，并提交当初作出具体行政行为的证据、依据和其他有关材料。在行政复议过程中，被申请人不得自行向申请人和其他有关组织或者个人收集证据。

申请人、第三人可以查阅被申请人提出的书面答复以及作出具体行政行为的证据、依据和其他有关材料，除涉及国家秘密、商业秘密或者个人隐私外，行政复议机关不得拒绝。

行政复议机关应当自受理申请之日起60日内作出行政复议决定；但是法律规定的行政复议期限少于60日的除外。情况复杂，不能在规定期限内作出行政复议决定的，经行政复议机关的负责人批准，可以适当延长，并告知申请人和被申请人；但是延长期限最多不超过30日。

行政复议机关负责法制工作的机构应当对被申请人作出的具体行政行为进行审查，提出意见，经行政复议机关的负责人同意或者集体讨论通过后，按照下列规定作出行政复议决定：

（1）具体行政行为认定事实清楚，证据确凿，适用依据正确，程序合法，内容适当的，决定维持；

（2）被申请人不履行法定职责的，决定其在一定期限内履行；

（3）具体行政行为有主要事实不清、证据不足，适用依据错误，违反法定程序，超越或者滥用职权，行为明显不当等情形之一的，决定撤销、变更或者确认该具体行政行为违法，其中决定撤销或者确认该具体行政行为违法的，可以责令被申请人在一定期限内重新作出具体行政行为；

（4）被申请人不按照《行政复议法》第二十三条的规定提出书面答复、提交当初作出具体行政行为的证据、依据和其他有关材料的，视为该具体行政行为没有证据、依据，决定撤销该具体行政行为。

行政复议机关作出行政复议决定，应当制作行政复议决定书，并加盖印章。行政复议决定书一经送达，即发生法律效力。

【案例10-1】某市建委作出《关于对某公司等单位违反建设程序、不规范经营等问题的处理决定》（以下简称《处理决定》），对该公司罚款20万元，延缓1年转为正式资质等级，并要求该公司写出书面检查，通报批评。该《处理决定》未直接送达给该公司，而是在该公司参加的一次会议上作为会议材料下发，被该公司发现。该公司对该处理决定不服，申请复议。

请问：

（1）该公司能否对处理决定申请复议？

（2）如果可以申请复议，则被申请人、行政复议机关分别是谁？

（3）如果复议机关受理了本案，应当如何做出处理？为什么？

任务二 仲裁

仲裁是指仲裁机构根据纠纷当事人之间自愿达成的协议，以第三者的身份对所发生的纠纷进行审理，并作出对争议各方均有约束力的裁决的解决纠纷的活动。仲裁是一种解决经济纠纷的有效方式，在现实生活中被广泛地应用，与其他解决纠纷的方式相比，具有自愿性、专业性、灵活性、保密性、快捷性的特征。

一、仲裁的基本原则

根据《仲裁法》的规定，仲裁应遵循以下基本原则：

微课 仲裁

（一）自愿原则

它主要体现在两个方面，一是通过仲裁来解决当事人双方出现的争议必须出于当事人自愿。《仲裁法》规定，当事人采用仲裁方式解决纠纷，应当双方自愿达成仲裁协议。没有仲裁协议，一方申请仲裁的，仲裁委员会不予受理。二是具体仲裁机构的选择，仲裁庭组成人员的产生、适用的仲裁规则或者实体法律也可以由双方当事人协商确定。

（二）独立、公正原则

《仲裁法》明确规定仲裁应依法独立进行，不受行政机关、社会团体和个人的干涉。人民法院可以依法对仲裁进行必要的监督。

（三）根据事实、符合法律规定、公平合理解决纠纷原则

这一原则是对“以事实为依据，以法律为准绳”原则的肯定和发展。在法律没有规定的情况下，仲裁庭可以按照公平合理的原则解决经济纠纷。适用公平合理的原则，是对法律适用原则的补充。

（四）一裁终局的原则

一裁终局的原则即仲裁裁决作出后，当事人就同一纠纷不能再申请仲裁或向人民法院起诉。但是裁决被人民法院依法裁定撤销或不予执行的，当事人可以重新达成仲裁协议申请仲裁，也可以向人民法院起诉。

二、《仲裁法》的适用范围

根据《仲裁法》的规定，平等主体的公民、法人和其他组织之间发生的合同纠纷和其他财产纠纷，可以仲裁。这就是说，仲裁事项必须是合同纠纷和其他财产性法律关系的争议。与人身有关的婚姻、收养、监护、继承纠纷是不能进行仲裁的。仲裁事项必须是平等主体之间发生的且当事人有权处分的财产权益纠纷。由强制性法律规范调整的法律关系的争议不能进行仲裁。因此，行政争议不能仲裁。另外，由于劳动争议和农业集体经济组织内部的农业承包合同纠纷不同于一般的经济纠纷，它们在解决纠纷的原则、程序等方面有自己的特殊性，应适用专门的规定，因此《仲裁法》不适用解决这两类纠纷。

三、仲裁机构

仲裁机构主要是指仲裁委员会。仲裁委员会是有权对当事人提交的经济纠纷进行审理和裁决的机构。仲裁委员会可以在直辖市和省、自治区人民政府所在地的市设立，也可以根据需要在其他设区的市设立，不按行政区划层层设立。仲裁委员会独立于行政机关，与行政机关没有隶属关系。仲裁委员会之间也没有隶属关系。

四、仲裁协议

仲裁协议是争议发生之前或争议发生之后，双方当事人自愿达成的将特定争议事项提请约定的仲裁委员会进行仲裁审理并作出仲裁裁决的书面意思表示。它是仲裁制度的核心

和基石，是当事人意思自治原则在仲裁中的重要体现，它不仅是当事人将争议案件提请仲裁委员会仲裁的依据，而且也是仲裁委员会对某一具体争议案件取得仲裁权的前提。

仲裁协议通常有三种类型：仲裁条款、仲裁协议书、其他书面形式。其他书面形式是指以电报、传真、信件等书面形式形成的仲裁协议。仲裁协议应具备下列内容：

（1）请求仲裁的意思表示；

（2）仲裁事项；

（3）选定的仲裁委员会。

仲裁协议一旦依法签订便产生法律效力，成为当事人提起仲裁的前提和依据之一。仲裁协议的作用在于约束各方当事人的行为。当合同纠纷发生后，必须向约定的仲裁机构提起仲裁，且不能改变仲裁的范围。此外，仲裁协议排除了法院的管辖权。凡订有仲裁协议的，不得向法院起诉。仲裁协议还具有独立性，合同的变更、解除、终止或无效，不影响仲裁协议的效力。

仲裁协议一般可采用下列推荐条款："凡因本合同引起的或与本合同有关的任何争议，均提交×××仲裁委员会，按照申请仲裁时该会现在行有效的仲裁规则进行仲裁。仲裁地点在×××。仲裁裁决是终局的，对双方均有约束力。"

【随堂测试10-2】陈大与陈二两人达成仲裁协议，约定双方如就父亲的遗产发生争议，则提交北京仲裁委员会进行裁决，并将自动履行其裁决。后双方在父亲的遗产继承问题上发生争议，则双方解决争议的可行法律途径是（　　）。

A.只能向有管辖权的人民法院起诉

B.只能申请北京仲裁委员会仲裁

C.既可向有管辖权的法院起诉，也可以申请仲裁

D.只能申请双方或一方住所地仲裁委员会仲裁

五、仲裁程序

（一）仲裁申请与受理

根据《仲裁法》的规定，当事人申请仲裁应当符合以下条件：

（1）存在有效的仲裁协议；

（2）有具体的仲裁请求和事实、理由；

（3）属于仲裁委员会的受理范围。

对当事人提出的仲裁申请，仲裁委员会应当在收到仲裁申请书之日起5日内审查，认为符合受理条件的，应当受理，并通知当事人；认为不符合受理条件的，应当书面通知当事人不予受理，并说明理由。

（二）仲裁庭的组成

仲裁庭的形式有两种：一种是合议仲裁庭，合议仲裁庭由3名仲裁员组成，设首席仲裁员；另一种是独任仲裁庭，由一名仲裁员组成。

当事人约定由3名仲裁员组成仲裁庭的，应当各自选定或者各自委托仲裁委员会主任指定1名仲裁员，第三名仲裁员由当事人共同选定或者共同委托仲裁委员会主任指定。第三名仲裁员是首席仲裁员。当事人约定由1名仲裁员成立仲裁庭的，应当由当事人共同选定或者共同委托仲裁委员会主任指定仲裁员。当事人没有在仲裁规则规定的期限内约定仲

裁庭的组成方式或者选定仲裁员的，由仲裁委员会主任指定。

回避制度是仲裁法规定的一项重要措施，以保证仲裁裁决的公正。被指定的仲裁员如果与案件有利害关系，应当自行回避，当事人也有权向仲裁委员会提出回避的申请。

（三）仲裁审理与裁决

仲裁庭开庭审理以不公开为原则，这是仲裁的保密性决定的，是仲裁审理与法院开庭审理的最大区别。但如果当事人协议公开，而又不涉及国家秘密的也可以公开开庭审理。

仲裁庭开庭仲裁案件，仲裁委员会应当在仲裁规则规定的期间将开庭的日期通知双方当事人。当事人有正当理由的，可以在仲裁规则规定的期限内请求延期开庭。是否延期，由仲裁庭决定。

开庭仲裁，由首席仲裁员或者独任仲裁员宣布开庭。随后，首席仲裁员或独任仲裁员核对当事人，宣布案由，宣布仲裁庭组成人员和记录员名单。通常先由申请人陈述案情，然后由被申请人答辩，陈述案情，再由仲裁庭提问，然后由双方当事人进行辩论，最后由仲裁庭总结开庭情况，仲裁庭应当将开庭情况记入笔录。仲裁员、记录人员、当事人应在笔录上签名或盖章。

仲裁开庭审理的另一种方式是书面审理，对争议案件进行书面审理必须根据双方当事人的协议，否则，不得书面审理。

仲裁庭经过审理，在查清事实、分清责任的基础上，在规定的期限内作出仲裁裁决书，以解决当事人之间的争议。仲裁裁决在实践中主要有和解裁决、调解裁决、部分裁决和最终裁决几种。裁决应当按照多数仲裁员的意见作出，少数仲裁员的不同意见可以记入笔录。仲裁庭不能形成多数意见时，裁决应当按照首席仲裁员的意见作出。裁决书由仲裁员签名，加盖仲裁委员会印章。

（四）仲裁裁决的执行

仲裁裁决书自作出之日起发生法律效力，当事人应当履行。仲裁调解书与仲裁裁决书具有同等的法律效力。对于仲裁裁决，当事人应当自觉履行，一方当事人不履行的，另一方当事人可以依照民事诉讼法的有关规定向人民法院申请执行。

【案例 10-2】甲公司与乙企业签订了一份承揽合同，在合同中规定了仲裁条款，约定双方发生争议时提请某仲裁机关仲裁。事后甲公司发现在订立合同时对有关事项存在重大误解。

请问：甲公司是否可以根据合同中的仲裁条款向某仲裁机构申请撤销合同？如果甲公司直接向人民法院申请撤销合同，人民法院是否应当受理？

任务三　民事诉讼

诉讼是指一方当事人向法院起诉，要求法院依法给予救济或惩处另一方当事人的救济方法。诉讼分为民事诉讼、行政诉讼和刑事诉讼。平等主体之间发生经济纠纷提起诉讼，适用《民事诉讼法》解决纷争。

微课

民事诉讼

一、民事诉讼的适用范围

公民之间、法人之间、其他组织之间以及他们相互之间因财产关系和人身关系发生纠纷，可提起民事诉讼。

（1）因《民法典》等调整的平等主体之间的财产关系和人身关系发生的民事案件，如合同纠纷、房产纠纷、侵害名誉权纠纷等案件；

（2）因经济法、劳动法调整的社会关系发生的争议，法律规定适用民事诉讼程序审理的案件，如企业破产案件、劳动合同纠纷案件等；

（3）适用特别程序审理的选民资格案件和宣告公民失踪、死亡等非诉案件；

（4）按照督促程序解决的债务案件；

（5）按照公示催告程序解决的宣告票据和有关事项无效的案件。

二、民事诉讼的基本制度

（一）合议制度

合议制度是指由3名以上审判人员组成合议庭审理民事纠纷案件的审判制度和组织形式，其是我国民事审判的基本组织形式。

（二）回避制度

回避制度是指人民法院审判民事案件的审判人员或其他有关人员，遇有法律规定的情形，与案件具有一定利害关系的，主动退出案件的审判，或者由当事人及其代理人请求而退出审判的制度。设立回避制度是为了保证人民法院对案件的公正审理，保护当事人的民事权利和诉讼权利。

（三）公开审判制度

公开审判制度是指人民法院审理民事案件，除法律规定的情况外审理过程应当公开，而且判决宣告一律公开的制度。但下列案件不公开审理：

（1）涉及国家秘密的案件；

（2）涉及个人隐私的案件；

（3）涉及商业秘密案件和离婚案件，当事人申请不公开审理的，可以不公开审理。

（四）两审终审制度

两审终审制是指某一民事案件经过两级法院审理即告终结的制度。法院审理民事案件，两审终审是原则，但也有例外情况。具体说来，适用特别程序、督促程序和企业法人破产还债程序审理的案件，实行一审终审。

三、诉讼管辖

诉讼管辖是指各级人民法院之间以及不同地区的同级人民法院之间，受理第一审经济案件的分工和权限。诉讼管辖有许多种类，其中最重要的是地域管辖和级别管辖。

（一）地域管辖

地域管辖，是指确定同级人民法院之间在各自管辖的地域内审理第一审经济案件的分工和权限。它又分为一般地域管辖和特殊地域管辖。

1.一般地域管辖

一般地域管辖是以被告住所地为依据来确定案件的管辖法院，即实行“原告就被告原则”。同一诉讼的几个被告住所地在两个以上人民法院辖区的，各该人民法院都有管辖权。

2. 特殊地域管辖

特殊地域管辖是以诉讼标的所在地或引起法律关系发生、变更、消灭的法律事实所在地为依据确定管辖的人民法院。

适用特殊地域管辖的主要有以下几种情况：

（1）因合同纠纷引起的诉讼，由被告住所地或合同履行地人民法院管辖；

（2）因保险合同纠纷引起的诉讼，由被告住所地或保险标的物所在地人民法院管辖；

（3）因票据纠纷引起的诉讼，由票据支付地或被告住所地人民法院管辖；

（4）因铁路、公路、水上和航空事故请求损害赔偿提起的诉讼，由事故发生地或车辆、船舶最先到达地、航空器最先降落地或被告住所地人民法院管辖；

（5）专利纠纷案件由知识产权法院、最高人民法院确定的中级人民法院和基层人民法院管辖；

（6）海事、海商案件由海事法院管辖。

3. 专属管辖

专属管辖是指法律强制规定某类案件必须由特定的人民法院管辖，其他人民法院无权管辖，当事人也不得协议管辖。专属管辖的案件主要有三类：

（1）因不动产纠纷提起的诉讼，由不动产所在地人民法院管辖；

（2）因港口作业中发生纠纷提起的诉讼，由港口所在地人民法院管辖；

（3）因继承遗产纠纷提起的诉讼，由被继承人死亡时住所地或者主要遗产所在地人民法院管辖。

4. 协议管辖

协议管辖又称合意管辖或者约定管辖，是指双方当事人在合同纠纷或者其他财产权益纠纷发生之前或发生之后，以协议的方式选择解决他们之间纠纷的管辖人民法院。合同或者其他财产权益纠纷的当事人可以书面协议选择被告住所地、合同履行地、合同签订地、原告住所地、标的物所在地等与争议有实际联系的地点的人民法院管辖，但不得违反本法对级别管辖和专属管辖的规定。

两个以上人民法院都有管辖权的诉讼，原告可以向其中一个人民法院起诉；原告向两个以上有管辖权的人民法院起诉的，由最先立案的人民法院管辖。

（二）级别管辖

级别管辖，是根据案件的性质、影响范围来划分上下级人民法院受理第一审经济案件的分工和权限。我国人民法院分为四级，即基层人民法院、中级人民法院、高级人民法院和最高人民法院。基层人民法院原则上管辖第一审案件；中级人民法院管辖在本辖区有重大影响的案件、重大涉外案件和由最高人民法院确定由中级人民法院管辖的案件；高级人民法院管辖在辖区有重大影响的第一审案件；最高人民法院管辖在全国有重大影响的案件和认为应当由它审理的案件。

【随堂测试10-3】下列关于管辖法院说法正确的有（　　）。

A. 因人身保险合同纠纷提起的诉讼，可以由被保险人住所地人民法院管辖

B. 因保险合同纠纷提起的诉讼，可以由被告住所地、运输工具登记注册地、运输目的地、保险事故发生地人民法院管辖

C. 铁路运输合同纠纷及与铁路运输有关的侵权纠纷，由铁路运输法院管辖

D. 因财产保险合同纠纷提起的诉讼，如果保险标的物是运输工具或者运输中的货物，可以由运输工具登记注册地、运输目的地、保险事故发生地人民法院管辖

四、诉讼时效

（一）诉讼时效的概念

诉讼时效是指权利人在法定期限内不行使权利，就丧失了请求人民法院保护民事权益的权利的法律制度。诉讼时效期间届满，权利人丧失诉讼程序强制义务人履行义务的权利；权利人的实体权利并不消灭，债务人自愿履行的，不受诉讼时效的限制。

诉讼时效的期间、计算方法以及中止、中断的事由由法律规定，当事人约定无效。当事人对诉讼时效利益的预先放弃无效。人民法院不得主动适用诉讼时效的规定。

（二）诉讼时效的种类

根据我国法律的有关规定，诉讼时效可分为普通诉讼时效、特别诉讼时效和长期诉讼时效。

1. 普通诉讼时效

普通诉讼时效又称一般诉讼时效，这是由法律统一规定的具有普遍意义的诉讼时效，我国《民法典》规定普通诉讼时效期间为3年。诉讼时效期间自权利人知道或者应当知道权利受到损害以及义务人之日起计算。法律另有规定的，依照其规定。

2. 特别诉讼时效

特别诉讼时效是指专门为某些民事权利规定的诉讼时效期间。如《民法典》第五百九十四条规定，因国际货物买卖合同和技术进出口合同争议提起诉讼或申请仲裁的期限为4年。

3. 长期诉讼时效

长期诉讼时效是指对被侵害的民事权利给予诉讼保护的最长诉讼时效期间。从权利被侵害之日起超过20年的，人民法院不予保护。

（三）诉讼时效的中止、中断与延长

诉讼时效的中止是指诉讼时效进行中，因发生一定的法定事由而使权利人不能行使请求权，暂时停止计算诉讼时效期间，以前经过的时效期间仍然有效，待阻碍时效的事由消失后，时效继续进行。诉讼时效期间的最后6个月内，因下列障碍，不能行使请求权的，诉讼时效中止：

（1）不可抗力；

（2）无民事行为能力人或者限制民事行为能力人没有法定代理人，或者法定代理人死亡、丧失民事行为能力、丧失代理权；

（3）继承开始后未确定继承人或者遗产管理人；

（4）权利人被义务人或者其他人控制；

（5）其他导致权利人不能行使请求权的障碍。

如果在诉讼时效期间的最后6个月前发生前述法定事由，至最后6个月时法定事由已消灭，则不能发生诉讼时效的中止；但若该法定事由至最后6个月时仍然继续存在，则应从最后6个月开始时起中止时效期间，直至该法定事由消除。

自中止时效的原因消除之日起满6个月，诉讼时效期间届满。

诉讼时效的中断是指在诉讼时效进行中，因一定的法定事由，致使以前经过的时效期

间归于无效，待中断事由消灭后，诉讼时效期间重新开始计算。有下列情形之一的，诉讼时效中断，从中断、有关程序终结时起，诉讼时效期间重新计算：

（1）权利人向义务人提出履行请求；

（2）义务人同意履行义务；

（3）权利人提起诉讼或者申请仲裁；

（4）与提起诉讼或者申请仲裁具有同等效力的其他情形。

诉讼时效的延长是指人民法院对于已经届满的时效期间，根据特殊情况而予以延长。这是法律赋予司法机关的自由裁量权，特殊情况由人民法院自行把握。但下列请求权不适用诉讼时效的规定：

（1）请求停止侵害、排除妨碍、消除危险；

（2）不动产物权和登记的动产物权的权利人请求返还财产；

（3）请求支付抚养费、赡养费或者扶养费；

（4）依法不适用诉讼时效的其他请求权。

法律规定或者当事人约定的撤销权、解除权等权利的存续期间，除法律另有规定外，自权利人知道或者应当知道权利产生之日起计算，不适用有关诉讼时效中止、中断和延长的规定。存续期间届满，撤销权、解除权等权利消灭。

五、审判程序

审判程序包括第一审程序、第二审程序、审判监督程序等。

（一）第一审程序

第一审程序是指各级人民法院审理第一审经济案件适用的程序，分为普通程序和简易程序。

1.普通程序

普通程序是经济案件审判中最基本的程序，主要包括以下内容：

（1）起诉和受理。起诉是指公民、法人和其他组织的合法权益受到侵犯或者发生争议时，向法院提起诉讼，请求法院通过审判给予司法保护的行为。根据《民事诉讼法》第一百零八条的规定，起诉必须符合法定条件：原告必须是与本案有直接利害关系的公民、法人和其他组织；有明确的被告；有具体的诉讼请求、事实和理由；属于法院受理民事诉讼的范围和受诉法院管辖。法院接到当事人起诉后，应在7日内进行审查。经审查符合起诉条件的，予以受理；对不符合起诉法定条件的，裁定不予受理，对于该裁定，当事人可在接到裁定之次日起10日内上诉。

（2）审理前准备。法院在立案后，开庭审理之前，应做好必要的准备工作。根据《民事诉讼法》及有关司法解释的规定，这些准备工作主要有：送达起诉状副本，被告提交答辩状并送达答辩状副本；告知当事人诉讼权利义务及合议庭的组成人员；审阅诉讼材料，调查收集必要的证据；追加当事人；解决管辖权问题；预收诉讼费用。此外，最高人民法院《关于民事诉讼证据的若干规定》还对审理前准备阶段的交换证据制度作出了相应的规定。

（3）开庭审理。开庭审理是对争议案件进行事实调查并由当事人进行辩论的阶段，开庭审理阶段不仅是当事人行使其诉讼权利的集中体现，而且也是法院对争议案件行使审判权的集中体现。根据我国《民事诉讼法》的相关规定，开庭审理应当按照下列顺序进行：准备开庭、法庭调查、法庭辩论、陈述、调解、评议与裁判等阶段。

2.简易程序

简易程序是指基层人民法院及其派出法庭，审理简单民事案件所适用的既独立又简便易行的诉讼程序。简易程序适用于事实清楚、权利义务关系明确，争议不大的简单案件。原告可以口头起诉，当事人双方可以同时到基层人民法院或派出法庭请求解决纠纷。适用简易程序审理的案件，由审判员1人独任审理，可以随时传唤当事人、证人，不受普通程序中的法庭调查、法庭辩论等程序的限制。

（二）第二审程序

第二审程序是指由于民事诉讼当事人不服第一审法院的判决或裁定而在法定期间内向上一级法院提起上诉而引起的诉讼程序，是第二审级的法院审理上诉案件所适用的程序。

1.上诉的提起与受理

上诉是指当事人对一审法院裁判不服，向该法院的上一级法院依法提起上诉的行为。提起上诉应具备的条件是：

（1）上诉人和被上诉人须为第一审程序中具有实体权利的当事人；

（2）提起上诉的对象必须是依法允许上诉的判决和裁定；

（3）必须在法定期间内提起上诉，当事人不服判决的上诉期间为15日，不服裁定的上诉期间为10日；

（4）上诉必须提交上诉状，这与当事人可以口头起诉不同。当事人不服一审法院的裁判，提起上诉的，原则上应向原审法院提交上诉状，同时也允许当事人直接向第二审法院提起上诉。当事人提起上诉，符合法定的上诉条件的，均应受理，并履行如下法定程序：诉讼文书的接收与送达，诉讼案卷和证据的报送。

2.上诉案件的审理

二审法院审理上诉案件时，应当围绕上诉请求的有关事实和适用法律进行审查。二审法院审理上诉案件，原则上应开庭审理；经过阅卷和调查，询问当事人，在事实核对清楚后，合议庭认为不需要开庭审理的，可以进行判决、裁定。

二审法院审理上诉案件，可以进行调解。调解书送达后，原判决视为撤销。

3.上诉案件的裁判

二审法院审理上诉案件，针对一审裁判的不同情况，要作出不同裁判：

（1）对第一审判决提起上诉的案件的裁判。根据《民事诉讼法》的规定，二审法院对上诉案件经过审理，按下列情形分别处理：判决驳回上诉，维持原判；依法改判；发回重审。

（2）对第一审裁定提起上诉的案件的裁定。二审法院对不服法院裁定的上诉案件的处理，一律使用裁定。对于原裁定认定事实清楚，适用法律正确的，应裁定驳回上诉，维持原裁定；原裁定认定事实不清，适用法律有误的，应撤销原裁定，依法作出正确裁定。

我国实行两审终审制，二审法院的判决、裁定是终审的判决、裁定，一经生效，当事人不得再行上诉。

（三）审判监督程序

审判监督程序又称再审程序，是指因当事人、法院或检察院对法院已生效的判决、裁定、调解书，申请或启动再审，而由法院依法对案件重新进行审判的程序。审判监督程序是在案件已审结的情况下，发现生效裁判确有错误时适用的具有监督性和补救性的诉讼程序，而不是每个案件的必经程序。

再审程序的提起有三种途径，一是当事人申请再审；二是法院依职权提起再审；三是检察院提起抗诉和再审。

不论基于何种原因引起再审，法院对再审案件进行审理时应当裁定中止原判决的执行，另行组成合议庭。原来是第一审审结的，再审时适用第一审程序审理。再审作出的判决、裁定，当事人不服的可以上诉。原来是二审审结的案件，再审时，适用二审程序审理，再审的判决、裁定是终审的判决、裁定，当事人不得上诉。

【案例 10–3】2014 年 5 月林某为搞长途贩运向李某借款 5 万元，借据中写明还款日期为 2015 年 5 月。2017 年 2 月李某找到林某要求其还款，林某说最近生意不顺，等有了钱再还。2020 年 1 月李某因结婚急需用钱，再次找到林某，没想到林某矢口否认曾向李某借过钱。

请问：本案的诉讼时效期间从何时开始计算？为什么？

（四）执行程序

执行程序是人民法院依法对已经发生法律效力的判决、裁定及其他法律文书的规定，强制义务人履行义务的程序。对发生法律效力具有执行内容的判决书、裁定书、调解书和其他应由人民法院执行的法律文书，当事人必须履行。一方拒绝履行的，对方当事人可以向人民法院申请执行。申请执行的期间为 2 年。申请执行时效的中止、中断，适用法律有关诉讼时效中止、中断的规定。此期间，从法律文书规定履行期间的最后一日起计算；法律文书规定分期履行的，从规定的每次履行期间的最后一日起计算；法律文书未规定履行期间的，从法律文书生效之日起计算。

任务四　行政诉讼

一、行政诉讼的概念及适用范围

微课

行政诉讼

行政诉讼，是指公民、法人或者其他组织认为行使国家行政权的机关或法律、法规授权的组织及其工作人员所实施的具体行政行为，侵犯了其合法权利，依法向人民法院起诉，人民法院在当事人及其他诉讼参与人的参加下，依法对被诉具体行政行为进行审查并做出裁判，从而解决行政争议的制度。

1. 人民法院受理公民、法人或者其他组织提起诉讼的范围

（1）对行政拘留、暂扣或者吊销许可证和执照、责令停产停业、没收违法所得、没收非法财物、罚款、警告等行政处罚不服的；

（2）对限制人身自由或者对财产的查封、扣押、冻结等行政强制措施和行政强制执行

不服的；

（3）申请行政许可，行政机关拒绝或者在法定期限内不予答复，或者对行政机关作出的有关行政许可的其他决定不服的；

（4）对行政机关作出的关于确认土地、矿藏、水流、森林、山岭、草原、荒地、滩涂、海域等自然资源的所有权或者使用权的决定不服的；

（5）对征收、征用决定及其补偿决定不服的；

（6）申请行政机关履行保护人身权、财产权等合法权益的法定职责，行政机关拒绝履行或者不予答复的；

（7）认为行政机关侵犯其经营自主权或者农村土地承包经营权、农村土地经营权的；

（8）认为行政机关滥用行政权力排除或者限制竞争的；

（9）认为行政机关违法集资、摊派费用或者违法要求履行其他义务的；

（10）认为行政机关没有依法支付抚恤金、最低生活保障待遇或者社会保险待遇的；

（11）认为行政机关不依法履行、未按照约定履行或者违法变更、解除政府特许经营协议、土地房屋征收补偿协议等协议的；

（12）认为行政机关侵犯其他人身权、财产权等合法权益的。

除上述规定外，人民法院受理法律、法规规定可以提起诉讼的其他行政案件。

2.人民法院不受理公民、法人或者其他组织提起诉讼的事项

（1）国防、外交等国家行为；

（2）行政法规、规章或者行政机关制定、发布的具有普遍约束力的决定、命令；

（3）行政机关对行政机关工作人员的奖惩、任免等决定；

（4）法律规定由行政机关最终裁决的行政行为。

二、诉讼管辖

（一）级别管辖

基层人民法院管辖第一审行政案件。中级人民法院管辖下列第一审行政案件：

（1）对国务院部门或者县级以上地方人民政府所作的行政行为提起诉讼的案件；

（2）海关处理的案件；

（3）本辖区内重大、复杂的案件；

（4）其他法律规定由中级人民法院管辖的案件。

高级人民法院管辖本辖区内重大、复杂的第一审行政案件。最高人民法院管辖全国范围内重大、复杂的第一审行政案件。

（二）地域管辖

行政案件由最初作出行政行为的行政机关所在地人民法院管辖。经复议的案件，也可以由复议机关所在地人民法院管辖。

经最高人民法院批准，高级人民法院可以根据审判工作的实际情况，确定若干人民法院跨行政区域管辖行政案件。

对限制人身自由的行政强制措施不服提起的诉讼，由被告所在地或者原告所在地人民法院管辖。

因不动产提起的行政诉讼，由不动产所在地人民法院管辖。

三、起诉与受理

对属于人民法院受案范围的行政案件，公民、法人或者其他组织可以先向行政机关申请复议，对复议决定不服的，再向人民法院提起诉讼；也可以直接向人民法院提起诉讼。

法律、法规规定应当先向行政机关申请复议，对复议决定不服再向人民法院提起诉讼的，依照法律、法规的规定。

公民、法人或者其他组织不服复议决定的，可以在收到复议决定书之日起15日内向人民法院提起诉讼。复议机关逾期不作决定的，申请人可以在复议期满之日起15日内向人民法院提起诉讼。法律另有规定的除外。

公民、法人或者其他组织直接向人民法院提起诉讼的，应当自知道或者应当知道作出行政行为之日起6个月内提出。法律另有规定的除外。因不动产提起诉讼的案件自行政行为作出之日起超过20年，其他案件自行政行为作出之日起超过5年提起诉讼的，人民法院不予受理。

公民、法人或者其他组织申请行政机关履行保护其人身权、财产权等合法权益的法定职责，行政机关在接到申请之日起2个月内不履行的，公民、法人或者其他组织可以向人民法院提起诉讼。法律、法规对行政机关履行职责的期限另有规定的，从其规定。公民、法人或者其他组织在紧急情况下请求行政机关履行保护其人身权、财产权等合法权益的法定职责，行政机关不履行的，提起诉讼不受前款规定期限的限制。

公民、法人或者其他组织因前款规定以外的其他特殊情况耽误起诉期限的，在障碍消除后10日内，可以申请延长期限，是否准许由人民法院决定。

起诉应当向人民法院递交起诉状，并按照被告人数提出副本。书写起诉状确有困难的，可以口头起诉，由人民法院记入笔录，出具注明日期的书面凭证，并告知对方当事人。

人民法院在接到起诉状时对符合法律规定的起诉条件的，应当登记立案。对当场不能判定是否符合法律规定的起诉条件的，应当接收起诉状，出具注明收到日期的书面凭证，并在7日内决定是否立案。不符合起诉条件的，作出不予立案的裁定。裁定书应当载明不予立案的理由。原告对裁定不服的，可以提起上诉。

公民、法人或者其他组织认为行政行为所依据的国务院部门和地方人民政府及其部门制定的规范性文件不合法，在对行政行为提起诉讼时，可以一并请求对该规范性文件进行审查。前面所列规范性文件不含规章。

四、审理与判决

人民法院公开审理行政案件，但涉及国家秘密、个人隐私和法律另有规定的除外。涉及商业秘密的案件，当事人申请不公开审理的，可以不公开审理。

当事人认为审判人员、书记员、翻译人员、鉴定人、勘验人与本案有利害关系或者有其他关系可能影响公正审判，有权申请审判人员回避。上述人员认为自己与本案有利害关系或者有其他关系，应当申请回避。

人民法院审理行政案件，不适用调解。但是，行政赔偿、补偿以及行政机关行使法律、法规规定的自由裁量权的案件可以调解。

人民法院审理行政案件，以法律和行政法规、地方性法规为依据。地方性法规适用于本行政区域内发生的行政案件。人民法院审理民族自治地方的行政案件，并以该民族自治地方的自治条例和单行条例为依据。人民法院审理行政案件，参照规章。

当事人不服人民法院第一审判决的，有权在判决书送达之日起15日内向上一级人民法院提起上诉。当事人不服人民法院第一审裁定的，有权在裁定书送达之日起10日内向上一级人民法院提起上诉。逾期不提起上诉的，人民法院的第一审判决或者裁定发生法律效力。

项目测试

一、单项选择题（每题只有一个正确选项，请将正确的选项填入括号内）

1.行政复议机关应当审查行政行为的（　　）。

A.合法性　　B.真实性　　C.适当性　　D.合法性和适当性

2.行政复议机关收到行政复议申请后，应当在（　　）内进行审查，决定是否受理。

A.3日　　B.5日　　C.10日　　D.15日

3.公民、法人或者其他组织对行政机关的（　　）不服，不可以申请行政复议。

A.行政处罚　　B.行政强制措施　　C.行政处分　　D.行政许可

4.甲向乙借款1万元，借款期为1年。半年后，乙出国深造，4年后回来，向甲要求还款，甲还款了。后甲听朋友说，该款已经过了诉讼时效期间，要求乙返还，乙不返还。甲诉至法院，对甲的诉讼请求，人民法院正确的做法是（　　）。

A.不予支持　　B.予以支持　　C.不受理　　D.受理

5.2017年5月5日，甲拒绝向乙支付到期租金，乙忙于事务一直未向甲主张权利。2017年8月，乙出差遇险无法行使请求权的时间为20天。乙请求人民法院保护其权利的诉讼时效期间是（　　）。

A.自2017年5月5日至2018年5月5日

B.自2017年5月5日至2018年5月25日

C.自2017年5月6日至2020年5月5日

D.自2017年5月6日至2020年5月25日

二、多项选择题（每题有两个或两个以上正确选项，请将正确的选项填入括号内）

1.下列各项中，对于行政诉讼与行政复议关系表述错误的有（　　）。

A.行政诉讼的受案范围大于行政复议

B.对不是终局裁决的行政复议决定，公民、法人或者其他组织都可以提起行政诉讼

C.所有的行政复议决定均可通过行政诉讼被判决撤销

D.对于行政机关对民事纠纷的仲裁、调解等处理行为不服的，行政相对人可以先申请行政复议，对复议决定不服的，可以再向人民法院提起行政诉讼

2.对于行政复议申请，下列表述中正确的有（　　）。

A.行政复议机关决定不予受理的，申请人可以自收到不予受理决定书之日起15日

内提起行政诉讼

B.行政复议机关决定不予受理的，申请人可以自收到不予受理决定书之日起30日内提起行政诉讼

C.行政复议机关逾期不作答复的，申请人可以自复议期满之日起30日内提起行政诉讼

D.行政复议机关逾期不作答复的，申请人可以自复议期满之日起15日内提起行政诉讼

3.行政复议机关负责法制工作的机构依法履行的职责有（ ）。

A.受理行政复议申请

B.向有关组织和人员调查取证

C.审查申请行政复议的具体行政行为是否合法与适当

D.拟订行政复议决定

4.中级人民法院管辖的第一审重大涉外案件，是指（ ）案件。

A.争议标的额大的　　B.案情复杂的

C.居住在国外的当事人人数众多的　　D.最高人民法院认为重大的涉外

5.下列各项中，能够引起诉讼时效中断的有（ ）。

A.权利人提起诉讼

B.当事人一方同意履行义务

C.当事人一方向义务人提出请求履行义务的要求

D.不可抗力

三、判断题（正确的在括号内打"√"，错误的打"×"）

1.对地方各级人民政府的具体行政行为不服的，可以向上一级地方人民政府申请行政复议。（ ）

2.在行政复议过程中，被申请人可以自行向申请人和其他有关组织或者个人收集证据。（ ）

3.上级行政机关认为责令下级行政机关受理行政复议申请不利于合法、公正处理的，上级行政机关可以直接受理。（ ）

4.仲裁委员会独立于行政机关，与行政机关没有隶属关系。仲裁委员会之间也没有隶属关系。（ ）

5.仲裁庭在作出裁决前，可以先行调解。当事人自愿调解的，仲裁庭应当调解，调解不成的应告知当事人向法院起诉。（ ）

四、案例分析题

2019年9月，A市的望龙实业公司与B市的海辰食品研究所签订了一份技术合同，商定双方联合开发研制一种老人营养饮料，合同中的仲裁条款规定："因履行本合同发生的争议，由双方协商解决；协商解决不了的，由仲裁机构进行仲裁"。2020年4月，双方发生争议，海辰食品研究所向本单位所在地的B市技术合同仲裁委员会递交了仲裁申请书。望龙实业公司拒绝答辩。双方经过协商，重新签订了一份仲裁协议，商定将此合同争议提交望龙实业公司所在地的A市仲裁委员会进行仲裁。事后，海辰食品研究所担心A市仲裁委员会实行地方保护主义，故未申请仲裁，而向合同履行地的人民法院起诉，起诉时未

说明此前两次约定仲裁的情况，法院受理了本案，并向望龙实业公司送达了起诉状副本，望龙实业公司向法院提交了答辩状。法院经审理判决被告败诉，被告立即上诉，理由是事先有仲裁协议，法院判决无效。

请问：

（1）合同中的仲裁条款有效还是无效？为什么？

（2）争议发生后签订的仲裁协议有效还是无效？为什么？

（3）海辰食品研究所向法院起诉是否正确？为什么？

（4）法院审理本案是否合法？为什么？

（5）上诉理由是否正确？为什么？

（6）被告是否具有上诉权？为什么？

参考文献

［1］申长永. 现代经济法教程［M］. 北京：清华大学出版社，北京交通大学出版社，2010.

［2］陈昌，邵李津，孟昭君. 经济法概论［M］. 北京：清华大学出版社，2016.

［3］吉文丽. 经济法［M］. 3版. 北京：清华大学出版社，2015.

［4］刘大洪. 经济法［M］. 北京：机械工业出版社，2013.

［5］财政部会计资格评价中心. 经济法基础［M］. 北京：中国财经出版传媒集团，经济科学出版社，2020.

［6］财政部会计资格评价中心. 经济法［M］. 北京：中国财经出版传媒集团，经济科学出版社，2020.

［7］张新莉. 经济法基础［M］. 上海：上海交通大学出版社，2015.

［8］梁锐，钟顺东，王琪. 经济法基础［M］. 镇江：江苏大学出版社，2015.

［9］张颖，李云东. 新编经济法［M］. 成都：西南财经大学出版社，2013.